大学赤本シリーズ

530

同志社大学

神学部・商学部・心理学部・
グローバル地域文化学部－学部個別日程

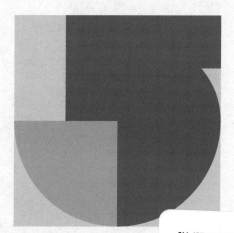

教学社

は　し　が　き

おかげさまで，大学入試の「赤本」は，今年で創刊70周年を迎えました。

これまで，入試問題や資料をご提供いただいた大学関係者各位，掲載許可をいただいた著作権者の皆様，各科目の解答や対策の執筆にあたられた先生方，そして，赤本を使用してくださったすべての読者の皆様に，厚く御礼を申し上げます。

以下に，創刊初期の「赤本」のはしがきを引用します。これからも引き続き，受験生の目標の達成や，夢の実現を応援してまいります。

本書を活用して，入試本番では持てる力を存分に発揮されることを心より願っています。

編者しるす

＊　＊　＊

学問の塔にあこがれのまなざしをもって，それぞれの志望する大学の門をたたかんとしている受験生諸君！　人間として生まれてきた私たちは，自己の欲するままに，美しく，強く，そして何よりも人間らしく生きることをねがっている。しかし，一朝一夕にして，この純粋なのぞみが達せられることはない。私たちの行く手には，絶えずさまざまな試練がまちかまえている。この試練を克服していくところに，私たちのねがう真に人間的な世界がはじめて開かれてくるのである。

人生最初の最大の試練として，諸君の眼前に大学入試がある。この大学入試は，精神的にも身体的にも，大きな苦痛を感ぜしめるであろう。あるスポーツに熟達するには，たゆみなき，はげしい練習を積み重ねることが必要であるように，私たちは，計画的・持続的な努力を払うことによって，この試練を克服し，次の一歩を踏みだすことができる。厳しい試練を経たのちに，はじめて満足すべき成果を獲得できるのである。

本書は最近の入学試験の問題に，それぞれ解答を付し，さらに問題をふかく分析することによって，その大学独特の傾向や対策をさぐろうとした。本書を一般の参考書とあわせて使用し，まとはずれのない，効果的な受験勉強をされるよう期待したい。

（昭和35年版「赤本」はしがきより）

挑む人の、いちばんの味方

赤本創刊70周年

1954年に大学入試の過去問題集を刊行してから70年。赤本は大学に入りたいと思う受験生を応援しつづけてきました。これからも，苦しいとき落ち込むときにそばで支える存在でいたいと思います。

そして，勉強をすること，自分で道を決めること，努力が実ること，これらの喜びを読者の皆さんが感じることができるよう，伴走をつづけます。

そもそも赤本とは…

受験生のための大学入試の過去問題集！

70年の歴史を誇る赤本は，500点を超える刊行点数で全都道府県の370大学以上を網羅しており，過去問の代名詞として受験生の必須アイテムとなっています。

なぜ受験に過去問が必要なのか？

大学入試は大学によって問題形式や頻出分野が大きく異なるからです。

赤本の掲載内容

傾向と対策

これまでの出題内容から，問題の「**傾向**」を分析し，来年度の入試に向けて具体的な「**対策**」の方法を紹介しています。

問題編・解答編

- 年度ごとに問題とその解答を掲載しています。
- 「**問題編**」ではその年度の試験概要を確認したうえで，実際に出題された過去問に取り組むことができます。
- 「**解答編**」には高校・予備校の先生方による解答が載っています。

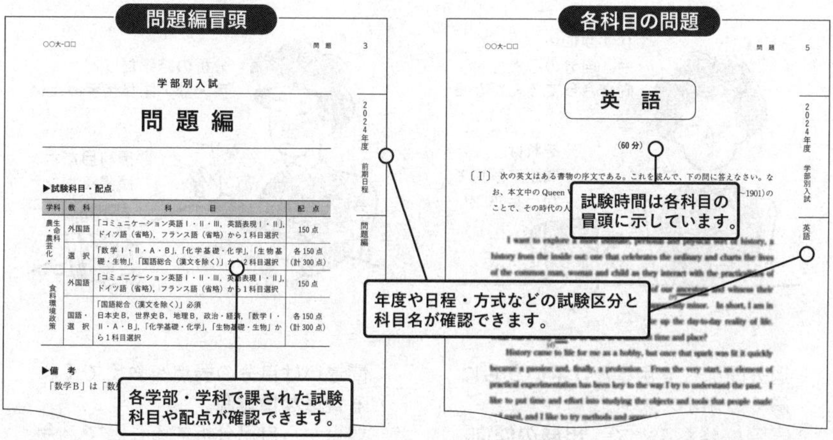

他にも，大学の基本情報や，先輩受験生の合格体験記，在学生からのメッセージなどが載っていることがあります。

掲載内容について

著作権上の理由やその他編集上の都合により問題や解答の一部を割愛している場合があります。
なお，指定校推薦入試，社会人入試，編入学試験，帰国生入試などの特別入試，英語以外の外国語科目，商業・工業科目は，原則として掲載しておりません。また試験科目は変更される場合がありますので，あらかじめご了承ください。

受験勉強は

過去問に始まり，

STEP 1 なにはともあれ

まずは解いてみる

しずかに…
今，自分の心と
向き合ってるんだから
ムーン
それは
問題を解いて
からだホン！

過去問は，**できるだけ早いうちに解く**のがオススメ！
実際に解くことで，**出題の傾向，問題のレベル，今の自分の実力**がつかめます。

STEP 2 じっくり具体的に

弱点を分析する

分析の結果だけど
英・数・国が苦手みたい
スリー
必須科目だホン
頑張るホン

間違いは自分の弱点を教えてくれる**貴重な情報源**。
弱点から自己分析することで，**今の自分に足りない力や苦手な分野**が見えてくるはず！

合格者があかす 赤本の使い方

傾向と対策を熟読
（Fさん／国立大合格）

大学の出題傾向を調べるために，赤本に載っている「傾向と対策」を熟読しました。

繰り返し解く
（Tさん／国立大合格）

1周目は問題のレベル確認，2周目は苦手や頻出分野の確認に，3周目は合格点を目指して，と過去問は繰り返し解くことが大切です。

赤本の使い方 解説

過去問に終わる。

STEP 3

志望校にあわせて

苦手分野の重点対策

明日からはみんなで頑張るよ！
参考書も！ 問題集も！
よろしくね！
呼んだ？
なにを!?
どこから!?
グッ
グッ

参考書や問題集を活用して，苦手分野の**重点対策**をしていきます。**過去問を指針**に，合格へ向けた具体的な学習計画を立てましょう！

STEP 1 ▶ 2 ▶ 3

サイクルが大事!

実践を繰り返す

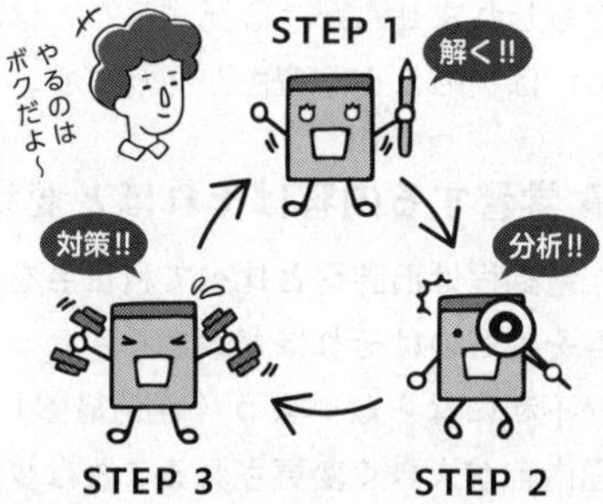

やるのはボクだよ～
STEP 1
解く!!
分析!!
対策!!
STEP 3
STEP 2

STEP 1～3を繰り返し，実力アップにつなげましょう！
出題形式に慣れることや，**時間配分を考えること**も大切です。

目標点を決める
(Yさん／私立大合格)
赤本によっては合格者最低点が載っているので，それを見て目標点を決めるのもよいです。

時間配分を確認
(Kさん／私立大学合格)
赤本は時間配分や解く順番を決めるために使いました。

添削してもらう
(Sさん／私立大学合格)
記述式の問題は先生に添削してもらうことで自分の弱点に気づけると思います。

新課程入試 Q&A

2022年度から新しい学習指導要領（新課程）での授業が始まり，2025年度の入試は，新課程に基づいて行われる最初の入試となります。ここでは，赤本での新課程入試の対策について，よくある疑問にお答えします。

Q1. 赤本は新課程入試の対策に使えますか？

A. もちろん使えます！

旧課程入試の過去問が新課程入試の対策に役に立つのか疑問に思う人もいるかもしれませんが，心配することはありません。旧課程入試の過去問が役立つのには次のような理由があります。

● 学習する内容はそれほど変わらない

新課程は旧課程と比べて科目名を中心とした変更はありますが，学習する内容そのものはそれほど大きく変わっていません。また，多くの大学で，既卒生が不利にならないよう「経過措置」がとられます（Q３参照）。したがって，出題内容が大きく変更されることは少ないとみられます。

● 大学ごとに出題の特徴がある

これまでに課程が変わったときも，各大学の出題の特徴は大きく変わらないことがほとんどでした。入試問題は各大学のアドミッション・ポリシーに沿って出題されており，過去問にはその特徴がよく表れています。過去問を研究してその大学に特有の傾向をつかめば，最適な対策をとることができます。

出題の特徴の例	・英作文問題の出題の有無 ・論述問題の出題（字数制限の有無や長さ） ・計算過程の記述の有無

新課程入試の対策も，赤本で過去問に取り組むところから始めましょう。

Q2. 赤本を使う上での注意点はありますか？

A. 志望大学の入試科目を確認しましょう。

過去問を解く前に，過去の出題科目（問題編冒頭の表）と 2025 年度の募集要項とを比べて，課される内容に変更がないかを確認しましょう。ポイントは以下のとおりです。科目名が変わっていても，実際は旧課程の内容とほとんど同様のものもあります。

英語・国語	科目名は変更されているが，実質的には変更なし。 **▶▶ ただし，リスニングや古文・漢文の有無は要確認。**
地歴	科目名が変更され，「歴史総合」「地理総合」が新設。 **▶▶ 新設科目の有無に注意。ただし，「経過措置」（Q３参照）により内容は大きく変わらないことも多い。**
公民	「現代社会」が廃止され，「公共」が新設。 **▶▶「公共」は実質的には「現代社会」と大きく変わらない。**
数学	科目が再編され，「数学 C」が新設。 **▶▶「数学」全体としての内容は大きく変わらないが，出題科目と単元の変更に注意。**
理科	科目名も学習内容も大きな変更なし。

数学については，科目名だけでなく，どの単元が含まれているかも確認が必要です。例えば，出題科目が次のように変わったとします。

旧課程	「数学 I・数学 II・数学 A・数学 B（数列・ベクトル）」
新課程	「数学 I・数学 II・数学 A・**数学 B（数列）**・**数学 C（ベクトル）**」

この場合，新課程では「数学Ｃ」が増えていますが，単元は「ベクトル」のみのため，実質的には旧課程とほぼ同じであり，過去問をそのまま役立てることができます。

Q3. 「経過措置」とは何ですか？

A. 既卒の旧課程履修者への対応です。

多くの大学では，既卒の旧課程履修者が不利にならないように，出題において「経過措置」が実施されます。措置の有無や内容は大学によって異なるので，募集要項や大学のウェブサイトなどで確認しておきましょう。

◯旧課程履修者への経過措置の例

- 旧課程履修者にも配慮した出題を行う。
- 新・旧課程の共通の範囲から出題する。
- 新課程と旧課程の共通の内容を出題し，共通範囲のみでの出題が困難な場合は，旧課程の範囲からの問題を用意し，選択解答とする。

例えば，地歴の出題科目が次のように変わったとします。

旧課程	「日本史 B」「世界史 B」から１科目選択
新課程	「**歴史総合**，日本史探究」「**歴史総合**，世界史探究」から１科目選択※ ※旧課程履修者に不利益が生じることのないように配慮する。

「歴史総合」は新課程で新設された科目で，旧課程履修者には見慣れないものですが，上記のような経過措置がとられた場合，新課程入試でも旧課程と同様の学習内容で受験することができます。

要チェックだホン

新課程の情報は WEB もチェック！
より詳しい解説が赤本ウェブサイトで見られます。
https://akahon.net/shinkatei/

科目名が変更される教科・科目

	旧課程	新課程
国語	国語総合 国語表現 現代文A 現代文B 古典A 古典B	現代の国語 言語文化 論理国語 文学国語 国語表現 古典探究
地歴	日本史A 日本史B 世界史A 世界史B 地理A 地理B	歴史総合 日本史探究 世界史探究 地理総合 地理探究
公民	現代社会 倫理 政治・経済	公共 倫理 政治・経済
数学	数学Ⅰ 数学Ⅱ 数学Ⅲ 数学A 数学B 数学活用	数学Ⅰ 数学Ⅱ 数学Ⅲ 数学A 数学B 数学C
外国語	コミュニケーション英語基礎 コミュニケーション英語Ⅰ コミュニケーション英語Ⅱ コミュニケーション英語Ⅲ 英語表現Ⅰ 英語表現Ⅱ 英語会話	英語コミュニケーションⅠ 英語コミュニケーションⅡ 英語コミュニケーションⅢ 論理・表現Ⅰ 論理・表現Ⅱ 論理・表現Ⅲ
情報	社会と情報 情報の科学	情報Ⅰ 情報Ⅱ

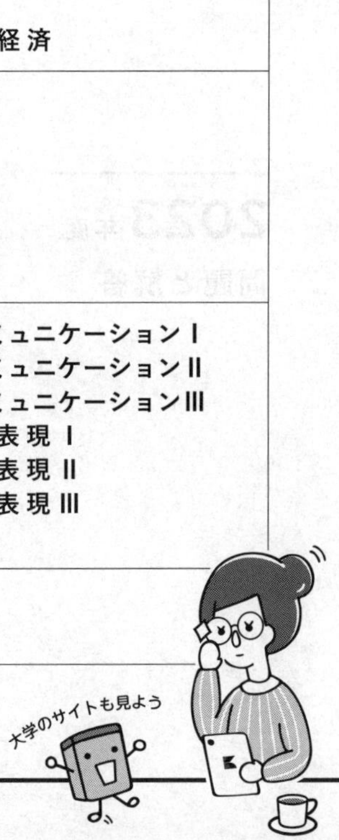

目　次

2022年度
問題と解答

●学部個別日程（神・商・心理・グローバル地域文化学部）

解答用紙は，赤本オンラインに掲載しています。

https://akahon.net/kkm/dsh/index.html

※掲載内容は，予告なしに変更・中止する場合があります。

掲載内容についてのお断り

推薦選抜入試および神学部の共通テスト利用入試の個別学力検査は掲載していません。

UNIVERSITY GUIDE

大学情報

基本情報

沿革

1875（明治 8）　官許同志社英学校開校

- 1884（明治 17）彰栄館（同志社最初の煉瓦建築）竣工
- 1886（明治 19）礼拝堂（チャペル）竣工
- 1887（明治 20）書籍館（現・有終館）開館
- 1894（明治 27）クラーク神学館（現・クラーク記念館）開館

1912（明治 45）　専門学校令による同志社大学開校

1920（大正 9）　大学令による同志社大学の開校。文学部，法学部を設置

1944（昭和 19）　文，法の 2 学部を法文学部 1 学部に縮小

1946（昭和 21）　学部を復旧し元の 2 学部に

1947（昭和 22）　文学部神学科が神学部となる

1948（昭和 23）　新制大学開校。神，文，法，経済学部を設置

1949（昭和 24）　商学部，工学部を設置

1950（昭和 25）　短期大学部（夜間 2 年制）を設置

1954（昭和 29）　短期大学部を発展的に解消，2 部（4 年制）を設置（文，法，経済，商，工各学部）

1975（昭和 50）　創立 100 周年
2004（平成 16）　政策学部を設置
2005（平成 17）　社会学部，文化情報学部を設置
2008（平成 20）　生命医科学部，スポーツ健康科学部を設置。工学部を理工学部に改組再編・名称変更
2009（平成 21）　心理学部を設置
2011（平成 23）　グローバル・コミュニケーション学部を新設。国際教育インスティテュートを開設
2013（平成 25）　グローバル地域文化学部を設置

校章

正三角形を 3 つ寄せたこのマークは，国あるいは土を意味するアッシリア文字『ムツウ』を図案化したものです。考案者の湯浅半月は，同志社が生んだ詩人（代表作『十二の石塚』）であり古代オリエント学者でもありました。制定された当時，半月は同志社神学校教授でした。制定以来，知・徳・体の三位一体あるいは調和をめざす同志社の教育理念をあらわすものと解釈されています。

学部・学科の構成

（注）学部・学科および大学院に関する情報は 2024 年 4 月現在のものです。

大　学

●**神学部**　今出川校地

神学科

●**文学部**　今出川校地

英文学科

哲学科

美学芸術学科

文化史学科

国文学科

●**社会学部**　今出川校地

社会学科

社会福祉学科

メディア学科

産業関係学科

教育文化学科

●**法学部**　今出川校地

法律学科

政治学科（現代政治コース，歴史・思想コース，国際関係コース）

●**経済学部**　今出川校地

経済学科

●**商学部**　今出川校地

商学科（商学総合コース，フレックス複合コース）

●**政策学部**　今出川校地

政策学科

●**グローバル地域文化学部**　今出川校地

グローバル地域文化学科（ヨーロッパコース，アジア・太平洋コース，
アメリカコース）

●文化情報学部 京田辺校地

文化情報学科

●理工学部 京田辺校地

インテリジェント情報工学科

情報システムデザイン学科

電気工学科

電子工学科

機械システム工学科

機械理工学科

機能分子・生命化学科

化学システム創成工学科

環境システム学科

数理システム学科

●生命医科学部 京田辺校地

医工学科

医情報学科

医生命システム学科

●スポーツ健康科学部 京田辺校地

スポーツ健康科学科

●心理学部 京田辺校地

心理学科

●グローバル・コミュニケーション学部 京田辺校地

グローバル・コミュニケーション学科（英語コース，中国語コース，日本語コース） ※日本語コースは外国人留学生を対象としたコース

大学院

神学研究科／文学研究科／社会学研究科／法学研究科／経済学研究科／商学研究科／総合政策科学研究科／文化情報学研究科／理工学研究科／生命医科学研究科／スポーツ健康科学研究科／心理学研究科／グローバル・スタディーズ研究科／脳科学研究科／司法研究科（法科大学院）／ビジネス研究科（ビジネススクール）

大学所在地

今出川校地

京田辺校地

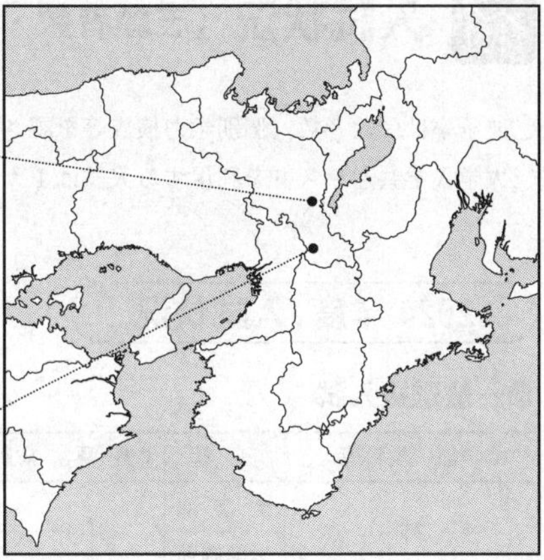

今出川校地　〒602-8580　京都市上京区今出川通烏丸東入

京田辺校地　〒610-0394　京田辺市多々羅都谷１－３

入試データ

入試状況（志願者数・競争率など）

◯競争率は受験者数（個別学力検査等を課さない場合は志願者数）÷合格者数で算出。
◯大学入学共通テストを利用する入試は１カ年のみ掲載。

2024年度 入試状況

●一般選抜入試

学部・学科等		日　程	募集人員	志願者数	受験者数	合格者数	競争率
神		全 学 部	31	64	62	16	3.9
		学部個別		220	209	63	3.3
文	英　　文	全 学 部	185	520	507	212	2.4
		学部個別		784	764	331	2.3
	哲	全 学 部	48	239	229	78	2.9
		学部個別		310	298	102	2.9
	美学芸術	全 学 部	49	213	208	64	3.3
		学部個別		248	236	78	3.0
	文 化 史	全 学 部	76	380	373	164	2.3
		学部個別		451	435	161	2.7
	国　　文	全 学 部	79	327	316	104	3.0
		学部個別		396	378	149	2.5
社　　会	社　　会	全 学 部	51	206	199	46	4.3
		学部個別		728	690	161	4.3
	社会福祉	全 学 部	54	149	143	27	5.3
		学部個別		663	635	144	4.4
	メディア	全 学 部	53	178	173	33	5.2
		学部個別		499	482	91	5.3
	産業関係	全 学 部	47	36	35	12	2.9
		学部個別		446	436	201	2.2

（表つづく）

学部・学科等		日程	募集人員	志願者数	受験者数	合格者数	競争率
社会	教育文化	全学部	42	128	125	49	2.6
		学部個別		310	297	121	2.5
法	法律	全学部	380	1,343	1,286	481	2.7
		学部個別		2,177	2,070	801	2.6
	政治	全学部	104	212	207	81	2.6
		学部個別		579	546	226	2.4
経済		全学部	510	2,135	2,045	655	3.1
		学部個別		3,679	3,524	1,087	3.2
商	商学総合	全学部	344	919	885	257	3.4
		学部個別		2,126	2,032	586	3.5
	フレックス複合	全学部	75	180	176	43	4.1
		学部個別		467	441	127	3.5
政策		全学部	204	737	709	145	4.9
		学部個別		1,820	1,729	377	4.6
文化情報		全学部（文系）	130	309	289	72	4.0
		全学部（理系）		282	266	88	3.0
		学部個別（文系型）		488	465	159	2.9
		学部個別（理系型）		304	285	126	2.3
理工	インテリジェント情報工	全学部	23	519	498	172	2.9
		学部個別	23	464	427	138	3.1
	情報システムデザイン	全学部	23	546	524	170	3.1
		学部個別	23	526	475	163	2.9
	電気工	全学部	27	324	311	167〈26〉	1.9
		学部個別	27	321	301	148	2.0
	電子工	全学部	29	512	494	260	1.9
		学部個別	29	376	353	173	2.0
	機械システム工	全学部	37	745	725	412	1.8
		学部個別	32	649	614	277	2.2
	機械理工	全学部	27	489	467	266	1.8
		学部個別	23	426	399	181	2.2
	機能分子・生命化	全学部	26	595	581	274	2.1
		学部個別	27	616	575	268	2.1

（表つづく）

学部・学科等		日　程	募集人員	志願者数	受験者数	合格者数	競争率
理　工	化学システム創成工	全学部	26	527	512	261	2.0
		学部個別	27	516	485	232	2.1
	環境システム	全学部	16	430	413	192〈 9〉	2.2
		学部個別	17	399	377	166	2.3
	数理システム	全学部	11	237	223	89	2.5
		学部個別	13	297	279	121	2.3
生命医科	医　工	全学部	30	288	271	144	1.9
		学部個別	36	380	358	192	1.9
	医情報	全学部	30	199	191	106	1.8
		学部個別	36	179	165	88	1.9
	医生命システム	全学部	17	520	503	196	2.6
		学部個別	24	534	509	198	2.6
スポーツ健康科		全学部（文系）	90	320	303	94	3.2
		全学部（理系）		134	130	52	2.5
		学部個別（文系型）		403	386	105	3.7
		学部個別（理系型）		138	130	53	2.5
心　理		全学部（文系）	79	377	368	109	3.4
		全学部（理系）		100	93	25	3.7
		学部個別		512	483	149	3.2
グローバル・コミュニケーション	英語コース	全学部	50	210	202	46	4.4
		学部個別		381	366	103	3.6
	中国語コース	全学部	26	56	55	21	2.6
		学部個別		146	138	54	2.6
グローバル地域文化	ヨーロッパコース	全学部	46	175	172	67	2.6
		学部個別		268	256	93	2.8
	アジア・太平洋コース	全学部	37	114	109	40	2.7
		学部個別		187	179	62	2.9
	アメリカコース	全学部	31	109	107	25	4.3
		学部個別		235	231	59	3.9
合　計			3,480	40,731	38,923	13,964	—

（備考）理工学部電気工・環境システム学科においては，全学部日程において第２志望合格を実施した。合格者数の〈　〉内は第２志望合格者で外数。競争率は第１志望合格者数より算出している。

●大学入学共通テストを利用する入試

学部・学科等			募集人員	志願者数	合格者数	競争率
神			2	42	7	6.0
文	英文	A方式	25	141	42	3.4
		B方式	10	414	215	1.9
	哲		3	117	40	2.9
	美学芸術		3	125	35	3.6
	文化史		5	200	49	4.1
	国文		4	244	63	3.9
社会	社会		5	144	27	5.3
	社会福祉		5	78	8	9.8
	メディア		5	69	23	3.0
	産業関係		5	23	1	23.0
	教育文化		5	255	60	4.3
法	法律		20	964	426	2.3
	政治		10	170	76	2.2
経済			27	1,673	543	3.1
商	商学総合		25	754	202	3.7
政策	3科目方式		30	399	72	5.5
	4科目方式		5	163	60	2.7
文化情報	A方式		20	187	34	5.5
	B方式		10	676	220	3.1
理工	インテリジェント情報工		5	209	40	5.2
	情報システムデザイン		5	245	59	4.2
	電気工		5	106	36	2.9
	電子工		5	215	73	2.9
	機械システム工		2	155	15	10.3
	機械理工		2	175	19	9.2
	機能分子・生命化		5	202	40	5.1
	化学システム創成工		5	201	40	5.0
	環境システム		2	243	41	5.9
	数理システム		2	116	27	4.3
生命医科	医工		5	135	39	3.5
	医情報		3	51	13	3.9
	医生命システム		2	181	30	6.0

（表つづく）

学部・学科等		募集人員	志願者数	合格者数	競争率
スポーツ健康科	3科目方式	5	250	67	3.7
	5科目方式	10	276	100	2.8
	スポーツ競技力加点方式	15	185	88	2.1
心理		5	300	69	4.3
グローバル地域文化	ヨーロッパコース	2	68	14	4.9
	アジア・太平洋コース	2	47	10	4.7
	アメリカコース	2	45	10	4.5
合計		313	10,243	3,033	—

2023 年度　入試状況

●一般選抜入試

（　）内は女子内数

学部・学科等		日　程	募集人員	志願者数	受験者数	合格者数	競争率
神		全 学 部	31	86(45)	85(45)	23(10)	3.7
		学部個別		210(99)	206(97)	61(26)	3.4
文	英　文	全 学 部	185	543(309)	530(299)	216(122)	2.5
		学部個別		843(487)	822(476)	348(198)	2.4
	哲	全 学 部	48	177(69)	171(67)	77(34)	2.2
		学部個別		264(108)	256(104)	107(43)	2.4
	美学芸術	全 学 部	49	161(122)	154(116)	52(41)	3.0
		学部個別		242(188)	231(181)	71(51)	3.3
	文 化 史	全 学 部	76	449(208)	437(204)	131(57)	3.3
		学部個別		583(262)	569(260)	165(69)	3.4
	国　文	全 学 部	79	302(190)	295(188)	101(61)	2.9
		学部個別		377(237)	365(230)	129(87)	2.8
社　会	社　会	全 学 部	51	256(151)	250(149)	52(35)	4.8
		学部個別		890(387)	853(375)	164(83)	5.2
	社会福祉	全 学 部	54	81(60)	78(57)	22(18)	3.5
		学部個別		356(175)	350(171)	141(61)	2.5
	メディア	全 学 部	53	162(110)	160(108)	33(21)	4.8
		学部個別		442(278)	433(272)	114(65)	3.8
	産業関係	全 学 部	47	77(38)	72(36)	10(4)	7.2
		学部個別		839(283)	809(279)	174(59)	4.6
	教育文化	全 学 部	42	124(76)	120(73)	39(25)	3.1
		学部個別		385(216)	362(205)	99(62)	3.7
法	法　律	全 学 部	380	1,300(533)	1,256(513)	462(195)	2.7
		学部個別		2,122(829)	2,014(790)	744(309)	2.7
	政　治	全 学 部	104	209(82)	197(78)	77(29)	2.6
		学部個別		582(193)	550(181)	204(75)	2.7
経　済		全 学 部	510	2,094(477)	2,006(460)	692(177)	2.9
		学部個別		3,581(941)	3,423(899)	1,158(316)	3.0

（表つづく）

学部・学科等		日程	募集人員	志願者数	受験者数	合格者数	競争率
商	商学総合	全学部	344	1,026(399)	991(386)	219(92)	4.5
		学部個別		2,626(868)	2,513(836)	547(191)	4.6
	フレックス複合	全学部	75	196(60)	187(57)	42(15)	4.5
		学部個別		424(136)	408(127)	111(38)	3.7
政策		全学部	204	421(141)	411(137)	188(56)	2.2
		学部個別		1,176(462)	1,140(446)	514(198)	2.2
文化情報		全学部(文系)	130	261(133)	252(129)	75(32)	3.4
		全学部(理系)		181(58)	175(57)	75(29)	2.3
		学部個別(文系型)		433(211)	404(195)	148(79)	2.7
		学部個別(理系型)		291(72)	275(71)	139(36)	2.0
理工	インテリジェント情報工	全学部	23	612(45)	593(44)	227(10)	2.6
		学部個別	23	508(35)	482(32)	178(10)	2.7
	情報システムデザイン	全学部	23	541(66)	526(61)	155(19)	3.4
		学部個別	23	617(64)	583(56)	191(13)	3.1
	電気工	全学部	27	307(16)	300(13)	178(7) 〈 8(0)〉	1.7
		学部個別	27	202(7)	196(5)	103(1)	1.9
	電子工	全学部	29	506(24)	492(22)	261(10)	1.9
		学部個別	29	403(12)	389(11)	191(4)	2.0
	機械システム工	全学部	37	874(65)	845(62)	430(30)	2.0
		学部個別	32	764(43)	721(39)	302(14)	2.4
	機械理工	全学部	27	465(26)	453(24)	251(15) 〈 16(1)〉	1.8
		学部個別	23	372(20)	346(17)	184(7)	1.9
	機能分子・生命化	全学部	26	460(165)	446(160)	268(103)	1.7
		学部個別	27	489(143)	459(134)	248(78)	1.9
	化学システム創成工	全学部	26	505(144)	494(143)	299(89)	1.7
		学部個別	27	460(115)	441(110)	252(68)	1.8
	環境システム	全学部	16	410(84)	396(84)	183(38) 〈 9(0)〉	2.2
		学部個別	17	390(70)	369(67)	164(27)	2.3
	数理システム	全学部	11	216(18)	205(15)	87(6)	2.4
		学部個別	13	237(21)	218(19)	113(10)	1.9

(表つづく)

学部・学科等		日程	募集人員	志願者数	受験者数	合格者数	競争率
生命医科	医工	全学部	30	281(84)	274(84)	157(55)	1.7
		学部個別	36	305(83)	286(78)	160(45)	1.8
	医情報	全学部	30	263(85)	256(82)	108(35)	2.4
		学部個別	36	257(53)	237(48)	100(14)	2.4
	医生命システム	全学部	17	499(297)	476(277)	184(103)	2.6
		学部個別	24	386(224)	366(213)	148(78)	2.5
スポーツ健康科		全学部（文系）	90	274(96)	259(90)	72(30)	3.6
		全学部（理系）		145(32)	138(30)	54(19)	2.6
		学部個別（文系型）		371(123)	348(116)	97(37)	3.6
		学部個別（理系型）		145(31)	140(30)	54(16)	2.6
心理		全学部（文系）	79	431(267)	410(257)	114(80)	3.6
		全学部（理系）		93(39)	85(35)	23(9)	3.7
		学部個別		607(372)	576(356)	164(103)	3.5
グローバル・コミュニケーション	英語コース	全学部	50	178(94)	174(92)	42(25)	4.1
		学部個別		338(179)	321(173)	88(47)	3.6
	中国語コース	全学部	26	58(46)	58(46)	27(20)	2.1
		学部個別		143(94)	142(94)	65(42)	2.2
グローバル地域文化	ヨーロッパコース	全学部	46	243(164)	241(163)	66(45)	3.7
		学部個別		391(250)	384(248)	88(64)	4.4
	アジア・太平洋コース	全学部	37	133(104)	131(102)	33(25)	4.0
		学部個別		262(197)	258(195)	73(51)	3.5
	アメリカコース	全学部	31	82(40)	81(40)	25(14)	3.2
		学部個別		162(84)	160(84)	62(31)	2.6
合計			3,480	40,157 (13,914)	38,565 (13,405)	14,026 (4,647)	—

（備考）理工学部電気工・機械理工・環境システム学科においては，全学部日程において第2志望合格を実施した。合格者数の〈　〉内は第2志望合格者で外数。競争率は第1志望合格者数より算出している。

2022 年度　入試状況

●一般選抜入試

（　）内は女子内数

学部・学科等		日程	募集人員	志願者数	受験者数	合格者数	競争率
神		全学部	31	58(28)	56(27)	18(10)	3.1
		学部個別		172(65)	160(60)	50(19)	3.2
文	英文	全学部	185	513(295)	499(286)	209(126)	2.4
		学部個別		801(477)	776(466)	351(216)	2.2
	哲	全学部	48	190(62)	186(60)	60(16)	3.1
		学部個別		275(109)	265(105)	91(37)	2.9
	美学芸術	全学部	49	186(148)	184(147)	52(43)	3.5
		学部個別		236(190)	231(185)	80(63)	2.9
	文化史	全学部	76	330(152)	321(149)	145(72)	2.2
		学部個別		470(222)	457(217)	200(102)	2.3
	国文	全学部	79	389(240)	371(229)	106(61)	3.5
		学部個別		525(321)	510(313)	135(90)	3.8
社会	社会	全学部	51	211(127)	207(123)	55(28)	3.8
		学部個別		702(300)	679(293)	177(96)	3.8
	社会福祉	全学部	54	125(87)	123(85)	26(19)	4.7
		学部個別		564(275)	548(269)	143(76)	3.8
	メディア	全学部	53	163(117)	162(117)	31(25)	5.2
		学部個別		460(279)	453(276)	101(64)	4.5
	産業関係	全学部	47	46(22)	45(21)	7(3)	6.4
		学部個別		606(196)	598(194)	211(60)	2.8
	教育文化	全学部	42	118(77)	111(72)	52(35)	2.1
		学部個別		268(150)	252(140)	111(69)	2.3
法	法律	全学部	380	1,376(510)	1,329(492)	411(153)	3.2
		学部個別		2,370(851)	2,251(811)	705(253)	3.2
	政治	全学部	104	199(65)	192(65)	67(29)	2.9
		学部個別		669(209)	633(203)	203(78)	3.1
経済		全学部	510	1,957(394)	1,880(382)	663(144)	2.8
		学部個別		3,529(798)	3,390(768)	1,187(251)	2.9

（表つづく）

学部・学科等		日　程	募集人員	志願者数	受験者数	合格者数	競争率
商	商学総合	全学部	344	836(299)	802(288)	250(90)	3.2
		学部個別		2,146(703)	2,049(673)	633(197)	3.2
	フレックス複合	全学部	75	102(42)	94(39)	35(12)	2.7
		学部個別		242(81)	232(77)	78(31)	3.0
政策		全学部	204	509(191)	495(188)	158(52)	3.1
		学部個別		1,319(544)	1,278(530)	397(174)	3.2
文化情報		全学部(文系)	130	194(74)	188(69)	76(30)	2.5
		全学部(理系)		142(38)	134(33)	61(16)	2.2
		学部個別(文系型)		320(152)	303(147)	102(52)	3.0
		学部個別(理系型)		211(46)	200(43)	108(26)	1.9
理工	インテリジェント情報工	全学部	23	705(57)	680(55)	243(14)	2.8
		学部個別	23	572(43)	529(41)	185(14)	2.9
	情報システムデザイン	全学部	23	559(70)	540(66)	194(17)	2.8
		学部個別	23	489(60)	452(56)	202(15)	2.2
	電気工	全学部	27	286(12)	274(11)	158(7) 〈 12(1)〉	1.7
		学部個別	27	228(9)	213(9)	104(5)	2.0
	電子工	全学部	29	404(18)	384(17)	225(12)	1.7
		学部個別	29	343(6)	329(6)	155(3)	2.1
	機械システム工	全学部	37	775(56)	746(54)	426(37)	1.8
		学部個別	32	673(39)	636(36)	301(13)	2.1
	機械理工	全学部	27	405(21)	394(20)	237(14)	1.7
		学部個別	23	299(12)	278(11)	168(5)	1.7
	機能分子・生命化	全学部	26	446(152)	438(151)	247(74)	1.8
		学部個別	27	388(131)	366(127)	185(57)	2.0
	化学システム創成工	全学部	26	515(142)	508(141)	290(68)	1.8
		学部個別	27	461(110)	439(108)	248(59)	1.8
	環境システム	全学部	16	409(98)	394(93)	172(42) 〈 9(3)〉	2.3
		学部個別	17	339(66)	313(56)	137(24)	2.3
	数理システム	全学部	11	242(33)	227(30)	97(11)	2.3
		学部個別	13	227(22)	210(19)	107(5)	2.0

（表つづく）

学部・学科等		日程	募集人員	志願者数	受験者数	合格者数	競争率
生命医科	医工	全学部	30	276(82)	262(75)	138(45)	1.9
		学部個別	36	349(79)	322(70)	177(42)	1.8
	医情報	全学部	30	224(90)	215(85)	113(40)	1.9
		学部個別	36	216(68)	207(64)	104(33)	2.0
	医生命システム	全学部	17	388(240)	372(234)	153(93)	2.4
		学部個別	24	338(199)	311(185)	134(80)	2.3
スポーツ健康科		全学部（文系）	90	252(89)	245(87)	68(27)	3.6
		全学部（理系）		104(19)	99(17)	36(9)	2.8
		学部個別（文系型）		371(117)	355(112)	104(35)	3.4
		学部個別（理系型）		100(17)	94(16)	39(8)	2.4
心理		全学部（文系）	79	411(257)	402(252)	111(72)	3.6
		全学部（理系）		74(31)	69(28)	22(8)	3.1
		学部個別		571(353)	550(345)	163(102)	3.4
グローバル・コミュニケーション	英語コース	全学部	50	172(95)	166(92)	37(24)	4.5
		学部個別		366(206)	358(202)	88(41)	4.1
	中国語コース	全学部	26	46(39)	46(39)	20(16)	2.3
		学部個別		85(57)	83(55)	45(30)	1.8
グローバル地域文化	ヨーロッパコース	全学部	46	172(112)	170(110)	59(40)	2.9
		学部個別		293(173)	286(168)	101(54)	2.8
	アジア・太平洋コース	全学部	37	121(104)	117(100)	43(33)	2.7
		学部個別		203(165)	198(161)	79(65)	2.5
	アメリカコース	全学部	31	88(52)	83(50)	26(17)	3.2
		学部個別		212(123)	199(118)	63(36)	3.2
合計			3,480	37,726 (12,860)	36,203 (12,414)	13,570 (4,368)	—

（備考）理工学部電気工・環境システム学科においては，全学部日程において第 2 志望合格を実施した。合格者数の〈　〉内は第 2 志望合格者で外数。競争率は第 1 志望合格者数より算出している。

合格最低点（一般選抜入試）

●合否の目安

合否の判定は3教科の合計得点により行われる。

合格最低点は以下に示すとおりであるが，**法・経済学部の英語については基準点（80点）**が設けられており，英語が79点以下の場合，3教科の総得点が合格最低点を上回っていても不合格となる。

●選択科目間の得点調整について

両日程・全学部において，選択科目間の得点調整が実施されている。計算式は以下のとおり。

150点満点の場合

$$\text{調整点}=\frac{\text{得点}-\text{当該科目の平均点}}{\text{当該科目の標準偏差}}\times 15+\text{選択科目全ての平均点}$$

200点満点の場合

$$\text{調整点}=\left[\frac{\text{得点}-\text{当該科目の平均点}}{\text{当該科目の標準偏差}}\times 15+\text{選択科目全ての平均点}\right]\times\frac{200}{150}$$

ただし，調整点＜0の場合，調整点は0点。また，調整点＞150（200）の場合，調整点は150点（200点）。なお，当該科目の得点が0点または満点の場合，得点調整は行われない。

●全学部日程

学部・学科等		満点	2024	2023	2022
神		500	347	365	365
文	英文	500	338	357	358
	哲		348	355	367
	美学芸術		348	365	364
	文化史		353	372	367
	国文		353	361	373
社会	社会	500	373	387	384
	社会福祉		350	358	361
	メディア		371	374	382
	産業関係		339	373	363
	教育文化		353	369	364
法	法律	500	351	371	374
	政治		348	375	374
経済		500	345	368	359
商	商学総合	500	353	379	368
	フレックス複合		353	379	368
政策		500*	355	383	406
文化情報		文系 500	344	354	354
		理系 550	309	296	300
理工	インテリジェント情報工	550	350	332	335
	情報システムデザイン		350	334	329
	電気工		①301 ②308	①300 ②301	①305 ②310
	電子工		317	304	313
	機械システム工		301	305	295
	機械理工		304	①300 ②303	301
	機能分子・生命化		318	297	297
	化学システム創成工		320	296	303
	環境システム		①321 ②337	①315 ②330	①322 ②339
	数理システム		352	342	347

（表つづく）

学部・学科等		満点	2024	2023	2022
生命医科	医工	600	316	311	314
	医情報		308	320	301
	医生命システム		358	350	350
スポーツ健康科		文系 500	319	344	345
		理系 550	260	279	273
心理		文系 500	356	375	372
		理系 500	314	312	319
グローバル・コミュニケーション	英語コース	550	407	425	424
	中国語コース	500	340	359	358
グローバル地域文化	ヨーロッパコース	500	358	391	376
	アジア・太平洋コース		357	377	370
	アメリカコース		364	370	374

（備考）理工学部の①は第 1 志望合格者の最低点，②は第 2 志望合格者の最低点を示す。

＊2023・2022 年度は 550 点満点。

●学部個別日程

学部・学科等		満点	2024	2023	2022
神		500	351	376	338
文	英文	500	327	367	360
	哲		337	365	369
	美学芸術		340	372	364
	文化史		343	381	370
	国文		342	370	376
社会	社会	500	372	395	377
	社会福祉		347	359	352
	メディア		369	380	374
	産業関係		335	378	349
	教育文化		349	375	354
法	法律	500	340	357	371
	政治		337	360	371
経済		500	334	357	359
商	商学総合	500	366	394	344
	フレックス複合		366	394	344
政策		500	371	356	373
文化情報		文系型 500	353	360	367
		理系型 550	328	324	303
理工	インテリジェント情報工	450	267	273	253
	情報システムデザイン		263	272	240
	電気工		235	240	236
	電子工		248	257	246
	機械システム工		244	258	235
	機械理工		244	250	229
	機能分子・生命化		233	241	223
	化学システム創成工		235	248	228
	環境システム		246	259	231
	数理システム		257	260	248
生命医科	医工	500	303	276	268
	医情報		290	288	259
	医生命システム		334	308	298

（表つづく）

学部・学科等		満点	2024	2023	2022
スポーツ健康科		文系型 500	339	349	349
		理系型 550	307	302	288
心理		500	369	393	351
グローバル・コミュニケーション	英語コース	550	396	414	425
	中国語コース	500	325	339	354
グローバル地域文化	ヨーロッパコース	500	370	405	360
	アジア・太平洋コース		369	392	352
	アメリカコース		375	384	357

募集要項（願書）の入手方法

大学案内・入試ガイドは6月に発行される予定です。一般選抜・大学入学共通テスト利用入試の入試要項の発行時期については大学ホームページ等でご確認ください。郵送をご希望の方は，大学ホームページよりお申し込みください。テレメールでも請求できます。

問い合わせ先

同志社大学　入学センター入学課
〒602-8580　京都市上京区今出川通烏丸東入
TEL　075-251-3210〔直通〕
FAX　075-251-3082
ホームページ　https://www.doshisha.ac.jp
E-mail　ji-nyugk@mail.doshisha.ac.jp

同志社大学のテレメールによる資料請求方法

スマホ・ケータイから　QRコードからアクセスしガイダンスに従ってご請求ください。
パソコンから　教学社 赤本ウェブサイト(akahon.net)から請求できます。

気になること、聞いてみました！

在学生メッセージ

大学ってどんなところ？　大学生活ってどんな感じ？
ちょっと気になることを，在学生に聞いてみました。

以下の内容は 2020～2022 年度入学生のアンケート回答に基づくものです。ここで触れられている内容は今後変更となる場合もありますのでご注意ください。

メッセージを書いてくれた先輩　［文学部］R.O. さん　［法学部］小野倫敬さん　安東賢信さん

大学生になったと実感！

大学からは自分で時間割を作成することができます。また，科目は自分の興味があることに応じて選ぶことができます。アルバイトやサークルをするのも自由です。しかし，高校までとは違い，進路などを考えるときには自分から説明会やインターンシップに足を運ばねばなりません。受け身ではいつまでも貴重な情報を得ることができないのが大学という場所だと思います。ですが，あらゆる面で，束縛されずにアクティブに活動できるのは大学生のいいところだと思います。（安東さん／法）

大学生活に必要なもの

大学生として必要なものはパソコンです。パソコンは授業中に調べものをしたり，レポートを作成したり，さらには履修登録をするために使用したりと必須アイテムです。大学にもパソコンがありますが，自分のパソコンを持っていないと自宅や授業で使用する際に困る場合があるので，自分のパソコンを用意することをおすすめします。また，Wi-Fi などのインターネットが使える環境の準備も必要です。（小野さん／法）

この授業がおもしろい！

文化史学科日本史コースの必修科目である日本文化史演習。少人数で行われる漢文講読の授業で，学生それぞれに漢文史料が割り振られて，それについて調査して発表を行うことを主としている。他の人の発表を聞くと，自分の力ではわからなかった新たな発見があってとてもおもしろい。（R.O. さん／文）

おもしろい授業は外交論についての授業です。歴代日本首相のアメリカとの外交について学ぶことができる授業です。この授業では，メディアに多数出演されている有名教授の話を聞くことができ，日米関係についての理解を深めることができます。戦後公開された映画「ゴジラ」のゴジラは何を表しているのか，亡くなった日本兵なのか，アメリカ人なのか，など身近な題材を基にした話もあり，教授の研究に引き込まれました。（小野さん／法）

部活・サークル活動

演劇のサークルに入っている。年に4回ほど新町キャンパスにある小ホールで公演を行っており，それに向けた稽古が主な活動内容となっている。同志社大学には演劇のサークルが複数あり，他にも多種多様なサークルがあるので，自分に合ったサークルを選択することができる。（R.O. さん／文）

私は2つのサークルに所属しています。1つ目は野球のサークルで，週に1回程度，集まって野球をしています。私は野球初心者ですが楽しく活動しています。2つ目はキャンプのサークルで，子供たちが夏休みにキャンプをする際にボランティアをするサークルです。子供たちと川遊びをしたりご飯を作ったり，かけがえのない思い出をつくることができます。（小野さん／法）

交友関係は？

入学式で話しかけてくれた人と仲良くさせてもらっている。また，少人数クラスで席が隣の人に話しかけると仲良くなれると思う。積極的に話しかけることが大切。先輩とはやはりサークルを通じて交流することがメインだと思う。交友関係を広げるためには積極性は不可欠だと感じている。（R.O. さん／文）

いま「これ」を頑張っています

現在，高校からやっているギターを猛練習しています。軽音サークルにも入っているので1曲でも多くの曲を上手に弾けるようになれたらと思っています！ サークルの中では，自分の知らないバンドや曲のことを共有できるのでいい刺激になっています。（安東さん／法）

おススメ・お気に入りスポット

大学の図書館。蔵書数も多く，落ち着いた雰囲気で勉強や読書に集中できる。また，古書特有の独特な香りが漂っている書庫も気に入っている。中には史料がたくさんあり，レポートや発表資料の作成に非常に役立つ。(R.O. さん／文)

大学周辺のお気に入りスポットは鴨川です。鴨川周辺は夏でも涼しいので散歩をするのに快適です。その他にも自転車で 20 分くらいの場所に河原町があるので買い物ができますし，地下鉄に乗れば 10 分程度で京都駅に行けるので，学校の立地がとてもいいです。(小野さん／法)

入学してよかった！

同志社大学に入学してよかったと思うことは，自分に刺激を与えてくれる友人が多いことです。中国語検定 1 級を持っている友人や，弁護士を目指して必死に勉強している友人など，尊敬できる友人は多岐にわたります。そのような友人たちとの出会いを通して自分の世界観を広げることができました。(小野さん／法)

高校生のときに「これ」をやっておけばよかった

受験英語だけでなく，英会話など実践的な英語にもっと触れておけばよかったと痛感している。同志社大学は外国人留学生も多く，また英語教育にも力を入れているため，英語が苦手で受験英語の勉強しかしてこなかった自分にとって，ついていくのが難しいという状況になってしまっている。(R.O. さん／文)

合格体験記

みごと合格を手にした先輩に，入試突破のためのカギを伺いました。
入試までの限られた時間を有効に活用するために，ぜひ役立ててください。

（注）ここでの内容は，先輩方が受験された当時のものです。2025 年度入試では当てはまらないこともありますのでご注意ください。

・アドバイスをお寄せいただいた先輩・

Message

N.M. さん　文学部（美学芸術学科）
全学部日程 2024 年度合格，愛媛県出身

試験前日は新しい問題に取り組んでわからないと焦ってしまうかもしれないので，今まで取り組んできたインプットを繰り返しました。自信にもつながりますし，基礎が大切な同志社大学では最後まで戦力を高められました。

Message

T.Y. さん　法学部（法律学科）
全学部日程・学部個別日程 2024 年度合格，茨城県出身

周りに流されるのではなく，自分のレベルや現状に合わせて，試験日までに淡々とこなしていくことです。

M.Y. さん　政策学部
全学部日程 2024 年度合格，三重県出身

私は浪人生でした。毎朝同じ時間に起きて同じ時間に予備校に行って勉強するというサイクルを習慣化させました。早寝早起き朝ごはんを徹底していたので風邪をひくこともなかったです。人より早く予備校や学校に行って勉強するなどのちょっとした差が後々大きな差を生むことになると思います。受験期間は自分のやりたいことを我慢して勉強漬けの毎日になるとは思いますが，勉強だけの生活で自分が壊れてしまわないように，日々の中にちょっとした娯楽を入れることも大切です。

その他の合格大学　立教大（観光），國學院大（観光まちづくり），名城大（法），愛知大（地域政策〈共通テスト利用〉）

S.K. さん　理工学部（インテリジェント情報工学科）
学部個別日程 2024 年度合格，神奈川県出身

最後まで諦めないことです。わからなくても，わかることを最後まで諦めずに書き続けることが肝心です。私はそれで合格最低点＋ 8 点で滑り込みました。

その他の合格大学　明治大（理工〈情報科〉），立命館大（情報理工〈共通テスト利用〉）

Message

T.U. さん　スポーツ健康科学部
全学部日程（文系）2024 年度合格，滋賀県出身

とても基本的なことですが，睡眠時間をしっかりと確保して，栄養バランスのよい食事をし，適度にランニングなどの運動をしたりして，健康的な生活を続けたうえで，勉強していました。特に適度に運動することはとてもよかったと思っていて，ちょっと体を動かすだけでむしろその 1 日の自分の調子がよくなって，勉強により集中して取り組めました。

その他の合格大学　近畿大（経営〈経営〉），京都産業大（経営）

Message

A.N. さん　社会学部（教育文化学科）
全学部日程・学部個別日程 2023 年度合格，兵庫県出身

合格のポイントは，正確に，確実に問題を解けるように練習したことです。同志社大学は標準レベルの問題が出題されますが，標準的な問題だからこそ他の受験生が取れるような問題を落としてはいけません。特に，英語や国語では 1 問の配点が高い問題が多くあり，その問題の出来で合否が変わる可能性が十分にあります。練習すれば必ず高得点を狙える実力を手に入れることができます。また，記述問題の対策も合格するために必要です。しっかりと自分の答案を解答用紙に表現できるように頑張ってください。

その他の合格大学　立命館大（経済〈共通テスト利用〉），関西大（経済，社会）

Message

H.S. さん　生命医科学部（医生命システム学科）
全学部日程 2023 年度合格，広島県出身

合格するために最も大切なのは，本番の精神力だと思います。私は，本番では物理と数学で苦戦し，過去問と比べても全然できませんでした。絶望的でしたが，得意の英語で持ち直し，英語では 8 割を取ることができました。本番ではいかに気持ちをコントロールして，最後まで粘れるかが重要だと思います。また私は，本番に弱いタイプだとわかっていたので，どんなに緊張してもある程度の力は出せるよう，たくさん演習しました。本番で精神を安定させるための準備も大切だと思います。受験勉強や本番の試験で，つらいこと，焦ることはたくさんあると思います。それでも，私のように絶対に不合格だと思っても受かることはあるので，最後まで諦めないで頑張ってほしいです。

その他の合格大学　立命館大（薬〈共通テスト利用〉）

Message

N.I. さん　商学部
学部個別日程 2021 年度合格，兵庫県出身

英単語を 2 年生の間にある程度覚えておいたことが，後々とても役に立ったと思います。英文を読んだときに知っている単語があると，スラスラ読めてモチベーションも上がるからです。なので，受験生の方は早めに英単語を覚えておくことをおすすめします。

その他の合格大学　同志社大（法，経済，政策）

入試なんでもQ&A

受験生のみなさんからよく寄せられる，
入試に関する疑問・質問に答えていただきました。

Q 「赤本」の効果的な使い方を教えてください。

A 志望校を決定した高3の4月に赤本で一通り問題形式を確認しました。1年の学習の指針を立てるためにも早めに一度目を通しておくべきです。本格的に取り組み始めたのは10月頃でした。周りは8月頃から取り組んでいたので焦りはありましたが，きちんと基礎ができてから取り組めたので，結果としては正解でした。同志社大学の英語は問題形式が同じなので，英語は志望学部にかかわらず全部解きました。

（N.M. さん／文）

A 最新年度の問題は，自分のレベルや志望校との距離を測るために，すぐに解きました。解き終わったら，何が足りなくてどうすればよいのかといった分析，次につなげる対策，そして解いた年度の過去問の復習をしっかりしました。その後に第一志望の学部以外の赤本も解くことで，形式に慣れたり，問題集として利用したりしました。最後に，時間配分の確認や本番当日と同じ時間割で解くといった仕上げとして残りの年度の問題を解きました。

（T.Y. さん／法）

Q　1年間のスケジュールはどのようなものでしたか？

A　高2の12月くらいから英文法や古典文法，単語などの基礎をやり始めて，文法事項に関しては夏休みまでにはほぼ完璧にしました。単語に関しては受験直前まで1個でも多く覚えようと継続してやりました。理想としては単語も夏休みまでに完璧にできれば強いと思います。僕は3科目受験だったので，とにかく配点の高い英語に一番勉強時間を割きました。現代文は，毎日継続して文章を読むように努力すれば感覚が染みついてきます。社会は，僕は始めるのが少し遅くて本格的には夏休みから始めたのですが，もう少し早く取りかかっておけば受験直前での仕上がりがよかったんだろうなぁと少し後悔しています。けれど，社会は最後の最後まで粘れば成績は伸びます！　受験直前に自分の思う完成度じゃなかったとしても，諦めずに最後まであがき続けてください。

（T.U. さん／スポーツ健康科）

Q　どのように学習計画を立て，受験勉強を進めていましたか？

A　1カ月の目標や終わらせたい参考書から逆算して1週間の計画を立てていました。計画はある程度の余裕をもたせて立てました。また，2カ月に一度，共通テスト模試を受けていたので，それで基礎が不足している苦手科目や分野を特定し，3科目の勉強時間を調節していました。

（N.M. さん／文）

A　英文法が苦手だったので，予備校の授業で習ったことをしっかり復習しました。全然身についていないなと思ったら毎日連続で復習し，定着してきたなと思ったら3日置きに復習するなど間隔を空けていきました。前日に次の日にすることをメモして，次の日にすぐ勉強に取りかかれるようにしました。うまく進まない日もあるので，そんな日のために何も予定を入れない予備日も作っておきました。日本史は最後のほうに近現代史が残ってしまわないように，10月くらいまでには一通り終わらせました。

（M.Y. さん／政策）

Q　学校外での学習はどのようにしていましたか？

A　家ではあまり勉強に集中できなかったので，休日や長期休暇は1日中塾にこもっていました。朝は10時からの開校でしたが，それまでは家ではあえて勉強しませんでした。塾に行くまでの時間は，軽くランニングをしたりニュースを見たりなど，なるべく遊び過ぎずに勉強以外のことをするように意識していました。電車で塾に通っていたので，電車に乗った瞬間にその日の勉強はスタートです。電車に乗っているときは，ひたすら単語を覚えまくりました。正直なところ，僕の受験勉強のなかで一番頑張ったなと思うのは，この時間です。座ってしまうとどうしても眠くなって全く頭に入っていないことに気づいてからは，意地でも立って単語帳を開いていました（笑）。往路は英単語，復路は古文単語などとすることを分けると，より集中力が上がった気がします。これを毎日，受験本番まで続けました。　（T.U. さん／スポーツ健康科）

Q　時間をうまく使うためにしていた工夫があれば，教えてください。

A　キッチンタイマーを使って時間を計り，45分勉強したら15分休憩（スマホも漫画もOK）ということをしていました。これならモチベーションも保てるし，かなり効率よく勉強することができます。また，英語などの暗記科目は電車やバスの中で取り組みました。家から高校まではバス・電車で片道1時間半程度で，往復しっかりと勉強すれば約3時間近くの勉強時間を手に入れることができました。　（S.K. さん／理工）

Q 同志社大学を攻略するうえで，特に重要な科目は何ですか？

A 英語です。配点が高いのと，得点調整がなくそのまま反映されるので，重要です。同志社大学は語彙力が大切なので，単語帳は『英単語ターゲット 1400』と『同 1900』（旺文社），『速読英単語　上級編』（Z 会），『システム英単語』（駿台文庫）の 4 冊を使いました。また，文法力も重要なので『Next Stage 英文法・語法問題』（桐原書店）で強化しました。そして何よりも長文に慣れる必要があるので，『やっておきたい英語長文』シリーズ（河合出版）や他大学の過去問を解きました。英作文は，実際に第三者に見てもらい添削してもらうことが大切です。日本語の微妙なニュアンスが英語に訳せていなかったりするのは自分ではなかなか気づけないので，私の場合は家庭教師の先生に添削してもらいました。

（N.M. さん／文）

A 数学です。理系であれば配点も高いですが，高難度のため「途中点をガッツリ取る」ということを心がけなければなりません。私は，赤本でわからなかった問題の解答例と自分の解答を見比べながら，考え方の違いを整理したり，赤本の解答例通りに自分で解答を作成してみたりということを繰り返しました。このようにすると自ずと合格につながる解答の書き方のコツが見えてくるのではないかと思います。他の同傾向の過去問を解いてみるのもよいでしょう。（S.K. さん／理工）

Q 苦手な科目はどのように克服しましたか？

A 私は国語がとても苦手でした。特に現代文のできるときとできないときの波が激しかったです。しかし，予備校の授業を受けて，教えてもらったことを徹底的に身につけたおかげで，本番でも緊張することなく力を発揮できました。同志社大学の国語には記述問題がありますが，現代文の解き方がしっかり身についていれば何も怖くありません。また，古文は単語が重要だと思います。早いうちに覚えてしまいましょう。助動詞などの古文文法もしっかりとやるべきです。（M.Y. さん／政策）

**Q　併願をするうえで重視したことは何ですか？
また，注意すべき点があれば教えてください。**

A　私は後悔しないように，受けるか迷った大学は基本受けました。ただし，３日連続受験することは避けました。自分でも気づかないうちに精神的にも体力的にも疲れます。また，大学の出題形式によって向き不向きが多少あります。過去問を見ていて，自分と相性が悪すぎると思うなら，併願校を変えてみてもいいかもしれません。たまに本命しか受けない人がいますが，それはあまりおすすめしません。１校だけでも練習として受けておくと本命大学の受験のときに，あまり緊張せず，力を発揮できると思います。　（M.Y. さん／政策）

**Q　試験当日の試験場の雰囲気はどのようなものでしたか？
緊張のほぐし方，交通事情，注意点等があれば教えてください。**

A　試験当日は，ほぼ確実に緊張します。僕は，なるべく気持ちを落ち着かせるために，受験勉強を始めたときからずっと続けてきて一番長い時間一緒にいたであろう単語帳を静かに見返していました。あれこれ見るのではなく，何か１つだけ自分のお気に入りの参考書などを試験会場に持って行って，じっくりとそれを読むのが一番緊張がほぐれるような気がします。また，僕は試験会場に着く時間を意識しました。８時半から試験会場に入室可能だったので，なるべく早めに自分の席についてイメトレをしていました。よい結果を出すには，もちろんそれまでの勉強の頑張りも必要だけれど，当日の自分のコンディションをよくして最大限のパフォーマンスをすることも必要です。当日に自分でできるあらゆる準備をしたうえで試験に臨むとよいと思います。あとは，周りには賢そうな受験生がたくさんいますが，あまり気にしてはいけません。あくまで自分との戦いです。試験中に自分のできることにだけ集中すればよい結果は望めるはずです。　（T.U. さん／スポーツ健康科）

Q　受験生へアドバイスをお願いします。

A　失敗したと思った科目があっても最後まで諦めず，とりあえず力を出し切って答案は全部埋めましょう。私は当日，英語の試験の手応えがなくて絶対ダメだと思い，すぐに帰りたい気持ちにさえなりましたが，なんとか残りの国語や日本史の試験も終えました。正直言って合格発表まで合格している自信はありませんでしたが，得点開示を見てみると国語や日本史だけでなく，英語も英作文や和訳を諦めずに書いたことで得点がもらえていました。あなたが一生懸命に書いた答案はきちんと採点者に見てもらえます。最後まで頑張ってきた全力を出し切りましょう。

（N.M. さん／文）

科目別攻略アドバイス

みごと入試を突破された先輩に，独自の攻略法や
おすすめの参考書・問題集を，科目ごとに紹介していただきました。

英　語

とにかく語彙力を強化しましょう。同志社大学の英語は単語単体で問われることもあるなど，何かと語彙が必要です。　（N.M. さん／文）

おすすめ参考書　『速読英単語　上級編』（Z会）

同志社大学の英語はさまざまな分野の専門的話題から出題されることが多いですが，多くが選択式の問題ですから，単語さえわかれば雰囲気はつかめるのではないでしょうか。私は『リンガメタリカ』の文章と単語・熟語を何周も口に出して大きな声で音読し，頭に叩き込んでいきました。

（S.K. さん／理工）

おすすめ参考書　『話題別英単語リンガメタリカ』（Z会）

日本史

日本史は時代の流れをしっかり攻略することが大切です。「いつ，どこで，どうしてそのような戦いが起こったのか？」「なぜ○○の輸出が増えたのか？」など，教科書に書かれている前後関係をしっかり把握しておきましょう。同志社大学の日本史は記述問題もあります。日頃から漢字を書く練習をして本番で頭が真っ白にならないように気をつけてください。

（M.Y. さん／政策）

おすすめ参考書 『実力をつける日本史 100 題』（Z会）
『詳説日本史』（山川出版社）

世界史

年号は必ず覚えておいてください。語呂をつかって覚えると速く覚えられると思います。また，用語だけではなくて背景も知っておくと，正誤判定問題で役に立つと思います。（N.I. さん／商）

数　学

同志社大学の文系数学はとても難しい問題が出題されることがありますが，それにくじけないことです。また，記述式の問題が 2 題あり，その問題では解答のプロセスをわかりやすく，また理にかなったものを書くことを心がけて解答を作成することです。（A.N. さん／社会）

おすすめ参考書 『理系数学の良問プラチカ』（河合出版）

物　理

いかに基本をきちんとおさえて応用問題につなげられるかがポイントです。

（H.S. さん／生命医科）

おすすめ参考書 『実戦 物理重要問題集 物理基礎・物理』（数研出版）

国　語

設問の趣旨をしっかり把握することです。問われていることに答えないと，せっかく書いた答案も点数がつかなくなります。　(T.Y. さん／法)

現代文の正確な解き方を身につけることがポイント。古文単語，古文助動詞は早いうちに覚えましょう。　(M.Y. さん／政策)

おすすめ参考書　『つながる・まとまる古文単語 500PLUS』（いいずな書店）

『望月光　古典文法講義の実況中継①・②』（語学春秋社）

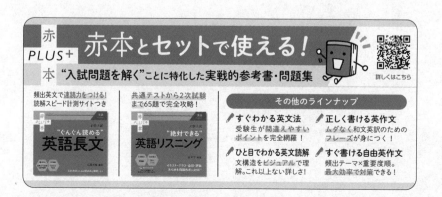

TREND & STEPS

傾向 と 対策

科目ごとに問題の「傾向」を分析し，具体的にどのような「対策」をすればよいか紹介しています。まずは出題内容をまとめた分析表を見て，試験の概要を把握しましょう。

注　意

「傾向と対策」で示している，出題科目・出題範囲・試験時間等については，2024 年度までに実施された入試の内容に基づいています。2025 年度入試の選抜方法については，各大学が発表する学生募集要項を必ずご確認ください。

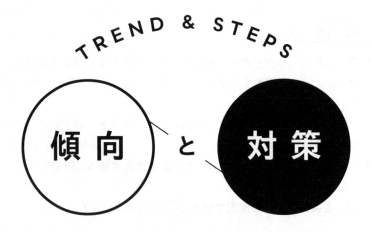

英　語

年度	番号	項　目	内　容
2024	〔1〕	読　解	空所補充，同意表現，内容説明，語句整序，内容真偽，英文和訳
	〔2〕	読　解	空所補充，同意表現，内容説明，語句整序，内容真偽
	〔3〕	会話文，英作文	空所補充，和文英訳
2023	〔1〕	読　解	空所補充，同意表現，内容説明，語句整序，内容真偽
	〔2〕	読　解	空所補充，同意表現，内容説明，語句整序，内容真偽，英文和訳
	〔3〕	会話文，英作文	空所補充，和文英訳
2022	〔1〕	読　解	空所補充，同意表現，内容説明，語句整序，内容真偽
	〔2〕	読　解	空所補充，同意表現，内容説明，語句整序，内容真偽，英文和訳
	〔3〕	会話文，英作文	空所補充，和文英訳

読解英文の主題

年度	番号	主　題
2024	〔1〕	建材のリサイクル・再利用法の未来
	〔2〕	ヘビに音は本当に聞こえているのか？
2023	〔1〕	ジャガイモ栽培がもたらした人口増加と都市化
	〔2〕	電気自動車の未来と課題
2022	〔1〕	歴史の表舞台に現れない人々
	〔2〕	市民科学者が貢献した天文学

傾向　バランスのとれた長文読解力が必須 語彙力と速読力の徹底的な強化を

01　出題形式は？

試験時間は100分で，読解問題2題に会話文問題が1題の計3題という構成に変化はなく，他学部の問題と同様の形式となっている。配点は，読解問題2題で150点，会話文問題が50点で，計200点である。また，読解の英文和訳と会話文の和文英訳がそれぞれ1問ずつ記述式で出題される以外は，すべて選択式となっている。選択式の問題はマークシートではなく，選択肢の番号を解答用紙に記入する形式である。

02　出題内容はどうか？

読解問題：例年出題の大半を占めており，読解力重視の傾向といえる。題材となる英文は，論旨が明快な評論文が中心であるが，文化，歴史，科学，社会などさまざまな分野における興味深いテーマが取り上げられており，内容的にも読みごたえがある。設問も含めたその総語数の多さ（つまりは長さ）ゆえに，かなりの速読力と集中力を要する。設問は，空所補充，同意表現，内容説明，語句整序，内容真偽などが頻出で，文法や語彙の知識をもとにした読解力が試される。また，記述式の英文和訳が例年必ず出題されており，正確に文構造を把握したうえでの英文解釈の力が求められている。

会話文・英作文問題：特別な口語表現が問われることは少なく，会話の展開も理解しやすいものが多い。よって，会話の流れを把握できれば，無理なく解答できる。ただし，記述式の和文英訳が必ず出題されており，正確な英語表現能力も試されている。

03　難易度は？

読解問題は，2題の難易度にやや差がある場合も想定される。また，前述のように英文の分量が多いことや，語彙のレベルもやや高いことを考えると，地道な訓練が必要である。一方，会話文問題は基本的なレベルでの出題だが，それだけに高得点を狙わなければならないだろう。時間配分は，読解問題 2 題で 75〜80 分，会話文問題 20〜25 分が目安となるだろう。記述式の英文和訳や和文英訳にも対応できる，着実な英語力が問われている。

対策

01 読解力の強化

同志社大学の場合，かなり分量の多い英文に取り組まなければならないため，長文読解力を強化する訓練は欠かせない。まずは，文構造を正確に把握して和訳する練習（英文解釈）をしっかりと行った後，できるだけ速く，そして正確に内容を理解しながら英文を読む練習をしよう。また，多少長い英文であっても論旨を見失わずに最後まで読み続ける集中力も養っておく必要がある。そのためには数多くの長文を読む練習が不可欠である。最初は短めのものや内容を理解している教科書の文章でもよいので，毎日少しでも英文を読む習慣をつけておきたい。慣れてきたら，『大学入試 ぐんぐん読める英語長文』（教学社）などの問題集を利用し，さまざまなテーマの長文問題に取り組もう。その際に，わからない単語があっても文脈や単語の構造などから意味を推測する訓練をしておくと効果的である。さらには段落ごとに要旨をつかみ，内容真偽問題にも対応できるようにしておこう。

02 語彙力の強化

読解問題の中で，同意表現を選択する問題が数多く出題されている。これには，単語レベルで同意語を選ぶ問題と，句・節・文レベルで同意表現を選ぶ内容説明問題の 2 つのタイプがあり，単語レベルの問題は，ほとんどが知識で解けるものである。多義語の知識も必要とされる問題もあるため，『システム英単語』（駿台文庫）などを利用して，普段から徹底した語彙力強化を図っておきたい。句・節・文レベルで同意表現を選ぶ内容説明問題は，前後の文意も含めて理解したうえで判断しなければならない場合が多い。読解問題を解く際には，語句や表現の意味を逐語的にとらえるだけでなく，文脈に応じた意味を考える訓練をしておこう。

03 記述力の強化

同志社大学では記述式の英文和訳と和文英訳が出題されている。実際に自分の手で解答を書く訓練をして表現力を養っておきたい。また，和文英訳は，会話文問題の中に組み込まれて出題されるため，会話の定型表現も含め，さまざまな表現を例文の形で覚えておくと役に立つだろう。なお，正確な和文英訳のためには，文法力を養う必要がある。総合英文法書『大学入試 すぐわかる英文法』（教学社）などを手元に置き，文法力強化も図っておきたい。

04 徹底した過去問研究

全学部，同レベル・同形式で出題されているので，本シリーズの他学部の問題や，難関校過去問シリーズ『同志社大の英語』（教学社）を利用して徹底的に演習を重ねておくと効果的である。また，その際に時間配分にも注意して練習しておくと，本番でも落ち着いて取り組めるだろう。

同志社大「英語」におすすめの参考書

Check!

- ✓『大学入試 ぐんぐん読める英語長文』（教学社）
- ✓『システム英単語』（駿台文庫）
- ✓『大学入試 すぐわかる英文法』（教学社）
- ✓『同志社大の英語』（教学社）

赤本チャンネルで同志社大特別講座を公開中

実力派講師による傾向分析・解説・勉強法をチェック →

日本史

年度	番号	内　容	形　式
2024	〔1〕	古代国家の成立	記述・選択
	〔2〕	「伴天連追放令」―近世の国際関係　⊘史料	選択・記述
	〔3〕	明治・大正の経済史	選択・記述
2023	〔1〕	古代の文化	記述・選択
	〔2〕	中世の政治	記述・選択
	〔3〕	近世・近代の国際関係	選択・記述・配列
2022	〔1〕	「口令・田令」「小右記」「梅松論」など―古代～中世の政治　⊘史料	選択・記述
	〔2〕	「西洋紀聞」「養生訓」「武道伝来記」―近世の学問と文学　⊘史料	記述・選択
	〔3〕	近現代の外交　⊘史料	記述・選択

傾向　外交史・文化史に注意！一部に難問もあり

01　出題形式は？

例年大問３題の出題で，解答個数など出題量はほぼ一定している。解答用紙は記述解答欄と番号解答欄に分かれ，問題は主に記述法と選択法からなる。2023 年度は配列法も出題されている。解答個数の約半分は記述法で，漢字で正しい書き取りを求めたり，その際に字数を指定したりする出題もある。選択法の問題では語句を選択するものが多いが，文章を選択するものが含まれることもある。配点は，2024 年度は〔１〕が 60 点，〔２〕と〔３〕が各 45 点で，計 150 点である。試験時間は 75 分。

なお，2025 年度は出題科目が「日本史探究」となる予定である（本書編集時点）。

02 出題内容はどうか？

時代別に見ると，古代から近現代まで出題されている。戦後史については，2022 年度は日米，日中間の条約や協定が出題されたが，2023・2024 年度は戦後史の出題はなかった。

分野別に見ると，外交史・文化史が多く，これについで経済史と政治史がバランスよく出題されている。2024 年度は明治～大正の経済史が大問で出題された。外交史では，２国間関係史の形で出題されることが多い。文化史は，大問１題で出題されることも多い。そのほか，分野を問わず系統的理解を要求するテーマ問題が出題されていることにも注意しておきたい。

史料問題は，2022 年度のようにすべての大問に史料が用いられることもあれば，2023 年度のように出題がない年度もある。過去には史料文中の語句の意味を問うもの，史料についての背景知識を問うものなど，さまざまな形で出題されている。教科書または教科書準拠史料集掲載のものが中心だが，2022 年度〔２〕のような未見史料の出題も見られる。ただし，その場合も説明文・設問文が詳しく，そこから判断して解答することが可能である。史料集・史料問題集を利用して，頻出史料の大意やキーワードなどをつかんでおこう。

そのほか，教科書に掲載されている地図・視覚資料・統計表などにも十分注意を払っておきたい。

03 難易度は？

全体的には，扱われている内容・用語は教科書記載の事項が中心である。文化史・社会経済史関連の問題に関しては，極端な難問はなくなりつつあるものの，2022 年度〔１〕で問われた漆紙文書，2023 年度〔１〕で問われた藤ノ木古墳，2024 年度〔１〕で問われた法円坂遺跡のように教科書の掲載頻度が低く難しいものも多いので，用語集などを利用して知識量を増やす必要がある。また，同志社大学で頻出の対外関係史でも，世界史分野として扱われる東アジア諸国の王都名や都市名，民族名が問われることがある。教科書の脚注・図表・視覚資料の説明文や史料中の用語を，用語集などで整理しておくことが肝要である。試験本番では，基本・標準的な問題に手早く解答し，難しい問題の検討に時間を割けるよう，時間配分を工夫しよう。

対策

01 教科書の精読

まず，教科書を精読して重要語句を中心に基本事項を押さえながら，歴史の流れをしっかりつかもう。索引も活用して理解度をチェックし，より万全を期すること。また，多様な資料からの出題に対応すべく，教科書の図表・視覚資料・脚注などにも目を通して，少なくとも教科書の範囲内では見落としのないようにしたい。山川出版社の教科書『詳説 日本史Ｂ』と『日本史用語集』に準拠したと思われる出題もあり，教科書や用語集の精読は大いに有用である。学習の仕上げに，問題集に取り組むことをおすすめする。たとえば『大学入試 全レベル問題集 日本史（日本史探究）4 私大上位・最難関レベル』（旺文社）などをそろえて取り組むのもよいだろう。

02 分野学習で仕上げ

政治史を軸にして歴史の流れを把握し，外交史・文化史・社会経済史などについては，時代を通した系統的理解を心がけよう。特に文化史については宗教・学問・教育・文学・芸能・美術などテーマを分けて覚えるなど，網羅的に知識を得られるよう工夫したい。

03 史料集・図説の活用を

史料を素材にした出題に対応するために，平素の学習で史料を通して歴史を考える習慣をつけることを強くすすめる。山川出版社『詳説 日本史史料集』などの史料集にあたってキーワード・派生事項を把握し，総合的な読解力を身につけよう。さらに市販の史料問題集を活用したい。また，教科書掲載のものだけでなく，市販の図説を活用するなどして，地図・年表・視覚資料にも目を通し，史実の具体的イメージをふくらませておこう。

04 年代にも注意

まず世紀単位で時代の様相を把握し，重要年代を軸に他の事項を前後の関係で大づかみにしてから，最後に細かく年代を覚えていくとよい。

05 表記は正確に

漢字表記を求める設問が多いので，歴史用語は漢字で正しく書け，かつ正確に読めるようにしておこう。教科書の基本的な用語は，実際に書き取りを行いながら記憶する習慣をつけるとよい。

06 他学部を含む過去の問題研究を

同志社大学の入試問題は各学部の形式が似通っている。2022～2024 年度と類似した内容の設問も見られたので，過去の問題や他学部の問題を研究して傾向を知ることは有益である。複数の学部を複数年度分学習することによって，頻出のテーマや語句が明確になるだろう。また，問題文そのものが正解に関する詳細な解説文となっているケースが多いので，過去問の問題文を読み解くこと自体が有効な日本史学習となり，同志社大学の入試対策ともなるはずである。

世界史

年度	番号	内　容	形　式
2024	〔1〕	ローマ帝国の滅亡とヨーロッパ中世世界の形成	選択・正誤・記述
	〔2〕	フランスの絶対王政とフランス革命	選択・記述・正誤
	〔3〕	19 世紀末～20 世紀のアジア・アフリカの独立運動	選択・記述・正誤
2023	〔1〕	中国王朝と周辺諸国の関係	選択・正誤・配列・記述
	〔2〕	ヨーロッパ諸国の植民地経営	選択・記述・正誤
	〔3〕	18～20 世紀初頭のドイツ	選択・記述・正誤
2022	〔1〕	キリスト教とヨーロッパ中世文化	選択・正誤・記述
	〔2〕	唐と周辺国家	選択・記述・正誤
	〔3〕	ラテンアメリカの歴史	選択・記述・正誤

傾向　ヨーロッパ古代・中世の政治・文化は頻出　新傾向の問題に注意

01　出題形式は？

大問 3 題，各 50 点で 150 点満点，試験時間 75 分となっており，選択法と記述法が中心で，ほかに正誤法や配列法が出題されている。解答個数は例年 60 個前後となっている。

毎年のように出題されている特徴的な出題形式として，「２つの短文」の正誤判定問題（１つ１つの短文の正誤をそれぞれ判断しなくてはならない）があり，2024 年度は「３つの短文」の正誤判定問題も出題された。

2023年度は3つの文章の正誤を判断し，正文の数を答えるという新しい形式で出題されており，2024年度は同じ形式で4つの文章の正文の数を答える問題に発展している。このほか，配列法を含む年代関連問題に特徴があり，年代に関する知識をやや重視する傾向が見られる。2022年度は3つの出来事の年代を判断し，指示された年代より早い時代について記述している選択肢を判断する新傾向の問題が出題された。これらの問題に代表されるように，近年は選択問題を中心にさまざまな新しい工夫が試みられている。

なお，2025年度は出題科目が「世界史探究」となる予定である（本書編集時点）。

02 出題内容はどうか？

地域別では，大問数が3題と少ないこともあってか，年度によって地域的に変動が出やすい傾向が見られる。アジア史は，2022・2023年度と連続して出題されたように，中国とその周辺地域が頻出である。2024年度は中国史の出題がなく，アジア・アフリカから広く出題された。欧米史は，ヨーロッパ史が多く，近現代を中心にアメリカ合衆国やアメリカ大陸に関する問題も出題されている。また，地域・時代・分野を超えた小問集合形式の問題も見られ，アフリカやオセアニアなどの知識が要求されることがある。

時代別では，比較的短期間の時代を対象とした大問と長期間にわたる通史の大問が両方見られるため，全体を通して見ると時代的な偏りが少ない出題となっている。過去には第二次世界大戦後が大問で出題されており，2024年度でも20世紀以降の現代史が数多く出題されているので，現代史の学習は不可欠である。

分野別では，政治・経済・外交史が中心だが，文化史からも出題されている。文化史は西欧から出題されることが多いが，アジアの文化史にも注意を払っておくこと。特に，近現代の文化史は学習が手薄になりやすいので注意しておきたい。

03 難易度は？

2022年度は例年出題され難問となっていた現代史の出題がなく，地域・時代・分野ともにオーソドックスな出題となった。ただし，同志社大学で特徴的な正誤判定問題の出題が増加しており，大幅な易化は見られなかった。2023年度もほぼ2022年度の傾向を踏襲しながら，新傾向の問題も多く出題された。2024年度は正誤判定問題が増加して選択問題が減少したが，難易には大きな変化はない。しかし，現代史やアフリカ史が多く出題されたため，学習が手薄だった受験生にとっては難問となったと思われる。大問3題で75分の試験時間のため，それぞれの大問に余裕をもって取り組めるようになるのが望ましい。バランスのよい時間配分を意識したい。

対策

01 教科書・用語集中心の学習

出題される問題のほとんどが教科書のレベルで対応できるものなので，まずは教科書を精読することから始めるとよい。その際，空所補充問題が多いことを考慮して，重要語句とその前後の文章のつながり，特に事件・事象の原因と結果に注目しながら読む習慣をつけるようにしたい。また，細かい知識が要求されることもあるので，教科書の本文のみならず，脚注や図表・地図・視覚資料の解説なども精読しておきたい。教科書学習をある程度終えたら，『世界史用語集』（山川出版社）などの用語集を利用して重要事項に関連する内容を確認していくようにしよう。並行して，『体系世界史』（教学社）などの，解説が詳しくややレベルの高い問題集に取り組み，実戦力を養うことが望まれる。

02 年表・歴史地図の利用

同志社大学では年代関連問題（年代がわからないと解答できない問題）

が散見される。教科書を読むとき，また事項を理解するとき，年表を用いて「いつ頃のことか」（たとえば，何世紀か，いかなる王・皇帝の治世か，いかなる王朝・政治体制の時代か）を常に意識しておきたい。また，地図を使った問題こそ出題されていないが，地図上の位置を知らなければ答えられないような地理的知識を要求する問題も見られる。日頃から，学習の際に歴史地図を併用し，位置を確認する習慣をつけておきたい。

03 文化史対策

単純な暗記作業になりかねない文化史の学習を苦手とする受験生は，文化史をまとめて学習できる参考書を利用して系統だてた学習をめざすとよい。文化史は，系統を理解しながら学習すれば，意外なほどに点を取りやすい分野であることがわかるだろう。文化史学習は，ヨーロッパ史では各時代ごと（ギリシア文化・ローマ文化・中世文化など），中国史では各王朝ごとの整理が中心になるが，近現代の文化も手ぬかりなく学習しておきたい。また，時代ごとの学習が一通り理解できている人は，テーマ別（宗教史・哲学史・美術史・文学史）などの「縦の整理」にも挑戦してほしい。

04 現代史に要注意

第二次世界大戦後の歴史を含む現代史は，学習時間が足りなくなって弱点になりがちである。そうならないように，早い時期から現代史にとりかかっておきたい。現代史は教科書どおりに勉強すると非常にまとめにくい分野であるが，地域史・テーマ史としてまとめ直すとわかりやすくなる。教科書の内容を「アメリカ」「中国」などの国家ごと，「東西冷戦」「世界の多極化」「地域的統合の歴史」などのテーマごとにサブノートを利用して整理したい。また，現代史に特化した参考書・問題集を利用してもよいだろう。

05 既出問題の研究を

本シリーズを利用して，できるだけ早い時期から過去の問題を研究し，実戦力を養ってほしい。難問といえるものも，過去に他学部で出題されたものと一部重複している場合もあるので，できる限り他学部の問題にもあたっておきたい。また，解答用紙は記述解答欄と番号解答欄に分かれているので，記入ミスのないように事前に研究しておこう。さらに，毎年のように出題されている新傾向の問題についても，同志社大学の他の学部の過去問を利用して，十分研究しておきたい。そして，既出問題の研究の際には，間違えた問題や知らない事項は必ず教科書・参考書・用語集などで確認して，疑問点を残さないように努めよう。

政治・経済

年度	番号	内容	形式
2024	〔1〕	日本の近年の行政改革	記述・選択
	〔2〕	国際通貨制度の歴史	記述・選択・正誤
	〔3〕	公害・地球環境問題	記述・選択
2023	〔1〕	憲法と司法権	記述・選択・正誤
	〔2〕	戦後の日本の農政	記述・選択
	〔3〕	貧困問題とその解決	選択・記述・正誤
2022	〔1〕	平等権と法制度	記述・選択
	〔2〕	市場メカニズムとその限界	計算・選択・記述・正誤
	〔3〕	南北問題と環境保全	記述・選択・正誤

傾向 出題の一部には専門的な事項が見られる 記述法では正確な知識が求められる

01 出題形式は？

大問3題の出題が続いている。試験時間は75分である。リード文の空所に適語を補充したうえで，内容に関連した設問に解答する形式が中心である。設問は，選択法と記述法による出題が中心で，正誤問題も例年出題されている。また，2022年度〔2〕では計算法が4問出題された。配点は，1題50点で，計150点である。

02 出題内容はどうか？

経済分野からの出題が多いが，近年，国際政治，国際経済からの出題も見られる。また，労働・社会保障分野からの出題が増えていることにも注意したい。

03 難易度は？

教科書に書かれている範囲内の問題が多いが，特に正誤問題については難度の高い出題も少なくない。また，リード文にかなり専門的な内容が含まれている場合もある。1題25分が目安だが，小問ごとの難易度をすばやく見分け，まずは解ける問題を確実に押さえたうえで，残りの時間を使って難問に取り組みたい。

対策

01 基本的知識を確実に

出題されている内容の多くは，教科書や資料集で取り扱われているものであるので，まずは教科書の内容を確実に押さえることから始めたい。本文をよく読む，基本用語を間違いなく書けるようにする，年表なども眺めるだけでなく自分で作ってみるなどの地道な努力が必要である。教科書にある事項に関しては，『政治・経済資料 2024』（とうほう）などの資料集を使って，より深く広い内容に触れておくことが大切である。たとえば，日本国憲法については当然であるが，そのほか労働基準法・労働組合法・労働関係調整法の労働三法をはじめとした頻出法規の主要内容，また，重要な世界的人権条約の条文や有名な裁判の判例については，事項を整理するだけでなく該当部分の条文および判例を実際に読んでおこう。2023年度は〔2〕の戦後の日本の農政についての問題で「数値」を扱った空所補充問題が多く出題された。2024年度は〔1〕でOECD，〔2〕でIMFについて，本部所在地やGATT設立時の加盟国数などかなり細かい知識が問われた。また，〔3〕では公害訴訟やリサイクル関連法規について教科書レベルを超えた知識も問われた。過去には，国際政治や社会保障について詳細な知識が問われたこともある。資料集の地図や表などを活用して知識を蓄えておきたい。

02 用語集の活用を

演習問題を解いていると，時事用語など教科書には出てこない用語に出くわすだろう。解答・解説を読むだけでなく，面倒がらずにそのつど用語集で調べて，簡潔な言葉で覚えておくとよい。受験に必要な用語はもれなく用語集に記述されていると思ってよい。手ごろなものを紹介すると，清水書院の『用語集 政治・経済』が文体も平易で詳しく書かれており，おすすめである。

03 時事問題に関心をもちニュースを知る

例年，それほど多くの時事問題が出題されているわけではないが，2022年度〔1〕ではアイヌ民族支援法や「政治分野における男女共同参画の推進に関する法律」の内容が，2023年度〔3〕ではASEAN共同体の知識が，2024年度〔2〕ではアジアインフラ投資銀行および一帯一路についての知識が問われた。「政治・経済」の受験にあたっては，問題を容易に理解するためにも時事的知識が重要である。ニュースを知り，慣れるために，なるべく新聞を読む習慣をつけるようにしよう。慣れないうちは，紙面全体の見出しに目を通すだけでもよい。国内外の最新の動向を知ることができ，続けていれば知識も増え，理解できるようになる。テレビのニュースも，映像によって情報を得られるため記憶に残りやすい。また，『2024年度版ニュース検定公式テキスト』（毎日新聞出版）は，ここ1年間の政治，外交，経済の主要なニュースをまとめているので学習しやすい。教科書をただ暗記するような学習ではなく，学習項目と毎日見聞きする政治・経済の動きを関連させて理解するように努めることで，時事問題についての知識が身につくのはもちろんのこと，教科書で学習するような基本的知識や政治・経済の理論的な側面についての理解も深まってくる。

04 問題演習を

出題の内容も形式も比較的オーソドックスなので，標準的な問題集を1冊用意してそれを教科書と並行してマスターしておきたい。おすすめは，『私大攻略の政治・経済』（河合出版）である。解説が丁寧なので，自主学習しやすいと思われる。また，正誤問題については共通テスト用の問題集も活用できる。なかでもおすすめは，『2025 実戦攻略 公共，政治・経済 大学入学共通テスト問題集』（実教出版）である。単元ごとに良問がまとめられていて解説も大変丁寧である。特に，記述問題では用語を漢字で正確に書くなどの細かい注意を払いながら，問題演習を通して理解を深めよう。CD（譲渡性定期預金）や EU（欧州連合），IPO（新規株式公開），TOB（株式公開買い付け）などのような英語の略称も要注意である。また，アダム＝スミス，ケインズ，マルクスをはじめとする代表的な経済学者についての基本知識は必須である。

数　学

年度	番号	項　目	内　容
2024	〔1〕	小 問 4 問	(1) $x=-1$ における微分係数，２次関数の決定 (2)３つのさいころの出る目の和が 10 以下となる確率 (3)２つの円が交わるための条件，２円の中心と交点を結ぶ四角形の面積 (4)２つの線分の交点の位置ベクトル，２つのベクトルの内積の値
	〔2〕	図形と方程式，２次関数	交点の座標，線分の長さ，２つの三角形の面積の比，等式を満たす解の個数
	〔3〕	確　率	箱に「あたり」のくじが３本または２本入る確率，確率を最大にする自然数 n の値
2023	〔1〕	小 問 3 問	(1)正八面体の頂点の数・辺の数・表面積・体積 (2)対数不等式 (3)座標平面上の３点を結んでできる三角形の辺の長さ・辺の長さの比・角の大きさ・内接円の半径
	〔2〕	図形と方程式，三角関数	円と直線が共有点をもつための条件，関数の最大値と最小値，三角関数の合成
	〔3〕	微・積分法	不等式，領域の面積，曲線と直線の共有点の個数が４つとなる条件，２つの領域の面積が等しくなるための条件
2022	〔1〕	小 問 4 問	(1)同じものを含む８文字の並べ方 (2)整式の割り算 (3)３直線で囲まれた三角形の外接円 (4)三角関数の最大値・最小値
	〔2〕	微・積分法	絶対値を含む関数の定積分
	〔3〕	ベクトル	正六角形の頂点と辺の内分点を結ぶ直交する２直線の交点，平面ベクトル

出題範囲の変更

2025 年度入試より，数学は新教育課程での実施となります。詳細については，大学から発表される募集要項等で必ずご確認ください（以下は本書編集時点の情報）。

2024 年度（旧教育課程）	2025 年度（新教育課程）
数学Ⅰ・Ⅱ・A・B（数列，ベクトル）	数学Ⅰ・Ⅱ・A・B（数列）・C（ベクトル）

傾向　標準的問題の徹底演習を

01　出題形式は？

試験時間は 75 分で，大問 3 題の出題という構成が続いている。〔 1 〕は空所補充問題であり，〔 2 〕〔 3 〕の 2 題は記述式である。過去にはグラフの図示問題が出題されたこともある。解答用紙は B4 判用紙両面で解答スペースの大きさは適切なものとなっている。

02　出題内容はどうか？

微・積分法やベクトルが出題されることが多い。また，しばらく出題のなかった三角関数の問題が 2021～2023 年度と 3 年連続で出題されるなど，出題範囲に関してはまんべんなく演習しておく必要がある。図形に関する問題がよく出題されており，グラフの図示やグラフに関する問題も出題されている。

03　難易度は？

標準的な問題で構成されているが，計算力やテクニックを要求する問題も含まれている。たとえば，2023 年度の〔 3 〕(4)は， 2 つの領域の面積が等しくなるための条件であるが，それぞれを個別に計算するのではなく，別の領域を付け加えることで計算できる。また，2022 年度の〔 3 〕，2024 年度の〔 1 〕(4)はいずれもベクトルの内容からの出題であったが，かなりの計算力が必要である。時間配分の目安としては，空所補充の〔 1 〕は 20 分程度で解ききり，〔 2 〕〔 3 〕は解きやすいほうから着手し，あわせて 50～55 分というところだろう。最後に，見直しの時間を確保しておきたい。

対策

01 基本事項の理解の徹底を

教科書の内容を徹底的に理解して基礎学力を固めておくことが大切である。普段の授業において，公式・定理などを正しく理解したうえで，『Focus Gold』（啓林館）の星 2 個と 3 個の例題を繰り返し学習し，解法パターンを身につけるとよい。そして，章末・節末問題が自分の力で完全に解けるように実力をつけることである。また，数学的思考力・論述力を必要とする問題が含まれることがあるので，平素から思考過程を十分に伝達できるような答案作成の練習を積んでおくことも重要である。

02 計算力の養成

2022 年度の〔3〕，2023 年度の〔3〕など，例年かなりの計算力を要する問題が出題されている。普段から，自分の手で最後まで計算する習慣をつけるとともに，参考書の模範解答などを参考にして，ある程度の工夫をして計算の簡略化を図ることが大切である。また，空所補充形式の問題演習にも取り組み，時間を計り，速く正確に解く練習をしておきたい。

03 応用力の養成

確実な基礎学力を身につけたうえで，標準レベルの受験用問題集（『文系数学の良問プラチカ』（河合出版）など）を用いて，さらに総合力・応用力を身につけることが大切である。特に，不得意な分野や一度挑戦してできなかった問題などは，演習を繰り返して徹底的に理解し自分のものにしておくこと。練習量を豊富にしておくことで発想が豊かになり，新しい問題に直面したときにも解法の方針がいろいろな角度から考えられるようになる。

04　グラフや図形に親しむこと

過去にはグラフの図示と，それを使って考える問題が出題された。また，2024 年度の〔1〕(4)の内積の値を求めるには図の設定に工夫が必要であった。普段から，グラフや図形を描いて解法の糸口をさぐる習慣をつけておきたい。

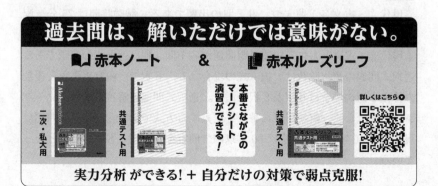

国　語

年度	番号	種　類	類別	内　容	出　典
2024	〔1〕	現代文	評論	空所補充，内容説明，主旨，内容真偽 記述：内容説明（40 字）	「食客論」 星野太
	〔2〕	古　文	擬古物語	語意，口語訳，内容説明，文法，内容真偽 記述：内容説明（30 字）	「松浦宮物語」
2023	〔1〕	現代文	評論	空所補充，内容説明，内容真偽 記述：内容説明（40 字）	「地域学入門」 山下祐介
	〔2〕	古　文	俳文	語意，口語訳，和歌修辞，内容説明，文法，内容真偽 記述：内容説明（30 字）	「鶉衣」 横井也有
2022	〔1〕	現代文	評論	空所補充，内容説明，内容真偽 記述：内容説明（40 字）	「建築家として生きる」松村淳
	〔2〕	古　文	仮名草子	語意，口語訳，内容説明，文法，内容真偽 記述：内容説明（30 字）	「仮名本朝孝子伝」　藤井懶斎

傾向　現代文・古文ともに内容把握重視　記述説明問題で差がつく可能性大

01　出題形式は？

現代文・古文各１題ずつ，計２題の出題である。試験時間は 75 分。配点は，現代文 90 点，古文 60 点で，計 150 点満点である。

現代文・古文ともに，記述説明問題が各１問，他は選択式の問題である。選択式問題の選択肢数は，択一式の場合は５，６択で，内容真偽など複数の答えを選ぶ場合は６択か８択である。選択式問題の解答形式は，マークシートではなく，解答用紙に番号を記入する方式である。記述説明問題は，現代文は 40 字以内，古文は 30 字以内で内容を説明するものが定番となっている。

02　出題内容はどうか？

〈現代文〉　例年，6000字程度のかなりの長文が出題されている。内容は標準的，またはやや難解な文章で，論旨を押さえながら正確に読む姿勢が求められる硬質なものである。出典は，文化論・芸術論・文学論・言語論・思想論・社会論など，多彩な分野の評論的文章が出題されているが，広い意味での人文科学系の文章が大部分を占める。文章展開や論旨の的確な把握が必要な内容である。設問は空所補充，内容説明，内容真偽が中心となっている。どの設問も単なる知識で解けるようなものではなく，さまざまな角度からの読解力が試されている。選択肢は本文との対応関係の把握に注意を要する。40字の記述説明問題は，本文の論旨全体をふまえて，筆者の見解・主張をまとめるものが多い。解答のポイントはたいてい複数あり（2，3要素であることが多い），相当の要約力・表現力が要求される。なお，漢字の書き取りや読み，文学史は例年出題されていない。

〈古　文〉　出典は，中古から近世まで幅広く採用されており，マイナーな作品の出題も多い。ジャンルにも特段の傾向は見られない。その年度の出典作品や出題部分によって文章自体の読みやすさはまちまちであるが，総じて，基本古語・基本文法の知識が必須なのはもちろんのこと，古典常識などもふまえた精密な読解力が求められている。和歌を含む文章も出題され，枕詞・掛詞・序詞・縁語などの修辞技法の理解も必須である。設問内容は，語意，口語訳，文法，内容説明，内容真偽など多彩である。30字の記述説明問題は，単なる口語訳ではなく，設問の指示を正しく把握し，該当する部分を本文から探したうえで，的確に要約する力が必要となる。なお，文学史の知識問題は例年出題されていない。

03　難易度は？

現代文・古文ともに，選択式問題は一部の難問を除きおおむね平易～標準的である。しかし，記述説明問題は総じてレベルが高く，相当な力量を要する。解答を練り上げるにはある程度じっくり考えなければならないので，時間配分にも注意したい。現代文50分，古文25分が目安だが，75分という試験時間は決して余裕があるとはいえない。

対策

01 現代文

❶ 幅広いジャンルの評論の読解力を身につけたい。3000〜6000 字程度の長文の文章構成，論旨の展開，大意などを短時間で把握する練習が不可欠である。難関大学で出題されるハイレベルな評論の読解力演習に役立つのは，『高校生のための現代思想エッセンス ちくま評論選』（筑摩書房）である。評論集であるが，文章のレベル，内容，多様性，設定されている設問とも，まさしく難関大学向けのもので，そのまま入試問題に採用できそうなものが，数多くずらりと並んでいる。じっくり取り組めば相当の読解力向上の対策になるだろう。また，文化論・芸術論などを扱った新書を読み，小見出しごとに，各段落のキーフレーズをチェックして要点を箇条書きにしたり，1文にまとめたりしてみよう。そのうえで，段落相互の論理的展開を明確にしてつかむ，筆者の提起する問題とその結論をつかむなどの作業を心がけること。実戦的な対策としては，『体系現代文』（教学社）などの問題集を利用して問題演習を重ねることによって，長文の評論読解に慣れておきたい。テーマと結論，それを結ぶキーワード，キーフレーズといった骨格をピックアップする要領がのみこめてくる。

❷ 選択式の内容説明問題では，筆者の考え・その論拠の的確な把握などが求められる。論述内容の各要素の相互関係（自説と他説，主旨と具体例，結論と論証など）を整理して読み分けること。特に紛らわしい選択肢の内容・表現については，骨格となる箇所に線を引いて本文と照合しながら正誤を見分ける練習が必要である。マークシート（選択式）用の問題集の，とりわけ評論の問題を繰り返し解いておこう。

❸ 40 字の記述説明問題では，筆者の見解，部分的解釈，全体的論旨の説明など，年度によっていろいろ工夫された設問になっているが，その解答となるべきポイントは，本文の要点箇所である。まず，設問が要求している条件（本文全体をまとめるのか，解答の際に落としてはいけないことは何かなど）を的確に把握すること。ついで，それに即して指定字数内に簡潔に収める力が決め手になる。答えるべき内容をまず書いてみて，それ

を制限字数内に収まるよう削る，それでもだめなら他の語句に言い換える，といった作業が短時間でできるようにしておきたい。文章の要約練習とともに，他学部の問題にもあたって練習を重ねよう。

❹　漢字の読み・書き取りは，基本的に出題されていないが，意味・用法の理解を中心とした語彙力の充実は必要である。記述説明問題でも役に立つので，ノートを作って日頃から辞書を引く習慣をつけよう。さらに，『読み解くための現代文単語［評論・小説］』（文英堂）などを用いて，紛らわしい類義語，文芸・哲学・思想などの用語（「ポストモダン」「通時的」「パラダイム」など）を確認しておくとよい。また，国語便覧などで外来語，故事成語，ことわざ，慣用句，四字熟語などの基本的な知識も身につけておこう。

02　古 文

❶　教科書や問題集などで，種々の古文を読んで人物関係をとらえる練習を積むことをすすめたい。説話・随筆・日記・物語などが好適な練習材料である。読んでいくうえで，文の主語，会話で誰が誰に話しているか，筆者の見解はどの部分に表されているか，また，心情内容や指示内容に注意すること。問題集は，『古文上達 読解と演習 56』（Z会出版）などが同志社大学レベルの実戦的な対策となるだろう。

❷　基本古語・文法・慣用句・修辞法などの基本的知識の習得は絶対に欠かせない。基本古語は単によく用いる意味を暗記するだけではなく，原義にさかのぼって理解する，また，文脈に即して意味を選ぶ練習を心がけたい。文法では，助動詞・助詞の用法と識別をしっかりと整理しておくこと。敬語も人物関係をつかむうえで不可欠であるので，注意が必要である。こういった学習が，結局は古文読解の基礎を養うことになる。テーマ的な対策として，『大学入試 知らなきゃ解けない古文常識・和歌』（教学社）などが役に立つ。

❸　口語訳は，基本古語の習得はもちろんのこと，前後の文脈の把握，文法的理解が選別のポイントになっていることが多い。普段の学習で用語の文脈中での働き・意味に細心の注意を払うことが，効果的な対策になるはずである。選択肢は，訳出・表現の仕方に微妙な違いをもつものが多いの

で，おおまかな理解では不十分である。ポイントとなる古語・文法に注意して，正確な直訳と前後の文脈をふまえた内容把握ができるよう，口語訳の練習を積もう。

❹　30 字の記述説明問題が定着している。本文の内容の読み取りが前提だが，設問の条件に即した的確な表現が要求される。現代文の場合と同様，限られた時間で制限字数内にまとめる練習を怠らないようにしたい。

❺　古文の設問の中で，漢文の知識が問われることがある。漢文の勉強を放棄したりせずに，基本句形や漢文単語の習得にも，無理のない程度に努めるとよい。

03　他学部の問題演習

赤本の過去問演習は，早めに少しずつ取り組んでいくとよいが，出題内容・設問形式は各学部とも同じような傾向にあるので，現代文・古文とも，他学部の過去問も積極的に解くことをすすめる。本シリーズで多様な設問形式に慣れることにより，選択肢のポイントのつかみ方や記述問題のまとめ方などを練習しておこう。

同志社大「国語」におすすめの参考書　Check!

- ✓『高校生のための現代思想エッセンス ちくま評論選』（筑摩書房）
- ✓『体系現代文』（教学社）
- ✓『読み解くための現代文単語［評論・小説］』（文英堂）
- ✓『古文上達 読解と演習 56』（Z会出版）
- ✓『大学入試 知らなきゃ解けない古文常識・和歌』（教学社）

2024年度

問題と解答

学部個別日程（神・商・心理・グローバル地域文化学部）

問　題　編

▶試験科目・配点

教　科	科　　目	配　点
外国語	コミュニケーション英語Ⅰ・Ⅱ・Ⅲ，英語表現Ⅰ・Ⅱ	200 点
選　択	日本史Ｂ，世界史Ｂ，政治・経済，「数学Ⅰ・Ⅱ・Ａ・Ｂ」から１科目選択	150 点
国　語	国語総合，現代文Ｂ，古典Ｂ	150 点

▶備　考

「数学Ｂ」は「数列」および「ベクトル」から出題する。

英 語

(100分)

〔Ⅰ〕 次の文章を読んで設問に答えなさい。[＊印のついた語句は注を参照しなさい。](81点)

Many people now try to recycle their newspapers, plastic bottles and aluminum cans in an effort to reduce their household waste. But few of us think about the immense amount of waste produced in our names in a different way: the very buildings we live in.

The construction industry is the world's largest consumer of raw materials. New buildings alone are responsible for 5% of the world's annual greenhouse gas emissions. Most of that material will only ever be used for one building and become landfill* once the building reaches the end of its lifespan, (X) between 30 and 130 years.

"We're trying to, say, put the recycling out on the street, but then in the background, there's this construction industry which [in the US] produces twice the amount of waste that every one of us is producing at home," says Felix Heisel, an architect and researcher at Cornell University.

However, cities around the world are beginning to pay more attention(a) to the idea of recycling building materials, and some have even passed ordinances* which require building constructors to do this. Meanwhile, architects are planning ways to build new structures designed for disassembly* from the get-go(ア).

So what might a city based on these principles look like? Experts paint pictures of cities of exposed wood and steel aesthetics; ones that need few outside resources to sustain(b) their construction industries; and ones that are both greener and more flexible, able to respond to housing shortages or retrofits* with ease.

But the road to these new recyclable cities is long and will require the creation of new tools, marketplaces, and incentives. Maybe even a whole new way to think about ownership and our place in the built(c) environment.

Demolishing a building is often relatively easy: a bulldozer or excavator* can reduce a house to scraps within a matter of hours. But this has a significant downside*: all of the material in the house, now broken and mixed together, can't really be reused and has to be either burned or transported to landfill.

It doesn't have to be this way, (Y). In October 2016, the city of Portland, Oregon in the United States adopted(d) a deconstruction ordinance, requiring that residential homes built in or before 1916 (later updated to 1940 or earlier) be "deconstructed," rather than demolished.

"Back in 2015, the majority of houses that came down in Portland were mechanically demolished. Today . . . the majority are hand-disassembled by deconstruction contractors and the materials are salvaged* for reuse," says Shawn Wood, a construction waste specialist with the city.

The move was inspired by a spate of* demolishings in the city that began around 2014 and concerns around wastefulness and the environmental impacts of burning debris* or sending it to landfill. A number of other cities in the United States have followed suit(イ), including Milwaukee in Wisconsin; Palo Alto and San Jose in California; and, as of September 2022, San Antonio, Texas.

Deconstruction does (あ) with (い)(う), however, (え) (お) buildings aren't designed (か) it in mind. One issue is the time and labor involved. Tearing down a house might take two days altogether, but deconstruction could take 10. If the materials recovered(e) during deconstruction are valuable enough, their sale can make up the cost for the extra time and labor, but we often don't know what's inside buildings ahead of time, says Heisel. He is developing ways to use tools like Lidar (light detection and ranging) and construction data to help workers quickly estimate what and how much re-sellable material lies hidden behind walls. Another problem is that materials which are treated with potentially toxic chemicals or those composited, bonded or welded* together into a mish-mash (ウ) of wood, concrete and steel can be difficult to separate and often impossible to repurpose*. These problems could be fixed, however, if builders were to embrace (f) an ethos* known as "design for disassembly," where buildings are designed to be easily taken apart from the get-go.

Designing for disassembly is, (Z), a very old technique. Take the homes of nomadic* people, like yurts and tipis*, which are regularly taken apart due to the need to periodically (g) move them. There are notable examples in traditional Japanese architecture as well as exhibition spaces such as the UK's Crystal Palace. But in recent decades, some designers have pushed to incorporate plans for disassembly into office buildings, apartments and modern houses too.

So, what distinguishes a building designed for disassembly from one that isn't? One important difference might be in selecting certain more easily recycled or reused materials, like wood and steel, over others like concrete or drywall*. Another difference would be in the way parts connect. Builders would avoid hiding connections in difficult-to-reach places or making bonds that can't be broken; in place of welds and chemical adhesives*, designers might focus more on removable bolts or mechanical fasteners. Even minor changes like swapping (h) nails for screws could make it easier for future workers to take apart and reuse pieces of wood rather than binning them. Connections may also be standardized to make it easier for pieces to be swapped out or moved around.

This modular design approach* would make it easier for future residents to do things like repair, add, or remove fixtures like overhead lighting or windows. Entire wall panels could be removed with the turn of a few bolts. Rooms could even be entirely repurposed with relatively little effort, with an office turning into a bedroom or even a kitchen.

(By James Gaines, writing for *BBC Future*, February 8, 2023)

［注］ landfill　(埋め立て用の) ごみ・ごみ埋め立て地
ordinances　条例
disassembly　分解すること
retrofits　古い住居の改築
excavator　掘削機
downside　弱点
salvaged　(salvage　回収する)
a spate of　多数の
debris　がれき
welded　(weld　金属などを溶接する)
repurpose　他の目的に使うために多少の変更を加える
ethos　精神
nomadic　遊牧の
yurts and tipis　テント型移動式住居
drywall　石膏ボード
adhesives　接着剤
modular design approach　組立ユニット式工法

I－A　空所(X)～(Z)に入るもっとも適切なものを次の1～4の中からそれぞれ一つ選び、その番号を解答欄に記入しなさい。

(X)　1　adequately　　2　occasionally
　　3　timely　　4　typically

(Y)　1　gradually　　2　still　　3　though　　4　yet

(Z)　1　at its heart　　2　good to go
　　3　for that reason　　4　no matter how

I－B　下線部 (a)～(h) の意味・内容にもっとも近いものを次の1～4の中からそれぞれ一つ選び、その番号を解答欄に記入しなさい。

(a)　attention
　1　affection　　2　clarity
　3　consideration　　4　idolization

(b)　sustain
　1　build up　　2　carry on　　3　put up　　4　trust in

(c)　built
　1　deep-rooted　　2　fully-grown
　3　man-made　　4　well-run

(d)　adopted
　1　arranged　　2　constructed
　3　designed　　4　implemented

(e)　recovered
　1　replaced　　2　retrieved　　3　spread　　4　undertaken

(f)　embrace
　1　analyze　　2　reject　　3　specify　　4　welcome

(g)　periodically
　1　as time goes by　　2　in the nick of time
　3　from time to time　　4　within a fixed time

(h)　swapping
　1　attaching　　2　removing
　3　substituting　　4　tearing

I－C　波線部 (ア)〜(ウ) の意味・内容をもっとも的確に示すものを次の1〜4の中からそれぞれ一つ選び、その番号を解答欄に記入しなさい。

(ア) from the get-go

1 from the basement
2 from the beginning
3 from the other side
4 from another angle

(イ) followed suit

1 decided to use the same method
2 confirmed the details of the case
3 produced different versions many times
4 cancelled plans for the same policy

(ウ) a mish-mash

1 a standing wall
2 an unknown substance
3 a random mixture
4 an identical trio

I－D　二重下線部の空所(あ)〜(か)に次の1〜8から選んだ語を入れて文を完成させたとき、(あ)と(い)と(お)に入る語の番号を解答欄に記入しなさい。同じ語を二度使ってはいけません。選択肢の中には使われないものが二つ含まれています。

Deconstruction does (あ) with (い)(う), however, (え) (お) buildings aren't designed (か) it in mind.

1 take	2 with	3 most	4 some
5 come	6 as	7 no	8 challenges

I－E　本文の意味・内容に合致するものを次の1～8の中から三つ選び，その番号を解答欄に記入しなさい。

1 The construction industry produces the largest amount of raw materials that are used in new buildings.

2 Cities are gradually passing new regulations to protect old buildings from any attempt to recycle their deconstructed materials.

3 If a house is demolished by bulldozers, it becomes very difficult to use the remaining mix of materials for recycling.

4 A recent trend in Portland is focusing on the deconstruction of houses by hand and recycling the saved material.

5 Deconstructing a house could take only two days while demolishing it with machines could take more than 10 days.

6 Construction workers can use Lidar as one of the tools to determine the substance and value of the materials left behind in buildings.

7 Designing buildings to be demolished is a promising new technique especially used in Japan and the UK in recent years.

8 Every construction project needs custom-developed connecting materials to build strong and long-lasting houses.

I－F　本文中の太い下線部を日本語に訳しなさい。

But the road to these new recyclable cities is long and will require the creation of new tools, marketplaces, and incentives.

〔Ⅱ〕 次の文章を読んで設問に答えなさい。[＊印のついた語句は注を参照しなさい。](69点)

Snakes* don't have external ears or eardrums*, so they must rely on other methods to pick up the vibrations caused by sound waves. Though known for the sound of their hissing and slithering*, snakes themselves were long believed to be deaf. Now we know that couldn't be farther from the truth, according to a growing body of research by scientists who are working to show that snakes use sound to interact with their environment. How *exactly* these slithering reptiles* understand noise still has the scientific jury puzzled, however. One school of thought argues that snakes sense vibrations in the ground — but new research doubles down on the challenge that there might be more.

If snakes were to pick their favorite senses, (X) probably choose vision and taste. Yet snakes still do (a) interpret the sound around them. Over the past two decades, a large swath of* research has grown to suggest that — because snakes don't have external ears and eardrums — they register noises through sound-induced vibrations that travel through the ground, (b) perceived through their bodies.

Vibrations are channeled through a group of bones in their jawbone, which usually rests on the ground, and all the way through to the cochlea* and the thinking brain. These vibrations can travel through everything from sand and soil to the branch of a tree they're (c) perched on, explains J. Leo van Hemmen, a professor of theoretical biophysics* at the Technical University of Munich in Germany. Take, for example, the desert horned viper (*Cerastes cerastes*), which determines when a mouse walks past (d) solely by sensing the waves its prey's footsteps make on the sand, says van Hemmen. In a 2008 paper, he described the exact biology of (ア) how this mechanism works inside the snake's body.

Now, new research published in the journal *PLOS One* suggests ground vibrations aren't the only method (e) snakes use to sense noise — they can hear airborne* sound too. To test this, researchers selected 19 slithering specimens from five different categories of captive snakes: death adders (*Acanthophis*), woma pythons (*Aspidites*), pale-headed snakes (*Hoplocephalus*), taipans (*Oxyuranus*), and brown snakes (*Pseudonaja*). The latter are two of the most venomous* snake species in the world. Then, one at a time, they plopped* the snakes into a large, soundproof room and played them three different pink noise* frequencies between 0 and 450 hertz. One of these also produced vibrations into the ground, while the other two solely transmitted sound through the air. "It sounds like you're in . . . an airplane going slow, or an airplane going medium or fast," explains Christina Zdenek, a researcher at the Venom Evolution Lab at the University of Queensland and one of the lead authors of the latest study. The sounds were played at 85 decibels — roughly the equivalent of a human scream.

The team repeated this exercise over 300 times, noting how the snakes reacted to the sounds and paying attention to any body movements: freezing, head-flicks or tongue-flicks, hissing, dropping their jaws, and more. According to their observations (f), the snakes significantly reacted to both the airborne sounds and those that produced vibrations in the ground. "[If] I'm walking through the bush, I expect a snake to feel my feet. But if I'm speaking and standing still, is a snake going to hear me?" says Zdenek. "I think our study proves that they can, if you talk loud enough."

Of course, even within this single experiment, each species seemed to react a little individually to sound. (中略) Taipans were most likely to pounce away* from the sound and get defensive. They frequently flicked their heads, hissed, dropped their jaws ready to strike, and did something called *fixation* — which is when snakes keep their heads still on a target but coil the rest of their body in a menacing way. "Taipans are highly sensitive, acutely (g) aware species," says Zdenek. In the real world, they must stay alert to avoid the carnivorous* birds that fancy them as snacks. (イ) Brown snakes also moved away from the sounds on most occasions, though they went all-or-nothing. Either the snakes stayed completely still (h) or they moved away a great deal. (Researchers have noted they also do this in paddocks in the real world when they're approached by humans.) Woma pythons, on the other hand, didn't shy away at all. They moved (Y) the noise, curious. "We interpret it as being because they're large nocturnal* predators, top predators in their environment," says Zdenek. "So, less wary of something having a go at them."

These new observations help enrich (i) our knowledge on whether snakes hear sound through the air or not, especially looking into species of snakes we didn't know much about previously, says Bruce Young, a professor and researcher at A.T. Still University in Missouri who was not involved in the study. (Z) this new data doesn't help answer the question of *how* snakes are pulling off this feat. "Studies like this show, quite clearly, that snakes do in fact respond to what we would refer to as sound," Young says. "But there is a difference between what we see in the behavioral response, and what we see in a physiological* response. There are a lot of different (あ)(い) may (う)(え) to respond (お) external (か)." Back in 2002, Young's own research had suggested that diamondback rattlesnakes can respond to airborne sound. But in those results, like in these new ones, the sound could still be making the surface of the snake vibrate — and can we call that hearing? There may not be much difference between detecting the vibration from, say, the belly or the lower jaw and from the surface of the head, according to Young, who references a piece of research from 2012 that argues that snakes hear everything by detecting vibrations with their skull (especially airborne sound). (中略)

"The real holy grail* right now in [snake hearing] work is to figure out the pathway in the brain," Young says. And we just don't know that yet. "Was the sound triggering a response to sound? Or was it just triggering a response to stimuli?"

(By Sofia Quaglia, writing for *Discover Magazine*, March 3, 2023)

[注] Snakes　本文に出てくるヘビの名前は以下の通り　desert horned viper (*Cerastes cerastes*), death adders (*Acanthophis*), woma pythons (*Aspidites*), pale-headed snakes (*Hoplocephalus*), taipans (*Oxyuranus*), brown snakes (*Pseudonaja*), diamondback rattlesnakes

eardrums　鼓膜

slithering　(slither　ずるずる滑る)

reptiles　爬虫類

a large swath of　数多くの

cochlea　(内耳の) 渦巻管

theoretical biophysics　理論生物物理学

airborne　空気伝達の

venomous　有毒の

plopped　(plop　ぽとんと落とす)

pink noise　高い周波数の音ほど弱くなるような雑音

pounce away　急にとびのく

carnivorous　肉食性の

nocturnal　夜行性の

physiological　生理学的な

the real holy grail　究極の目標

Ⅱ-A　空所(X)～(Z)に入るもっとも適切なものを次の1～4の中からそれぞれ一つ選び、その番号を解答欄に記入しなさい。

(X)　1 their　2 them　3 they'd　4 they've

(Y)　1 beyond　2 off　3 on　4 toward

(Z)　1 Since　2 Therefore　3 Until　4 Yet

Ⅱ－B　下線部 (a)～(i) の意味・内容にもっとも近いものを次の1～4の中からそれぞれ一つ選び、その番号を解答欄に記入しなさい。

(a) interpret
1 interchange　2 interface
3 understand　4 update

(b) perceived
1 assumed　2 confessed　3 preceded　4 recognized

(c) perched
1 passed　2 rested　3 searched　4 watched

(d) solely
1 nearly　2 only
3 significantly　4 slightly

(e) method
1 means　2 reason　3 struggle　4 success

(f) observations
1 concepts　2 examinations
3 opinions　4 reservations

(g) acutely
1 calmly　2 quickly　3 sharply　4 slowly

(h) still
1 asleep　2 careless　3 focused　4 motionless

(i) enrich
1 arouse　2 dedicate　3 enhance　4 mislead

Ⅱ－C　波線部 (ア) と (イ) の意味・内容をもっとも的確に示すものを次の1～4の中からそれぞれ一つ選び、その番号を解答欄に記入しなさい。

(ア) how this mechanism works inside the snake's body
1 how snakes detect vibrations of mice that move nearby
2 how snakes use trees to aid in the consumption of mice
3 how snakes identify the shape of footsteps left by a mouse

4　how snakes generate subtle vibrations to locate mice

(イ)　fancy them as snacks

1　imagine snakes eating snacks

2　think of snakes as snacks

3　snatch away the snake's prey

4　threaten snakes to acquire their prey

Ⅱ－D　二重下線部の空所(あ)～(か)に次の１～７から選んだ語を入れて文を完成させたとき、(い)と(え)と(か)に入る語の番号を解答欄に記入しなさい。同じ語を二度使ってはいけません。選択肢の中には使われないものが一つ含まれています。

There are a lot of different (あ)(い) may (う)(え) to respond (お) external (か).

1　be　　2　to　　3　snakes　　4　make

5　ways　　6　stimuli　　7　using

Ⅱ－E　本文の意味・内容に合致するものを１～８の中から三つ選び、その番号を解答欄に記入しなさい。

1　Many researchers have experimented with sound and proven that snakes use their internal ears to sense vibrations.

2　A study published in *PLOS One* proves that snakes can hear sounds in the air as well as vibrations on the ground.

3　The pink noise used for testing several kinds of snakes in the experiment was the type of sound heard when an airplane passes overhead.

4　Some snakes flip their heads, hiss, and drop their jaws when they are relieved of tension or falling asleep.

5　Whether they are predator or prey, different types of snakes respond to sounds in different ways.

6　Woma pythons are generally a highly defensive species of snake that slowly and surely approach their prey.

7 Bruce Young explained that there is little difference between behavioral and physiological responses in snakes.

8 An important focus of current research on the hearing of snakes is to understand the pathway in their brains.

〔Ⅲ〕 次の会話を読んで設問に答えなさい。(50点)

(*Tim is talking to Paul while moving into an apartment in the city.*)

Paul: Hi neighbor!

Tim: Oh, hello there. Do you live next door?

Paul: Yeah, my name's Paul. Nice to meet you.

Tim: Hi Paul. I'm Tim. As you can see, I'm just trying to coordinate where to put all my furniture. This place is tinier than I'm used to.

Paul: I'm surprised to hear you say that. ______(a)______ Did you live in a house before?

Tim: That's right. A nice big one out in the countryside. I already miss all the space, but I'll get by. ______(b)______ My previous place was a little worn down.

Paul: Yes, the building is less than a decade old so all the facilities are up to date. The security system is pretty advanced. Did they explain it to you?

Tim: Oh yes. ______(c)______ And now I think I understand where everything is.

Paul: Well, just pop in to my unit if you have any questions. Say, is this your first time to live in the city?

Tim: Yes. I've pretty much been a country boy all of my life. I actually don't like the city that much. ______(d)______ So far so good.

Paul: You chose the right neighborhood. Things are pretty quiet here, and crime is not really an issue.

Tim: That's good to hear. Since this is my first experience with urban life, I tried to do my homework on finding the best area to live, so it's nice to know I made the right choice. And it looks like there's a supermarket nearby?

Paul: Not too close, but not too far. Fresh Market is your best local option, and it's about 15 minutes away. ______(e)______ If you want better value and choices, there are other places, but you'll need to drive to get to them.

Tim: Hmm, I don't have a car as I just sold the one I had, so I guess I'll be going to Fresh Market.

Paul: Oh, I have one, and I visit a place called Publix about once a week. If you ever want to come along just let me know. ______(f)______

Tim: Okay, I might just take you up on that. And speaking of shopping, I was wondering if there's a stationery store around here.

Paul: Hmm, let me think. Your best bet would probably be Tiller's. It's a good place to buy envelopes and notepads and things like that. It's about five blocks south of here on Walnut Street.

Tim: ______(g)______ I'm a graphic designer, but I still prefer to create designs the old-fashioned way.

Paul: Hey, that sounds interesting. Do you have a portfolio of your work? I'd love to see some. I'm always interested in that kind of artistic stuff.

Tim: Well, I don't know if it's particularly creative. Most of what I do is more for commercial projects than for art. I initially work on paper. ______(h)______ So I'm not completely traditional in my methods. But sure, I can show you some of my recent sketches if you're interested.

Paul: I am!

Tim: Okay sure. These are some designs I'm working on. I have a new client in the fashion industry.

Paul: These are great. [もし尋ねて構わなかったらだけど、どの会社のために仕事をしているのですか。]

Tim: They're called Mod Deco. I don't know if you've ever heard of them, but they mostly create athleisure wear, which is kind of like fashionable exercise clothing. Right now, I'm working on a design for yoga pants.

Paul: Well of course I know them. That's my company!

Ⅲ－A　空所 (a)～(h) に入るもっとも適切なものを次の１～10の中からそれぞれ一つ選び、その番号を解答欄に記入しなさい。同じ選択肢を二度使ってはいけません。選択肢の中には使われないものが二つ含まれています。

1　But the selection is a bit limited and pricey.
2　I then move to the computer to finish the designs.
3　At least this apartment is pretty new.
4　But I got a job offer I couldn't refuse so I decided to move in.
5　And I never use computers for work.
6　It's pretty huge and they have everything.
7　This apartment is one of the largest in the building!
8　Actually, I need to get some decent pencils for my work.
9　But it's a little dangerous to walk around here.
10　Roger, the manager, gave me a tour of the whole building.

Ⅲ－B　本文中の [　　　] 内の日本語を英語で表現しなさい。

もし尋ねて構わなかったらだけど、どの会社のために仕事をしているのですか。

日本史

（75分）

〔Ⅰ〕　次の（1）と（2）の文章を読んで各設問に答えよ。　（60点）

（1）　下の文章は、考古学などから日本列島の古代国家形成を論じた都出比呂志著『古代国家はいつ成立したか』(岩波新書）の一部（細部は原文を改変）である。これを読んで、【設問ア】～【設問シ】に答えよ。なお、同一記号の空欄には同一語句が入る。

（前略）国家の始まりの時期には、主なものに3世紀、5世紀、7～8世紀の案があることとなり、私はこれを七五三論争と呼んでいます。このほかに4世紀後半とする説、3世紀に地域国家が生まれるとする説も出ています。ではいつからを国家とするかについて考えてみましょう。

和田晴吾氏と岩永省三氏は初期国家を5世紀後半以降と考えています。

「宋書倭国伝」によると倭の五王のうち2番目の（　ア　）は、自らを安東大将軍・倭国王に任命するだけでなく、倭隋ら13人をも将軍に任命するよう宋に要求しています。3番目の済も同様に23人を軍郡にすることを要求しています。これは、倭国王が地方の有力首長と連合しつつ倭国を支配していたことを示します。

これに対し、5番目の倭王武は安東大将軍・倭国王を要求し認められましたが、他の者の将軍任命要求は出していません。この事実は、倭王武が、5世紀前半段階の倭王と比べ、他の有力首長を超越した権力を獲得したことを示唆します。稲荷山古墳の鉄剣や（　イ　）の大刀の銘文にある「(　ウ　)大王」が雄略大王であり、中国の書にある倭王武と考えてよければ、権力の集中を一歩すすめた大王制は、5世紀後半の倭王武の段階で確立したと考えてよいでしょう。

雄略大王の時期に、典曹人や杖刀人エなど文官、武官が誕生しており、直木孝次郎氏が官人組織であると指摘した人制が形成されたことも注目されます。

大阪府（　オ　）における巨大倉庫群のありようは、5世紀後半の時点で、すでに租税徴収機能がかなりの水準に達していたことを示します。(中略)

和田氏は、古墳時代の前・中期と後期（とくに後期後半）との質的な差は、古墳時代以前と古墳時代の差よりはるかに大きいとし、古墳時代をひとつのまとまった時代と捉えることは難しいと考えました。それで古墳時代中期まで（5世紀後半まで）は首長制で、古墳時代後期から初期国家としました。その根拠として、①「王の支配が直接的に家長層にまで及ぶ」こと、②「首長層の在地支配が弱体化」すること、③「首長層が官人化し始めるカ」ことをあげます。

まず①の王の支配が直接的に家長層に及ぶということは、王が農民個々人を把握して、租税を徴収することでしょう。和田氏は王の支配が直接的に家長層に及んだ根拠に5世紀後半に強い父系イデオロギーが流入したことをあげていますが、(中略) 田中良之氏は古墳時代後期についても「典型的父系社会」ではなく、双系的性格を残していると述べています。(中略) ②と③については、私も和田氏と同じように理解しています。ただ、王権が個々人を掌握していない段階であるから初期国家であり、王が家長を通して個々人を掌握した段階は、成熟国家と私は考えます。和田氏の説では初期国家と律令国家の質的な差異はなくなります。

岩永省三氏も5世紀キを画期と考え (中略)「初期国家」段階には「成熟国家」の指標である身分制・租税収奪・徭役労働徴発・官僚機構・常備軍が、萌芽的でもいいから出現していなければならないと考えており、その指標の萌芽がすべてそろうのは5世紀後半以降であると主張します。

私は、成熟国家の指標がすべてそろわなくても初期国家と考えています。まず古墳の形と規模の差は身分制を裏付けていますク。弥生時代後期の首長居館の倉庫や、3世紀末の首長居館の倉庫は租税制を、古墳や首長居館の存在そのものが徭役ケを示しています。卑弥呼が行った魏や公孫氏との外交に必要な外交文書の作成、貢ぎ物の調達や収納整理、税の徴収や収納は、官人の萌芽なくしては不可能です。ただ常備軍の存在は明らかではありません。しかし3世紀の王墓から出土する冑《かぶと》や整備された武器、また「魏志倭人伝」にあ

る「宮室・楼観・城柵、おごそかに設け、常に人あり、兵を持して守衛す」からは、親衛隊の芽生えが窺えます。(中略)

古墳時代はその初め3世紀から階層社会でした。(中略) 共同イデオロギーは、前方後円墳コ祭式です。(中略) 3世紀の古墳時代の始まりと共に初期国家が成立し、王の権力は3世紀から6世紀へと次第に高まり、古墳時代を通じて中央権力は大きく成長し続けます。しかし古墳時代は誕生の経緯によって、その初期から中央権力が各地の地域権力に支えられるという権力構造で、この権力構造は、古墳時代の終わりの6世紀末まで続きます。中央権力が、地方の有力首長を通さず、戸籍をつくって人々を直接掌握サした時点で、中央権力が地域権力に支えられるという古墳時代の権力構造が崩れて、成熟国家である律令制国家シが誕生します。

【設問ア】空欄（　ア　）に入る倭の王の名は何か。その名を解答欄Ｉ－Ａに漢字で記せ。

【設問イ】空欄（　イ　）に入る古墳名を、解答欄Ｉ－Ａに漢字で記せ。

【設問ウ】空欄（　ウ　）に入る語を、解答欄Ｉ－Ａにカタカナで記せ。

【設問エ】下線部エの職掌の長だったと銘文に載る人物は、その文中に何という名前で記載されているか。下記から選び、その番号を解答欄Ｉ－Ｂに記入せよ。

1．ト　ヨ（台　与）　　2．エミシ（蝦　夷）

3．オワケ（乎獲居）　　4．イワイ（磐　井）

【設問オ】空欄（　オ　）に入る遺跡名を下記から選び、その番号を解答欄Ｉ－Ｂに記入せよ。

1．法円坂遺跡　2．纏向遺跡　3．唐古・鍵遺跡　4．黒井峯遺跡

【設問カ】文中で和田晴吾氏が初期国家条件とする下線部カの内容にかかわる6世紀の状況の説明として正しい文を下記から選び、その番号を解答欄Ｉ－Ｂに記入せよ。

1．古墳出土鉄剣銘文に「各田卩臣」(額田部臣) と記されるなど、氏姓制度の実在が確認できる。王権内の職掌などを示す氏と政治的地位に応じた姓を与えられるしくみが整備されたことを示すとされる。

2．大規模古墳の副葬品に中国王朝との外交などで入手した青銅鏡などが多くみられ、それは王権から地方の有力集団首長に分配されて各地の古墳で鏡が副葬された結果といわれる。これによって王権と諸首長との政治秩序が示されたとされる。

3．一部の甕棺墓に複数の中国鏡とともに日本列島産の青銅器などが副葬され、朝鮮半島を介して中国王朝と外交する集団の上位階層墓が形成されたことがうかがえる。

4．有力な古代氏族には、従来造営していた古墳群にかわって寺院を造営するものがふえる。これら寺院跡出土品には、宮都や官衙の出土瓦と同じ型でつくられたものがみられることから、中央政府関連工房が各氏族の寺院建立にかかわったともされる。

【設問キ】下線部キの時期を中心に形成され始め、巨大前方後円墳の一つである誉田御廟山古墳を含む古墳群の名称は何か。下記から選び、その番号を解答欄Ｉ－Ｂに記入せよ。

1．古市古墳群　　2．西都原古墳群
3．埼玉古墳群　　4．百舌鳥古墳群

【設問ク】下線部クの古墳時代には有力者間の身分制を示す墳丘形態として僅少で、古墳時代終末期・飛鳥時代以後に近畿地方で天武・持統陵などの天皇陵に採用されるようになる墳丘形態は何か。解答欄Ｉ－Ａに漢字で記せ。

【設問ケ】下線部ケのような王権・有力者などのための一般民による労働賦課は、後の律令には国家のための雑徭として明記された。正丁が従事する雑徭の年間上限日数は律令で当初は何日と規定されていたか。下記から選び、その番号を解答欄Ｉ－Ｂに記入せよ。

1．20日　　2．40日　　3．60日　　4．80日

【設問コ】下線部コの前方後円墳をはじめとする前中期古墳に多くみられる埋葬形態で、石室はなく、木棺の外側全体を粒径の細かい土で被覆して固めた埋葬施設を何と呼ぶか。その名称を解答欄Ｉ－Ａに漢字で記せ。

【設問サ】下線部サにあたる最初の全国規模戸籍で、律令に永久保存が規定されていたものは何か。その名称を解答欄Ｉ－Ａに漢字で記せ。

【設問シ】下線部シの根本となる律令は複数のものが施行されてきた。そのうち2つの令文の一部が『令集解』に引用されていて、現在その本文を知ることができる。この2つのうち古い時期の令が施行された時期の天皇はだれか。その天皇名を下記より選び、その番号を解答欄Ⅰ－Bに記入せよ。

1．天武天皇　2．文武天皇　3．推古天皇　4．持統天皇

(2)　下の文章は、古代のある人物についての説明である。これを読んで、【設問ス】～【設問ネ】に答えよ。なお、同一記号の空欄には同一語句が入る。

この人物は、645年の政変以来天智天皇を支えた（　ス　）の第二子で、その娘の（　セ　）は文武天皇の夫人となった。この女性はのちに（　ソ　）天皇となる首皇子を生んだ。さらにこの人物の別の娘の（　タ　）が霊亀2年（716）に皇太子首皇子の妃となることにより、天皇家と二重の姻戚関係を結んだ。『東大寺献物帳』に、文武天皇の父の（　チ　）からこの人物に賜わった黒作懸佩刀が当時の天皇にわたり、その死後にこの人物へ、この人物の死後また首皇子へと継承されたとあることも、天皇家との緊密な関係を物語る。政治の面では（　ツ　）を筆頭とする律令の編纂にかかわった。和銅元年（708）に始まる（　テ　）への遷都の事業も、この人物が主唱した可能性が大きい。晩年には養老律令ト の編纂を主宰し、間もなく没する。死後（　ナ　）正一位を追贈された。

律令制の形成期にあって政務の運営を指導し、国家の基礎を固める上で大きく貢献するとともに、皇室との姻戚関係により、特権貴族としての藤原氏の地位を固めた。武智麻呂・房前・宇合・麻呂の四人の男子ニ は政界に活躍し、女子も有力な皇族・貴族の夫人となった。仏教の信仰厚く、父（　ス　）が山背国山階《やましな》で開きその後に飛鳥の厩坂においた寺をさらに（　テ　）に遷して（　ヌ　）を建立した。

〔語群〕

1．聖　武　2．早良親王　3．元　正　4．宮　子
5．光明子　6．高市皇子　7．厩戸皇子　8．淳　仁
9．吉備内親王　10．持　統　11．定　子　12．草壁皇子

【設問ス】空欄（　ス　）に入る人物はだれか。その人物名を解答欄Ⅰ－Aに漢字で記せ。

【設問セ】空欄（　セ　）に入る人物はだれか。〔語群〕より選び、その番号を解答欄Ⅰ－Bに記入せよ。

【設問ソ】空欄（　ソ　）に入る天皇名は何か。〔語群〕より選び、その番号を解答欄Ⅰ－Bに記入せよ。

【設問タ】空欄（　タ　）に入る人物はだれか。〔語群〕より選び、その番号を解答欄Ⅰ－Bに記入せよ。

【設問チ】空欄（　チ　）に入る人物はだれか。〔語群〕より選び、その番号を解答欄Ⅰ－Bに記入せよ。

【設問ツ】空欄（　ツ　）には天武天皇の皇子の名が入る。その人物名を解答欄Ⅰ－Aに漢字で記せ。

【設問テ】空欄（　テ　）に入る都城は何か。その名称を解答欄Ⅰ－Aに漢字で記せ。

【設問ト】下線部トは、編纂開始後約40年経ってこの人物の孫が政権の有力者だった時に施行された。この有力者の人物名を解答欄Ⅰ－Aに漢字で記せ。

【設問ナ】空欄（　ナ　）には律令官制の最高官職名が入る。その名称を解答欄Ⅰ－Aに漢字で記せ。

【設問ニ】下線部ニの４人が病死した直後に政権の中核となった人物を下記より選び、その番号を解答欄Ⅰ－Bに記入せよ。

1．橘諸兄　　2．藤原広嗣　3．藤原百川　　4．道　鏡

【設問ヌ】空欄（　ヌ　）には寺院の名称が入る。その寺院名を解答欄Ⅰ－Aに漢字で記せ。

【設問ネ】(2) の文の人物の少年期におこった政争を説明した文として適切なものを下記より選び、その番号を解答欄Ⅰ－Bに記入せよ。

1．左大臣長屋王について「秘かに左道を学び、国家を傾けんと欲す」との告発がなされ、兵がその邸宅を包囲した結果、王は自殺。妻や子らも後を追い、夫妻は生馬（生駒）山に葬られた。

2．橘奈良麻呂が、藤原氏のある人物の勢力台頭に反発して古来の名族や現状に不満を持つ諸王とともにクーデターを企画した。計画は未然に発覚し、奈良麻呂は捕えられて獄中に死去したといわれている。

3．大海人皇子が大津宮にいる大友皇子中心の政権に対して蜂起して勝利した大規模な内乱。美濃を経由して近江や畿内に軍を進めた大海人皇子は大和の飛鳥へ帰り、浄御原の新宮に入った。

4．宇佐八幡宮からの神託を受けて、弓削道鏡が天皇位を得ようとしたとされ、紛糾した。これに際して和気清麻呂が宇佐八幡宮に派遣されてもう一つの神託を持ちかえり、道鏡の皇位継承は阻止された。

〔Ⅱ〕 次の（1)(2）の文章を読み、文中の空欄または下線部に対応する下記の【設問a】～【設問g】および【設問ア】～【設問シ】に答えよ。　(45点)

（1） 南蛮貿易ア は、キリスト教宣教師の布教活動と一体となって行われていた。ポルトガル船イ は布教を認めた大名領に入港したため、貿易を望んだ大名は宣教師の布教活動を保護し、なかには洗礼を受ける者もあらわれた。彼らをキリシタン大名と呼ぶが、そのうち九州の3大名ウ は、イエズス会宣教師の（　エ　）の勧めによって、1582年に少年使節をローマ教皇のもとに派遣したa。

豊臣秀吉は、当初は織田信長にならってキリスト教の布教を認めていた。しかし、九州において教会がキリシタン大名を通して力を持ち始めていることを実見すると、大名たちの入信を警戒するようになった。そこで秀吉は1587年に宣教師の追放令を出したオ。その主な条文は、下記のようなものである。

一　日本ハ神国たる処、きりしたん国より邪法を授け候儀、太《はなはだ》以て然るべからず候事。

一　[b]、其知恵の法を以て、心ざし次第に檀那を持ち候と思召され候へハ、右の如く日域の仏法を相破る事曲事《くせごと》に候条、[b]の儀、日本の地ニハおかせられ間敷《まじく》候間、今日より廿日の間ニ用意仕《つかまつ》り帰国すべく候。(後略)

一　黒船カ の儀ハ商売の事に候間、各別に候の条、年月を経、諸事売買いたすべき事。

しかし、この最後の条文にみるように秀吉は布教と貿易を分けて考えており、倭寇を禁止して海上の平和維持をはかるとともに、豪商たちによる貿易キを奨励したため、貿易活動と一体化していたキリスト教の取り締まりは不徹底に終わった。

【設問ア】南蛮貿易における日本の主要な輸出品として正しいものを次のうちから１つ選び、その番号を解答欄Ⅱ－Ｂに記入せよ。

１．生　糸　　２．鉄　砲　　３．火　薬　　４．銀

【設問イ】ポルトガルが東方貿易の拠点として政庁を置いたゴアは、どの国に位置していたか。次のうちから１つ選び、その番号を解答欄Ⅱ－Ｂに記入せよ。

１．タ　イ　　２．フィリピン　　３．インド　　４．ベトナム

【設問ウ】この遣欧使節を送った九州のキリシタン大名として誤っているものを次のうちから１つ選び、その番号を解答欄Ⅱ－Ｂに記入せよ。

１．大友宗麟　　２．大村純忠　　３．大内義隆　　４．有馬晴信

【設問エ】空欄（　エ　）に入る人物名を次のうちから１つ選び、その番号を解答欄Ⅱ－Ｂに記入せよ。

１．フランシスコ＝ザビエル　　２．ガスパル＝ヴィレラ

３．ルイス＝フロイス　　４．ヴァリニャーニ

【設問ａ】後の1613年にも、ある有力大名が使節として家臣の支倉常長をヨーロッパへ派遣している。その大名の人物名を解答欄Ⅱ－Ａに漢字で記せ。

【設問オ】この追放令が出された年の和年号を次のうちから１つ選び、その番号を解答欄Ⅱ－Ｂに記入せよ。

１．永　禄　　２．天　正　　３．文　禄　　４．慶　長

【設問ｂ】空欄 ｂ には、ポルトガル語などのパードレ（神父）の音訳で、外国人宣教師を指す用語が入る。あてはまる語句を、解答欄Ⅱ－Ａに漢字で記せ。

【設問カ】下線部カの「黒船」は、この時代の南蛮貿易に携わった南蛮船を指している。16世紀の南蛮船には、具体的にはポルトガル船ともう１つの国の船があった。初期南蛮貿易の主要相手国であったその国の名称を次のうちから１つ選び、その番号を解答欄Ⅱ－Ｂに記入せよ。

１．スペイン　　２．オランダ　　３．イギリス　　４．フランス

【設問キ】豪商たちによる貿易は17世紀に入っても続けられるが、この朱印船貿易に携わった豪商の中で、摂津を本拠としていた人物名を次のうちから１つ選び、その番号を解答欄Ⅱ－Ｂに記入せよ。

１．末次平蔵　　　　２．末吉孫左衛門
３．角倉了以　　　　４．茶屋四郎次郎

（2）　豊臣秀吉は1587年、（　ク　）の宗氏を通じて、朝鮮に入貢と明へ出兵するための先導を求めた。朝鮮がこれを拒否すると、秀吉は（　ケ　）国の名護屋に本陣を築き、1592年に15万余りの大軍を渡海させた。

釜山に上陸した日本軍は鉄砲の威力などによってまもなく首都の（　コ　）を占拠したが、その後李舜臣が率いる水軍の活躍や明の援軍などにより、次第に戦況は不利となった。そのため現地では休戦して講和交渉が行われた。しかし交渉は決裂し、秀吉は1597年に再び14万余りの軍勢を朝鮮に派兵した。

当初から苦戦していた日本側は、凄惨な戦いの中でやがて戦意を失い、1598年の秀吉の死とともに撤退した。この２度にわたる秀吉の朝鮮侵略は、朝鮮では（　ｃ　）・丁酉倭乱と呼ばれている。朝鮮との講和 d の実現は、次の徳川政権まで待たねばならなかった。

しかしその一方、徳川政権下では独立国であった琉球王国への侵攻が行われている。1609年、薩摩藩の島津家久 サ が武力によって（　ｅ　）城を攻め落とし、尚氏を捕らえて服属させた。薩摩藩は琉球全域を検地して石高を約９万石とし、尚氏をその王位につかせて、独立した王国の形を取って中国との朝貢貿易を継続させた。琉球では、国王の代がわりごとに（　ｆ　）を幕府に派遣することになった。

このように琉球は、島津氏に支配されるとともに中国とも冊封関係を持つ、いわば両属関係に長く置かれた。しかしこの複雑な関係は、明治時代に入ると大きく転換することとなる。明治政府はこれを日本領とする方針を取り、1872年に琉球藩を置いて政府直属とし、最後の琉球国王であった（　シ　）を藩王とした。次いで1879年、政府は琉球藩を廃止して（　ｇ　）の設置を強行した。これらの施策は琉球処分と呼ばれる。

【設問ク】空欄（　ク　）に入る宗氏の本拠地の地名を次のうちから１つ選び、その番号を解答欄Ⅱ－Ｂに記入せよ。

1．対　馬　　2．種子島　　3．壱　岐　　4．長　崎

【設問ケ】空欄（　ケ　）に入る国名を次のうちから１つ選び、その番号を解答欄Ⅱ－Ｂに記入せよ。

1．筑　前　　2．肥　前　　3．長　門　　4．筑　後

【設問コ】空欄（　コ　）は当時の朝鮮王朝の首都で、日本の植民地時代には京城と改称された都市である。あてはまる地名を次のうちから１つ選び、その番号を解答欄Ⅱ－Ｂに記入せよ。

1．開　城　　2．平　壌　　3．蔚　山　　4．漢　城

【設問ｃ】空欄（　ｃ　）に入る語句を、解答欄Ⅱ－Ａに漢字で記せ。

【設問ｄ】1609年に朝鮮と宗氏との間で結ばれ、江戸時代の日朝関係の基本となった修好通商条約は、その成立年の干支にちなんで［　　　］と呼ばれた。［　　　］にあてはまる語句を、解答欄Ⅱ－Ａに漢字４字で記せ。

【設問サ】島津家久の伯父で、薩摩・大隅・日向を統一して島津家の地位を確立させたが、1587年の九州征伐によって秀吉に降伏したのは誰か。次のうちから１つ選び、その番号を解答欄Ⅱ－Ｂに記入せよ。

1．島津貴久　　2．島津重豪　　3．島津義久　　4．島津久光

【設問ｅ】空欄（　ｅ　）は、琉球王国の王府が置かれた地である。あてはまる地名を、解答欄Ⅱ－Ａに漢字で記せ。

【設問ｆ】空欄（　ｆ　）には、琉球国王の代がわりごとにその就任を感謝して幕府へ派遣される使者の名称が入る。あてはまる語句を、解答欄Ⅱ－Ａに漢字３字で記せ。

【設問シ】空欄（　シ　）に入る人物名を次のうちから１つ選び、その番号を解答欄Ⅱ－Ｂに記入せよ。

1．尚巴志　　2．尚　寧　　3．尚　豊　　4．尚　泰

【設問ｇ】空欄（　ｇ　）には、琉球藩を廃して新たに設置された行政区画の名称が入る。あてはまる語句を、解答欄Ⅱ－Ａに漢字３字で記せ。

〔Ⅲ〕 次の（1）（2）の文章を読んで、下記の【設問ア】～【設問ツ】に答えよ。

(45点)

（1） 欧米列強と並ぶ富強な国家の建設を目指して、産業を振興する殖産興業政策が明治政府において推進されるなか、1881（明治14）年に参議兼大蔵卿に就任した（　ア　）が中心となり、近代技術導入の上で大きな役割を果たしていたものの経営的には採算が取れていなかった官営事業の民間への払い下げ(イ)が進められる。加えて、財政の健全化と貨幣・金融制度の整備が進み、産業化の基盤が整えられるとともに、民間産業育成が図られることになった。

その後、民間による産業が発達していくが、その中心となったのは、生糸を生産する製糸業、綿糸を生産する紡績業であった。製糸業においては、（　ウ　）の技術を導入した官営の富岡製糸場の設立以降、民間でも徐々に江戸時代以来の伝統的な手工業的技術を基礎に技術移転が展開する。幕末から明治期にかけて普及した簡単な手動装置による（　エ　）製糸に代わり、器械製糸が発展したことで、比較的小規模な工場の建設が相次ぎ、国産の繭を原料に生産が拡大していった。紡績業においては、大阪紡績会社(オ)など民間の大規模な紡績会社の設立が続いた。

日清戦争後、政府はいっそう産業の振興を図り、特定の分野に資金を供給する特殊銀行(カ)を設立して産業資金の供給を促進した。それとともに、貿易の発展と国際経済圏への参入を目指して、1897（明治30）年には、それまでの銀本位制に代えて、欧米先進国にならい金本位制(キ)を確立した。

そうしたなか重工業も発展していく。軍備拡張や鉄道建設などによる鉄の需要の急増に対応して、製鉄業の育成が重要課題となり、官営の八幡製鉄所(ク)では1901（明治34）年に東洋一の溶鉱炉に火が入れられ、日露戦争後に生産体制が軌道に乗った。また、造船業の部門でも明治末期には、1万トン級の大型鉄鋼船の建造が国内で可能となった。

交通・通信分野の発展については、官営による鉄道敷設が進められるなか、日本鉄道会社をはじめ民営の鉄道設立も認められた。およそ1885（明治18）年から1890（明治23）年においては官営を上まわる民営鉄道ブームとなったが、日露戦争後、政府は経営の統一と軍事輸送の便から、全国の鉄道網の国(ケ)

有化を進めた。一方、駅逓頭（　コ　）により創始された官営の郵便制度に加えて、電信制度サも1880年代初頭にはほぼ全国のネットワークが完成し、国際的なネットワークとも連結した。

【設問ア】空欄（　ア　）にあてはまる人物はインフレ収拾と財政立て直しのため、緊縮財政・紙幣整理を実施し、中央銀行としての日本銀行を創設して兌換紙幣の発行に当たった。この人物を下記から選び、その番号を解答欄Ⅲ－Bに記入せよ。

1．井上馨　　2．大久保利通　　3．大隈重信　　4．松方正義

【設問イ】下線部イの事業の対象として、深川セメント製造所や釜石鉄山、三池炭鉱などがあてはまるが、これらの事業所は元来、1870年（明治3）に設置された官庁が所管していた。この官庁名を下記から選び、その番号を解答欄Ⅲ－Bに記入せよ。

1．工部省　　2．逓信省　　3．内務省　　4．農商務省

【設問ウ】空欄（　ウ　）にあてはまる国を下記から選び、その番号を解答欄Ⅲ－Bに記入せよ。

1．アメリカ　　2．イギリス　　3．ドイツ　　4．フランス

【設問エ】空欄（　エ　）にあてはまる用語を、解答欄Ⅲ－Aに漢字2字で記せ。

【設問オ】下線部オの設立には、大阪の財界人とともに関東地方の豪農を出身とするある人物が関与している。この人物を下記から選び、その番号を解答欄Ⅲ－Bに記入せよ。

1．五代友厚　　2．小林一三　　3．渋沢栄一　　4．福沢諭吉

【設問カ】下線部カに含まれない銀行を下記から選び、その番号を解答欄Ⅲ－Bに記入せよ。

1．第一銀行　　2．台湾銀行

3．日本勧業銀行　　4．日本興業銀行

【設問キ】下線部キについては、その後、第一次世界大戦中に金輸出が禁止された。1930（昭和5）年に金輸出解禁となったものの、1931（昭和6）年末に成立した内閣において金輸出が再禁止され、終焉することとなる。この金輸出再禁止時に内閣総理大臣を務めた人物名を、解答欄Ⅲ－Aに漢字で記せ。

【設問ク】下線部クでは、当初、清国のある鉄山から産出される鉄鉱石を主に利用していた。この鉄山がある地名を、解答欄Ⅲ－Aに漢字2字で記せ。

【設問ケ】下線部ケは1906（明治39）年に公布された鉄道国有法において実現するが、この法律公布時の内閣総理大臣を務めた人物を下記から選び、その番号を解答欄Ⅲ－Bに記入せよ。

1．伊藤博文　　2．桂太郎　　3．西園寺公望　4．山本権兵衛

【設問コ】空欄（　コ　）にあてはまる人物名を、解答欄Ⅲ－Aに漢字で記せ。

【設問サ】下線部サに関して、1869年（明治2）に東京・横浜間で初めて電信線が架設され、5年後には長崎と北海道まで延伸し、長崎とアジアのある都市の間にすでに敷設されていた海底電線を通じて欧米とも接続することになった。このアジアの都市を下記から選び、その番号を解答欄Ⅲ－Bに記入せよ。

1．上　海　　2．釜　山　　3．香　港　　4．澳　門

（2）第一次世界大戦シ中、日本は経済的繁栄に恵まれた。大戦勃発当初は、欧米からの輸入途絶などが心配され、物価は下落傾向にあったが、やがて輸入減と輸出増に伴い物価は上昇に転じ、景気は回復に向かった。戦争の影響で、運賃や船価が高騰した海運業、輸出の好調に支えられた製糸業・紡績業・織物業スなどがまず好況となった。また、欧州からの医薬品や工業原料の輸入が制限されたことを契機として化学工業が勃興セする。鉄鋼業では、八幡製鉄所の拡張に加えて、1906（明治39）年に半官半民で設立された（　ソ　）が経営する鞍山製鉄所をはじめ、民間会社の創設が相次いだ。

日露戦争後から発達を見せていた電力事業では、大規模な水力発電事業が展開した。1914（大正3）年から翌年にかけては（　タ　）・東京間の長距離送電も完成し、農村部にも電灯が普及するとともに、工業原動力の蒸気力から電力への転換が推し進められ、電気機械の国産化も進んだ。

1915（大正4）年には貿易額も飛躍的に伸び、大戦中、この状態は持続、この結果、国際収支はそれまでの状態から改善されて大幅な黒字となった。これにより1920（大正9）年には日本は27億円以上の（　チ　）国となったのである。そして、蓄積された資本の拡大に刺激された繊維業も活況を呈し、日本資本が中国で経営した（　ツ　）と総称される紡績工場も数多く現れた。

【設問シ】下線部シにおいて、日本は日英同盟を理由に参戦し、ドイツの勢力範囲を攻撃し、1914（大正３）年11月に中国山東省のある都市を占領する。この都市名を下記から選び、その番号を解答欄Ⅲ－Ｂに記入せよ。

１．西　安　　２．上　海　　３．重　慶　　４．青　島

【設問ス】下線部スの発展の要因として、国産の小型の力織機が農村の中小工場にまで普及したことが挙げられる。この力織機を1890年代に発明した人物名を解答欄Ⅲ－Ａに漢字で記せ。

【設問セ】下線部セについて、1917（大正６）年、財界からの寄付金と国庫補助、皇室下賜金によって自然科学の総合的研究機関が設立される。この研究機関名を解答欄Ⅲ－Ａに漢字６字で記せ。

【設問ソ】空欄（　ソ　）にあてはまる会社名を、解答欄Ⅲ－Ａに漢字で記せ。

【設問タ】空欄（　タ　）にあてはまる地名を下記から選び、その番号を解答欄Ⅲ－Ｂに記入せよ。

１．石川島　　２．猪苗代　　３．柏　崎　　４．横　浜

【設問チ】空欄（　チ　）にあてはまる用語を、解答欄Ⅲ－Ａに漢字２字で記せ。

【設問ツ】空欄（　ツ　）にあてはまる用語を、解答欄Ⅲ－Ａに漢字３字で記せ。

世界史

(75分)

〔Ⅰ〕 次の文章を読み，設問1～3に答えなさい。 (50点)

ローマ帝国は，アウグストゥスの治世から約200年間は「ローマの平和」(パクス＝ロマーナ) と呼ばれた平和と繁栄を謳歌し，(a) 帝の時代に領土が最大となった。ローマ帝国の文化的な意義としては，その支配を通じて地中海全域に(ア)ギリシア・ローマの古典文化を広めたことや，今日に至るまで多くの(イ)西洋言語で用いられているローマ字，実用的な土木建築技術，ローマ法を普及させたことなどが挙げられる。しかし，五賢帝最後の (b) 帝の治世末期から経済不振があらわになり財政が逼迫し，その後，相次ぐ内乱，異民族の侵入などによって広大な帝国運営は行き詰まっていった。(A)3世紀末以降の皇帝たちは，帝国の再建に努めたが，帝国は395年，(c) 帝の死に際して東西に分かたれた。

この (c) 帝が392年に行った宗教的な改革は，キリスト教の国教化であった。古代ギリシア・ローマ世界は多神教であり，ローマ帝国では皇帝崇拝も儀礼化していた。パレスティナ地方で誕生したキリスト教は帝国内で徐々に広がっていったが，唯一絶対神のみを信じる厳格な一神教であったために，当初は迫害を被った。キリスト教は，313年に公認され，325年に開催された (d) 公会議において，父たる神と子たるイエスを同一とし，のちに三位一体説として確立される (e) の教義を正統と位置づけた。そして，(c) 帝によりキリスト教がローマ帝国の国教となったことで，(ウ)古代地中海世界の他の宗教は異教として禁じられた。帝国の東西分裂以降も，(B)東ローマ（ビザンツ）帝国の首都コンスタンティノープルは，中世を通じて世界有数の貿易都市として栄え，商業と貨幣経済が発達した。

一方の西ローマ帝国は，(C)ゲルマン人の大移動による深刻な打撃を受け，476年にゲルマン人オドアケルによって滅ぼされ，ゲルマン諸部族が王国を建国した。

そのなかで481年にフランク王に即位した（　f　）家のクローヴィスがキリスト教の正統派に改宗した。そして，ローマ教皇レオ3世が（　g　）朝のカールにローマ皇帝の帝冠を与え西ローマ帝国の復活を宣言し東西に皇帝が両立することとなった。(エ)フランク王国は，ローマ教会と結びついて，ローマ以来の古典文化とキリスト教，そしてゲルマン人が融合した西ヨーロッパ中世世界の形成に貢献した。

アラビア半島では，7世紀に(D)ムスリムの共同体を形成したアラブ人が，大規模な征服活動を展開し，(E)ビザンツ帝国の領域を大幅に縮小させた。661年にシリア総督の（　h　）が開いた(オ)ウマイヤ朝は，8世紀初頭には西方の領域をイベリア半島にまで広げ，ガリアに侵攻しようとしたが，732年にトゥール・ポワティエ間で，（　f　）朝の宮宰（　i　）に撃退された。一方，ビザンツ帝国は，7世紀以降，異民族の侵入に対処するため，帝国領を軍管区に分ける（　j　）制を採用した。

設問1　文中の（　a　）～（　j　）に入る最も適切な語を次の語群から選び，番号を解答欄Ⅰ－Aに記入しなさい。

【語群】

1．アウグスティヌス　2．アタナシウス　3．アブー＝バクル
4．アリー　5．アリウス　6．アンセルムス
7．アントニヌス＝ピウス　8．イクター
9．ヴァロワ　10．エウセビオス　11．エフェソス
12．カブラル　13．カペー　14．カラカラ
15．カルケドン　16．カール＝マルテル　17．カロリング
18．クレルモン　19．グロティウス　20．コンスタンツ
21．ティマール　22．テオドシウス　23．テマ
24．トラヤヌス　25．ニケーア　26．ネルウァ
27．ネロ　28．ハールーン＝アッラシード
29．プランタジネット　30．ブルボン　31．プロノイア

32. マリウス　33. マルクス＝アウレリウス＝アントニヌス
34. マンスール　35. ムアーウィヤ　36. メロヴィング
37. ラティフンディア　38. リウィウス

設問2　文中の下線部(A)～(E)に関連する次の記述(a)(b)について，(a)(b)ともに正しい場合は数字**1**，(a)のみ正しい場合は数字**2**，(b)のみ正しい場合は数字**3**，(a)(b)ともに正しくない場合は数字**4**を，解答欄Ⅰ－Bに記入しなさい。

(A)

(a)　ハドリアヌス帝は帝国の分割統治を行った。

(b)　コンスタンティヌス帝はソリドゥス金貨を発行した。

(B)

(a)　ビザンツ文化の世界史的意義としては，ゲルマン人をその文化圏に取り込んだことが挙げられる。

(b)　ユスティニアヌス帝が，『ローマ法大全』を編纂させた。

(C)

(a)　西ゴート王国は，イベリア半島を支配した。

(b)　フン族のアッティラ王は，東ローマとゲルマン人の連合軍に敗れた。

(D)

(a)　このムスリム共同体はウンマと呼ばれる。

(b)　このムスリム共同体は，メディナから移住した預言者ムハンマドによって，メッカで成立した。

(E)

(a)　ユスティニアヌス帝は，北アフリカの東ゴート王国を滅ぼした。

(b)　ビザンツ帝国は，アラブ人にエジプトを奪われた。

設問3　文中の下線部(ア)～(オ)について，以下の問いに対する答えを，解答欄Ⅰ－Cに記入しなさい。

(ア)　ギリシア・ローマの英雄的人物を組み合わせ，その生涯を対比的にえがいた『対比列伝』(『英雄伝』) の作者の名前を答えなさい。

(イ) ローマ人の母語でローマ字を用いる帝国西半で優勢だった言語名を答えなさい。

(ウ) 4世紀後半に古来の多神教の復興を企て「背教者」と呼ばれた皇帝の名を答えなさい。

(エ) ランゴバルド王国からラヴェンナ地方を奪い，教皇に寄進した人物の名を答えなさい。

(オ) ウマイヤ朝が首都を置いた都市の名称を答えなさい。

〔Ⅱ〕 次の文章を読み，設問1～5に答えなさい。 (50点)

17世紀のフランスでは，宰相［　ア　］の死後ルイ14世の親政がはじまった。王は「(　**a**　)」と言ったといわれるように，君主権の絶対・万能を主張した。フランスは，対外面では，南ネーデルラント継承戦争，オランダ侵略戦争，ファルツ継承戦争をおこした。さらにフランスは，スペイン継承戦争では，イギリス，オランダ，オーストリアを相手に戦い，1713年に①ユトレヒト条約を結んだ。またルイ14世は，官僚制と常備軍を整え，財務総監に（　**b**　）を登用して徹底した重商主義政策をおこない，(あ)オランダの商業覇権に挑戦した。さらに，はなやかな宮廷生活により，(A)フランス文化はヨーロッパの中でも独自の地位を占めた。

ルイ15世の治世には，フランスはヨーロッパ内と植民地とで戦争を経験した。ヨーロッパではオーストリア継承戦争，七年戦争，植民地ではアメリカ大陸でジョージ王戦争，フレンチ＝インディアン戦争，インドでカーナティック戦争，プラッシーの戦いを展開した。1763年のパリ条約でフランスは(い)ルイジアナの一部をスペインに譲渡した。インドでは，(う)ムガル帝国の内紛に乗じて，英仏共に地方勢力を巻き込みつつ対立を激化させた。フランスは，イギリス東インド会社軍を率いた（　**c**　）にプラッシーの戦いでやぶれて，イギリスによるインド制圧の端緒を許した。18世紀のヨーロッパでは，第二次百年戦争により絶対王政が揺らいだ一方で，(え)大国スウェーデンが衰退し，かわってロシアやプロイセン，オーストリアが台頭する。

アメリカ独立革命に参戦したフランスにとって，戦費負担によって悪化した財政の改革が必要であった。ルイ16世は，銀行家（　**d**　）などの改革派を登用して財政改革を試みたが，課税を拒否する貴族など特権集団の抵抗で逆に政治的な危機が生じた。

危機回避のために国王が招集した三部会は，1789年５月，ヴェルサイユで開催された。平民代表は『第三身分とは何か』の著者（　**e**　）の提案で，第三身分の部会を国民議会と称し，憲法制定まで解散しないとした［　イ　］をおこなった。国王は譲歩してこれを認め，聖職者や貴族からも同調者が合流して憲法制定国民議会が成立したが，反動派に動かされた国王は，軍隊で抑え込もうとした。武力制圧の危機を感じたパリの市民は，1789年７月14日，バスティーユ要塞を襲って武器弾薬の奪取に成功した。８月，国民議会は封建的特権の廃止と人権宣言の採択をあいついで決めた。ここに旧体制は崩壊し，基本的人権・国民主権・所有の不可侵など，革命の理念が表明された。

地方自治体の改革や教会財産の没収，ギルドの廃止など，当初は（　**f**　）などの自由主義貴族の主導下に，1791年憲法が示すように立憲王政がめざされた。しかし憲法制定の直前，国王一家がオーストリアへ亡命をくわだてたがパリに連れ戻される［　ウ　］事件がおこり，国王の信用は失墜した。

1791年に発足した制限選挙制による立法議会では，（　**g**　）をおさえて，ブルジョワ階層を基盤にした共和主義の（　**h**　）が優勢となった。（　**h**　）は，1792年春，内外の反革命勢力を一掃するためにオーストリアに宣戦布告し，革命戦争を開始した。革命軍が不利になると，全国からパリに集結した義勇兵と，［　エ　］とよばれる革命派の都市民衆は，反革命派打倒をうたってテュイルリー宮殿を襲撃し（八月十日事件），これを受けて議会は王権を停止した。男性普通選挙②によって新たに成立した国民公会では共和派が多数を占め，王政廃止と共和制が宣言された。

設問１　文中の（　**a**　）～（　**h**　）に入る最も適切な語句を次の語群から選び，番号を解答欄Ⅱ－Ａに記入しなさい。ただし，**a**は【語群１】から，**b**～**f**は【語群２】から，**g**・**h**は【語群３】から選びなさい。

【語群1】

1．王は君臨すれども統治せず　2．君主は臣民の第一のしもべ
3．朕は国家なり　4．ドイツ国民に告ぐ　5．人間は万物の尺度

【語群2】

6．クライヴ　7．ケネー　8．コシューシコ
9．コルベール　10．シェイエス　11．ダントン
12．ディドロ　13．デュプレクス　14．トマス＝ペイン
15．ドレーク　16．ネッケル　17．ネルソン
18．ボシュエ　19．ボダン　20．モンテスキュー
21．ラ＝ファイエット　22．リシュリュー　23．ルソー
24．ロベスピエール　25．ヴォルテール

【語群3】

26．王党派　27．議会派　28．ジャコバン派
29．ジロンド派　30．水平派　31．トーリー
32．フイヤン派（立憲君主派）　33．ホイッグ

設問2　文中の［ア］～［エ］に入る適切な語句を，解答欄Ⅱ－Bに記入しなさい。

設問3　下線部①②に関する記述X～Zについて，内容が正しい文の記号の組み合わせを，次の1～8から一つ選び，番号を解答欄Ⅱ－Cに記入しなさい。

1．X　2．Y　3．Z　4．X・Y
5．X・Z　6．Y・Z　7．X・Y・Z　8．なし

①　ユトレヒト条約について。

X　ブルボン家のスペイン王位継承は認められなかった。

Y　イギリスはフランスからジブラルタルやミノルカ島とアメリカ植民地でのアシエントを獲得した。

Z　イギリスはオランダからハドソン湾一帯，アカディア，ニューファンドランドを獲得した。

②　普通選挙について。

X　フランスでは総裁政府が成立した1795年憲法で制限選挙が復活した。

Y　イギリスでは1884年の第3次選挙法改正によって，21歳以上の男女すべてに普通選挙権が与えられた。

Z　ドイツでは1919年に成立したヴァイマル憲法のもと成年男女の普通選挙権が認められた。

設問4　波線部(あ)～(え)に関連する次の記述(a)(b)について，(a)(b)ともに正しい場合は数字**1**，(a)のみ正しい場合は数字**2**，(b)のみ正しい場合は数字**3**，(a)(b)ともに正しくない場合は数字**4**を，解答欄Ⅱ－Cに記入しなさい。

(あ)　オランダの商業覇権について。

(a)　アンボイナ事件を機に，オランダはイギリスの勢力をインドネシアから締め出した。

(b)　クロムウェルは，オランダの中継貿易に打撃を与えるために航海法を制定した。

(い)　ルイジアナについて。

(a)　1783年のパリ条約でイギリスは，植民地の独立を認めるとともに，ミシシッピ川以東のルイジアナを割譲した。

(b)　ミシシッピ川以西のルイジアナは，1803年にワシントンがナポレオンから買収した。

(う)　ムガル帝国時代のインドについて。

(a)　アクバルが建てたタージ＝マハルなど，インド＝イスラーム文化が花開いた。

(b)　シヴァージーがデカン高原にマラーター（マラータ）王国を建てた。

(え)　スウェーデンについて。

(a)　スウェーデン出身のリンネが植物分類学を確立した。

(b)　スウェーデンはヨーロッパ連合（ＥＵ）と北大西洋条約機構（ＮＡＴＯ）の双方とも発足と同時に加盟した。

設問5　二重下線部(A)に関して，以下のア〜エのうち，内容の正しい文はいくつあるか。正しい文の数を解答欄Ⅱ－Cに数字**1**〜**4**で記入しなさい。正しい文がない場合は数字**5**を記入しなさい。

ア．バロック様式の典型であるサンスーシ宮殿を模倣して，ヴェルサイユ宮殿は造営された。

イ．貴族が組織するサロンは新しい思想の普及の場となり，カフェも市民たちの社交や情報交換の場となった。

ウ．ルーベンスらフランドル派が活躍したのちに，ロココ様式のワトーの絵画が流行した。

エ．イギリスでミルトンの『失楽園』などピューリタン文学が盛んだったとき，フランスではコルネイユやラシーヌなどの悲劇作家が現れた。

〔Ⅲ〕　19世紀末から20世紀にかけてのアジア・アフリカ各地における独立運動に関する以下の文章を読み，設問1〜7に答えなさい。　(50点)

1885年に結成されたインド国民会議は当初は穏健な組織として出発したが，20世紀初頭には，(　**a**　)らの急進派が主導権をにぎった。1906年にカルカッタで開かれた大会では，国民会議は4つの綱領(1)を決議してイギリスの支配に真正面から対抗する姿勢を示した。イギリスは，激化する民族運動を抑えようとさまざまな試みをおこなったが，成功しなかった。第一次世界大戦後の1919年にイギリスがとったふたつの政策(2)は，かえってインドの人の反発を招いた。民衆を率いて運動を主導したガンディーは，「真理の把握（堅持）」を意味する（　**b**　）と呼ばれる基本理念にもとづいた非暴力・不服従運動を展開した。1929年にラホールでひらかれた国民会議派大会では，急進派の（　**c**　）らが中心となって独立を主張した。また，ガンディーは翌年，ある生活必需品の専売制を植民地支配の象徴としてみなしそれに反対する，「［　ア　］」と呼ばれる抵抗運動を開始した。

フィリピンでは，1896年，（　**d**　）らの指導下にスペインからの独立をめざすフィリピン革命がはじまった。1898年にアメリカ＝スペイン戦争がおこると，アメリカはスペインに勝利し，1899年のフィリピン＝アメリカ戦争をへてフィリピンを植民地化した。インドネシアでは，西洋式教育を受けた人々により，領域内の各民族の社会的地位や文化の向上を求める運動がはじまった。1912年には，知識人や商人層を中心に(3)サレカット＝イスラームが成立し，インドネシア全国で大衆的支持を獲得した。その後，1927年には（　**e**　）の指揮下にインドネシア国民党が結成され，独立運動を提唱した。ベトナムでは，官吏や村落の有力者・知識人が，1885年から10年にわたって反フランス武装抵抗を続けた。1920年代からは植民地からの独立をめざす諸政党が生まれ，1930年には（　**f**　）の指導のもとインドシナ共産党が組織された。同じ年，イギリス支配下の（　**g**　）では学生を中心に結成されたタキン（主人）党が独立運動を主導した。

こうした抵抗運動をへてアジア・アフリカの国々の多くが独立していったのは，主に第二次世界大戦後においてであった。インドでは，国民会議派のガンディーらが戦争中から独立を要求していたが，［　イ　］率いる全インド＝ムスリム連盟は，イスラーム国家パキスタンの建国を主張し，国民会議派と対立した。イギリスは1947年にインド独立法によって，インドとパキスタンの独立を認め，前者では（　**c**　）が初代の首相に，後者では［　イ　］が初代の総督に就任した。しかし，(4)分離独立は大きな混乱を引き起こすとともに，その後の二国間の軍事衝突の原因にもなった。戦後のこの時期，アジアではフィリピンやインドネシアが独立を勝ちとったが，50年代以降，アフリカでも独立が歴史の潮流となっていく。1957年には，エンクルマ（ンクルマ）を指導者に（　**h**　）がアフリカで最初の自力独立の黒人共和国となった。［　ウ　］年には一挙に17の新興国が生まれ，この年は「アフリカの年」と呼ばれた。

アジア・アフリカ諸国のあいだには，冷戦の激化にともなって，東西陣営のどちらにも属さない第三勢力を形成しようとする潮流がうまれた。(5)1955年にはアジア・アフリカの29カ国の代表が参加した会議が開かれた。しかし，こうした国々が冷戦の影響を脱しきれたとは言い難く，日米欧に支援される反共政権が，国民の権利を厳しく制限する強権政治によって経済開発を推進する開発独裁が顕著になった。イランでは国王［　エ　］のもとで親米政策がとられ，白色革命と呼ばれる上からの近代化が進められた。また，インドネシアでは，1965年，クーデター未遂事件（九・三〇事件）をきっかけに，［ オ ］将軍率いる軍が共産党を壊滅させ，（ e ）を退陣に追いこんだ。一方，フィリピンでは，1960年代から大統領の（ i ）が独裁をおこなうなど，民主主義は十分に機能しなかった。また，ビルマでは，1990年の選挙結果を軍部が認めず，民主化運動のリーダーである（ j ）を軟禁するなど強硬路線をとった。

設問1　空欄（ a ）〜（ j ）に入る最も適切な語句を次の語群より選び，その番号を解答欄Ⅲ－Aに記入しなさい。同じアルファベットの空欄には，同じ語句が入る。

【語群】

1．アウラングゼーブ
2．アウンサンスーチー（アウン＝サン＝スー＝チー）
3．アギナルド　4．アブデュルハミト2世
5．アルジェリア　6．エジプト
7．エチオピア　8．オラービー
9．ガーナ　10．カルティニ
11．カルマ　12．カンボジア
13．ケニア　14．ゴ＝ディン＝ジエム
15．サティヤーグラハ　16．サヤ＝サン
17．シハヌーク　18．シンガポール
19．ジンバブエ　20．スカルノ
21．セイロン　22．タイ
23．チュラロンコン　24．ティラク
25．ナイジェリア　26．ナセル
27．ネ＝ウィン　28．ネルー
29．バングラデシュ　30．ビルマ
31．ファン＝チュー＝チン　32．プールナ＝スワラージ
33．ブラフマン　34．ホー＝チ＝ミン
35．ホセ＝リサール　36．マルコス
37．マレーシア　38．リー＝クアンユー

設問2　文中の　ア　～　オ　に入る最も適切な語句を解答欄Ⅲ－Bに記入しなさい。

設問3　下線部(1)に関連して，この4つの綱領に**当てはまらないもの**を，次の1～4から一つ選び，その番号を解答欄Ⅲ－Cに記入しなさい。

1．イギリス製品の不買（英貨排斥）　2．国産品愛用
3．扶助工農　4．民族教育

設問4　下線部(2)について，このふたつの政策を具体的に表す法の名称と内容が正しい文の記号の組み合わせを，次の1～5から一つ選び，番号を解答欄Ⅲ－Cに記入しなさい。

X　インド統治法　Y　ローラット法

a　ベンガル地域を，ムスリムの多い東と，ヒンドゥーの多い西に二分割する。
b　令状なしで逮捕・投獄する権限を総督にあたえ，独立運動を弾圧できるようにする。
c　各州の自治を認める。
d　州行政の一部をインド人に委ねるが、実質的にイギリス人が実権を握ることを可能にする。

1．X―a，Y―b　2．X―b，Y―d
3．X―c，Y―a　4．X―d，Y―b
5．X―d，Y―c

設問 5　下線部(3)に関連する次の記述(a)(b)について，(a)(b)ともに正しい場合は数字**1**，(a)のみ正しい場合は数字**2**，(b)のみ正しい場合は数字**3**，(a)(b)ともに正しくない場合は数字**4**を，解答欄Ⅲ－Cに記入しなさい。

(a)　国境をこえたパン＝イスラーム主義を説き，エジプトのウラービー運動に大きな影響を与えた。

(b)　成立当初は相互扶助的性格が強かったが，やがて政治活動にむかった。

設問 6　下線部(4)に関連する次の記述(a)(b)について，(a)(b)ともに正しい場合は数字**1**，(a)のみ正しい場合は数字**2**，(b)のみ正しい場合は数字**3**，(a)(b)ともに正しくない場合は数字**4**を，解答欄Ⅲ－Cに記入しなさい。

(a)　ガンディーは，急進派イスラーム教徒によって暗殺された。

(b)　こうした軍事衝突は，カシミール地方の帰属をめぐって繰り返された。

設問 7　下線部(5)について，この会議の名称，開催場所，方針について，正しい組み合わせを，次の１～６から一つ選び，番号を解答欄Ⅲ－Cに記入しなさい。

Ｘ．非同盟諸国首脳会議　　Ｙ．アジア＝アフリカ会議

ａ．バンドン　　ｂ．コロンボ

ア．平和五原則　　イ．平和十原則

１．Ｘ－ａ－ア　　２．Ｘ－ｂ－ア　　３．Ｘ－ａ－イ
４．Ｙ－ａ－ア　　５．Ｙ－ａ－イ　　６．Ｙ－ｂ－ア

政治・経済

（75分）

〔Ⅰ〕 次の文章を読み、下の設問（設問1～設問9）に答えよ。 （50点）

日本では20世紀末から21世紀初頭にかけて、西欧型の民主国家に多く見られる法律が制定された。1993年に行政活動の公正性・透明性を確保する（ A ）が、また1998年には中央省庁の体制を一新する（ B ）が制定された。とくに、（ B ）はⓐ中央省庁の数を減らすとともに、行政の諸活動を国民に説明する行政の責務を明記していたので注目された。1999年には、行政活動に関わる文書・記録を国民に公表する義務を行政機関に課す（ C ）が制定された。この3つの法律が意図した公正性、透明性、そして政府や公務員が国民に情報を積極的に開示し説明する責任は（ ア ）とよばれ、日本でも知られるようになった。ⓑ行政の民主化は、一定程度進展した。

これらは、ⓒ経済協力開発機構が提言してきた政府改革の国際潮流に歩調をあわせた改革であったが、21世紀になって、小泉純一郎内閣は改革をさらに進めた。いわゆる「（ D ）改革」である。ここでは郵政事業が分割民営化され、日本（ E ）公団が民営化（持株会社化）され、また特殊法人改革によって（ F ）制度が創設された。さらに、簡素で効率的な行政活動をめざす（ G ）が2006年に制定されたため、行政のスリム化、効率化が一層進んだ。こうした流れの中で、公共サービスを民間企業やⓓボランティア市民団体のＮＰＯに委託し、政府の関与を減らす動きも広がった。いわゆるⓔ「小さな政府」をめざす改革である。

「小さな政府」とは、行政サービスの拡大によって出現した「大きな政府」の諸課題を解決しようとした国際的な改革動向を表す言葉である。その手法は民営化、自由化、ⓕ市場の重視、（ H ）、政府支出や公務員の削減、減税など、各国で共通している。

こうした動きの中で日本では、行政（官僚制）に対するコントロールを強化する改革もみられた。たとえば、民主党政権時代の行政刷新会議が2009年と2010年に行った（　I　）は、無駄だと思われる予算を政治主導でカットする手法として使われた。また、2014年に内閣官房に設置された（　J　）は、中央府省の幹部人事を、政権が一元的に把握するしくみであった。

これらの改革により、日本政府は公務員数で見れば他の先進国と比べると、「大きな政府」ではなくなった。他方で、社会の新しい課題に対応するために行政がとりくむ活動は増大し、「庁」の新設が目立つようになった。たとえば、2008年に国土交通省に置かれGo toトラベルを担当した観光庁、食品安全・悪徳商法対策などを担当するため2009年に内閣府に新設された（　イ　）、東日本大震災後の2012年に設置された（　ウ　）など、政策需要の拡大に応じて「庁」が増えている。

その一方で、政府の財源不足を補うため発行するⓖ特例国債も増え続け、大きな政治課題になった。財政の健全化を判断する指標を意味する（　エ　）の黒字化をめざすべきだという主張もあった。

【設問1】文中の（　ア　）～（　エ　）に入る最も適切な語句を、解答欄Ｉ－甲のア～エに記入せよ。ただし、アとエはカタカナで記入せよ。

【設問2】文中の（　Ａ　）～（　Ｊ　）に入る最も適切な語を、次の語群から１つ選び、その番号を、解答欄Ｉ－乙のＡ～Ｊに記入せよ。

［語群］

1．増税　　2．規制緩和　　3．政府補助金の拡大
4．道路　　5．内閣法制局　　6．国有鉄道
7．本州四国連絡橋　　8．第三セクター
9．国家公務員制度改革基本法　　10．行政手続法
11．情報公開法　　12．特定秘密保護法
13．中央省庁等改革基本法　　14．国家公務員倫理法
15．行政改革推進法　　16．派遣労働　　17．事業仕分け

18. 公共事業評価　19. 公益社団法人　20. 公営企業
21. 独立行政法人　22. 人事院　23. 行政事業レビュー
24. 個人情報保護法　25. 国家行政組織法　26. 行政管理局
27. 改革開放　28. 金融　29. 内閣人事局
30. 構造　31. コンプライアンス　32. 規制
33. 政策評価

【設問３】文中の下線部ⓐに関連して、2001年、中央省庁は22省庁からいくつまで減ったか。減った後の**数（算用数字）**を、解答欄Ｉ－甲に記入せよ。

【設問４】文中の下線部ⓑに関連して、行政の民主化を目指すために置かれる制度のうち、日本の中央政府で**導入されていない制度**を、次の１～４から１つ選び、その番号を、解答欄Ｉ－乙に記入せよ。

１．国民投票制度
２．オンブズマン（オンブズパーソン）制度
３．審議会制度
４．パブリック＝コメント制度

【設問５】文中の下線部ⓒに関連して、**適当でないもの**を、次の１～４のうち１つ選び、その番号を、解答欄Ｉ－乙に記入せよ。

１．経済協力開発機構は、世界貿易の秩序形成を目的として設立され、本部はジュネーブにある。
２．経済協力開発機構が発足した1961年に、日本は加盟していない。
３．経済協力開発機構の重要な目的として、発展途上国の援助の促進、援助の評価がある。
４．経済協力開発機構のメンバー国は、2022年において38カ国である。

【設問6】文中の下線部ⓓに関連して、社会貢献活動の一環として公共サービスを担うボランティア市民団体に関する1998年に制定された法律（いわゆる「ＮＰＯ法」）の**正式名称**を、解答欄Ⅰ－甲に記入せよ。

【設問7】文中の下線部ⓔに関連して、「小さな政府」を目指した改革思想を表す言葉のうちで、1980年代のイギリス首相の名前を冠した最も適切な語句を、解答欄Ⅰ－甲に記入せよ。

【設問8】文中の下線部ⓕに関連して、次の文章の（　ⅰ　）～（　ⅲ　）に入る語句の最も適切な組合わせを、下の１～４のうちから１つ選び、その番号を解答欄Ⅰ－乙に記入せよ。

市場を重視し経済の自由化を進める政策は、一部の社会主義国でも導入された。たとえば、旧ソビエト社会主義共和国連邦が1985年から進めたペレストロイカは、日本語の意味で（　ⅰ　）として知られ、市場経済と国営企業の独立採算制をめざした。また中華人民共和国が1979年以降外国資本や外国技術導入を進めた（　ⅱ　）、さらに（　ⅲ　）社会主義共和国が1986年以降打ち出したドイモイ政策なども市場経済の導入と自由化の政策として知られている。

１．（　ⅰ　）中央計画経済（　ⅱ　）自力更生　（　ⅲ　）ラオス
２．（　ⅰ　）情報公開　　（　ⅱ　）人民公社　（　ⅲ　）モンゴル
３．（　ⅰ　）市場開放　　（　ⅱ　）生産請負制（　ⅲ　）ハンガリー
４．（　ⅰ　）再建　　　　（　ⅱ　）経済特区　（　ⅲ　）ベトナム

【設問9】文中の下線部ⓖに関連して、「特例国債」は一般に何と呼ばれているか。最も適切な語句を、解答欄Ⅰ－甲に記入せよ。

〔Ⅱ〕　次の文章を読み、下の設問（設問１～設問10）に答えよ。　（50点）

1930年代には、欧米諸国や日本がⓐ為替相場を切り下げ、あるいは、輸出品にⓑ高率の関税を課し、品目ごとにⓒ輸入量を制限したりして、国内産業を保護した。

イギリス、フランスのように、植民地を保有する国は、関税や通貨政策を用いて、本国と植民地をあわせた排他的な経済圏を形成した。これを（　ア　）という。他方、資源と領土に乏しいドイツや日本は植民地の再分割をめざし、それが第二次世界大戦に至る一因となった。日本が唱えた「大東亜共栄圏構想」も一種の（　ア　）をめざすものであった。

第二次世界大戦後の国際秩序を構想して、F．D．ルーズベルト大統領とチャーチル首相は、1941年８月、領土の不拡大や貿易自由化を含む共同声明を発表した。これが（　イ　）である。

その後は、国際協調を制度化する努力が続けられてきた。特に、1944年、アメリカ合衆国（以下、アメリカ）が中心となって開催したブレトンウッズ会議で、ⓓＩＭＦと国際復興開発銀行（現在の世界銀行）の設立が合意された。ＩＭＦのもとでは、金１オンス＝35ドルの固定相場で、アメリカは他国政府にドルを金に交換することを保証した。

しかし1950年代の後半から、西欧諸国や日本の経済が発展し、アメリカの国際競争力は相対的に低下した。アメリカの経常収支が悪化し、金準備も減少したため、ドル危機がおきた。1971年、アメリカは金とドルの交換を停止し、その後、主要諸国間の調整をへて固定相場に合意したが、それも1973年までに放棄された。ＩＭＦは、1978年の（　ウ　）協定で、ⓔ変動相場制への移行を認め、同時に、ⓕ特別引き出し権（ＳＤＲ）の増額を決定した。

変動相場制への移行後、ⓖ通貨危機や債務危機が繰り返し起きたが、むしろ、世界貿易額は2000年代に入って急速に増加した。その背景には、ⓗ多国籍企業による投資増大、中国のＷＴＯ加盟、国境を越えたサプライチェーンの構築などがあった。

【設問1】文中の（　ア　）～（　ウ　）に入る最も適切な語句を、解答欄Ⅱ－甲のア～ウに記入せよ。

※空所ウについては，文中に示された西暦年が不適切であったため，全員正解の措置が取られたことが大学から公表されている。

【設問2】下線部ⓐに関連して、次の1～5のうちから、最も適切なものを1つ選び、その番号を、解答欄Ⅱ－乙に記入せよ。

1．1ドル＝120円から1ドル＝130円になると、円高である。
2．円安が、外国企業の日本に対する輸出競争力を改善する。
3．アメリカから日本への株式投資が増えると、ドル高になる。
4．円高による不利益を回避するため、日本企業は外国に生産拠点を移した。
5．ドル高のときは、アメリカから日本の土地買収が不利になる。

【設問3】下線部ⓑに関連して、次の文章の（　ⅰ　）・（　ⅱ　）に入る最も適切な語句の組み合わせを、下の1～4のうちから1つ選び、その番号を、解答欄Ⅱ－乙に記入せよ。

貿易の自由化は、ＧＡＴＴのもとで多角的交渉が進められた。1964～67年の（　ⅰ　）は、一括して工業製品の関税を平均35％引き下げることに合意した。しかし、多くの非関税障壁は残ったままであった。1973～79年の（　ⅱ　）では、農産物の関税引き下げや非関税障壁の撤廃が話し合われた。

1．（　ⅰ　）ケネディ＝ラウンド（　ⅱ　）ドーハ＝ラウンド
2．（　ⅰ　）東京ラウンド（　ⅱ　）ウルグアイ＝ラウンド
3．（　ⅰ　）ケネディ＝ラウンド（　ⅱ　）東京ラウンド
4．（　ⅰ　）東京ラウンド（　ⅱ　）ドーハ＝ラウンド

【設問4】下線部ⓒに関連して、次の文章の（　エ　）に入る最も適切な語句を、解答欄Ⅱ－甲のエに記入せよ。

急激な輸入の増加で国内産業が深刻な被害を受ける場合、ＷＴＯは（　エ　）として輸入国が保護政策をとることを認めている。日本では、2001年に、中国産のネギ、生シイタケ、イグサ（畳表）の３品目について、初めて暫定的に（　エ　）を発動した。

【設問5】下線部ⓓに関連して、**適当でないもの**を、次の１～５のうちから１つ選び、その番号を、解答欄Ⅱ－乙に記入せよ。

1．ＩＭＦ８条国は、国際収支赤字を理由に為替取引を制限できない。
2．ＩＭＦは、国際収支不均衡を是正するための短期資金を供与した。
3．ＩＭＦ融資を受ける国は、経済安定化のための条件に合意する必要がある。
4．ＩＭＦの本部は、アメリカのワシントンＤＣにある。
5．歴代のＩＭＦ専務理事は、すべてアメリカの出身者であった。

【設問6】下線部ⓔに関連して、次の文章の（　オ　）～（　ク　）に入る最も適切な語句を、解答欄Ⅱ－甲のオ～クに記入せよ。ただし、カはカタカナで記入せよ。また、（　Ａ　）に入る最も適切な人名を、下の語群から１つ選び、その番号を、解答欄Ⅱ－乙のＡに記入せよ。

為替相場の短期的な予測は困難であるが、長期的には、貿易可能な財の価格が、どの通貨建でも等しくなるように変化すると考えられる。このように物価水準の国際的格差から為替相場を理解するのが（　オ　）説である。

長期的な為替相場の決定に影響する要因を、（　カ　）とよぶ。為替相場に関する（　カ　）として考慮される代表的な数値は、インフレ率、成長率、経常収支、生産性などである。

第二次世界大戦後、日本の円の為替相場は、360円から70円台まで大きく変動した。為替レートが短期的に大きく変動するのは、（　キ　）が関係していると考えられる。為替相場の将来の変動を予測して、大きなリスクをともないながら、利益を得ようとする行動を、投資とは区別して、（　キ　）という。

経済活動の基準となる為替相場が、あまりにも大きく変動することは望ましくない。各国の通貨当局は、為替相場を安定化し、長期的な均衡を実現する水準に向けて誘導するために（　ク　）を行うことがある。日本の場合、財務省が実施を判断し、日本銀行が実務を担う。

為替相場は外国の経済状況にも影響するから、大規模な（　ク　）には国際協調が必要になる。たとえば1985年には、ニューヨークのプラザホテルに、日本の（　Ａ　）大蔵大臣など、Ｇ５の代表が集まり、急激なドル高を止めるための国際協調に合意した。

［語群］

1．竹下登　　2．宮澤喜一　　3．麻生太郎　　4．橋本龍太郎

【設問7】下線部ⓕに関連して、次の文章の（　Ｂ　）に入る最も適切な語句を、下の語群から1つ選び、その番号を、解答欄Ⅱ－乙のＢに記入せよ。

特別引き出し権（ＳＤＲ）は、ＩＭＦが加盟国に、国際収支赤字に対して必要な外貨を引き出す権利を与えるものである。ＳＤＲは、加盟国の（　Ｂ　）に比例して配分される。

［語群］

1．ＧＤＰ　　2．人口

3．ＩＭＦ出資額　　4．国際収支赤字額

【設問8】下線部ⓕに関連して、次の文章の（ iii ）～（ v ）に入る最も適切な語句の組み合わせを、下の1～4のうちから1つ選び、その番号を、解答欄Ⅱ－乙に記入せよ。

2000年の特別引き出し権（ＳＤＲ）の価値は、4つの通貨、すなわち、アメリカ・ドル、（ iii ）、日本・円、（ iv ）の加重平均で決められていた。2016年からは（ v ）がこれらに加わった。

1．（ iii ）ドイツ・マルク　（ iv ）イギリス・ポンド
　（ v ）中国・人民元
2．（ iii ）ユーロ　（ iv ）イギリス・ポンド
　（ v ）中国・人民元
3．（ iii ）イギリス・ポンド（ iv ）中国・人民元
　（ v ）ユーロ
4．（ iii ）ユーロ　（ iv ）中国・人民元
　（ v ）インド・ルピー

【設問9】下線部ⓖに関連して、次の文章の（ C ）・（ D ）に入る最も適切な語句を、下の語群から1つ選び、その番号を、解答欄Ⅱ－乙のＣ・Ｄに記入せよ。

2009年、ギリシャ政府の財政赤字額が隠蔽されていたことが明らかになって、ギリシャ政府の債務不履行の可能性が高まった。このような国家の財政破綻が国際金融市場を通じて他国に波及することは、（ C ）として国際会議でも主要な議題となった。同じ時期、ユーロ圏に加盟するギリシャや（ D ）を含む4カ国の政府債務不履行が特に懸念された。

［語群］
1．サブプライム・ローン　2．ヘッジファンド
3．ストレス・テスト　4．ソブリン・ショック

5．ポルトガル　　6．オランダ
7．ベルギー　　8．フランス
9．オーストリア

【設問10】下線部ⓗに関連して、次のａ～ｅの記述について、**正しいものには数字の1を、正しくないものには数字の2を**、解答欄Ⅱ－乙のａ～ｅに記入せよ。

ａ．中国は、2015年に、パソコン、スマートフォン、薄型テレビ、デジタルカメラの生産量が世界１位であった。

ｂ．改革開放政策とは、中国の沿海部から、中東を経て、ヨーロッパとアフリカまで、巨大な市場を陸と海のインフラ建設でつなぐものであった。

ｃ．2016年、中国はアジアインフラ投資銀行を設立した。しかしアメリカは参加せず、日本とイギリスも参加しなかった。他方、ドイツやフランスは参加した。

ｄ．ＧＡＴＴ設立は62カ国・地域によるが、ウルグアイ＝ラウンドでは123カ国・地域が交渉に参加した。

ｅ．多国籍企業の中でも、ウォルマート＝ストアーズやアップルは、2015年、その売上高が日本のＧＤＰを超えた。

〔Ⅲ〕　次の文章を読み，下の設問（設問１～設問11）に答えよ。　（50点）

日本のⓐ公害の歴史は古く，明治時代までさかのぼる。明治時代中頃に（　Ａ　）流域で起きた足尾銅山鉱毒事件が公害の原点といわれるが，第二次世界大戦後の高度経済成長期になると，ⓑ四大公害事件をはじめとして，多くの産業公害が全国で発生し，深刻な社会問題となった。このような公害問題の深刻化を背景に，1967年に公害対策基本法が制定された。公害対策基本法には「経済の健全な発展との（　ア　）が図られるようにするものとする」との経済（　ア　）条項が入っていたが，1970年のいわゆる公害国会によって削除された。1972年，経済協力開発機構は，環境汚染を引き起こした者が，公害防止や被害者救済のための費用を負担すべきであるとする（　イ　）の原則を勧告したが，この考え方は，日本では1973年に制定された公害健康被害補償法などにあらわれている。また，人の身体への被害が生じれば，（　Ｂ　）の有無を問わず，加害事業者に損害賠償責任を負わせる旨の規定が，1972年に大気汚染防止法および水質汚濁防止法に追加された。同じく1972年，公害にかかわる紛争解決などを目的とした行政委員会であるⓒ公害等調整委員会が設置された。その後，大気汚染防止法および水質汚濁防止法では，一般的な濃度規制に加え，汚染の深刻な地域に対して（　ウ　）規制が取り入れられた。

このような法整備の成果もあり，日本においては激甚な産業公害は改善されたものの，今度は廃棄物問題，自動車の排気ガス問題，近隣騒音問題などの都市・生活型公害が問題となってきた。またⓓダイオキシンによる土壌汚染やアスベスト問題が顕在化し，集積回路の洗浄に使われるトリクロロエチレンによる地下水汚染を代表例とする（　エ　）汚染も深刻な社会問題となった。さらに，地球規模の環境問題も注目されるようになった。地球環境問題については，国際的な取組みが積極的に行われ，1992年に開催された国連環境開発会議（地球サミット）では，（　Ｃ　）を基本理念として，リオ宣言が採択され，またⓔ気候変動枠組み条約も締結された。

日本では1993年，都市・生活型公害や地球環境問題といった環境問題に対応するため，公害対策基本法と（　Ｄ　）を見直し，環境政策全体の基本方針を示す

ⓕ環境基本法が制定された。1997年には、ⓖ環境影響評価法が制定され、2000年には、循環型社会形成推進基本法が制定され、ⓗ循環型社会の基本的な枠組みが示された。また、循環型社会の形成に向け、ⓘ個別のリサイクル関連法も整備されている。

都市・生活型公害や地球環境問題といった現代的な環境問題には、事業者等に対する直接的な規制に加え、環境税や排出量取引といった経済的手段を用いることが、ときに効果的である。また、事業者が自発的に、（　Ｅ　）が定めた環境マネジメントシステムに関する国際規格を取得するといったことも望まれる。

【設問１】文中の（　ア　）～（　エ　）に入る最も適切な語句を、解答欄Ⅲ－甲のア～エに記入せよ。ただし、エはカタカナで記入せよ。

【設問２】文中の（　Ａ　）～（　Ｅ　）に入る最も適切な語句を、次の語群から１つ選び、その番号を、解答欄Ⅲ－乙のＡ～Ｅに記入せよ。

［語群］

1．自然環境保全法	2．国連ミレニアム開発目標	
3．過失	4．国際自然保護連合	5．阿賀野川
6．宇宙船地球号	7．公害罪法	8．土地基本法
9．起訴	10．持続可能な開発	11．渡良瀬川
12．国際消費者機構	13．長良川	14．責任能力
15．廃棄物処理法	16．国際協力機構	17．国際標準化機構
18．因果関係	19．神通川	20．かけがえのない地球

【設問３】下線部ⓐに関連して、次の文章の（　オ　）に入る最も適切な語句を、解答欄Ⅲ－甲のオに記入せよ。

公害は、事業者が市場取引を通さずに、第三者や社会全体に悪い影響を与えることから、外部不経済の典型例といわれる。外部不経済によってもたらされる社会的損失は事業者等に負担させることが必要であるとされ、これを外部不経済の（　オ　）という。

【設問４】下線部ⓑに関連して、**適当でないもの**を、次の１～４のうちから１つ選び、その番号を、解答欄Ⅲ－乙に記入せよ。

1．最高裁判所は2004年、水俣病に関し、国および熊本県の責任を認めた。
2．1960年代後半に提訴された四大公害訴訟においては、いずれも企業の責任が認められた。
3．四大公害事件のなかで、最初に訴訟が提起されたのはイタイイタイ病である。
4．四日市ぜんそくにおいては、コンビナート各企業の共同不法行為が認められた。

【設問５】下線部ⓒに関連して、次の文章の（　Ｆ　）に入る最も適切な語句を、下の語群から１つ選び、その番号を、解答欄Ⅲ－乙のＦに記入せよ。また、（　カ　）に入る最も適切な語句を、解答欄Ⅲ－甲のカに記入せよ。

公害等調整委員会は、1972年に（　Ｆ　）と中央公害審査委員会が統合されて発足した行政委員会のことである。公害等調整委員会は、現在は（　カ　）省の外局であり、公害紛争が生じた場合に、あっせん、調停、仲裁、および裁定を行い、紛争の解決を図っている。

[語群]

1．土地調整委員会　　2．収用委員会
3．農業委員会　　4．環境庁

【設問６】下線部ⓓに関連して、**適当でないもの**を、次の１～４のうちから１つ選び、その番号を、解答欄Ⅲ－乙に記入せよ。

1．アメリカ軍がベトナム戦争時に使用した枯葉剤にはダイオキシンが含まれていた。

2．2006年に、石綿健康被害救済法が制定され、労災補償の対象とならない周辺住民患者にも療養手当などが給付されることとなった。
3．廃棄物の焼却の際に発生するダイオキシンには、強い発がん性があるとされており、1999年には、ダイオキシン類対策特別措置法が制定された。
4．アスベスト被害をめぐる一連の訴訟において、下級裁判所に国の責任を認めた判決があるものの、最高裁判決には、国の責任を認めたものはない。

【設問7】下線部ⓔに関連して、次の文章の（　G　）に入る最も適切な語句を、下の語群から1つ選び、その番号を、解答欄Ⅲ－乙のGに記入せよ。また、（　キ　）・（　ク　）に入る最も適切な語句を、解答欄Ⅲ－甲のキ・クに記入せよ。ただし、クはカタカナで記入せよ。

気候変動枠組み条約締約国会議は、1995年に第1回締約国会議が（　G　）で開かれ、1997年の第3回締約国会議では、1990年を基準とする温室効果ガスの削減目標を定めた（　キ　）議定書が採択された。この（　キ　）議定書には、中国やインドなどの発展途上国に温室効果ガスの削減義務はなく、また、2001年にアメリカが議定書から離脱するなど、課題が残されていた。その後、2015年の第21回締約国会議において、すべての国が温室効果ガス削減に取り組むことを決めた（　ク　）協定が採択された。

[語群]

1．ドイツ　　2．アメリカ　　3．オランダ　　4．スイス

【設問8】下線部ⓕに関連して、**適当でないもの**を、次の1～4のうちから1つ選び、その番号を、解答欄Ⅲ－乙に記入せよ。

1．環境基本法には、公害の発生に対する罰則規定が置かれていない。
2．憲法に環境権は明記されなかったが、環境基本法において明文化された。
3．環境基本法では、大気汚染、水質汚濁、土壌汚染、騒音、振動、地盤沈

下、悪臭の7つを公害として規定している。

4．環境基本法に基づいて、環境基本計画が定められている。

【設問9】下線部ⓖに関連して、次の文章の（　H　）に入る最も適切な語句を、下の語群から1つ選び、その番号を、解答欄Ⅲ－乙のHに記入せよ。

環境影響評価法は道路やダムなどの大規模な開発行為を対象に、それが環境に与える影響を事前に調査、予測、評価することを義務付けた法律である。環境影響評価制度は、法律に先行して地方自治体が条例化していたが、（　H　）市が1976年に制定した条例が最初のものである。

［語群］

1．北九州　　2．四日市　　3．川崎　　4．豊田

【設問10】下線部ⓗに関連して、循環型社会の形成に向けた3Rの取組みに**あてはまらないもの**を、次の1～4のうちから1つ選び、その番号を、解答欄Ⅲ－乙に記入せよ。

1．リサイクル　　2．リユース

3．リペア　　4．リデュース

【設問11】下線部ⓘに関連して、最も適切なものを、次の1～4のうちから1つ選び、その番号を、解答欄Ⅲ－乙に記入せよ。

1．小型家電リサイクル法に対しては、テレビなどの家電製品のリサイクル費用を負担する消費者の間で批判の声がある。

2．グリーン購入法に関し、製紙メーカーによる再生紙偽装事件が起こったことがある。

3．グリーン購入法は、一般市民に対して、再生紙など環境に優しい商品を選ぶよう普及啓発することを目的とした法律である。

4．容器包装リサイクル法は、家庭から排出されるペットボトルやガラスびんなどの容器包装廃棄物につき、市町村の責任と費用負担において、分別収集と再商品化を義務付けたものである。

数　学

（75分）

〔Ｉ〕次の $\boxed{\qquad}$ に適する数または式を，解答用紙の同じ記号の付いた $\boxed{\qquad}$ の中に記入せよ。

(1) p，q を実数とする。x の2次関数 $f(x)=-2x^2+(p+q)x+(2p-3q)$ について，$\displaystyle\lim_{h\to 0}\frac{f(-1+h)-f(-1)}{h}=2q$ が成り立つとき，q を p を用いて表すと $q=\boxed{\quad\text{ア}\quad}$ である。さらに $f(-1)=0$ も成り立つとき，p，q の値はそれぞれ，$p=\boxed{\quad\text{イ}\quad}$，$q=\boxed{\quad\text{ウ}\quad}$ となる。

(2) 大中小の3つのさいころを同時に投げるとき，出る目がすべて異なり，かつ，大，中，小のさいころの順に出る目が小さくなり，かつ3つの目の合計が10以下となる確率は $\boxed{\quad\text{エ}\quad}$ である。

(3) $a>0$ とする。xy 平面において，円 $C_1:x^2+y^2-1=0$ の中心を O_1，円 $C_2:x^2-4ax+y^2+3a^2=0$ の中心を O_2 とする。円 C_1 と円 C_2 が異なる2つの共有点P，Qをもつような a の値の範囲は $\boxed{\quad\text{オ}\quad}$ である。ただし，Pの y 座標は正とする。このとき，2点P，Qを通る直線の式は $\boxed{\quad\text{カ}\quad}$ である。4つの線分 $\mathrm{O_1P}$，$\mathrm{PO_2}$，$\mathrm{O_2Q}$，$\mathrm{QO_1}$ で囲まれた図形の面積が $\dfrac{\sqrt{15}}{6}$ となるような a のうち，最大の値は $a=\boxed{\quad\text{キ}\quad}$ である。

(4) 平面上の△OABにおいて，$\mathrm{OA}=1$ とする。辺OAを $2:3$ に内分する点をM，辺OBを $1:2$ に内分する点をNとし，線分ANと線分BMの交点をPとする。ベクトル $\overrightarrow{\mathrm{OP}}$ を $\overrightarrow{\mathrm{OA}}$ と $\overrightarrow{\mathrm{OB}}$ を用いて表すと，$\overrightarrow{\mathrm{OP}}=\boxed{\quad\text{ク}\quad}$ である。また，△ABPの外接円の中心をEとし，直線OAと直線OBが△ABPの外接円に接しているとする。こ

のとき，$\overrightarrow{OE}$ と $\overrightarrow{OA}$ の内積の値は $\overrightarrow{OE}\cdot\overrightarrow{OA}=$ [ケ] であり，$\overrightarrow{OA}$ と $\overrightarrow{OB}$ の内積の値は $\overrightarrow{OA}\cdot\overrightarrow{OB}=$ [コ] である。

〔II〕p を $-3<p<3$ をみたす実数とする。xy 平面において，O$(0,0)$，A$(-3,0)$，B$(3,3)$ とする。x 座標が p である点 P は，直線 AB 上にある。また，点 A を通り直線 OB に平行な直線と，直線 OP の共有点を Q とおく。このとき，次の問いに答えよ。

(1) 点 Q の座標を p を用いて表せ。

(2) 線分 AQ の長さを p を用いて表せ。

(3) △APQ と △OBP の面積をそれぞれ S_1，S_2 とおく。S_1 と S_2 の比 $S(p)=\dfrac{S_2}{S_1}$ を p を用いて表せ。

(4) p は $-3<p<3$ をみたしながら動くとする。(3) で定めた $S(p)$ について，等式 $\sqrt{S(p)}=kp$ をみたす p の個数は実数である定数 k の値によってどのように変わるか調べよ。

〔Ⅲ〕 n を4以上の自然数とする。合計 $2n$ 本のくじがある。そのうち,「あたり」の本数が6であり,「はずれ」の本数が $2n-6$ である。この $2n$ 本のくじを無作為に赤箱と白箱にそれぞれ n 本ずつ入れる。$k=2$ または $k=3$ とし，2つの箱のうち少なくとも一方に「あたり」がちょうど k 本入っている確率を $P(k,n)$ とする。このとき，次の問いに答えよ。

(1) $k=3$, $n=6$ のときの確率 $P(3,6)$ の値を求めよ。また，$k=2$, $n=6$ のときの確率 $P(2,6)$ の値を求めよ。

(2) $k=2$ のときの確率 $P(2,n)$ を n を用いて表せ。

(3) $k=2$ とする。n が4以上の自然数として変化するとき，$\dfrac{P(2,n+1)}{P(2,n)}$ と1との大小関係に注目することによって，$P(2,n)$ が最大となるような n の値をすべて求めよ。

5　反乱軍から逃げて朝廷軍に加わった人々は、反乱軍を追い詰めて大きな戦果を挙げた。

6　御門は父御門・母后にもまして、昔の聖帝の御代を敬う気持ちが強かった。

㈦　傍線――「ただ思はむ志を違へじ」は誰のどのような思いか。「志」の内容を明らかにして説明せよ（三十字以内、句読点を含む）。

（以上・六十点）

(四) 傍線――ウ「ざえある限りを召し集めて、文を講じ、理を論じて、御門を教へすすめたてまつりたまふ」の解釈として適当なものを、次のうちから一つ選び、その番号を記せ。

1 后は最も学識のある者だけを呼び集められて、古典を講読し、物事の道理を論議して、御門を教え導き申し上げなさる
2 氏忠は漢詩文が上手な者だけを呼び集めて、詩歌を詠み、作品を論評して、御門に教授し詩作をお勧め申し上げる
3 后は優れた学識者全員を呼び集められて、詔書を読み上げ、理念を説き、御門への教育方針をご指示申し上げなさる
4 后は学問を身につけた者全員を呼び集められて、文学を講読し、真理を論述して、御門に教本を御推薦申し上げなさる
5 氏忠は才能のある者全員を呼び集めて、学問を講読し、治世の原理を明らかにして、御門に積極的にお教え申し上げる

(五) 空欄〔　　〕に入る語句として適当なものを、次のうちから一つ選び、その番号を記せ。

1 尽くせり
2 尽くさる
3 尽くされぬ
4 尽くされける
5 尽くしたまひき

(六) 本文の内容に合致するものを、次のうちから二つ選び、その番号を記せ。

1 氏忠は友八人とともに胡の国の兵七十人余りを撃破した。
2 反乱が鎮圧された直後は、国に背いた人々がまだ残っていた。
3 后は反乱軍と戦った氏忠の容姿を気に入って、宮門の警護役を任せることにした。
4 反乱軍に召集されてしかたなく出征した人々も罪に問われた。

(二) 傍線――ア「一旦の名を借らずは、その威ありがたきによりて、なまじひに返さひ申さざりき」の解釈として適当なものを、次のうちから一つ選び、その番号を記せ。

1 最初の段階で御門の名を用いなかったために、敵を圧倒することもできず、なかなかお返事を申し上げることができずにおりました

2 相手の名乗りを受けることもなく戦いが突然始まり、敵軍の勢いが尋常ではなかったのですが、かといって退却する判断も致しませんでした

3 一時的にも将軍の名を借りないことには、威厳を示すこともできませんので、中途半端に将軍の肩書きをお返し申し上げないままでおりました

4 その都度御門の名を借りないでは、威光にすがることもできませんので、いささか無理をしてでも朝廷の役職を返上申し上げようとは思いませんでした

5 本格的に将軍として名を馳せることができなかったのは、御門の権威に感謝している自分にとって不本意で、しっかり御恩をお返しできなかったと感じております

(三) 傍線――イ「楽しび喜ばぬたぐひなし」の説明として適当なものを、次のうちから一つ選び、その番号を記せ。

1 后は法律によって倹約することを定めて減税を進めたため、たくさんの品物が安価になり国民は喜んでいる。

2 后は倹約を控えるよう強制して、病人を保護し、労働賃金を上げて経済を拡大したので国民は満足して喜んでいる。

3 后は御門に倹約を命じ、政治に関わる人を減らして公的な負担を軽くしたために、国民は日常を満喫し喜んでいる。

4 后は規則によって倹約が義務づけられ、召使いの数も減らされたため、国民の一部には楽になり安心する人々もいる。

5 后は倹約をする方針を立てて人の労苦を減らそうと心がけ、租税の徴収を止めたので、国民は裕福になり喜んでいる。

「卑しき際にだに位を授けられぬる人は、帰る習ひなし」とのみ、人もそしり思へれば、わづらはしかるべけれど、「これはなにのためしをも知らず、ただ思はむ志を違へじ」と、后の心を尽くしていたはりたまふ。

冬のほどは、海の面荒れて、人の通ふためしなければ、春を過ぐすべきよしをのたまはすれば、月日を待ちつつ明かし暮らす。

（『松浦宮物語』）

注　宇文会　反乱軍の将軍。
燕王　先帝の弟。反乱軍の首領。
諒闇　御門が喪に服する期間。
路寝　天子・諸侯の正殿。

設　問

㈠　傍線――a・bの意味として適当なものを、次のうちからそれぞれ一つ選び、その番号を記せ。

a　横様
1　偶然
2　正規
3　応援
4　怠惰
5　非道

b　いはけなく
1　つつましく
2　つつがなく
3　ぎこちなく
4　あどけなく
5　ぬかりなく

二　次の文章を読んで、後の設問に答えよ。

遣唐使として唐に渡った弁少将氏忠は、唐の朝廷から竜武大将軍の官位を授けられて反乱軍と戦った。

このたびの軍《いくさ》、またこと人の力を借らず、宇文会が友八人、胡の国のすぐれたる兵七十余人を、塵灰にうち砕きつること、また手をまじふる人もなければ、いささかもその後に誇らず、恐れつつしみて、授けられし官位を返したてまつる。「軍の陣に交はりて、仇に向かふ時に、ア一旦の名を借らずは、その威ありがたきによりて、なまじひに返さひ申さざりき。年若く、ざえおろかなる旅人の身に、さらに耐ふべきにあらず」と申しのがるるを、后、さらに許したまはず。「天の授くるところありて、a横様の軍、ひと時に滅びぬれど、国を背きしともがら、その数いまだ尽きず」とのたまひて、なほ九重の御門を戒め守らせたまふ。

燕王に従ひて、心より外に催し出だされしたぐひは、みな許したまふ。こなたより逃げのがれて向かひしともがらは、尋ね出でらるるに従ひて、命を失ひて、家を滅ぼさる。いくばくの日数にあらず、天下治まりはてて、御門、位につきたまふ後にぞ、父御門の御葬りのことなど、かれもこれも儀式をととのへ、さまざまあるべき作法を〔　　〕。世の中諒闇なるうへに、后の御掟、ひとへに倹約を先として、よろづのことにつけて、人のわづらひをはぶかる。民の力をいたはり、おほやけのせめをとどめて、イ楽しび喜ばぬたぐひなし。

つとに、朝堂に薄物の帳を垂れて、日ごとに聞こしめすことはてて、路寝に入りたまひては、ウざえある限りを召し集めて、文を講じ、理を論じて、御門を教へすすめたてまつりたまふ。朝夕に、国の栄え、民安かるべき道をのみ聞こえ知らせたまふ。御門、bいはけなくおはしませど、父御門・母后にもなほ進みて、むかしの聖の御代を慕ひたまふこと深ければ、なべての人も、心をつくろひ、身をつつしみて、いまよりなびき従ひたてまつる。ただ二三十日に、島の外までのどかに治まりぬ。

かかるなかにも、ただ人知れず本の国に帰りなむことをのみ願ひ思へど、限りある跡によりて、三年を過ぐすべきうへに、における他者との一時の邂逅と、公共空間における見知らぬ他人とのすれ違いを比較して両者の違いを指摘している。

5 「〈共生〉の耐えがたいイメージ」として「感じの悪い連中とともに、永遠に閉じ込められること」を挙げるバルトの考えに対し、筆者は「われわれのテーブル」が曖昧な他者に取り囲まれるという別の状況を引き合いに出し疑義を呈している。

㈥ 本文の内容に合致するものを、次のうちから二つ選び、その番号を記せ。

1 筆者は、人間以外に動物、植物、微生物をも含めて「他者」という言葉を用いることを明言している。

2 コレージュ・ド・フランスにおける講義の内容はバルト自身によってまとめられなかったため、ＣＤ－ＲＯＭに記録された音声以外に講義内容を知る方法はない。

3 コレージュ・ド・フランスは学位の授与を目的とした教育機関ではないので、その講義は万人に開放されており、バルトの講義にはおびただしい数の聴衆が詰めかけた。

4 バルトは、講義を同時中継するために用意された伝送システムの不具合をむしろ楽しみながら講義を続けた。

5 『ギリシアの夏』はフランスで好評を博したため、著者であるラカリエールの名は日本でもよく知られるようになった。

6 ラカリエールはアトス山の修道士たちの生活について具体的なことを書き記さなかったため、バルトの講義では想像によって事実が補われた。

㈦ 傍線――――「共生というのはあくまで所与であり、真に問われるべきはその内実である」に関して、本文に述べられている理想的な共生の内実について説明せよ（四十字以内、句読点を含む）。

（以上・九十点）

同じことが、食事の場面にも当てはまるのではないだろうか。つまり厳密には、食事を共にする「われわれ」と、その環から外れた「それ以外のもの」がいるのではない。むろん、この二つの集団は、通常さまざまな仕方でフィルタリングされている。だが、たとえ同じ皿を囲んでいなくとも、見知らぬ他者がある会食の場に「居合わせてしまう」ような状況はいくらでもあるだろう。

じっさい、友と敵を、あるいは身内と他人を分かつ場としての食卓という発想は、現実に照らし合わせてみれば粗雑きわまりないものである。友／敵の二分法を中心的なモティーフとするカール・シュミットの理論にしてもそうだが、友と敵を分かつことが政治の核心にあるなどということを、われわれはどこまで真面目に強弁しうるだろうか。われわれを取り囲む他者の多くは、友でも敵でもない、あるいはそのいずれでもありうるような曖昧な他者ではないだろうか。そして、われわれのテーブルもまた、友でも敵でもない、曖昧な他者たちに取り囲まれている。これらのものは時と場合によって、それと気づかれぬまま、その場に同席していることすらあるのだ。

1 「感じの悪い連中とともに、永遠に閉じ込められること」がバルトにとって本当は耐えがたいものではなかった可能性があることを筆者は考慮し、本来われわれと他者とは友／敵の二分法によって分かたれるべきではないと主張している。

2 「感じの悪い連中とともに、永遠に閉じ込められること」を「地獄のような」イメージと考えるバルトの見方に賛同しつつ、筆者は「われわれ」と「感じの悪い連中」を友／敵の二分法で分け、フィルタリングする方法を検討している。

3 「感じの悪い連中とともに、永遠に閉じ込められること」を「〈共生〉の耐えがたいイメージ」と評するバルトの発言を通して、筆者は友でも敵でもない曖昧な他者と時間や空間を共にしているというわれわれの共生のあり方を考察している。

4 共生の例としてバルトが述べた「感じの悪い連中とともに、永遠に閉じ込められること」から筆者は話題を展開し、食卓

au restaurant]。

逐語的に言えばこういうことである。レストランでたまたま居合わせたこの「感じの悪い連中（des gens déplaisants）」は、空間的に「われわれ（nous）」と隣りあっている。そのような者たちとともに「永遠に閉じ込められる」こと。それこそが、共生のもっとも「耐えがたい」――こちらも逐語的には「地獄のような（infernal）」――イメージである、とバルトはいう。

この「感じの悪い連中」は、「われわれ」の友人でもなければ家族でもない。ただ偶然レストランに居合わせただけの、無関係な他人である。彼らがそこにいることには耐えられる。しかし連中とともに「永遠に閉じ込められる」となれば、それは「共生のもっとも耐えがたいイメージ」へと転じる――とバルトは言う。

言うまでもないことだが、ここで「われわれ」と「感じの悪い連中」とのあいだには、空間的なそれよりもはるかに大きな隔たりがある。両者のテーブルは隣りあっているにもかかわらず、「連中」は「われわれ」と同じ食卓を囲むことはない。いや、すくなくともバルトはそれを望んでいない。かりに同じ状況にあったとして、きっとわたしもそれを望まないだろう。

とはいえ、この事態は「われわれ」と「それ以外のもの」を分かつ友／敵の二分法よりも、はるかに繊細なものである。「われわれ」と「連中」は、たしかに同じ空間を分かちあっている。レストランという半公共的な空間にいる以上、そのことはさすがにみとめざるをえまい。そうした一時の邂逅であれば何ら問題はないのだが、もしも彼らと同じ空間に「永遠に閉じ込められる」となれば、もはや事情は同じではなくなる。

すれ違いの場としての公共空間。それは飲食を提供する店内であったり、はたまた都市の路上であったりする。そうやってわれわれは、見知らぬ他人としばし時間と空間を共にする。それは、街を行き交う人々が日頃あたりまえに行なっていることである。

かの質的差異を含むものとして扱われていることに違和感を抱いている。

㈣ 傍線――B「「いかにして共に生きるか」と題する連続講義」の説明として適当なものを、次のうちから一つ選び、その番号を記せ。

1 バルトは、「イディオス」と「リュトモス」という語をラカリエールの著作『ギリシアの夏』の中に見いだし、社会的な諸形態を指す合成語として「イディオリトミー」という言葉を講義の中で用いた。

2 バルトは、「イディオス」と「リュトモス」を合成し「イディオリトミー」という新たな語を作って思索の中心に据え、多くの聴衆の興味を引く連続講義を展開した。

3 バルトは、社会的な諸形態に即して個人の自由を阻害しないような共生について考えるため、「イディオス」と「リュトモス」からなる合成語「イディオリトミー」を講義の中で用いた。

4 バルトは、共生について社会的な諸形態に即して考えるのではなく、ラカリエールの著作『ギリシアの夏』に見える「イディオリトミー」という耳慣れない言葉を導入しつつ講義を行なった。

5 バルトは、前年に出されたばかりのラカリエールの著作『ギリシアの夏』に見える「イディオリトミー」という言葉に依拠して講義を行なったため、難解に感じた聴衆は失笑しつつも苛立った。

㈤ 傍線――C「この講義にしばし耳を傾けてみたい」について、次の文章は、同じ本の別のところで、筆者がバルトの講義の一節を引き、考えを述べた部分である。この文章の主旨に合致するものを、後の1～5から一つ選び、その番号を記せ。

〈共生〉の耐えがたいイメージ、わたしにとってそれは、レストランで隣の席に座っている感じの悪い連中とともに、永遠に閉じ込められることなのです [être enfermé pour l'éternité avec des gens déplaisants qui sont à côté de nous

1　a　あるいは　b　ならびに
2　a　それとも　b　とりわけ
3　a　すなわち　b　あるいは
4　a　とりわけ　b　すなわち
5　a　ならびに　b　それとも

㈡　空欄〔　　〕に当てはまる語として適当なものを、次のうちから一つ選び、その番号を記せ。

1　計算高い　2　如才ない　3　名状しがたい　4　当たり障りのない　5　箸にも棒にもかからない

㈢　傍線――A「「共生」という言葉がさまざまな場面で目につくようになった」ことに対する筆者の考えとして適当なものを、次のうちから一つ選び、その番号を記せ。

1　「共生」という言葉が、人生のさまざまな場面で他人とうまくやっていくことを意味するものではなく、ほとんど無内容な記号として流通していることに違和感を抱いている。

2　「共生」という言葉が、通常の「社会」の中で達成されるべき理念としてではなく、「社会」から離脱しようとしても徒労に終わってしまう試みを意味する語として扱われていることに違和感を抱いている。

3　「共生」という言葉が、抽象的な厭世観にもとづく行為を表すものではなく、社会が目指すべき高邁な理想として広まっていることに違和感を抱いている。

4　「共生」という言葉が、「わたし」はけっしてひとりになれないという現実を示すものとしてではなく、社会的正義の問題を扱う中で用いられていることに違和感を抱いている。

5　「共生」という言葉が、つねにすでにわれわれが他者とともに生きてしまっているということを示すものではなく、何ら

「理想的なリズム」のことなのであった。

ラカリエール、およびそれに依拠するバルトによれば、このアトス山における修道士たちの生活は次のいずれかに二分される。すなわち一方には、食事、典礼、作業のいっさいを共同で行なう、通常われわれが思い浮かべるタイプの修道院がある。そしてもう一方には、修道士たちが一人ひとり個室をもち、それぞれ自由に食事をとるタイプの修道院がある。こちらが問題の「イディオリトミックな」修道院である。ラカリエールによると、後者の「奇妙な共同体においては、典礼でさえ、夜のミサを除けば各人の意志に委ねられている」。修道士の生活として、これがきわめて破格なものであることは言うまでもないだろう。

なぜバルトはこのアトスの修道院に関心を寄せたのか。それは、この「イディオリトミックな」修道院が、孤独とも集団生活とも異なる「中間的な」リズムを可能にする空間であるからだ。ここで生活を共にする修道士たちは孤独ではない――なぜならそこには、目的を同じくする仲間たちがいるのだから。なおかつ、かれらは共同での生活に疲弊することもない――なぜならそこでは、典礼や作業をはじめとするいっさいの職務を、みずからのリズムで執り行なうことができるのだから。つまりこの修道院は、各々が自分のリズムを手放すことなく、しかし共に生きることのできる理想的な空間なのだ。これらすべてをふまえつつ、バルトは「イディオリトミー」という言葉そのものを、「ユートピア的で、エデンの園のように牧歌的な」生の様態として定義しなおすのである。

注　ファランステール　生活共同体、およびその居住施設。フランスの思想家シャルル・フーリエが提唱した。

設問

㈠　空欄［　　］a・bに入る組み合わせとして適当なものを、次のうちから一つ選び、その番号を記せ。

における「共生」をもっぱら探求しようとしたのである。ある宗教的モデル、とりわけアトス山のそれに着想を得るかたちで、われわれはこの想像的なものをイディオリトミーの幻想《ファンタスム》と名づけた。

いったいこの「イディオリトミー」とは何なのか。

ここでバルトがさらりと用いている「イディオリトミー（idiorrythmie）」とは、ギリシア語の「イディオス（特殊な、自分の）」と「リュトモス（流れ、リズム）」からなる合成語である。その原義が示唆するように、これは「自分のリズム」、さらにそこから転じて「理想的なリズム」を意味する。ただし、これはもっぱら後述する宗教的な含意のもとで用いられる言葉であり、本来それ以外の場面で目にすることはほとんどない。

では、その言葉はどこからやってきたのか。先の講義録によれば、バルトはこの表現を、その前年に出たばかりの『ギリシアの夏』（一九七六）という書物のなかに見いだした。著者はジャック・ラカリエール。日本ではほとんど知られていないと思われるこの人物は、一九二五年にリモージュに生まれ、二〇〇五年にパリに没した在野の作家であり、とりわけギリシアにまつわる数多《あまた》の著作物を残したことで知られる。なかでも、およそ二〇年にわたるギリシア旅行の経験にもとづいて書かれた『ギリシアの夏』は、当時の読書界にも好評をもって迎えられた。したがって、くだんのコレージュ・ド・フランス講義の前年に出たこの本をバルトが読んでいたことに、さほど驚くべき理由は見当たらない。とはいえ、同書に登場するこの謎めいた言葉が、結果的に共生をめぐるバルトの思索の中心におかれることになったという事実は、やはりどこかに書きとどめておく必要があるだろう。

そのラカリエールの本に登場する「イディオリトミー」という言葉は、ギリシアのアトス山に存在する、ある特殊な生活形態を指している。いまなお、東方正教会の中心地として――あるいは世界遺産として、というべきか――知られるこの山には、修道院に属しながら各々のリズムで生活する者たちの共同体があるという。イディオリトミーとは、その修道士たちに許された録音記録からもわかるように、講義が行なわれた環境は快適というにはほど遠かった。知的関心の高さからか、［a］俗っぽい好奇心や流行現象に踊らされてのことか、おびただしい聴衆がつめかけたことで、コレージュは隣室にスピーカーをとりつけて、この教授の言葉を生中継せざるをえなかった。［b］第一回目の講義は、伝送システムの不具合により何度も中断された。たびかさなる技術的不具合を前に、聴衆は失笑しつつも苛立ち、スタッフは汗をかき、教授は居心地の悪い思いを味わった。その後まもなく状況は改善されたものの、授業のやりにくさは一年中つきまとった。

このトラブルの模様は、前出の講義ノートとあわせて二〇〇二年に発売された、同講義のCD-ROMでも確認することができる。残っているのは録音のみのため、現場でじっさい何が起こっていたのか判然としない場面も多いが、その環境が静謐さからほど遠かったことはよくわかる。

これから共生をめぐる問いを開くにあたり、(C)この講義にしばし耳を傾けてみたい。バルトが講義終了後にしたためた梗概を一読すれば、この批評家の関心がいかなるところにあったのかは明白である。バルトは「いかにして共に生きるか」をめぐる問いを、その社会的な諸形態――たとえば家族やカップルなど――に即して考えるのではなく、むしろ個人の自由を阻害しないような、ごく限られた集団による共同生活を通じて考えようとした。後述するように、かれはその理想的な様態を、ある秘教的な生のうちに見いだすことになる。それにあたってバルトが導入したのが「イディオリトミー」といういささか耳慣れない言葉であった。コレージュ・ド・フランス年鑑のために書かれた梗概には次のようにある。

> われわれが望んだのは、ある特殊な想像的なもの《イマジネール》の探求であった。つまり「共生」を（社会、ファランステール、家族、カップルといった）あらゆる形態において考えるのではなく、共同生活が個人の自由を阻害しないような、ごく限られた集団

るまで、われわれの存在様態はさまざまな他者との共生なしにはありえない。これから先では「他者」という言葉を、とくに断りなくそのような意味で用いる。

　ロラン・バルトは、一九七七年にコレージュ・ド・フランスでB「いかにして共に生きるか」と題する連続講義を行なった。六〇歳をわずかに越えたばかりのこの批評家が、コレージュ・ド・フランスで担当したはじめての連続講義である。バルトはこの講義の三年後、一九八〇年にパリ市内で起こった交通事故がきっかけでこの世を去っている。そのため当の講義の内容が、生前なんらかの仕事にまとめられることはなかった。そしてわれわれの前には、二〇〇二年になって公にされた、その講義ノートだけが残されている。

　バルトのコレージュ・ド・フランス講義「いかにして共に生きるか」は、一九七七年の一月一二日から五月四日までの水曜日に一時間ずつ、計一四回行なわれた。

　この批評家はその前年にあたる一九七六年三月一四日に、ミシェル・フーコーの推挙により、このフランスでもっとも権威ある学術機関のメンバーに選出されていた。まずはセレモニアルな「開講講義」が翌七七年の一月七日に行なわれ、連続講義「いかにして共に生きるか」はその五日後に始まっている。知られるように、コレージュ・ド・フランスは大学などとは異なり、いわゆる学位の授与を目的とした教育機関ではない。その講義は万人に開放されており、基本的にだれでも聴講することができる。講義録の序文を書いたクロード・コストによれば、この当代随一の批評家の講義をじかに聞こうと、教室にはおびただしい数の聴衆が詰めかけたという。そのため、別室に同時中継するための機器が用意されるなど、当時としては例外的ないくつかの対策も講じられた。しかし今日ならばともかく、なにぶん一九七〇年代半ばのことである。肝腎の音響機器にトラブルもあり、講義の環境は理想的なものにはほど遠かったという。

いる。「わたし」はけっしてひとりになれない。そのような意味において、「共生」とは達成されるべき理念などではなく、われわれがあらかじめ巻き込まれている所与の現実のことである。

ここ二〇年ほどのことだろうか。A「共生」という言葉がさまざまな場面で目につくようになった。それは、たんにわたしの主観的な印象によるものではないはずだ。たとえば今すぐ文部科学省のウェブサイトを開いて、一般に公開されているそれらしい事業報告書に目を通してみればよい。そこでは「共生社会」や「多文化共生」といったしかたで、この言葉がごく自然に用いられるさまを目にすることができる。

むろん、ここではそうした言葉が名指そうとする社会的現実を軽視するつもりもなければ、そうした取り組みがもつ社会的意義を否定するつもりもない。ただし次のことには注意しておくべきである。すなわち、長い時間をかけてほとんど無内容な記号として流通を始めた言葉は、しばしば人をその内実から遠ざける。げんにそうした行政文書が謳うのは、これまで括弧つきの「社会」から排除されてきた弱者や少数者を「包摂」しなければならない、あるいはそうすべきであるといった内容であろう。しかし、それは端的に社会的正義の問題であって、厳密には共生の問題ではない。さきほども言ったように、われわれはけっして「ひとり」になれない。それゆえ共生とは高邁な理想であるよりも前に、われわれがけっして抗うことのできない現実のことである。だから、そこに何らかの質的差異が——たとえば「良い共生」だとか「悪い共生」だとかいったものが——存在するというならばともかく、共生それ自体が目指すべきゴールであるといったような言葉づかいには、やはりどこか違和感がつきまとう。

ゆえに、共生をめぐる問いが立てられるとすれば、それはいかにして共に生きるか、という疑問文のかたちをとらねばならない。われわれは、つねにすでに、他者とともに生きてしまっている。共生というのはあくまで所与であり、真に問われるべきはその内実である。ちなみに、ここでいう「他者」とはおもに人間のことを指しているが、それ以外の動物、植物、微生物にいた

国語

（七五分）

一　次の文章は、星野太『食客論』の冒頭の一節である。これを読んで、後の設問に答えよ。

他人と生きることが得意ではない。

そのような感覚をもつ人は、おそらく珍しくないように思う。ほかならぬわたしもそのひとりである。だれかと生活を共にすることにはいくばくかの喜びがともなうが、そのためには同じくらいの、時にはそれ以上の苦しみがともなう。また、人生のさまざまな場面で他人とうまくやっていくことは、もちろんそれなりに必要なことだとはいえ、そこには〔　　　〕泥のような労苦がともなうことも事実である。

しかしそれでも、われわれはそのような生を生きなければならない——のだろうか。すくなくとも言えるのは、いわゆる通常の「社会」から離脱しようと試みたところで、それはいくぶん空疎な努力にすぎないということだ。人はしばしば具体的な他者との関係に疲弊し、あるいは絶望し、その社会関係から「下りる」ことを選択する。それは、当の人物が抱えている問題が具体的なものである場合、むろん合理的な選択であることもあろう。しかし、それがなかば抽象的な厭世観にもとづく行為である場合、その多くは徒労に終わることをまぬがれない。たとえどこまで遠くに逃げようと、そこにはつねに、ひとりならざる他者が

解答編

英　語

I 解答 A. (X)―4　(Y)―3　(Z)―1
B. (a)―3　(b)―2　(c)―3　(d)―4　(e)―2
(f)―4　(g)―3　(h)―3
C. (ア)―2　(イ)―1　(ウ)―3
D. (あ)―5　(い)―4　(お)―3
E―3・4・6
F. 全訳下線部参照。

全訳

《建材のリサイクル・再利用法の未来》

[1]　多くの人が今日，家庭から出るごみを減らすために新聞，ペットボトルやアルミの缶をリサイクルしようと努めている。しかし，我々人類が（それとは）異なる形で生み出す莫大《ばくだい》な量のごみについて考えている人はほとんどいない。我々が暮らす建物がそれである。

[2]　建設業は世界で最も多くの原材料を消費している。新築の建物だけでも，世界の年間温室効果ガス排出の5％を占めている。その原材料の大半はひとつの建物に1回限りで用いられ，その建物が，一般的には30年から130年である寿命に達すると（埋め立て用の）ごみとなる。

[3]「言うなれば，我々はリサイクルというものをもっと普及させようとしているが，裏では，（アメリカ合衆国なら）家庭で我々一人ひとりが生み出しているごみの2倍の量を生み出す，建設業というものが存在しているのです」と，コーネル大学の建築家であり研究者でもあるフェリックス＝ハイゼルは言う。

[4]　しかしながら，世界中の都市は建材をリサイクルするという考えへの注

目を高めつつあり，一部の都市は建設業者にこれを実行するよう求める条例を可決さえしている。その一方で，建築家は最初から分解することを想定し設計された新しい建築物を建てる方法を練り上げている。

5 では，このような原理に基づく都市とはどのようなものであろうか？専門家は，木材がむき出しで鋼鉄の美学からなる都市の青写真を描く。自市の建設業を持続させるために外部の資源をほぼ必要としない都市であり，より環境に優しくより柔軟性があり，住居不足や古い住居の改築に容易に対応可能な都市である。

6 しかし，こうした新しいリサイクル可能な都市への道のりは遠く，新しい道具，市場，誘因を創出することが必要となる。もしかすると，所有権や構築された環境における我々の立ち位置に関する全く新しい考え方さえも（必要となるだろう）。

7 建物を取り壊すのは比較的容易な場合が多い。ブルドーザーや掘削機を用いれば，ものの数時間で一軒をスクラップに変えられる。しかし，これには重大な弱点がある。破壊され，混ぜこぜとなってしまった家の資材の全てが本当の意味で再利用はできず，焼却するか埋め立て地へと運ぶかのどちらかをせざるを得ない（という弱点である）。

8 もっとも，このようにしなければならないというわけではない。2016年10月に，アメリカ合衆国オレゴン州ポートランド市では，1916年以前（後に1940年以前へと更新）に建てられた住居は取り壊すのではなく「分別解体」するよう求める，分別解体条例を採択した。

9 「振り返って2015年，ポートランドで取り壊された家の大半は機械的に解体されました。今日…大半は分別解体業者によって手作業で分解され，資材は再利用目的で回収されています」と，この町に携わる建設ゴミの専門家であるショーン＝ウッドは言う。

10 この動きは2014年あたりに始まり，この町で取り壊しが多数行われたこと，さらにはそもそもそれが無駄であることや，がれきを燃やしたり埋め立て地に送ったりすることがもたらす環境への影響に対する懸念を契機としていた。ウィスコンシン州ミルウォーキーやカリフォルニア州パロアルトやサンホセ，さらに2022年の9月時点でテキサス州サンアントニオを含め，アメリカ合衆国の他の多くの都市もこの動きに続いている。

11 しかしながら，それをそもそも想定して設計される建物はほぼないという理由で，分別解体にはいくつかの課題がつきまとう。ひとつの問題はそれに要する時間と労力である。一軒の家を取り壊すには丸2日ほどしかかからないだろうが，分別解体には10日かかる可能性がある。分別解体の中で回収された資材が十分に貴重なものなら，それを売ることで余計な時間と労力の費用を賄うことができるだろうが，建物にどんなものが含まれているのか事前にはわからないことが多いと，ハイゼルは言う。どのような，そしてどれほどの量の再販売可能な資材が壁の裏側に隠れているかを作業員が素早く見積もるのに役立つように，彼は Lidar（光検出レンジング）といった道具や建設データを用いる方法を開発中である。もうひとつの問題は，潜在的に毒性のある化学物質で処理された資材や，合成されたり，接合されたり，溶接されたりして，木材，コンクリート，鋼鉄が混ざり合ったものになっている資材は分離するのが困難である可能性が高く，他の目的に使うために多少の変更を加えることが不可能になることが多いというものである。しかしながら，建設業者が最初から容易に分解できるように建物を設計するという，「分解することを想定した設計」として知られる精神を受け入れるなら，こうした問題は修正できるのである。

12　その核心部分においては，分解することを想定した設計は非常に古典的な技術である。周期的に移動させる必要性から定期的に分解される，ヤートやティピ（テント型移動式住居の種類）のような遊牧民の家を例に挙げてみよう。イギリスのクリスタル・パレスといった展示用の空間だけでなく，伝統的日本建築の中にも注目すべき例がある。しかしここ数十年の中で，一部の設計士は，分解することを想定した計画をオフィスビルやマンションや現代的家屋にまでも取り入れることを推し進めている。

13　では，分解することを想定し設計された建物とそうではないものを分けるのは何なのか？　ひとつの重要な違いは，コンクリートや石膏ボードのようなものより，木材や鋼鉄のようなリサイクルや再利用しやすい建材を選ぶことにあるのかもしれない。もうひとつの違いは，パーツの接合方法だろう。建設業者は，手の届きにくい場所に継ぎ目を隠すことや，後に壊すことのできない結合をすることを避けるようになるだろう。溶接や化学的に作られた接着剤の代わりに，設計士は取り外し可能なボルトや機械的な留め具にもっと焦点を当てるだろう。クギの代わりにネジを用いるといった小さな変更でさえ，後に作業する人が木片を投棄するのではなく分解し再利用するのを容易にすることができるだろう。接合はまた，部品を取り替えたり使い回したりするのを容易にするため標準化されるだろう。

⑭ この組立ユニット式工法は，後の居住者が修理，増築，天井の灯りや窓などの備品の除去といったことを行いやすくするだろう。外壁パネル全体が数本ネジを回すだけで取り去ることができるだろう。事務所を寝室やキッチンにすら変更するような，部屋を完全に用途変更することさえ比較的楽にできるようになるだろう。

解説

A. (X) 選択肢全てが副詞なので，文意・文脈から判断するしかない。それぞれの選択肢は，1．「十分に」，2．「時々」，3．「折よく」，4．「一般的に」という意味なので，それぞれを空所に入れ，文意・文脈的に一番自然な4を選ぶ。

(Y) 前後の文脈から，空所には〈逆接〉的なもの（「しかし」的な意味を表すもの）が入ると考えられる。また，空所が文頭ではなく文末にあることから，3の though「もっとも…ではあるが」が最も適切である。1は「徐々に」という意味で，2と4は文頭ならば「しかし」を意味するが，本問ではそれぞれ「いまだに」と「もう」を意味することになる。

(Z) 前後がコンマで区切られていることから，空所には副詞が入ると判断する。さらに，分解前提の設計は実は昔からあるという文脈なので，空所には1．「その核心部分においては」のほうが，3．「その理由で」よりも適切である。なお，2は「準備万端」といった意味を表す熟語で，4は原則的に本問のようにコンマで区切られている空所には入らない。

B. (a) attention は「注意，注目」という意味なので，3．「熟考」が最も近い。他の選択肢は，1．「愛情」，2．「明快さ」，4．「偶像化」という意味。

(b) sustain は「～を持続させる」という意味なので，2．「～を続ける」が最も近い。他の選択肢は，1．「～を構築する」，3．「～を建てる」，4．「～を信用する」という意味。

(c) built は「作られた」という意味なので，3．「人工的な」が最も近い。他の選択肢は，1．「深く根付いた」，2．「完全に成長した」，4．「うまく運営されている」という意味。

(d) adopt は「～を採用する」という意味なので，4．「～を実施した」

が最も近い。他の選択肢は，１．「～を手配した」，２．「～を建設した」，３．「～を設計した」という意味。

(e) recovered は「回収された」という意味なので，２．「回収された」が正解。他の選択肢は，１．「置き換えられた」，３．「広げられた」，４．「着手された」という意味。

(f) embrace は「～を受け入れる」という意味なので，４．「～を歓迎する」が最も近い。他の選択肢は，１．「～を分析する」，２．「～を拒絶する」，３．「～を特定する」という意味。

(g) periodically は「周期的に」という意味なので，３．「時々」が最も近い。他の選択肢は，１．「時が経つにつれて」，２．「間一髪で」，４．「決められた時間の中で」という意味。from time to time には「規則的な」という意味合いがないが，４だと移動の期間が限定されているという意味合いになり，間隔を開けて何回もという要素がないため，３を正解とする。

(h) swap *A* for *B* は「*A* を *B* と取り替える」という意味なので，３．「～を（…の）代わりに用いること」が最も近い。他の選択肢は，１．「～を取り付けること」，２．「～を取り除くこと」，４．「～を引き裂くこと」という意味。

C． (ア) from the get-go は「最初から」という意味なので，２．「初めから」が最も近い。これまでの建築ではリサイクルを前提に考えたデザインではなかったが，新しく考えられている建築デザインは，分解することを前提に考えているという文脈。よって，設計の段階から（＝初めから）分解することを意図している，という内容になるのが適切であることがわかる。他の選択肢は，１．「土台から」，３．「反対側から」，４．「別の角度から」という意味。

(イ) follow suit は「先例にならう」という意味なので，１．「同じ方法を用いることに決めた」が最も近い。ここでの suit は「トランプの一組，同じ組の持ち札」のことで，もともとは「前に出されたものと同じ組のカードを出す」という意味。他の選択肢は，２．「事例の詳細を確かめた」，３．「何度も異なる型を生み出した」，４．「同じ政策をとる計画を中止した」という意味。

(ウ) mish-mash は「寄せ集め」という意味なので，３．「手当たり次第の混合物」が最も近い。波線部は取り壊された建築の資材がどのようなものであるかを考えるとよい。of の後に，「木材，コンクリート，鋼鉄」，「分別するのが難しい」と続いていることもヒントになる。他の選択肢は，1.「固定された壁」，2.「未知の物質」，4.「同一の三つぞろい」という意味。

D. 文頭の Deconstruction を S，続く does を〈強調〉を表す助動詞とみなし，空所(あ)には動詞の原形が入ると考える。come with ～で「～とともに生じる→必然的に～を伴う」を意味するので，空所(あ)に come，空所(い)，(う)にはその～となる名詞が入ると判断するが，その際に「分別解体に何が伴うか？」と考え，空所(い)，(う)に some challenges を入れる。

空所(う)に続く however は副詞なので，2つの節をつなぐことができない。よって，空所(え)には接続詞とみなせる as「～ので」を入れる。残る選択肢の中で名詞 buildings の直前に置けるものは most か no だが，その buildings には aren't が続いていることから空所(お)に入るのは most だと判断する。残る選択肢の中で空所(か)に入るものは with のみである。

以上より，完成した英文は，(Deconstruction does) come (with) some challenges(, however,) as most (buildings aren't designed) with (it in mind.) となる。

E. 1.「建設業は新しい建物に用いられる原材料の最大量を生み出している」

第2段第1文 (The construction industry …) の内容に合致しない。本文では「建設業は世界で最も多くの原材料を消費している」と述べられている。

2.「都市は徐々に，分別解体後の資材をリサイクルしようという試みから古い建物を保護する新しい規則を可決している」

第4段第1文 (However, cities around …) の内容に合致しない。本文では「世界中の都市は建設資材をリサイクルするという考えに，より注目し始めており，一部の都市はすでに建設業者にこれを実行するよう求める条例を可決さえしている」と述べられ，ここでの「これ」とは「建設資材をリサイクルする」を指すと判断できる。

3.「もし一軒の家がブルドーザーで取り壊されると，残った資材の混合物をリサイクルに用いるのは非常に困難になる」

第7段第2文 (But this has …) の内容に合致する。

4.「ポートランドの最近の傾向は，家を手作業で分別解体し，節約された資材をリサイクルすることに集中している」

第9段（“Back in 2015, …）全体に合致する。

5.「家を分別解体するのはたった2日で済むが，機械を用いて取り壊すには10日以上かかる可能性がある」

第11段第3文（Tearing down a…）の内容に合致しない。本文ではこの選択肢と真逆のことが述べられている。

6.「建設業者は，建物に残された資材に含まれる物質とその価値を判断するための道具のひとつとして，Lidarを用いることができる」

第11段第5文（He is developing…）の内容に相当する。本文では「どのような，そしてどれほどの量の再販売可能な資材が壁の裏側に隠れているかを作業員が素早く見積もる助けのため，彼（＝ヘイゼル）はLidarといった道具や建設データを用いる方法を開発中である」と述べられているだけで，「（すでに）建設業者はLidarを用いることができる」とまでは述べられていないが，推測は可能であり，正解は「三つ」という指示なので，消去法でこの6も正解のひとつになる。

7.「破壊することを想定し建物を設計することは，近年日本やイギリスで特に用いられている将来性のある新しい技術である」

第12段第1文（Designing for disassembly…），および第3文（There are notable…）の内容に合致しない。まず第1文で「分解することを想定した設計は非常に古典的な技術である」と述べられ，第3文で「伝統的日本建築の中にも注目すべき例がある」と述べられている。つまりこの技術は「新しい」ものではなく，〈日本では古くから用いられてきた〉ものであることが読み取れる。

8.「あらゆる建設計画には，強固で長持ちする家を建てるため特別あつらえの接合資材が必要である」

第13段（So, what distinguishes…）の内容に関連するが，英文そのものが「丈夫で長持ちする家」ではなく〈分解可能な家〉についてのものであり，〈全ての家が丈夫で長持ちしないといけない〉という前提にはないので合致しない。

F. 前半のBut以降はthe road to these new recyclable cities(S) is(V) long(C)，後半のand以降はwill require(V) the creation…and incentives（O）という文構造。

the road to *A* で「*A* へと至る道」を意味するので，前半を直訳すると，「こうした新しいリサイクル可能な都市への道は長い（＝道のりは遠い）」となる。tools と marketplaces と incentives は直前の new とつながり，それら全てが creation of ～「～を創造すること」の～にあたるので，後半を直訳すると，「新しい道具，市場，誘因を創造することが必要となる」となる。最終的に文頭の But と前半と後半をつなぐ and も含めた訳が解答となる。

II　解答

A. (X)—3　(Y)—4　(Z)—4

B. (a)—3　(b)—4　(c)—2　(d)—2　(e)—1　(f)—2　(g)—3　(h)—4　(i)—3

C. (ア)—1　(イ)—2

D. (い)—3　(え)—7　(か)—6

E—2・5・8

全訳

《ヘビに音は本当に聞こえているのか？》

1　ヘビには体外の耳や鼓膜がないので，音波によって生じる振動を拾う他の方法に依存しなければならない。シューという音やずるずる滑る音で知られてはいるが，ヘビ自身は耳が聞こえないと長年考えられてきた。ヘビが環境にうまく適応するために音を用いることを示そうと努める科学者たちによる研究が増加しているおかげで，これは全く正しくないだろうということを今我々は知っている。しかしながら，正確にはどのようにしてこのずるずる滑る爬虫類が音を理解するのかは，いまだに科学的陪審員団（＝科学者）を悩ませている。ひとつの学派は，ヘビは地中の振動を感知すると主張しているが，新しい研究ではもっと何かあるのでは，とさらに難問に踏み込んでいる。

2　もしヘビがお気に入りの感覚器を選ぶなら，おそらく視覚と味覚を選ぶだろう。しかし，それでもヘビは身の回りの音を実際に解釈している。過去20年にわたって，数多くの研究が行われ，その結果——体外の耳や鼓膜がないので——地面を伝って届き，身体を通じて知覚する，音が起因となる振動を通じて音というものをヘビは認識すると示唆されている。

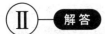

[3]　振動は，通常は地面とくっついている顎骨にある一連の骨を通じて，はるばる渦巻管や脳の思考する部分へと伝えられる。これらの振動は，砂や土からヘビがとまっている木の枝まで，あらゆるものを通じて伝わると，ドイツのミュンヘン技術大学の理論生物物理学教授であるJ.レオ＝ファン＝ヘメンは説明する。例えば，サバク（サハラ）ツノクサリヘビ（*Cerastes cerastes*）を例に挙げてみよう。このヘビは，ネズミがそばを通り過ぎるのが，その餌食の歩みが砂上に立てる波を感じ取るだけでわかるとファン＝ヘメンは言う。2008年の論文で彼は，このメカニズムがヘビの体内でどのように機能するのかを生物学的に正確に説明した。

[4]　さて，*PLOS One* という専門誌で発表された新しい研究は，地面の振動はヘビが音を感じ取る唯一の方法ではないことを示唆している――ヘビは空気伝達の音も聞き取れるのだ。これを検証するため，研究者は捕獲されたヘビの異なる5種類，デスアダー（*Acanthophis*），ウォマパイソン（*Aspidites*），ペイルヘディドスネイク（*Hoplocephalus*），タイパン（*Oxyuranus*），そして，ブラウンスネーク（*Pseudonaja*）から，19のずるずる滑るサンプル（＝ヘビ）を選んだ。最後の2つは世界で最も有毒なヘビの2種である。それから，一度に1匹ずつ，彼らはヘビを大きな防音の部屋に入れ，0～450ヘルツの周波数を持つ3つの異なる（高い周波数の音になるほど弱くなる）雑音を聞かせた。これらの1つは床に振動も生み出し，他の2つは空気伝達で音を伝えただけだった。「まるで…ゆっくりと進む，中ぐらいの速度で進む，あるいは速く進む飛行機に乗っているような音です」と，クィーンズランド大学毒ヘビ進化研究室の研究者で，最新の研究の筆頭著者のひとりであるクリスティーナ＝ズデネックは説明する。その音は85デシベル，だいたい人間の叫び声に値する大きさで流された。

[5]　ヘビが音にどのように反応するかに注目し，体がこわばったり，頭や舌を音の方へサッと向けたり，シューという音を出したり，顎を落としたりなど，何らかの体の動きがあるかどうかを注視しながら，研究チームはこれを300回以上も繰り返した。彼らが観察した内容によると，ヘビは空気伝達の音と地面の振動によって生じるものの両方に大きく反応した。「（もし）私が草むらを歩いて通れば，ヘビには私のその歩みが感知できると思います。しかし，もしじっとしたまましゃべっているとしたら，ヘビには

私の声が聞こえるのでしょうか？」とズデネックは言う。「我々の研究は，もし十分に大きな声でしゃべれば，ヘビにはそれが可能であることを証明したと思います」

6　もちろん，このたったひとつの実験の中でさえも，それぞれの種は音に対して多少は独自の反応を示したようである。（中略）タイパンは音（の方向）から急に飛びのき，防御の姿勢をとる可能性が最も高かった。タイパンは頻繁に頭をサッと動かしたり，シューという音を出したり，攻撃の準備として顎を落としたり，「フィクセイション」と呼ばれるものを行ったりした。フィクセイションとはこの場合，ヘビが頭だけはあくまで獲物に向けたまま，体の残りの部分を脅すように丸くとぐろ状に巻く様子を意味する。「タイパンは非常に敏感で鋭い感覚を持つ種なのです」とズデネックは言う。現実世界で，彼らは，自分たちを軽食だと捉えている肉食の鳥を避けるため，絶えず警戒しておかねばならない。ブラウンスネークもまた，たいていの場合は音のする場所から遠ざかる移動をしたが，その動きは0か100かというものであった。（すなわち）このヘビは完全に静止した状態を保ったままだったか，非常に大きく移動したかのどちらかであった。（研究者は，このヘビが現実世界のパドック（大型農場）でも，人が近づくとこれを行うことに注目している）一方で，ウォマパイソンは怖がって逃げるようなことは全くしなかった。ウォマパイソンはむしろ興味を持って，音のする方へ移動した。「これはウォマパイソンが大型の夜行性捕食者で，自分の住む環境で食物連鎖の頂点にいるせいだと，我々は解釈しています」とズデネックは言う。「よって，自分に襲いかかろうとするものに対する警戒心が乏しいのです」

7　こうした新しい観察は，ヘビに空気伝達音が聞こえるのかどうかに関する知識を増大させるのに役立つが，それは特に以前はあまりよく知らなかったヘビの種を調べるという点でそう言えると，この研究には関わっていないが，ミズーリ州のA.T.スティル大学の教授であり研究者でもあるブルース＝ヤングは言う。しかし，この新しいデータは，どのようにしてヘビがこの離れ業を成し遂げているのかという疑問に答える助けにはなっていない。「こういった研究は，我々人間なら音と呼ぶであろうものにヘビが実際に反応していることをまさにはっきりと示しています」とヤングは言う。「しかし，我々が行動的反応において目撃するものと生理学的な反応において目撃するものとの間には違いがあります。ヘビが外的刺激に反応するのに用いているのであろう方法には多くのものがあるのです」 振り返って2002年，ヤング自身の研究はニシダイヤガラガラヘビが空気伝達の音に反応できることを（すでに）示唆していた。しかし，この新しい研究のものと同様これらの結果においても，音は依然としてヘビの体皮を振動させていた可能性があった。それを聴覚と言えるのか？　例えば腹部や下顎で振動を察知するのと頭部の表面でそれを察知するのとの間に大きな差はないかもしれないと，ヘビは頭蓋骨で振動を察知してあらゆること（特に空気伝達の音）を聞くことができると主張する2012年の研究の一部に言及しつつ，ヤングは言う。

8 「（ヘビの聴覚）研究における目下の究極の目標は，脳内の伝達経路をはっきりさせることです」とヤングは言う。さらに，我々にはまだそれが全くわかっていない。「音が音に対する反応を（ヘビに）引き起こしていたのか？　あるいは刺激に対する反応を引き起こしていただけなのか？」

解説

A. (X)　空所を含む文の前半がIf S were to *do* を用いた〈仮定法〉の節なので，空所には〈主語＋would〉が入ると文法的に判断する。

(Y)　直前の文で「ウォマパイソンは怖がって逃げるようなことは全くしなかった」と述べられている。また空所を含む文の中で「彼ら（＝ウォマパイソン）は興味を持って」とも述べられている。ということは，「ウォマパイソンは音が聞こえても，それを怖がって逃げず，むしろそれに興味を持って，その音の方向へ近づく」のだろうと推測できる。選択肢の中で「～の方へ」を意味するのは4のみ。

(Z)　前後の文脈から，空所には〈逆接〉的なものが入ると考えられる。また，文構造から空所には接続詞ではなく副詞が入ると判断できるので，4のYet「しかし」が最も適切である。1のSinceに関しては，副詞として用いる場合は文頭に置かない。2は副詞だが「それゆえ」を意味する。3は「～まで（ずっと）」という意味の接続詞。

B. (a)　interpretは「～を解釈する」という意味なので，3．「～を理解する」が最も近い。他の選択肢は，1．「～を交換する」，2．「～を連結する」，4．「～を更新する」という意味。

(b)　perceiveは「～を知覚する」という意味なので，4．「認識された」

が最も近い。他の選択肢は，1.「想定された」，2.「告白された」，3.「先行された」という意味。

(c)　be perched (on ～) は「(鳥などが) (～に) とまっている」という意味なので，意味的には2の rested が最も近いと考えられる。be perched on ～は「(鳥などが) 木の枝にとまっている」様子を表すが，ヘビの場合は，「小枝の上で休んでいる」と解釈するのが適当だろう。他の選択肢は，1.〈受動態〉で「通過された」，3.〈受動態〉で「捜索された」，4.〈受動態〉で「見守られた」という意味。

(d)　solely は「…だけ」という意味なので，2.「…だけ」が正解。他の選択肢は，1.「ほとんど」，3.「著しく」，4.「わずかに」という意味。

(e)　method は「方法」という意味なので，1.「方法」が正解。他の選択肢は，2.「理由」，3.「格闘」，4.「成功」という意味。

(f)　observation は「観察」という意味なので，2.「検査，吟味」が最も近い。他の選択肢は，1.「概念」，3.「意見」，4.「予約」という意味。

(g)　acutely は「強く，鋭く」という意味なので，3.「鋭く」が正解。他の選択肢は，1.「穏やかに」，2.「素早く」，4.「ゆっくりと」という意味。

(h)　形容詞の still は「静止した」という意味なので，4.「動かない」が最も近い。他の選択肢は，1.「眠った」，2.「不注意な」，3.「集中した」という意味。

(i)　enrich は「～を豊かにする」という意味なので，3.「～を高める」が最も近い。他の選択肢は，1.「～を引き起こす」，2.「～を捧げる」，4.「～を誤解させる」という意味。

C. (ア)　下線部を直訳すると，「このメカニズムがヘビの体内でどのように機能するのか」となるが，ここでの「このメカニズム」とは直前の文にある「ある種のヘビは，ネズミがそばを通り過ぎるのがその歩みが砂上に立てる波を感じ取るだけでわかる」のを可能にするメカニズムのことだと考えられる。よって，下線部を言い換えると，〈どのようにして耳のないヘビはネズミがそばを通り過ぎるのがわかるのか〉となるので，1.「どのようにしてヘビは近くを移動するネズミの出す振動を察知するか」が最も近い。他の選択肢は，2.「どのようにしてヘビはネズミを捕食する手助けに木を用いるか」，3.「どのようにしてヘビはネズミが残す足跡の形を特定するか」，4.「どのようにしてヘビはネズミの位置を見極めるためにわずかな振動を生み出すのか」という意味。

(イ) fancy *A* as *B* は「*A* を *B* だと思い込む」という意味なので，2.「ヘビを軽食だと思う」が最も近い。他の選択肢は，1.「ヘビが軽食を食べているのを想像する」，3.「ヘビの獲物を素早く奪い去る」，4.「ヘビを脅してその獲物を手に入れる」という意味。

D. 直前が a lot of different であることから，空所(あ)には名詞の複数形（3か5か6）が入ると考えられる。直後が助動詞 may であることから，空所(い)には主語となる名詞（3か5か6）が入ると考えられる。直前が助動詞 may であることから，空所(う)には原形動詞（1か4）が入ると考えられる。respond to～で「～に反応する」を意味するので，空所(お)には2が入ると判断する。また，その～にあたる部分が external（　か　）なので，空所(か)には名詞（3か5か6）が入ると考えられる。

以上の文法的推測と文意より，完成した英文は，(There are a lot of different) ways snakes (may) be using (to respond) to (external) stimuli(.) となる。

なお，本問では ways と snakes の間に関係代名詞が省略されていることに注意。

E. 1.「多くの研究者が音を用いた実験を行い，ヘビは振動を感知するのに体内の耳を用いていることを証明した」

第1～2段落，特に第2段第3文（Over the past…）の内容に合致しない。「多くの研究者が音を用いた実験を行」っていることは読み取れるが，「ヘビは振動を感知するのに体内の耳を用いている」は誤り。「ヘビには鼓膜がない」ということは「体内の耳」は存在しないという意味だろうし，第2段第3文で「ヘビは体を通じて伝わる振動を感知する」と述べられている。

2.「*PLOS One* で発表された研究は，ヘビには地面を伝わる振動だけでなく空気中の音も聞こえることを証明している」

PLOS One については第4～5段に言及されており，特に第5段第3～5文（"[If] I'm walking… talk loud enough."）の内容に合致する。

3.「数種類のヘビを検証するために実験で用いられた高い周波数の音ほど弱くなるような雑音は，飛行機が頭上を通過する際に聞こえるような音であった」

第4段第6文（“It sounds like …）の内容に合致しない。本文では「飛行機が頭上を通過する」ではなく「飛行機に乗っているような音」であると述べられている。

4.「一部のヘビは，緊張が和らいだり眠ったりしているときには，頭をサッと動かしたり，シューという音を立てたり，顎を落としたりする」

第6段第2～3文（Taipans were most … in a menacing way.）に関連するが，そこでは「タイパン」は「緊張が和らいだり眠ったりしているとき」ではなく「音が聞こえると防御の姿勢をとり，頭をサッと動かしたり，シューという音を立てたり，顎を落としたりする」と述べられている。

5.「捕食者であろうと捕食される側であろうと，異なる種類のヘビは音に対して異なった反応を示す」

第6段全体，特に第1文（Of course, even …）に，react a little individually とあり，そのあとに Taipans, Brown snakes, Woma pythons のそれぞれの反応の違いが述べられているので，内容に合致する。

6.「一般的に言って，ウォマパイソンは獲物にゆっくり確実に近づく，非常に自己防御に長けたヘビの種である」

第6段第4文（“Taipans are highly …），第9～11文（Woma pythons, on the … environment,” says Zdenek.）の内容に合致しない。そこから「非常に自己防御に長けた」ヘビは「ウォマパイソン」ではなく，「タイパン」であることがわかる。また，「ウォマパイソン」が「獲物にゆっくり確実に近づく」という記述はない。

7.「ブルース＝ヤングは，ヘビの行動面での反応と生理学的反応にはほとんど違いがないと説明した」

第7段第4文（“But there is a …）の内容に合致しない。そこでは「違いがある」と述べられている。

8.「ヘビの聴覚に対する現在の研究の重要な焦点は，脳内の伝達経路を理解することである」

最終段第1文（“The real holy …）の内容に合致する。

III　解答

A. (a)－7　(b)－3　(c)－10　(d)－4　(e)－1　(f)－6　(g)－8　(h)－2

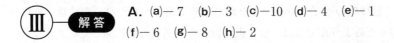

B. If you don't mind my〔me〕asking you this, what company are you working for〔with〕?

全訳

《アパートでの隣人との会話》

（都市部のあるアパートへ引っ越しの途中，ティムはポールに話しかけている）

ポール：やあ，お隣さん！

ティム：ああ，こんにちは。隣にお住まいですか？

ポール：ええ，僕の名前はポールです。初めまして。

ティム：こんにちは，ポール。僕はティムです。ご覧の通り，僕は家具の全部をどこに置くかを調整中です。ここは前に住んでいたところより狭いので。

ポール：君がそう言うなんて驚きです。この部屋はこの建物の中で一番広いもののひとつですよ！　以前は一軒家に住んでいたのですか？

ティム：その通りです。田舎にあるすてきな大きい家に住んでいました。すでにあの空間の全てが恋しいですが，何とかなるでしょう。少なくともこの部屋はかなり新しいですし。僕が前に住んでいたその家はちょっとくたびれていましたからね。

ポール：そうです。この建物は建ってまだ10年にもなりませんから，設備の全ては最新式です。セキュリティシステムもかなり高い水準のものです。その説明は受けましたか？

ティム：ええ，はい。管理人のロジャーさんが建物全体を案内してくれました。そのおかげで，今は全てがどこにあるのか理解できていると思います。

ポール：じゃあ，何か聞きたいことがあれば，僕の部屋を訪ねてください。ところで，都会で暮らすのは今回が初めてですか？

ティム：そうです。僕はこれまでの人生ずっと田舎っ子だったのです。実は都会はそれほど好きではありません。しかし，とても拒むことのできない仕事の申し出を受けたので，こっちに越してくることに決めたのです。今のところはうまくいっています。

ポール：君は適切な地域を選びましたね。ここら辺りはかなり静かですし，犯罪も問題と言えるほどではありません。

ティム：それを聞いて安心です。今回が僕にとっての初めての都会生活経験なので，住むのに最適な地域を見つけるのに家で下調べを試みました。なので，正しい選択をしたと知れてうれしいです。それに，近くにスーパーマーケットがあるそうですね？

ポール：すごく近いとまでは言えませんが，すごく遠いわけでもありません。フレッシュ・マーケットがこの辺では最高で，歩いて 15 分くらいです。しかし商品の選択肢が少し限られているのと，値段が高いです。もっとお買い得で幅広い選択肢を希望するなら他の店もありますが，車で行かなければなりません。

ティム：うーん，以前所有していたものを売ってしまったから，僕は車を持っていません。とすると，フレッシュ・マーケットに通うことになりますね。

ポール：ああ，僕は車を持っているから，週に一度はパブリックスという名のお店に行きます。もし一緒に行ってみたくなったら，言ってください。かなり大きなお店で，何でもそろっています。

ティム：わかりました。それについてはお言葉に甘えることになるかもしれません。それと，買い物に関して言えば，この辺りに文房具店はあるのかなと思っていたのですが。

ポール：うーん，そうですね。君にとって一番よさそうなのはおそらくティラーズでしょうね。封筒や便箋などを買うにはよい店です。ここからウォルナット通りを南に 5 ブロックほどの場所です。

ティム：実は，僕は仕事用に何本かしっかりした鉛筆が必要なのです。僕はグラフィック・デザイナーですが，それでも古くさい方法でデザインするほうが好きなのです。

ポール：ちょっと，それって面白そうですね。君の作品集を持っていませんか？　いくつか見てみたいです。僕はいつでもそういった芸術に興味を持っているのです。

ティム：えーと，特にクリエイティブかどうかは自分ではわかりません。僕のやっていることの大半は芸術のためというより商品企画です。最初は紙に描くことから始め，それからコンピュータを用いてデザインを完成させます。だから，完全に昔ながらのやり方でやっているわけではないです。でも構いませんよ。もし興味があるなら，最近のスケッチの何枚かをお見せしましょう。
ポール：興味あります！
ティム：はい，わかりました。これが，僕が今取り組んでいるいくつかのデザインです。ファッションの業界で新しい依頼がありまして。
ポール：これらはすばらしいですね。もし尋ねて構わなかったらだけど，どの会社のために仕事をしているのですか？
ティム：モド・デコって会社です。聞いたことがあるかどうかわかりませんが，アスレジャー用衣服，つまり，おしゃれな運動着のようなものを主に生産している会社なのです。今はちょうど，ヨガ・パンツのデザインに取り組んでいるところなのです。
ポール：ええ，もちろんよく知っていますよ。それは僕の会社です！

解説

A. (a)「この引っ越し先の部屋が以前のものよりも狭い」と言うティムに対し，空所の直前でポールは「その発言は驚きだ」と言っているので，空所でポールが7．「(だって) この部屋はこの建物の中で一番広いもののひとつなのに！」と「驚き」の理由を述べるのが最適。

(b) ティムは直前で「前に住んでいた一軒家の広さが恋しい」と言い，直後で「前の家はくたびれていた」と言っているので，空所で3．「(でも) 少なくとも，この部屋はかなり新しい」と述べるのが最適。また，続くポールの発言「そう。この建物は建ってまだ10年にもならない」もヒントとなる。

(c)「建物のセキュリティシステムに関する説明は受けたか？」と問うポールに対し，空所の直前でティムは「はい」と答えている。また直後で「今は全てがどこにあるのか理解できている」と言っているので，空所でティムが10.「管理人のロジャーが建物全体を案内してくれた（ので理解できている)」と述べるのが最適。

(d) 直前で「都会は好きではない」と言っているにもかかわらず，ティムは実際に引っ越してきていることから，空所で4．「(都会は好きではない）が，拒めない仕事の申し出を受けたので，越してくることに決めた」と「好きではない都会」に越してきた〈理由〉を述べるのが最適。

(e) 直前でポールは「最寄りのフレッシュ・マーケットが最高だ」とは言っているが，直後で「もっとお買い得で幅広い選択肢を希望するなら他の店もある」とも言っている。ということは，フレッシュ・マーケットは最高だが選択肢が狭く値段が高いのだろうと推測できるので，1．「ただし，(フレッシュ・マーケットは) 選択肢が少し限られていて，値段が高い」が正解。

(f)　空所の前でポールは「自分は車を持っているので，パブリックスという店に週1回行く」と言い，続く空所の直前で「希望するなら，自分の車で連れて行くことができる」とティムを誘っているので，空所で6．「かなり大きなお店で，何でもそろっている（から)」と，徒歩圏内のフレッシュ・マーケットではなくわざわざ車に乗ってパブリックスに行く〈理由〉を説明するのが最適。

(g)　ティムは空所の1つ前の発言でポールに文房具店の場所を尋ね，空所の直前でポールはそれに答えているので，空所でティムが8．「実は，仕事でしっかりした鉛筆が必要だ」と文房具店の場所を尋ねた〈理由〉を述べるのが最適。また，直後の「自分はグラフィック・デザイナーだが，古臭い方法で（＝紙と鉛筆を用いて）デザインするほうが好きだ」もヒント。

(h)　空所の1つ前の発言でティムは「自分は古くさいやり方でデザインしている」と言っている。空所の直前でティムは「最初は紙に描くことから始める」と，直後で「だから，完全に昔ながらのやり方なわけではない」とも述べているので，「紙に描くのは古くさいやり方」だが，2．「それからコンピュータを用いて作品を完成させる」ので，「完全に昔ながらのやり方なわけではない」と発言がつながるのが自然。

　なお，使われなかった他の2つの選択肢は，5．「それに私は仕事でコンピュータは決して用いない」，9．「しかし，この辺りを歩き回るのは少し危険である」という意味。

B.「もし尋ねて構わなかったらだけど」は「もし私があなたにこれを尋ねることをあなたがいやに思わないなら」と読み替える。「もし〜」は If，「〜をいやに思う」は mind で表せるので「もしあなたが〜をいやに思わないなら」は If you don't mind 〜 となる。その際，いわゆる〈時と条件の副詞節〉を用いることになるので，時制は〈現在形〉であることに注意。「〜をいやに思う」を意味する mind の目的語（〜の部分）には動名詞が用いられるので，「私があなたにこれを尋ねること」は my〔me〕asking you this となる。my と me はどちらを用いてもよい。よって，文の前半はIf you don't mind my〔me〕asking you thisとなる。

「どの会社のために仕事をしているのですか」は直訳して，what company are you working for?とすればよい。本問での「どの」は複数の選択肢の中で「どの」なので，whichではなくwhatを用いる。また，ティムはフリーランスで仕事をしているようなので，「仕事をしている」は〈現在形〉ではなく，「今取りかかっている」というニュアンスを持つ〈現在進行形〉で表す。さらに，「〜のために仕事をしている」はwork for〜を使う。work with〜も使えるが，この場合はWith which company are you working?が自然な英文とされる。

講評

2024年度も出題形式に変化はなく，長文読解問題2題と会話文・英作文問題1題の出題だった。なお，例年，読解問題のどちらかに英文和訳問題（1問），会話文の中に英作文の問題（1問）が含まれる。小問構成は，読解問題はいずれも，Aの空所補充がⅠ，Ⅱともに3問，Bの同意表現がⅠは8問，Ⅱは9問，Cの内容説明がⅠは3問，Ⅱは2問，Dの語句整序がⅠ，Ⅱともに1問，Eの内容真偽がⅠ，Ⅱともに8つの選択肢から本文の内容に合致するものを3つ選ぶという形式であった。

Ⅰは「建材のリサイクル・再利用法の未来」がテーマの英文であった。小問ごとの解答個数の変動は毎年のように生じるが，全体的な難易度に変化は見られない。Bの同意表現は，文脈から正確に言い換えを推測する必要のある問いが2024年度も多く見られた。Cの内容説明は，波線部分が何を伝えようとしているかを見抜くことがポイントになる。過去問で十分な量を演習し，いわゆる「精読」ではなく「筆者の言いたいこと」に沿った本文理解に努めること。Dの語句整序では，これまでに学んだ基本的な文法項目，同志社大学を目指すなら確実に身につけておくべきコロケーションや熟語の知識が問われる。Eの内容真偽は，ここ数年非常に素直な出題が続いているので，受験生の諸君も自分の読解を信じて「素直」に正誤を考えながら解答してほしい。2024年度はⅠで英文和訳問題（1問）が出題された。

Ⅱは「ヘビに音は本当に聞こえているのか？」がテーマの英文であっ

た。2024年度はⅠよりもⅡのほうが難易度はやや高いようにも感じられたが，前述のように，小問構成がほぼ同様なので，対策もⅠとほぼ同じと言ってよいだろう（Ⅰの対策についての部分をもう一度熟読すること）。

Ⅲは「アパートでの隣人との会話」がテーマであった。話の展開は非常に明瞭でつかみやすく，例年通り，いわゆる会話の「定型表現」を問うような知識問題は出題されていなかった。Aの空所補充では，会話の場面を頭の中で視覚化し，空所の前だけでなく後ろにも気を配りながら，会話が一番自然な流れとなるような選択肢を選んでいく。例年，10の選択肢から8つの正解を選ぶ，すなわちダミー（不正解）選択肢は2つしかないというのは，受験生にとってはありがたいであろう。Bの和文英訳では，何としてもケアレスミスを避けるよう意識すること。平易な英文でも構わないので，ゆっくりと確実に得点できるように「文法的に正しい」英文を書くことが求められている。ただしこれは「言うは易し行うは難し」なので，日頃からの訓練を伴う地道な積み重ねが必要となるのは言うまでもない。

日本史

I　解答

【設問ア】珍　【設問イ】江田船山古墳
【設問ウ】ワカタケル　【設問エ】3　【設問オ】1
【設問カ】1　【設問キ】1　【設問ク】八角墳　【設問ケ】3
【設問コ】粘土槨　【設問サ】庚午年籍　【設問シ】2　【設問ス】中臣鎌足
【設問セ】4　【設問ソ】1　【設問タ】5　【設問チ】12
【設問ツ】刑部親王　【設問テ】平城京　【設問ト】藤原仲麻呂
【設問ナ】太政大臣　【設問ニ】1　【設問ヌ】興福寺　【設問ネ】3

解説

《古代国家の成立》

【設問ア】『宋書』倭国伝によれば，倭の五王とは讃・珍・済・興・武の5人を指す。讃に次いで2番目にあたる王が珍である。

【設問イ】 埼玉県の稲荷山古墳出土の鉄剣と並び，銘文をともなった，ほぼ同時代にあたる「大刀」が出土しているのは熊本県の江田船山古墳である。

【設問ウ】 稲荷山古墳出土の鉄剣の銘文に刻まれた大王名は，「獲加多支鹵」で，「ワカタケル」と読まれている。

【設問エ】 銘文には，「オワケ（乎獲居）」臣が，大王の政権に代々「杖刀人」として仕えてきたことが記されている。「杖刀人」とは大王政権に仕える武官の一種と考えられている。

【設問オ】 正解の1．「法円坂遺跡」（大阪市）では，王権の施設とも推定される大規模な倉庫群が発掘されている。2の纏向遺跡と3の唐古・鍵遺跡はともに奈良県，4の黒井峯遺跡は群馬県。

【設問カ】 1．正文。2．誤文。3世紀から4世紀，古墳時代前期の内容。3．誤文。甕棺墓は，弥生時代で，須玖岡本遺跡などで出土している。4．誤文。7世紀の内容。

【設問キ】 全国第2位の規模をもつ誉田御廟山古墳（応神天皇陵）を含む古墳群は古市古墳群。全国第1位の規模をもつ大仙陵古墳（仁徳天皇陵）を含む百舌鳥古墳群とともに，世界遺産にも認定されている。

【設問ク】 7世紀の中頃，近畿地方の大王墓は八角墳と呼ばれる墳丘表面が八角形をした固有の形に変化した。他の豪族墓とは異なる大王の超越した地位を，墳墓の姿で示していると考えられている。

【設問ケ】 律令制度の雑徭は，正丁が国司の命令によって年間最大60日を限度に奉仕する労役であった。

【設問コ】「前中期古墳」「木棺の外側全体を粒径の細かい土で…固めた」をヒントに，粘土槨を導き出したい。

【設問サ】 最初の全国的戸籍で永久保存が規定されたのは，天智天皇のもとで670年に作成された庚午年籍である。

【設問シ】『令集解』は養老令の私撰注釈書で，その中には養老令の大部分とともに，大宝令の注釈書が引用されていて，散失した大宝令の一部を知ることができる。よって，設問にいう「2つの令文」とは大宝令と養老令で，「古い時期の令」とは701年，文武天皇の時に編纂された大宝令である。

【設問ス】 645年の乙巳の変以来天智天皇の最側近として政治を支えたのは中臣鎌足である。鎌足は死の直前，天智天皇から藤原の姓と大織冠を与えられた。

なお，(2)の文章において語られる「古代のある人物」とは，中臣（藤原）鎌足の子で，娘2人を天皇に嫁がせ，律令の編纂に尽力した，などの記述から，藤原不比等と理解できるだろう。

【設問セ】～**【設問タ】** 藤原不比等の娘である宮子は文武天皇の夫人となり，首皇子（のちの聖武天皇）を生んだ。さらに，首皇子は，不比等の娘の光明子を妃に迎えた。

【設問チ】 やや難。草壁皇子（天武天皇と持統天皇の子）は，皇太子であったが，天皇に即位する前に死去したため，持統天皇の強い後押しで草壁の子である文武天皇が即位した。

【設問ツ】 藤原不比等とともに律令の編纂にあたったのは刑部親王。

【設問テ】 遷都の事業が708年に始まる，とあるのをヒントに，710年に完成の平城京と解答したい。

【設問ト】 藤原仲麻呂は，祖父の藤原不比等らが718年に編纂した養老律令を，40年近く後の757年に施行した。

【設問ナ】 律令官制の最高官職である太政大臣は，適格者がいなければ任命されない則闕の官であった。

【設問ニ】 藤原武智麻呂ら4兄弟が天然痘によって相次いで亡くなったあと，藤原氏の勢力が一時衰退し，皇族である橘諸兄が政権を掌握して，唐から帰国した玄昉や吉備真備を登用して活躍した。

【設問ヌ】 藤原鎌足が山背国山階に開いた寺は，のち飛鳥厩坂に移され，さらに平城京に移築されて興福寺となり，藤原氏の氏寺として発展した。

【設問ネ】 藤原不比等の「少年期」におこった政争として適切なものを選ぶ問題。不比等は8世紀初頭に活躍した政治家で，不比等の死後に政権を握ったのが長屋王であることを想起すれば，消去法で解答できよう。1は長屋王の変（729年），2は橘奈良麻呂の変（757年），4は宇佐八幡神託事件（769年）で，いずれも不比等の死後の事件である。よって，3の壬申の乱（672年）が，少年期の政争として正解となる。

Ⅱ　解答

【設問ア】 4　**【設問イ】** 3　**【設問ウ】** 3
【設問エ】 4　**【設問オ】** 2　**【設問カ】** 1
【設問キ】 2　**【設問ク】** 1　**【設問ケ】** 2　**【設問コ】** 4　**【設問サ】** 3
【設問シ】 4
【設問a】 伊達政宗　**【設問b】** 伴天連　**【設問c】** 壬辰
【設問d】 己酉約条　**【設問e】** 首里　**【設問f】** 謝恩使　**【設問g】** 沖縄県

解説

《近世の国際関係》

【設問ア】 日本の輸出品は16世紀中頃から飛躍的に生産が伸びた4.「銀」である。1の生糸，2の鉄砲，3の火薬はいずれも輸入品である。

【設問イ】 ポルトガルは，3.「インド」の西海岸にあるゴアを根拠地に東へ進出し，中国のマカオにさらなる拠点を築いた。

【設問ウ】 3．誤り。大内義隆は周防の大名で，1551年に家臣の陶晴賢の謀反により滅ぼされている。

【設問エ】 天正遣欧使節は，イエズス会宣教師の4.「ヴァリニャーニ」の勧めにより派遣された。

【設問オ】・**【設問b】** バテレン追放令は2.「天正」15（1587）年に発令された。また，史料文中の空欄bには外国人宣教師を指す語句「伴天連」が入る。

【設問カ】「黒船」は，このバテレン追放令においては，ポルトガル，スペインの南蛮船を指す。スペインは1584年に平戸に来航して，貿易が開始された。

【設問キ】 2.「末吉孫左衛門」は摂津の平野を本拠とした豪商。1の末次平蔵は長崎，3の角倉了以と4の茶屋四郎次郎は京都の商人である。

【設問ク】 宗氏は鎌倉時代から明治維新まで1.「対馬」を支配した豪族・大名で，日朝間の貿易・外交の仲介者の役割を果たしたことはよく知られる。

【設問ケ】 豊臣秀吉は朝鮮出兵の際，2.「肥前」の名護屋に本陣を築き，ここから指揮を執った。

【設問コ】 当時の朝鮮王朝の首都は4.「漢城」（ソウル）である。文禄の役の際に日本軍は釜山（プサン）に上陸し，まもなく漢城と2の平壌（ピョンヤン）を攻略した。3の蔚山（ウルサン）は慶長の役で加藤清正らが籠城戦で苦戦するなど激戦地で知られる。1の開城（ケソン）は高麗王朝時代の首都として知られる。

【設問サ】 豊臣秀吉は1587年九州に遠征し，薩摩の戦国大名3.「島津義久」を降伏させた。なお，1の島津貴久は義久の父。2の島津重豪は江戸後期の薩摩藩主。4の島津久光は薩摩藩主島津直義の父として幕末に活躍。

【設問シ】 最後の琉球国王で琉球藩設置のとき藩王となった人物は4.「尚泰」である。のち沖縄県設置により藩王を廃され東京に移住した。1の尚巴志は琉球王国の建国者。2の尚寧は江戸初期島津家久の征服により薩摩藩の支配下となったときの国王。3の尚豊は尚寧の次の代の国王である。

【設問a】 1613年に仙台藩主伊達政宗は家臣である支倉常長をスペインに派遣しメキシコとの貿易を企てたが，貿易は実現しなかった。この使節は慶長遣欧使節という。

【設問c】 豊臣秀吉による2度にわたる朝鮮侵略戦争（文禄・慶長の役）は，朝鮮側では壬辰・丁酉倭乱と呼ばれている。

【設問d】 己酉約条は，1609年に対馬藩主宗氏と朝鮮との間で結ばれた条約である。この後，江戸時代を通じて，宗氏が朝鮮との貿易を独占的に行った。

【設問e】 琉球王国の王府は首里に置かれた。なお，那覇は首里の外港として発展した港町である。王府の首里と取り違えないよう注意したい。

【設問 f】 琉球王国から遣わされる江戸幕府への使者は2種あり，国王の代替わりごとに国王の就任を幕府に感謝する謝恩使と，将軍の代替わりごとにそれを祝って幕府に送った慶賀使があった。

【設問 g】 1879年に明治政府は琉球藩・琉球王国の廃止を宣言し，清国の反対を押し切って沖縄県を設置し日本国への併合を行った。

Ⅲ 解答

【設問ア】 4　**【設問イ】** 1　**【設問ウ】** 4
【設問エ】 座繰　**【設問オ】** 3　**【設問カ】** 1
【設問キ】 犬養毅　**【設問ク】** 大冶　**【設問ケ】** 3　**【設問コ】** 前島密
【設問サ】 1　**【設問シ】** 4　**【設問ス】** 豊田佐吉　**【設問セ】** 理化学研究所
【設問ソ】 南満州鉄道株式会社　**【設問タ】** 2　**【設問チ】** 債権
【設問ツ】 在華紡

解説

《明治・大正の経済史》

【設問ア】 リード文の「1881（明治14）年に参議兼大蔵卿に就任」，設問の「緊縮財政・紙幣整理」，「日本銀行を創設」から，デフレ政策をとった4.「松方正義」と判断できよう。

【設問イ】 1.「工部省」は，1870年に設置された，おもに鉱山・製鉄・土木・鉄道などを管轄した。2の逓信省は1885年の創設で郵便や電信事業を扱った。3の内務省は1873年設置で地方行政や警察・勧業政策を，4の農商務省は1881年創設で農林業・商工業を管轄する官庁である。

【設問ウ】 富岡製糸場（群馬県）は，4.「フランス」の技術を導入して1872年に開設された官営模範工場で，技師としてフランス人ブリューナを招き，フランスからの輸入製糸器械を用い，指導者となる工女の養成を図った。

【設問エ】「幕末から明治期」「簡単な手動装置」をヒントに，器械製糸が普及する前の座繰製糸を想起したい。

【設問オ】 3.「渋沢栄一」は埼玉県の豪農出身で，大阪紡績会社の設立者の一人であるとともに，国立銀行条例の公布や，第一国立銀行の設立にも関わっているので覚えておこう。

【設問カ】 1.「第一銀行」の前身は，国立銀行条例に基づいて設立された第一国立銀行で，普通銀行への移行にともない，第一銀行に改称された。

残る3つの選択肢（台湾銀行，日本勧業銀行，日本興業銀行）は，すべて政府の特殊な政策目的で設立された特殊銀行である。

【設問キ】 立憲政友会の犬養毅内閣は，浜口雄幸内閣が行った金輸出解禁の失敗後，1931年末に組閣して，高橋是清を蔵相に登用し，直ちに金輸出を再禁止し金本位制を停止した。

【設問ク】 日本は清国の製鉄会社漢《かん》冶《や》萍《ひょう》公司《コンス》への円借款の見返りとして大《だい》冶《や》鉄山の鉄鉱石を安価で大量に輸入することができた。

【設問ケ】 第1次西園寺公望内閣の時に公布された鉄道国有法により，政府は全国的な鉄道の管理をめざし，私鉄17社を買収して国有化した。

【設問コ】 空欄の前の「駅《えき》逓《てい》頭《のかみ》」は1871年に前島密が就任した役職だが見慣れない語句。そのあとの「官営の郵便制度」を創設した人物としてなら，前島密を答えられるだろう。

【設問シ】 中国山東省にあったドイツの根拠地といえば，広州湾に臨む都市の4．「青島」である。日本は1914年，対ドイツ参戦後間もなく青島と山東省の権益を接収した。

【設問ス】 1890年代に小型の力織機を発明した人物といえば，豊田佐吉である。のち豊田式自動織機を完成させた。

【設問セ】 1917年設立の日本で唯一の自然科学の総合研究機関といえば理化学研究所である。通称は理研で，研究成果を製品化して販売する会社を多数設立して財閥化し，理研コンツェルンと呼ばれた。

【設問ソ】 1906年大連に設立された半官半民の国策会社が南満州鉄道株式会社である。のち鞍山製鉄所の設立や撫順炭田の増産など，日本の満州への経済進出に大きな役割を果たした。

【設問タ】 第一次世界大戦による好景気を背景に，日本の工業原動力は蒸気力から電力へと転換し，水力発電事業も発展して，福島県の2．「猪苗代」の水力発電所と東京の間の長距離送電が完成した。

【設問チ】 第一次世界大戦がもたらした好景気により，日本は1914年には11億円の債務国であったのが，1920年には27億円の債権国となった。

【設問ツ】 日本の繊維業者が中国に進出して紡績の工場経営を行う場合，そうした日本資本は在華紡と呼ばれた。

講評

Ⅰ　古代国家の成立について，⑴では都出比呂志の『古代国家はいつ成立したか』を引用してヤマト政権について，⑵では古代国家の形成に寄与した藤原不比等とその関係者について問う。【設問エ】の「オワケ」，【設問オ】の「法円坂遺跡」は細かい知識だが消去法などを用いて解答を試みよう。各選択肢が長文の【設問カ】と【設問ネ】は落ち着いて読み解きたい。【設問ク】の「八角墳」は近年の入試でよく問われる傾向にある。なお，2023年度も古墳に関する問題が出題された。

Ⅱ　近世の国際関係についての出題で，同志社大学では定番の対外交渉史。2023年度もⅢで同様のテーマが出題されている。⑴キリスト教伝来とその後，⑵対朝鮮・琉球関係の二部構成で，全体に解答しやすい標準的な問題である。また，伴天連追放令が史料問題として出題されている。【設問ｂ】～【設問ｄ】は，「伴天連」「壬辰」「己酉約条」と正確な漢字で書けるかがポイントとなる。【設問キ】の貿易商の名前は，京都，長崎など地名とセットで覚えておきたい。

Ⅲ　明治・大正の経済史について，⑴明治時代の産業革命と⑵大正時代の大戦景気の二部構成による経済史問題。全体に，教科書に沿った標準的な難易度で，極端な難問はない。【設問サ】の都市名（上海）はやや難。【設問チ】については，大戦景気を経て日本が債務国から債権国へ成長したことを記憶しておきたい。

世界史

Ⅰ　解答

設問1． a－24　b－33　c－22　d－25　e－2　f－36　g－17　h－35　i－16　j－23

設問2． (A)－3　(B)－3　(C)－2　(D)－2　(E)－3

設問3． (ア)プルタルコス　(イ)ラテン語　(ウ)ユリアヌス　(エ)ピピン　(オ)ダマスクス

解説

《ローマ帝国の滅亡とヨーロッパ中世世界の形成》

設問1．a． トラヤヌス帝は五賢帝の一人。帝がダキア（現在のルーマニア）を征服したことによってローマ帝国の領土は最大となった。

b． 五賢帝最後の皇帝マルクス＝アウレリウス＝アントニヌスは，『自省録』を著したストア派の哲学者でもあり哲人皇帝と呼ばれた。

d・e． キリスト教を公認したコンスタンティヌス帝によって招集されたニケーア公会議は，三位一体を唱えるアタナシウスの教義を正統，アリウスの教義を異端とした。

g． カール大帝の宮廷での古典文化復興をカロリング＝ルネサンスと呼ぶ。

i． 宮宰カール＝マルテルの子ピピンは，メロヴィング朝を滅ぼしてカロリング朝を建てた。

j． ビザンツ帝国のテマ（軍管区）制は，アラブ軍の侵入に備えるため導入された。

設問2．(A) (a)誤文。五賢帝の一人ハドリアヌスは分割統治を行っていない。帝国の分割統治（四帝分治制）はディオクレティアヌス帝が始めた。

(b)正文。コンスタンティヌス帝の発行したソリドゥス金貨は，その後も東ローマ帝国の時代まで発行，使用された。

(B) (a)誤文。ビザンツ文化を受け入れたのは，ゲルマン人ではなくスラヴ人。

(b)正文。ユスティニアヌス帝の命を受けた法学者トリボニアヌスが編纂した。

(C) (a)正文。西ゴート王国は，トレドを首都としてイベリア半島を支配し

た。

(b)誤文。カタラウヌムの戦いでアッティラ王を破ったのは，西ローマとゲルマン人の連合軍。

(D)　(a)正文。

(b)誤文。最初のウンマは，ムハンマドと信者がメッカからメディナに移住したヒジュラによって成立した。

(E)　(a)誤文。ユスティニアヌス帝は北アフリカのヴァンダル王国およびイタリアの東ゴート王国を滅ぼした。

(b)正文。ビザンツ帝国からエジプトを奪ったのは正統カリフ時代のアラブ人イスラーム教徒。

設問3．(イ)　ローマ帝国の西半分ではローマ字を用いるラテン語が，東半分ではギリシア文字を用いるギリシア語が優勢だった。

(エ)　教皇によるカロリング朝承認に応えて行われた「ピピンの寄進」は，ローマ教皇領の起源となった。

(オ)　ウマイヤ朝はシリア地方を拠点としており，シリアの中心都市ダマスクスを都とした。

II　解答

設問1．a－3　**b**－9　**c**－6　**d**－16　**e**－10
f－21　**g**－32　**h**－29

設問2．ア．マザラン　**イ．**球戯場（テニスコート）の誓い
ウ．ヴァレンヌ逃亡　**エ．**サンキュロット

設問3．①－8　②－5　**設問4．**(あ)－1　(い)－2　(う)－3　(え)－2

設問5．2

解説

《フランスの絶対王政とフランス革命》

設問1．b．ルイ14世の財務総監の進めた重商主義（重金主義）は彼の名をとってコルベール主義と呼ばれる。

c．イギリス東インド会社の書記，軍人であったクライヴは，カーナティック戦争やプラッシーの戦いでイギリスを勝利に導いたのち，初代ベンガル州知事となった。

d．ルイ16世は重農主義者のテュルゴーを財務総監に任命して財政改革にあたらせたが貴族の反発で辞職，その後スイス出身の銀行家ネッケルが

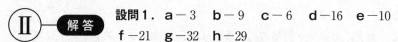

財務総監に任命され改革にあたった。

f． ラ＝ファイエットはアメリカ独立戦争に義勇兵として参加し，フランス革命では人権宣言の起草にもかかわった。

h． ジロンド派は，ブルジョワ層を支持基盤とする穏健共和派。

設問2．ア． ルイ13世の宰相リシュリューがブルボン家の国際的地位を向上させた後，ルイ14世の宰相マザランは，フロンドの乱を平定して王権の強化に努めた。

イ． 第三身分代表の議員は，ヴェルサイユ宮殿の屋内球戯場に集まり，憲法制定までは解散しないことを誓い合った。

ウ． 国王一家が，国境付近のヴァレンヌで逮捕されてパリに連れ戻された事件によって，国民の国王に対する信頼は一気に失われた。

エ． キュロットと呼ばれる丈の短いズボンは貴族など特権身分の象徴で，長ズボンをはいた庶民下層市民はサンキュロット（半ズボンなし）と呼ばれた。

設問3． ①　X．誤文。フランスとスペインが合同しないことを条件に，ブルボン家のスペイン王位継承が認められた。

Y．誤文。ジブラルタル，ミノルカ島はスペインからイギリスに割譲された。

Z．誤文。ハドソン湾地方，アカディア，ニューファンドランドはフランスからイギリスに割譲された。

②　X・Z．正文。

Y．誤文。イギリスで21歳以上の男女に普通選挙権が与えられたのは1928年の第5次選挙法改正による。

設問4． **(あ)**　(a)・(b)ともに正文。

(い)　(a)正文。

(b)誤文。ミシシッピ川以西のルイジアナをナポレオンから購入したのは第3代大統領ジェファソン。

(う)　(a)誤文。タージ＝マハルを建てたのは第5代皇帝のシャー＝ジャハーン。

(b)正文。

(え)　(a)正文。

(b)誤文。スウェーデンはヨーロッパ連合の原加盟国ではなく，1995年の第4次拡大で加盟した。未加盟であったスウェーデンのNATO加盟は，2022年のソ連のウクライナ侵攻を機に進んでいる。

設問5． ア．誤文。プロイセンのフリードリヒ2世が造営したサンスーシ宮殿は，ロココ様式の典型とされ，ヴェルサイユ宮殿より後の建造物。

イ．正文。貴族など上流階級の夫人が主催したサロンは，市中のカフェとともに，17・18世紀のフランスにおいて文芸活動やジャーナリズムの発展を支え，啓蒙思想を普及させた。

ウ．誤文。ルーベンスらのフランドル派はロココ様式に先行するバロック絵画を代表するが，下線部の「フランス文化」に関してはフランドル派の顕著な活動は見られない。よって，ウの文章の内容自体は正しいが，フランス文化に関しては誤りと言えよう。

エ．正文。17世紀のイギリスではピューリタン革命の影響もあってピューリタン文学が流行し，フランスではルイ14世の命でコメディ・フランセーズ（国立劇場）が創設され，コルネイユ，ラシーヌなどの悲劇やモリエールの喜劇が流行した。

III　解答

設問1． **a**－24　**b**－15　**c**－28　**d**－3　**e**－20　**f**－34　**g**－30　**h**－9　**i**－36　**j**－2

設問2． **ア．** 塩の行進　**イ．** ジンナー　**ウ．** 1960　**エ．** パフレヴィー2世　**オ．** スハルト

設問3． 3　**設問4．** 4　**設問5．** 3　**設問6．** 3　**設問7．** 5

解説

《19世紀末～20世紀のアジア・アフリカの独立運動》

設問1． **a．** 国民会議は，当初穏健派を中心としたが，ベンガル分割令反対闘争を機に急進派のティラクらが主導するようになった。

b． サティヤーは「真理」，アーグラハは「把握」を意味する。

d． フィリピンの独立運動は，初期には小説家のホセ＝リサールが指導した。独立運動は次第に過激化し，スペインがホセ＝リサールを処刑すると，これと前後してアギナルドの指揮するフィリピン革命が起こった。

e． スカルノはインドネシア国民党を率いて，独立後最初の大統領となった。

f． ホー＝チ＝ミンは，第二次世界大戦中は抗日戦を指導し，戦後はベト

ナム民主共和国の初代大統領として，対フランス戦（インドシナ戦争）や対アメリカ戦（ベトナム戦争）を指導した。

i． マルコスは，戒厳令を敷いて典型的な開発独裁を行ったフィリピンの政治家。20年にわたる長期独裁や政治腐敗，不正選挙などに怒った民衆運動の激化で退陣した。

j． アウンサンスーチーの父は，ビルマ建国の父と言われるアウンサン。娘のアウンサンスーチーは，ビルマ軍事政権に抵抗する民主化運動を指導し，ノーベル平和賞を受けた。

設問2．ア． ガンディーはイギリス政庁による塩の専売に抗議して，アフマダーバードからダンディー海岸まで360キロメートルを行進し，自ら海水から塩をつくるデモンストレーションを行い，インド人の民族意識高揚を図った。

ウ．「1960」は厳密に言えば語句ではなく数字（年号）であるが，「アフリカの年」と呼ばれたこの年は，世界史上の重要語句として記憶しておきたい。

エ． パフレヴィー2世は，カージャール朝を廃してパフレヴィー朝を開いた軍人レザー＝ハーンの子。父を継いで第2代国王となり，民族主義的政治家モサデグをクーデタで失脚させ，上からの近代化である「白色革命」を行った。しかし，経済政策は破たんし，国民の経済格差も拡大したためイラン革命が勃発し，国外に亡命してパフレヴィー朝は滅んだ。

オ． スハルト将軍は軍人としてはなじみが薄いかもしれないが，30年にわたってインドネシア大統領を務め，典型的な開発独裁を行った政治家として有名。スカルノ大統領は，ナサコム（民族・宗教・共産主義）体制を唱えて独自の民族主義路線をとったが，九・三〇事件によって体制を支えた共産党を失って失脚し，スハルトが後任の大統領となった。

設問3． 国民会議の4綱領とは，自治獲得（スワラージ）・国産品愛用（スワデーシ）・イギリス製品の不買（英貨排斥）・民族教育の4つである。

3．「扶助工農」は，孫文が第一次世界大戦後に唱えた新政策「連ソ・容共・扶助工農」のうちの一つ。

設問4． a．ベンガル地域の分割を定めたのは「ベンガル分割令」。

b．令状なしの逮捕・投獄する権限を総督に与えたのはYの「ローラット法」。

ｃ．各州の自治を認めたのは「1935 年インド統治法（新インド統治法）」。
ｄ．州の行政の一部をインド人に委ねることを認めたのは「1919 年インド統治法（インド統治法）」。Ｘの「インド統治法」は，「新インド統治法」と呼ばれる 1935 年のものではなく，1919 年の「インド統治法」を指すので，４．「Ｘ－ｄ，Ｙ－ｂ」を正解とする。
設問５．(a)誤文。パン＝イスラーム主義を説き，ウラービー運動に大きな影響を与えたのはアフガーニーの思想。
(b)正文。サレカット＝イスラーム（イスラーム同盟）は，当初，華人（華僑）商人に対抗して，インドネシアにおけるイスラーム商人の相互扶助を目的とした。
設問６．(a)誤文。ガンディーを暗殺したのは，イスラーム教徒ではなく急進派のヒンドゥー教徒。
(b)正文。インド＝パキスタン戦争はこれまでに３度戦われており，第１次と第２次はカシミール地方の帰属をめぐって，第３次は東パキスタン（バングラデシュ）の独立をめぐって戦われた。
設問７．Ｘ.「非同盟諸国首脳会議」は，1961 年にベオグラードで開かれ，ユーゴスラヴィアをはじめとして，アジア・アフリカ以外の非同盟諸国も会議に参加した。
ｂ.「コロンボ」は，1954 年に東南アジア５カ国（インド・セイロン・パキスタン・ビルマ・インドネシア）の首脳が集まってコロンボ会議が行われた。
ア.「平和五原則」は，1954 年の周恩来・ネルー会談で発表された平和のための原則。1955 年にインドネシアのバンドンで開かれたアジア＝アフリカ会議で発表された平和十原則の基礎となった。

講評

Ｉ　同志社大学で出題頻度の高い，西ヨーロッパの古代・中世史からの出題である。2022 年度Ｉでも「キリスト教とヨーロッパ中世文化」のテーマで，同時代・地域からの文化史が出題されている。設問１は空所補充形式で，空所数の約４倍の選択肢の中から 10 個の適切な語句を選び出すもの。内容的には，教科書の基本的な知識ですべて対応できる。

設問2はほぼ毎年出題されている2文正誤判定形式の問題で，誤りのポイントも比較的わかりやすく，内容的にも基本的なものがそろった。設問3は記述形式でキリスト教や文化史に関する知識を問うもの。ウのユリアヌスがやや難しいが，他はすべて正解できるように学習しておきたい。

Ⅱ　絶対王政期から革命期のフランスに関する出題で，政治史を中心としながら文化史の比重も小さくないので要注意である。2023年度Ⅱで「ヨーロッパ諸国の植民地経営」のテーマで類似の時代・地域から出題されており，この問題も同志社大学では頻出の時代・地域と言える。設問1は空所補充の語句選択問題で，空所数の約4倍の選択肢の中から8個の適切な語句を選び出すが，名言，人名，党派の別に選択肢が分かれているため，比較的選びやすい。設問2の空所補充の語句記述は，比較的難度が高い。設問3は，3つの文の正誤をそれぞれ判断させる新形式の問題で，条約の内容や選挙制度の内容について，かなり細かな知識を問う難問である。形式・内容ともに，今後も注意しておきたい。設問4は，同志社大学で頻出の2文正誤判定問題。問題数も多く，判断すべき情報量も多いので，ミスのないように慎重に正誤を判断したい。ちなみに，(え)のスウェーデンのNATO加盟の正誤判断は，ロシアのウクライナ侵攻により，長く未加盟であったスウェーデンに加盟の動きが出てきたため，2024年時点での時事問題となった。設問5は4つの文章の正誤を判断して，正文の数を答える新形式の問題で，2023年度に初めて出題された3つの文章の正誤を判断して正文の数を答える問題の進化形とも言える。近世フランスの文化史に関するもので，内容的にも正誤判断が微妙で難しい。

Ⅲ　近・現代のアジア・アフリカ植民地の独立運動をテーマとしたもので，地域・時代ともに出題頻度は高くなく，個々の受験生の学習の到達度が得点差につながりやすい問題と言える。設問1は空所補充形式の語句選択問題で，戦後の現代史の知識が要求される難問も含まれる。設問2の語句記述問題も，戦後史の知識が要求されるエ・オが難しい。ウは，同志社大学には珍しく，記述式で年号を問う問題であるが，アフリカの年「1960年」は，現代史の常識として知っておきたい。設問3の4つの語句の中から1つの誤りを選ぶ問題は，同志社大学では珍しい形式であるが，内容的には難しくない。設問4は，インドに関する2つの法令の名称と内容を結び付ける問題であるが，「インド統治法」が1919年のものか1935年のものかの表記がないので，戸惑った受験生もいたのではなかろうか。内容的には難問である。設問5・設問6は同志社大学で頻出の2文正誤判定問題であるが，戦後史の設問6が難しい。設問7は，3つの語句の正しい組み合わせを答える新しい形式の問題であるが，戦後史に関する基本的な知識が問われている。

政治・経済

I 解答 **【設問1】ア.** アカウンタビリティ **イ.** 消費者庁 **ウ.** 復興庁 **エ.** プライマリーバランス

【設問2】 **A**−10 **B**−13 **C**−11 **D**−30 **E**−4 **F**−21 **G**−15 **H**−2 **I**−17 **J**−29

【設問3】 12 **【設問4】** 2 **【設問5】** 1

【設問6】 特定非営利活動促進法 **【設問7】** サッチャリズム

【設問8】 4 **【設問9】** 赤字国債

解説

《日本の近年の行政改革》

【設問1】ア. アカウンタビリティとは国や地方公共団体が果たすべき説明責任のことである。

イ. 消費者行政を統一的，一元的に行うために内閣府の外局として設置されたのが消費者庁である。食品の表示基準，製造物責任，悪徳商法の予防と被害者救済を主な業務とする。

ウ. 復興庁は復興基本法に基づいて新設された行政組織で，復興施策の企画，立案，総合的調整を実施するのに必要な事務を行う。

エ. 国債収入を除く歳入（税収）と国債費を除く歳出の差がプライマリーバランス（基礎的財政収支）で，財政の健全度を測る指標である。

【設問2】A. 行政手続法は，行政運営の公正性，透明性を確保することを目的に1993年に成立した法律で，許認可の手続きや行政指導の手続きについての方法を定めている。

B. 中央省庁等改革基本法の目的は，中央省庁を再編し，肥大化する行政システムのスリム化と政治主導の行政運営体制をつくることであった。

C. 情報公開法は国民主権主義に基づき，国や地方公共団体が保有する行政情報を公開して国民の知る権利に奉仕する。

D. 小泉純一郎内閣で実施された「構造改革」で郵政事業の民営化や特殊法人の整理など痛みを伴う改革が実施された。その結果，大企業を中心に景気回復が実現した。

E．日本の高速道路は，日本道路公団など4公団によって建設されてきたが，非効率な運営で債務超過となった。そのため，2005年10月に高速道路6社に分割・民営化された。

F．独立行政法人は，国が原則として出資するが，業務の効率化を進めるため，民間の経営手法を行政に取り入れて運営を行うもので，2001年4月に制度化された。

G．行政改革推進法の正式名称は，簡素で効率的な政府を実現するための行政改革の推進に関する法律であり，行政の無駄を省き，官僚組織をスリム化して「小さな政府」を実現するための諸改革の基本方針を定めている。

H．「小さな政府」への回帰として1980年代に日本，アメリカ，イギリスで採用された新自由主義で「減税」，「民営化」，「規制緩和」の基本方針が採用された。

I．事業仕分けは，国などが実施する事業について予算の項目ごとに公開の場で議論し，外部の視点を取り入れてそれぞれの事業の要否を判定する手法で，民主党政権時に実施された。

J．内閣人事局は，中央省庁の幹部人事を内閣主導で一元的に管理するため，2014年に内閣官房に設置された。

【設問3】 中央省庁再編によって，2001年1月より，1府22省庁体制から1府12省庁体制に移行した。

【設問4】 2が誤り。行政から独立したオンブズマン（行政監察官）が，国民の苦情や告発をもとに調査を行い，行政府に対して改善案を提案・勧告する制度は，1990年に川崎市が初めて導入し，都道府県では1995年に沖縄県が導入したが，まだ国政レベルでは導入されていない。4は行政機関の意思決定過程において，広く国民に素案を公表して，それに対して出された国民の意見や情報を考慮して意思決定を行う制度である。

【設問5】 1．誤文。OECD（経済協力開発機構）は主に途上国援助の促進を目的として設置され，本部はパリに置かれている。

2．正文。日本は1964年にOECDに加盟した。

【設問7】 1979年に英国首相となったサッチャーが行った小さな政府を目指す政策をサッチャリズムと呼ぶ。国有企業の民営化や減税，社会保障政策の見直しなどを内容とした。

【設問8】 4が正解。

(i) 1985年にゴルバチョフが共産党書記長に就任して行った一連の改革をロシア語で「再建」を意味するペレストロイカと呼ぶ。経済面では市場原理の導入を図り，外交面ではアメリカと協調し，冷戦終結を図った。
(ii) 1970年代後半の中国では改革開放政策が採用され，外貨導入を目的として経済特区（経済特別区）を創設し，資本主義国の技術の導入を図った。
(iii) ベトナムでは1986年よりドイモイ政策を採用し，市場原理の導入，外国資本の導入などを図った。
【設問9】 財政法第4条但書で建設国債の原則が採用され，公共事業などの建設目的以外の赤字国債発行は認められていない。特例法を国会で成立させて赤字国債を発行するため，特例国債とも呼ばれる。

Ⅱ　解答

【設問1】 **ア．** ブロック経済　**イ．** 大西洋憲章
ウ． キングストン※
【設問2】 4　**【設問3】** 3
【設問4】 緊急輸入制限（セーフガード）　**【設問5】** 5
【設問6】 **オ．** 購買力平価　**カ．** ファンダメンタルズ　**キ．** 投機
ク． 為替介入　**A**－1
【設問7】 3　**【設問8】** 2　**【設問9】** **C**－4　**D**－5
【設問10】 **a**－1　**b**－2　**c**－2　**d**－2　**e**－2

※空所ウについては，文中に示された西暦年が不適切であったため，全員正解の措置が取られたことが大学から公表されている。

解説

《国際通貨制度の歴史》

【設問1】 **ア．** ブロック経済は域内に対しては関税の撤廃を行うなど貿易の自由化を図り，域外に対しては高率の関税を設定する排他的貿易体制である。
イ． 大西洋憲章は1941年にイギリスのチャーチル首相とアメリカのF.ローズヴェルト大統領が発表した戦後の世界秩序についての共同宣言で，これが国際連合憲章のベースになった。
ウ． 1976年に採択され，1978年に発効したキングストン協定は，変動相場制への移行を承認すること，通貨基準としてSDRを採用し金ドル本位

制から完全に離脱することなどを内容とした。

【設問2】 4．正文。

1．誤文。1ドルの商品を手に入れるために支払う円が120円から130円へと増えるので，ドルに対する円の価値が下がる円安が進行している。

2．誤文。円安の結果，日本の商品の外貨建て価格が下落するために日本から外国への輸出が拡大する。

3．誤文。アメリカから日本への株式投資が増えると，外国為替市場での円の需要が増え，ドルの需要が減るので，円高ドル安が進行する。

5．誤文。ドル高では円に対するドルの価値が高まり，日本の土地のドル建て価格が下落するためにアメリカから日本の土地買収は容易になる。

【設問3】 3が正しい。ケネディ＝ラウンド（1964～67年）では工業製品の関税一括引き下げが実現したのに対して，東京ラウンド（1973～79年）では鉱工業製品の関税の平均33％引き下げや農産品の関税の平均41％引き下げが実現，非関税障壁の撤廃についても交渉が行われた。

【設問4】 緊急輸入制限（セーフガード）は，自国経済を保護する緊急の必要がある場合に一時的に認められる輸入制限措置で，WTOの自由原則の例外規定である。

【設問6】 **ク．** 各国の通貨当局が外国為替市場に介入することを為替介入と呼ぶ。1985年9月のプラザ合意時にはG5（米，英，仏，日，旧西独）の通貨当局が外国為替市場に「円買い・ドル売り」の協調介入を実施した。

A． 1985年9月のプラザ合意時の日本の内閣は中曽根康弘内閣で，竹下登蔵相が会議に参加した。

【設問8】 2が正しい。2016年から人民元（中国）がSDR構成通貨に加わり，IMF体制において主要通貨として認められることになった。

【設問9】 **C．** ソブリンとは英語で「国王の」などを意味し，国債など各国政府が発行する債券を総称する意味で使われる。

D． ポルトガル，イタリア，ギリシャ，スペイン（PIGS）はユーロ圏の中でも国の財政が厳しく，政府の債務不履行の危機が懸念されていた。

【設問10】 a．正文。2015年の中国の主要電子機器の生産はパソコン（1位：シェア98.2％），スマートフォン（1位：シェア80.5％），薄型テレビ（1位：シェア46.3％），デジタルカメラ（1位：シェア53.2％）であった（『データブック・オブ・ザ・ワールド』）。

b．誤文。一帯一路構想の説明である。一帯一路構想は2013年に中国の習近平主席が提唱した中国と欧州を結ぶ広域経済圏構想。一方，改革開放政策は1970年代末に鄧小平国家主席によって採用された経済改革および対外開放政策である。

c．誤文。アジアインフラ投資銀行にアメリカや日本は不参加であるが，イギリス，フランス，ドイツなど西欧諸国は参加している。

d．誤文。GATT設立時の加盟国は23（国および地域）である。

e．誤文。ウォルマート＝ストアーズのように年間売上高がOECD加盟国一国のGDPを上回る企業もあるが，日本のGDPを超えることはない。

Ⅲ　解答

【設問1】ア． 調和　**イ．** PPP〔汚染者負担〕
ウ． 総量　**エ．** ハイテク

【設問2】A－11　**B**－3　**C**－10　**D**－1　**E**－17

【設問3】 内部化　**【設問4】** 3　**【設問5】F**－1　**カ．** 総務

【設問6】 4　**【設問7】G**－1　**キ．** 京都　**ク．** パリ　**【設問8】** 2

【設問9】 3　**【設問10】** 3　**【設問11】** 2

解説

《公害・地球環境問題》

【設問1】ア． 1967年制定の公害対策基本法では「生活環境の保全については，経済の健全な発展との調和が図られるようにするものとする」と規定された。これは「環境保全は経済発展を阻害しない程度に」という趣旨の「経済との調和条項」と呼ばれ，事実上の産業優先主義を意味していたために1970年の同法改正で削除された。

イ． PPP（汚染者負担）の原則は公害発生者が公害再発防止や環境回復のための費用を負担すべきという内容で，1972年のOECDの環境委員会が採択した原則の一つである。

ウ． 従来は濃度規制であったので，汚染物質の排出濃度を薄めれば，いくらでも排出することが可能であったが，指定地域全体の大気汚染レベルを下げるために，各工場の煤煙発生装置からの汚染物質の排出量合計量の規制である総量規制が付け加えられた。

エ． ハイテク汚染では，半導体産業などで洗浄に用いられるトリクロロエチレンなどの有機塩素系溶剤が地下水を汚染する事例が代表的なものであ

る。

【設問2】 **A**．栃木県足尾銅山から排出された銅・硫黄・亜鉛などの鉱毒によって渡良瀬川流域の農産物や魚が汚染されたり，銅山の煤煙や燃料用の山林濫伐によって洪水が起きたり，周辺住民に大きな被害が出た出来事が足尾銅山鉱毒事件である。

B．民法では，他者に何らかの損害を与えたとしても，過失がない限り，損害賠償請求ができない旨の過失責任が規定されているが，公害問題については1970年代以降，過失の有無にかかわらず，企業が損害賠償責任を負うべきとする無過失責任の原則が採用され，1972年改正の大気汚染防止法に明文化された。

C．環境と開発に関する世界委員会（1987年ブルントラント委員会）で初めて提唱され，1992年の国連環境開発会議（地球サミット）で採用されたスローガンが「持続可能な開発」で，環境保全と開発は対立概念ではなく，両立可能であるという考え方である。

D．1993年に公害対策基本法と自然環境保全法に代わって環境基本法が制定された。

E．ISO（国際標準化機構）は1947年に発足した国際機関で，国際的に適用させる規格を確立したり，製造や通商の発展を促進したりすることを目的としている。

【設問3】 公害は外部不経済の典型例で，事業者が市場を経由せずに第三者にマイナスの影響を及ぼす。本来は企業が負担しなければならない公害防止装置設置などの費用を，第三者や地域社会が負担しているため，公害を発生させた企業はその費用を負担し，商品の価格に組み入れる必要がある。これを外部不経済の内部化という。

【設問4】 3．誤文。四大公害訴訟で最も早く提起されたのは新潟水俣病（1967年6月），その後は四日市ぜんそく（1967年9月），イタイイタイ病（1968年3月），熊本水俣病（1969年6月）が続く。

【設問5】 公害等調整委員会は，土地調整委員会（1951年発足）と中央公害審査委員会（1970年発足）が1972年に統合して発足し，公害に関連する紛争の迅速かつ適正な解決を図り，鉱業と第一次産業との調整を図っている。

【設問6】 4．誤文。2014年に最高裁は大阪・泉南アスベスト訴訟で初めて国の責任を認め，損害賠償を認めた。

【設問7】 **G.** 第1回気候変動枠組み条約締約国会議（COP1）は1995年4月にドイツのベルリンで開かれた。

キ. 京都議定書は1997年に開催されたCOP3京都会議で採択され，2005年2月に発効した。先進国に対しては2008年～2012年までに1990年排出レベルと比較して，EUは8％，アメリカは7％，日本は6％の温室効果ガスの削減が定められたが，中国，インドなどの新興国を含む発展途上国の削減目標の設定は見送られた。

ク. 2015年に採択されたパリ協定は，京都議定書に代わる2020年以降の温室効果ガス削減目標を定めた国際的枠組みで，先進国も途上国も含めた全ての締約国が自主的に削減目標を掲げ，5年ごとに国連に提出し，目標を更新することを義務化した。

【設問8】 2．誤文。環境基本法は環境憲法と呼ばれているが，環境権は明記していない。

1．正文。環境基本法は環境保全の基本的理念とそれに基づく基本的施策の総合的枠組みを規定している。また，基本法なので罰則規定は置かれていない。

3．正文。環境基本法第2条3で公害とは事業活動その他の人の活動に伴って生じる相当範囲にわたる①大気の汚染②水質汚濁③土壌の汚染④騒音⑤振動⑥地盤沈下⑦悪臭によって，人の健康又は生活環境に被害が生じることと規定している。

4．正文。環境基本法第15条に基づき，政府がより具体的な環境関連政策を取りまとめる際の総合的・長期的な施策の大綱を環境基本計画として定めることとなっている。

【設問9】 1997年に制定された環境アセスメント（環境影響評価）法は，開発による環境への影響を事前に調査・予測し，住民の意見を反映した上で事業計画の変更・見直しを行い，環境破壊を未然に防ぐことを目的としている。日本では国が導入する前の1976年に川崎市が，環境アセスメント条例を制定した。

【設問10】「3R」とは資源有効利用促進法（2000年制定）で循環型社会を形成するために推進することが規定された概念で，第一優先はリデュース（Reduce：発生抑制），第二優先はリユース（Reuse：再使用），第三優先はリサイクル（Recycle：再生利用）である。

【設問 11】 2．正文。2008 年に印刷・コピー用紙などで再生紙を販売する製紙会社の不祥事が発覚した。

1．誤文。小型家電リサイクル法は携帯電話，デジカメ，ゲーム機などの小型家電のリサイクルを定めた法律で，テレビなどの家電製品は，特定家電リサイクル法に基づいてリサイクルされる。

3．誤文。グリーン購入法は，一般市民ではなく，省庁など国の機関が率先して再生品（再生紙・コピー機）などの環境物品を優先的に購入したり，情報提供したりすることによって，環境物品の需要拡大を図ることを内容とする。

4．誤文。容器包装リサイクル法は全ての容器や包装材を対象としており，自治体が分別収集計画を策定し，収集した容器包装材を飲料メーカーや容器メーカー，販売業者が再商品化する義務を負うという内容。

講評

Ⅰ　近年の日本の行政改革についての理解を問う出題。【設問 1】の空所補充記述問題，【設問 2】の空所補充選択問題は問われている内容は標準的。【設問 5】の OECD の知識を問う選択問題では本部所在地や加盟国数などが問われたが，それ以外の内容は標準的である。他の問題は記述問題も含めて標準的。全体的に基本・標準中心の出題といえる。

Ⅱ　国際通貨制度の歴史に関する出題。【設問 5】の IMF の知識を問う問題では本部所在地や歴代専務理事など細かい内容が問われたが，それ以外の内容は標準的である。【設問 7】・【設問 8】の SDR についての知識を問う問題も内容は標準的である。【設問 9】の空所補充選択問題のソブリン・ショックは受験生にはあまりなじみのない用語かもしれない。【設問 10】の中国の 2015 年のデジタル家電製品の生産量については判断に迷った受験生も多かったと思われる。また，GATT 設立時の加盟国数を問う問題も細かい出題である。他の問題は標準的で全体的に基本・標準中心の出題といえる。

Ⅲ　公害・地球環境問題についての理解を問う問題。【設問 4】の四大公害訴訟についての問題は標準的だが，【設問 6】のアスベスト訴訟についての問題，【設問 11】のリサイクル関連法の問題はかなり詳細な内容を問うている。それ以外の問題は標準的な内容であった。全体的に基本・標準中心の出題といえる。

例年と比べると，2024 年度は標準的な出題であったといえるだろう。

数学

I 解答 **(1)ア.** $p+4$ **イ.** -6 **ウ.** -2

(2)エ. $\dfrac{5}{108}$

(3)オ. $\dfrac{1}{3}<a<1$ **カ.** $x=\dfrac{3}{4}a+\dfrac{1}{4a}$ **キ.** $\dfrac{\sqrt{6}}{3}$

(4)ク. $\dfrac{4}{13}\overrightarrow{\mathrm{OA}}+\dfrac{3}{13}\overrightarrow{\mathrm{OB}}$ **ケ.** 1 **コ.** $-\dfrac{1}{2}$

解説

《小問4問》

(1) $f(x)=-2x^2+(p+q)x+(2p-3q)$ から

$$f(-1+h)-f(-1)$$
$$=\{-2(-1+h)^2+(p+q)(-1+h)+(2p-3q)\}$$
$$-\{-2-(p+q)+(2p-3q)\}$$
$$=4h-2h^2+(p+q)h$$
$$=-2h^2+(p+q+4)h$$

なので

$$\lim_{h\to 0}\frac{f(-1+h)-f(-1)}{h}=\lim_{h\to 0}(-2h+p+q+4)=p+q+4$$

であるから，$\displaystyle\lim_{h\to 0}\frac{f(-1+h)-f(-1)}{h}=2q$ が成り立つとき

$$p+q+4=2q\quad すなわち\quad q=p+4\quad \to ア$$

さらに，$f(-1)=0$ も成り立つとき

$$-2-(p+q)+(2p-3q)=0\iff p-4q=2$$

なので，2式から

$$p=-6\quad \to イ,\quad q=-2\quad \to ウ$$

(2) 3つのさいころの目の出方の総数は　$6^3=216$ 通り

このうち，出る目がすべて異なり，かつ，大，中，小のさいころの順に

出る目が小さくなるのは，1から6の6個の数字から異なる3個の数字を選び，大きい順に大，中，小とすればよく，3つの目の和が10以下となるのは

$$(小,\ 中,\ 大)=(1,\ 2,\ 3),\ (1,\ 2,\ 4),\ (1,\ 2,\ 5),\ (1,\ 2,\ 6),$$
$$(1,\ 3,\ 4),\ (1,\ 3,\ 5),\ (1,\ 3,\ 6),\ (1,\ 4,\ 5),$$
$$(2,\ 3,\ 4),\ (2,\ 3,\ 5)$$

の10通り。

よって，求める確率は　$\dfrac{10}{216}=\dfrac{5}{108}$　→エ

(3)　円 C_1 は，$x^2+y^2=1$ より，中心 O_1 の座標は $(0,\ 0)$，半径は1である。

また円 C_2 は，$(x-2a)^2+y^2=a^2$ より，中心 O_2 の座標は $(2a,\ 0)$，半径は a（$a>0$ より）であるから，2つの円が異なる2つの共有点P，Qをもつための条件は，中心間距離 O_1O_2 と2つの円の半径について

$$|a-1|<O_1O_2<a+1$$

が成り立つことであり，$O_1O_2=2a$ から

$$|a-1|<2a<a+1$$

$$\iff \begin{cases} |a-1|<2a & \cdots\cdots ① \\ 2a<a+1 & \cdots\cdots ② \end{cases}$$

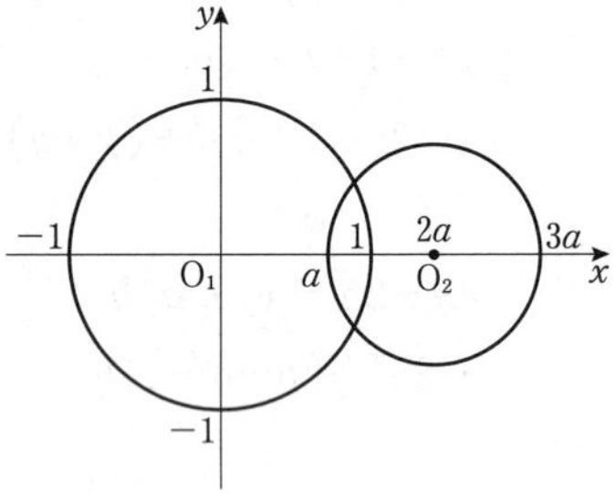

①について

(i) $a\geqq 1$ のとき

$$a-1<2a \iff a>-1$$

$a\geqq 1$ より　$a\geqq 1$

(ii) $0<a<1$ のとき

$$1-a<2a \iff a>\frac{1}{3}$$

$0<a<1$ より　$\dfrac{1}{3}<a<1$

(i)，(ii)から　$a>\dfrac{1}{3}$

②について　$a<1$

①，②から，求める a の値の範囲は

$\frac{1}{3}<a<1$ →オ

このとき，2点P，Qを通る直線または円を表す方程式は

$$(x^2-4ax+y^2+3a^2)+k(x^2+y^2-1)=0 \quad (k\text{ は実数})$$

と表すことができ，$k=-1$のときのみ直線となるから，直線PQの方程式は

$$(x^2-4ax+y^2+3a^2)-(x^2+y^2-1)=0$$

$$-4ax+3a^2+1=0$$

$\frac{1}{3}<a<1$より$a\neq 0$なので

$$x=\frac{3}{4}a+\frac{1}{4a} \quad \text{→カ}$$

また，右図のように4つの線分O_1P，PO_2，O_2Q，QO_1で囲まれた図形の面積をSとおく。点Pのy座標が$\left(\frac{3}{4}a+\frac{1}{4a}\right)^2+y^2=1$を満たし，$y>0$より

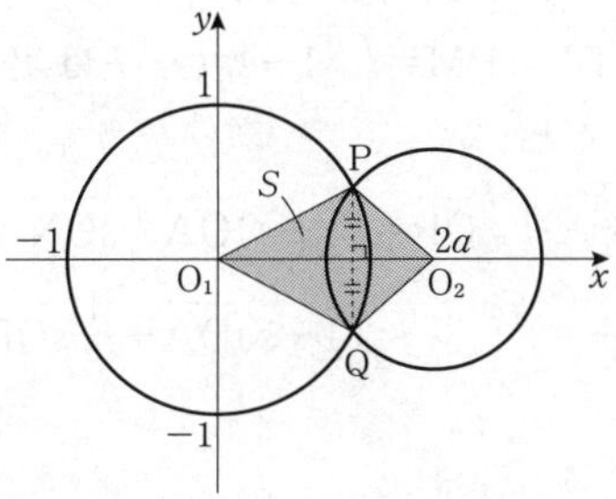

$$y=\sqrt{1-\left(\frac{3}{4}a+\frac{1}{4a}\right)^2}$$

$$=\sqrt{-\frac{9}{16}a^2+\frac{5}{8}-\frac{1}{16a^2}}$$

であり，2点PとQはx軸対称なので

$$S=\left(2a\times\sqrt{-\frac{9}{16}a^2+\frac{5}{8}-\frac{1}{16a^2}}\times\frac{1}{2}\right)\times 2$$

$$=\sqrt{-\frac{9}{4}a^4+\frac{5}{2}a^2-\frac{1}{4}}$$

これより，$S=\frac{\sqrt{15}}{6}=\sqrt{\frac{5}{12}}$となる$a$の値は

$$-\frac{9}{4}a^4+\frac{5}{2}a^2-\frac{1}{4}=\frac{5}{12}$$

$$27a^4-30a^2+8=0$$

$$(9a^2-4)(3a^2-2)=0$$

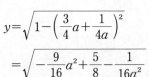

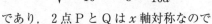

$$a^2=\frac{4}{9},\ \frac{2}{3}$$

$$a=\pm\frac{2}{3},\ \pm\frac{\sqrt{6}}{3}$$

これより，$\frac{1}{3}<a<1$ を満たす最大の値は　　$a=\frac{\sqrt{6}}{3}$　→キ

(4)　点 M は辺 OA を 2：3 に内分する点なので

$$\overrightarrow{OM}=\frac{2}{5}\overrightarrow{OA}$$

点 N は辺 OB を 1：2 に内分する点なので

$$\overrightarrow{ON}=\frac{1}{3}\overrightarrow{OB}$$

ここで，AP：PN$=s：1-s$，BP：PM$=t：1-t$（s，t は実数）とおくと

$$\overrightarrow{OP}=(1-s)\overrightarrow{OA}+s\overrightarrow{ON}$$
$$=(1-s)\overrightarrow{OA}+\frac{1}{3}s\overrightarrow{OB}\quad\cdots\cdots①$$

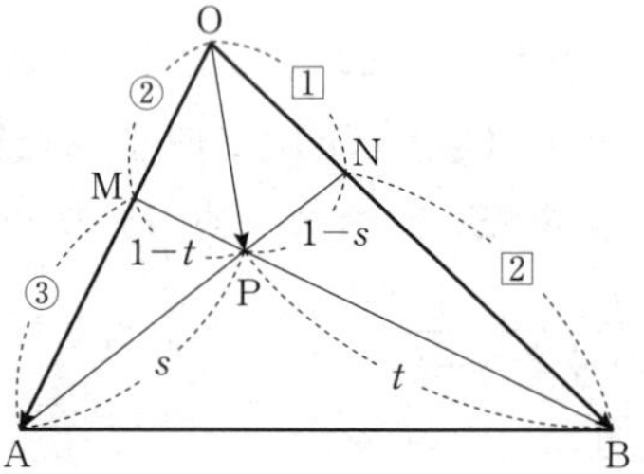

また

$$\overrightarrow{OP}=t\overrightarrow{OM}+(1-t)\overrightarrow{OB}$$
$$=\frac{2}{5}t\overrightarrow{OA}+(1-t)\overrightarrow{OB}\quad\cdots\cdots②$$

①，②から

$$(1-s)\overrightarrow{OA}+\frac{1}{3}s\overrightarrow{OB}=\frac{2}{5}t\overrightarrow{OA}+(1-t)\overrightarrow{OB}$$

$\overrightarrow{OA}$ と $\overrightarrow{OB}$ はともに $\vec{0}$ ではなく，平行でもないから

$$\begin{cases}1-s=\dfrac{2}{5}t\\[2mm]\dfrac{1}{3}s=1-t\end{cases}$$

2 式から　　$s=\frac{9}{13}$，$t=\frac{10}{13}$

よって　　$\overrightarrow{OP}=\frac{4}{13}\overrightarrow{OA}+\frac{3}{13}\overrightarrow{OB}$ →ク

別解　△OAN と直線 BM について，メネラウスの定理を用いると

$$\frac{OM}{MA}\times\frac{AP}{PN}\times\frac{NB}{BO}=1$$

が成り立ち，$\frac{OM}{MA}=\frac{2}{3}$，$\frac{NB}{BO}=\frac{2}{3}$ なので

$\frac{AP}{PN}=\frac{9}{4}$　すなわち　AP：PN＝9：4

よって

$$\overrightarrow{OP}=\frac{4\overrightarrow{OA}+9\overrightarrow{ON}}{9+4}=\frac{4}{13}\overrightarrow{OA}+\frac{9}{13}\times\frac{1}{3}\overrightarrow{OB}$$

$$=\frac{4}{13}\overrightarrow{OA}+\frac{3}{13}\overrightarrow{OB}$$

また，△ABP の外心が E で，2 直線 OA と OB が △ABP の外接円に接しているとき，接点がそれぞれ点 A，点 B なので，OA⊥EA，OB⊥EB であり，△OAE と △OBE はともに直角三角形。EA＝EB，OE は共通であるから，直角三角形の斜辺と他の 1 辺がそれぞれ等しいので

△OAE≡△OBE

よって　　OA＝OB＝1

これより，まず

$$\overrightarrow{OE}\cdot\overrightarrow{OA}=|\overrightarrow{OE}|\cdot|\overrightarrow{OA}|\cdot\cos\angle AOE$$

$$|\overrightarrow{OE}|\cos\angle AOE=|\overrightarrow{OA}|$$

なので

$\overrightarrow{OE}\cdot\overrightarrow{OA}=|\overrightarrow{OA}|^2=1$　→ケ

さらに，△OAB が OA＝OB＝1 の二等辺三角形であることから，

A$(\cos\theta,\ \sin\theta)$，B$(\cos\theta,\ -\sin\theta)$ $\left(\angle AOE=\angle BOE=\theta\right.$ とする。$\left.0<\theta<\frac{\pi}{2}\right)$ とおくことができ，△OAE は $\angle OAE=\frac{\pi}{2}$ の直角三角形なので，$OE\cdot\cos\theta=OA$ より，点 E の座標は $\left(\frac{1}{\cos\theta},\ 0\right)$ で

$$AE^2=OE^2-OA^2=\frac{1}{\cos^2\theta}-1=\tan^2\theta$$

△ABP の外接円の半径は $\tan\theta$ なので，外接円を表す方程式は

$$\left(x-\frac{1}{\cos\theta}\right)^2+y^2=\tan^2\theta$$

であり，点 P はこの円周上の点である。

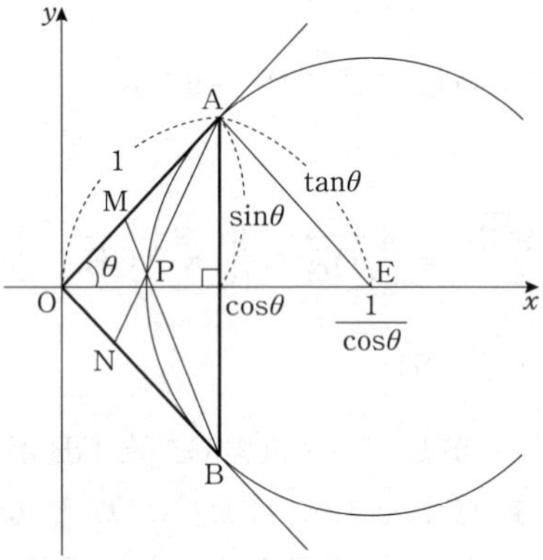

$$\overrightarrow{OP}=\frac{4}{13}\overrightarrow{OA}+\frac{3}{13}\overrightarrow{OB}=\left(\frac{7}{13}\cos\theta,\ \frac{1}{13}\sin\theta\right)$$

なので，点 P の座標は $P\left(\frac{7}{13}\cos\theta,\ \frac{1}{13}\sin\theta\right)$ とわかるから

$$\left(\frac{7}{13}\cos\theta-\frac{1}{\cos\theta}\right)^2+\left(\frac{1}{13}\sin\theta\right)^2=\tan^2\theta$$

$$\frac{49}{169}\cos^2\theta-\frac{14}{13}+\frac{1}{\cos^2\theta}+\frac{1}{169}\sin^2\theta=\tan^2\theta$$

$$\frac{48}{169}\cos^2\theta-\frac{14}{13}+(1+\tan^2\theta)+\frac{1}{169}(\sin^2\theta+\cos^2\theta)=\tan^2\theta$$

$$\frac{48}{169}\cos^2\theta=\frac{12}{169}$$

$$\cos^2\theta=\frac{1}{4}$$

$$\cos\theta=\pm\frac{1}{2}$$

$0<\theta<\frac{\pi}{2}$ より　　$\theta=\frac{\pi}{3}$

$$\angle \mathrm{AOB}=\angle \mathrm{AOE}\times 2=2\theta=\frac{2}{3}\pi$$

なので

$$\overrightarrow{\mathrm{OA}}\cdot\overrightarrow{\mathrm{OB}}=|\overrightarrow{\mathrm{OA}}|\cdot|\overrightarrow{\mathrm{OB}}|\cdot\cos\frac{2}{3}\pi=-\frac{1}{2}\quad\to コ$$

Ⅱ 解答

(1)　直線 AB を表す方程式は

$$y=\frac{3-0}{3-(-3)}(x+3)\iff y=\frac{1}{2}x+\frac{3}{2}$$

であるから，直線 AB 上の x 座標が p である点 P の座標は，

$\mathrm{P}\left(p,\ \frac{1}{2}p+\frac{3}{2}\right)$ であり，直線 OP を表す方程式は

$$y=\frac{\left(\frac{1}{2}p+\frac{3}{2}\right)-0}{p-0}x\iff y=\left(\frac{1}{2}+\frac{3}{2p}\right)x\quad\cdots\cdots①$$

また，点 A を通り，直線 OB に平行な直線を表す方程式は

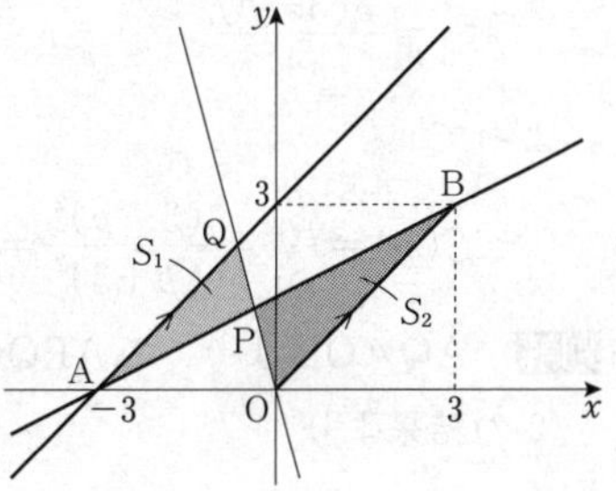

$$y=\frac{3-0}{3-0}(x+3)$$

$$\iff y=x+3\quad\cdots\cdots②$$

なので，この 2 直線の交点である Q の x 座標は，①，②を連立して

$$\left(\frac{1}{2}+\frac{3}{2p}\right)x=x+3$$

$$\left(\frac{3}{2p}-\frac{1}{2}\right)x=3$$

$$x=\frac{6p}{3-p}\quad(-3<p<3 より 3-p>0)$$

②より

$$y=\frac{6p}{3-p}+3=\frac{9+3p}{3-p}$$

よって，求める点 Q の座標は　$\mathrm{Q}\left(\frac{6p}{3-p},\ \frac{9+3p}{3-p}\right)$　……(答)

(2) 直線 AQ の傾きは 1 より，線分 AQ の長さは

$$\frac{9+3p}{3-p}\sqrt{2} \quad \cdots\cdots(\text{答})$$

(3) $\overrightarrow{\mathrm{AP}}=\left(p+3,\ \frac{1}{2}p+\frac{3}{2}\right)$，$\overrightarrow{\mathrm{AQ}}=\left(\frac{9+3p}{3-p},\ \frac{9+3p}{3-p}\right)$ から，$\triangle$APQ の面積 S_1 は

$$S_1=\frac{1}{2}\left|(p+3)\times\frac{9+3p}{3-p}-\left(\frac{1}{2}p+\frac{3}{2}\right)\times\frac{9+3p}{3-p}\right|$$

$$=\frac{3(p+3)^2}{4(3-p)}$$

また，$\overrightarrow{\mathrm{OB}}=(3,\ 3)$，$\overrightarrow{\mathrm{OP}}=\left(p,\ \frac{1}{2}p+\frac{3}{2}\right)$ から，$\triangle$OBP の面積 S_2 は

$$S_2=\frac{1}{2}\left|3\times\left(\frac{1}{2}p+\frac{3}{2}\right)-3\times p\right|$$

$$=\frac{1}{2}\left|\frac{9-3p}{2}\right|$$

$$=\frac{3(3-p)}{4}$$

よって

$$S(p)=\frac{S_2}{S_1}=\frac{(3-p)^2}{(p+3)^2}=\left(\frac{3-p}{3+p}\right)^2 \quad \cdots\cdots(\text{答})$$

別解 AQ∥OB より，$\triangle$APQ∽$\triangle$BPO となる。

(2)の結果より

$$\mathrm{AQ}=\frac{9+3p}{3-p}\sqrt{2}$$

$$\mathrm{OB}=\sqrt{3^2+3^2}=3\sqrt{2}$$

相似比は

$$\mathrm{AQ}:\mathrm{OB}=\frac{9+3p}{3-p}\sqrt{2}:3\sqrt{2}=\frac{3+p}{3-p}:1$$

よって

$$S(p)=\frac{S_2}{S_1}=\frac{\mathrm{OB}^2}{\mathrm{AQ}^2}=\frac{1^2}{\left(\frac{3+p}{3-p}\right)^2}=\left(\frac{3-p}{3+p}\right)^2$$

(4) (3)の結果から，$-3<p<3$ より，$3-p>0$，$3+p>0$ なので

$$\sqrt{S(p)}=kp \iff \frac{3-p}{3+p}=kp \iff 3-p=kp(3+p)$$

$$\iff kp^2+(3k+1)p-3=0$$

これより，p についての方程式の解の個数を k の値によって考える。

(i) $k=0$ のとき，$p=3$ であり，$-3<p<3$ より，解はない。

(ii) $k>0$ のとき，$f(p)=kp^2+(3k+1)p-3$ とおくと

$$f(p)=k\left(p+\frac{3}{2}+\frac{1}{2k}\right)^2-k\left(\frac{3}{2}+\frac{1}{2k}\right)^2-3$$

$$f(-3)=9k-9k-3-3=-6<0$$

$$f(3)=9k+9k+3-3=18k>0$$

であり，$y=f(p)$ のグラフは，$k>0$ より，下に凸の放物線であるから，$f(p)=0$ は $-3<p<3$ にただ 1 つの実数解をもつ。

(iii) $k<0$ のとき，$f(-3)=-6<0$，$f(3)=18k<0$ であり，$y=f(p)$ のグラフは上に凸の放物線であるから，$-3<p<3$ に $f(p)=0$ が実数解をもつための条件は，$f(p)=0$ の判別式を D とおくと

$$\begin{cases}-3<-\dfrac{3}{2}-\dfrac{1}{2k}<3\\ D\geqq 0\end{cases} \iff \begin{cases}k<\dfrac{1}{3}\quad \text{かつ}\quad k<-\dfrac{1}{9}\\ (3k+1)^2-4k\cdot(-3)\geqq 0\end{cases}$$

$$\iff \begin{cases}k<-\dfrac{1}{9}\\ k\leqq\dfrac{-3-2\sqrt{2}}{3},\ k\geqq\dfrac{-3+2\sqrt{2}}{3}\end{cases}$$

ここで

$$-\frac{1}{9}-\frac{-3+2\sqrt{2}}{3}=\frac{8-6\sqrt{2}}{9}<0 \quad (\because\ \ 8^2<(6\sqrt{2}\,)^2)$$

なので

$$-\frac{1}{9}<\frac{-3+2\sqrt{2}}{3}$$

よって，連立不等式の解は　　$k\leqq\dfrac{-3-2\sqrt{2}}{3}$

$k=\dfrac{-3-2\sqrt{2}}{3}$ のとき，$D=0$ から，$-3<p<3$ に実数解は 1 個。

$k<\dfrac{-3-2\sqrt{2}}{3}$ のとき，$D>0$ から，$-3<p<3$ に実数解は 2 個。

$\dfrac{-3-2\sqrt{2}}{3}<k<0$ のとき，$-3<p<3$ に実数解はない。

以上(i)〜(iii)から，$\sqrt{S(p)}=kp$ を満たす p の個数は

$$\left.\begin{array}{ll}\dfrac{-3-2\sqrt{2}}{3}<k\leqq 0 \text{ のとき} & 0\text{ 個}\\ k=\dfrac{-3-2\sqrt{2}}{3},\ k>0 \text{ のとき} & 1\text{ 個}\\ k<\dfrac{-3-2\sqrt{2}}{3} \text{ のとき} & 2\text{ 個}\end{array}\right\}\quad\cdots\cdots(\text{答})$$

解説

《交点の座標，線分の長さ，2つの三角形の面積の比，等式を満たす解の個数》

(1)　2つの直線を表す方程式をそれぞれ求め，連立する。

(2)　2点の座標を用いて距離を考えてもよいが，直線AQの傾きが1であることから，直角三角形の辺の比を利用するとよい。

(3)　ベクトルの成分を用いて，それぞれの三角形の面積を求め，比を計算する。また，別解として(2)の結果と，三角形の相似比を用いることもできる。

(4)　等式を変形し，p についての方程式の実数解の個数を考える。$k=0$ のときは p についての1次方程式，$k\neq 0$ のときは p についての2次方程式であることに注意したい。

III　**解答**

(1)　$k=3$，$n=6$ より，「あたり」が6本，「はずれ」も6本の12本のくじを赤箱と白箱に6本ずつ入れるとき，どちらの箱にも「あたり」が3本入っている確率が $P(3,\ 6)$ なので

$$P(3,\ 6)=\frac{{}_6C_3\times{}_6C_3}{{}_{12}C_6}=\frac{20\times 20}{924}=\frac{100}{231}\quad\cdots\cdots(\text{答})$$

また，$k=2$，$n=6$ のとき，12本のくじを赤箱と白箱に6本ずつ入れ，少なくとも一方の箱に「あたり」が2本入っている確率が $P(2,\ 6)$ で，「あたり」が2本入っているのが赤箱の場合と白箱の場合があるので

$$P(2,\ 6)=\frac{{}_6\mathrm{C}_2\times{}_6\mathrm{C}_4}{{}_{12}\mathrm{C}_6}+\frac{{}_6\mathrm{C}_4\times{}_6\mathrm{C}_2}{{}_{12}\mathrm{C}_6}=\frac{15\times15}{924}\times2=\frac{75}{154}\quad\cdots\cdots(\text{答})$$

(2)　$k=2$ のとき，「あたり」が 6 本，「はずれ」が $2n-6$ 本の $2n$ 本のくじを赤箱と白箱に n 本ずつ入れ，少なくとも一方の箱に「あたり」が 2 本入っている確率が $P(2,\ n)$ で，「あたり」が 2 本入っているのが赤箱の場合と白箱の場合があるので

$$P(2,\ n)=\frac{{}_6\mathrm{C}_2\times{}_{2n-6}\mathrm{C}_{n-2}}{{}_{2n}\mathrm{C}_n}+\frac{{}_6\mathrm{C}_4\times{}_{2n-6}\mathrm{C}_{n-4}}{{}_{2n}\mathrm{C}_n}$$

ここで，${}_6\mathrm{C}_2={}_6\mathrm{C}_4=15$，${}_{2n-6}\mathrm{C}_{n-2}={}_{2n-6}\mathrm{C}_{n-4}$ であるから

$$\begin{aligned}P(2,\ n)&=2\times\frac{15\times{}_{2n-6}\mathrm{C}_{n-2}}{{}_{2n}\mathrm{C}_n}\\&=2\times15\times\frac{(2n-6)!}{(n-2)!(n-4)!}\times\frac{n!n!}{2n!}\\&=\frac{30\times n(n-1)\times n(n-1)(n-2)(n-3)}{2n(2n-1)(2n-2)(2n-3)(2n-4)(2n-5)}\\&=\frac{15n(n-1)(n-3)}{4(2n-1)(2n-3)(2n-5)}\quad\cdots\cdots(\text{答})\end{aligned}$$

(3)　(2)より

$$P(2,\ n+1)=\frac{15(n+1)n(n-2)}{4(2n+1)(2n-1)(2n-3)}$$

であるから

$$\begin{aligned}\frac{P(2,\ n+1)}{P(2,\ n)}&=\frac{15(n+1)n(n-2)}{4(2n+1)(2n-1)(2n-3)}\\&\qquad\times\frac{4(2n-1)(2n-3)(2n-5)}{15n(n-1)(n-3)}\\&=\frac{(n+1)(n-2)(2n-5)}{(2n+1)(n-1)(n-3)}\end{aligned}$$

これより，$\dfrac{P(2,\ n+1)}{P(2,\ n)}\geqq1$ を満たす 4 以上の自然数 n の範囲を求めると，$(2n+1)(n-1)(n-3)>0$ より

$$\frac{(n+1)(n-2)(2n-5)}{(2n+1)(n-1)(n-3)}\geqq1$$

$$\Longleftrightarrow\ (n^2-n-2)(2n-5)\geqq(2n+1)(n^2-4n+3)$$

$$\iff \quad 2n^3-7n^2+n+10 \geqq 2n^3-7n^2+2n+3$$

$$\iff \quad n \leqq 7$$

なので，$n=4,\ 5,\ 6,\ 7$ であり，$n=4,\ 5,\ 6$ で $P(2,\ n+1)>P(2,\ n)$ が成り立ち，$n=7$ で $P(2,\ 8)=P(2,\ 7)$ が成り立つ。$n=8,\ 9,\ 10,\ \cdots$ のとき，$P(2,\ n)>P(2,\ n+1)$ が成り立つこともわかるから，まとめると

$$P(2,\ 4)<P(2,\ 5)<P(2,\ 6)<P(2,\ 7),$$
$$P(2,\ 7)=P(2,\ 8),$$
$$P(2,\ 8)>P(2,\ 9)>P(2,\ 10)>\cdots$$

よって，確率 $P(2,\ n)$ が最大となる n の値は　　$n=7,\ 8$　……(答)

解説

《箱に「あたり」のくじが3本または2本入る確率，確率を最大にする自然数 n の値》

(1)　$k=3$ のとき，赤箱，白箱ともに「あたり」が3本，「はずれ」が3本入る確率で，赤箱に入れるくじを決めると残りは白箱に入ることになるので，赤箱に入れるくじの選び方を考えるとよい。$k=2$ のときも，上と同様に赤箱に入れるくじの選び方を考えるとよいが，「あたり」の2本が赤箱に入る場合と，白箱に入る場合があることに注意したい。

(2)　(1)の $k=2$ のときと同様に考えるとよい。

(3)　$\dfrac{P(2,\ n+1)}{P(2,\ n)}>1$ が成り立つとき，$P(2,\ n+1)>P(2,\ n)$ であるから，確率が大きくなっていくのが，n がどの自然数までなのかがわかる。同様に，$\dfrac{P(2,\ n+1)}{P(2,\ n)}=1$，$\dfrac{P(2,\ n+1)}{P(2,\ n)}<1$ を満たす n の値も調べることで，確率 $P(2,\ n)$ が最大となるときの n の値がわかる。

講評

例年大問3題の出題であり，2024年度はⅠが「数学Ⅱ」の微・積分法，「数学A」の確率，「数学Ⅱ」の図形と方程式，「数学B」のベクトルから各1問ずつの小問4問，Ⅱが「数学Ⅱ」の図形と方程式と「数学Ⅰ」の2次関数の融合問題，Ⅲが「数学A」の確率からの出題であった。

Ⅰ　(1)は $x=-1$ における微分係数と $f(-1)$ の値から連立方程式を作るとよい。(2)は条件が多いので，異なる3つの目の和が10以下となる組を考えるだけでよい。(3)は2円が交わる条件で内接するときと外接するときの条件を考えると不等式を作ることができる。(4)のクは交点の位置ベクトルを求める問題。メネラウスの定理を用いてもよい。後半のケ・コは2024年度で最も難しい問題である。内積の値を求める問題であるが，2つとも簡単には求められない。$\overrightarrow{OE}\cdot\overrightarrow{OA}$ は △OAE が $\angle OAE=\frac{\pi}{2}$ の直角三角形であることから，$|\overrightarrow{OE}|\cos\angle AOE=|\overrightarrow{OA}|$ であることに気づく必要がある。また，$\overrightarrow{OA}\cdot\overrightarrow{OB}$ に関しては，なす角 ∠AOB を求めるために，クで求めた交点Pの位置も利用する必要があり，座標を設定するとわかりやすくなる。

Ⅱ　(1)は2直線の交点の座標，(2)は線分の長さ，(3)は2つの三角形の面積を求め比を計算する。ここまでは問題なくできるだろう。(4)も p についての1次か2次の方程式となるため，$-3<p<3$ の範囲に実数解を何個もつかは丁寧に場合分けすることで求めることができる。

Ⅲ　(1)は具体的な値に対する確率。この問題で，赤箱（または白箱）に入れる「あたり」と「はずれ」のくじの本数を考えると，もう1つの箱に入れるくじが決まることに気づくと，(2)の文字 n を用いた一般的な確率を考えるときにも有効である。(3)は確率の最大を求める問題。$\frac{P(2,\ n+1)}{P(2,\ n)}$ と1の大小関係を考える方法と，$P(2,\ n+1)-P(2,\ n)$ と0の大小関係を考える方法がある。どちらの場合も，等号が成り立つときの自然数 n が存在する場合は注意が必要である。

2024年度はⅡ，Ⅲは例年と比べると方針も立てやすく，解きやすかった。その分，Ⅰの(3)，(4)それぞれ最後の設問（キとコ）の計算が難しかった。計算力に関しては引き続き対策しておきたい。「数学A」の確率，「数学Ⅱ」の図形と方程式からそれぞれ小問で1問と大問で1題ずつ出題されるなど，例年と比較すると分野に偏りがあった。

「泥のような」から目星をつける。㈢・㈣の内容説明および㈤の主旨の問題は、実質的に該当箇所の範囲内での内容真偽問題と言える。選択肢に特別紛らわしいものはなく、どれも標準的。㈤の出題形式だけは珍しい。㈥の内容真偽は、やや易。本文の該当箇所さえ把握できれば、すんなり選べる。㈦の内容説明（記述式）は、例年に比べるとやや易。最終段落の内容に絞って説明すればよいので、その点で取り組みやすい。ただし、「中間的な」は具体的な説明が必要となる。理想的な共生が「孤独ではない」こととその理由、また「疲弊することもない」こととその理由を説明するのがポイントである。

二の古文は、鎌倉時代初期成立の擬古物語からの出題。二〇二三年度の江戸時代の俳文と比べると、かなり読みやすい文章だが、必ずしも設問は易化していない。㈠の語意は、aが標準的で、bがやや易。「横様」は文脈から判断できればよい。㈡の口語訳は標準的。「ずは」は知っておくべき語法。㈢の内容説明も標準的。「おほやけのせめ」の解釈が大きなポイント。㈣の口語訳も標準的だが、選択肢はやや紛らわしい。㈤の文法も標準的。文末の空所補充は、係り結びの問題であることが多いが、これもその通り。㈥の内容真偽は、やや易。㈦の内容説明（記述式）は、やや難。「誰の」で間違えると、点数は得られないだろう。「后の心を尽くしていたはりたまふ」から、主語は后、「春を過ぐすべきよしをのたまはすれば」から、后が氏忠の帰国に理解を示していることがわかる。それらをヒントにして傍線部を考えるとよい。

もがら」は、（朝廷方から）逃げて（朝廷方に）敵対した人々ということである。また、「反乱軍を追い詰めて大きな戦果を挙げた」のは、冒頭にあるように、氏忠が一人で「こと人の力を借らず（＝ほかの人の力を借りないで）」成し遂げたことである。

6、第三段落の「御門、……父御門・母后にもなほ進みて、むかしの聖の御代を慕ひたまふこと深ければ」に合致する。

㈦ 後ろの「いたはりたまふ」の主語は、尊敬語「たまふ」の使用から、氏忠でないことがわかる。「后の」の「の」は主格で、「后の心を尽くしていたはりたまふ」は、〝后が真心を尽くして（氏忠を）大切に扱いなさる〟の意。そこから、「ただ思はむ志を違へじ」は、后の思いと判断できる。「志」は、氏忠の「本の国に帰りなむことをのみ願ひ思」う意思を指す。「違へじ」の解釈は、「春を過ぐすべき」と、后が氏忠に帰国の助言を与えていて、帰国に反対していないことがヒントになる。下二段動詞「違《たが》ふ」には〝背く、逆らう〟の意がある。助動詞「じ」は打消意志の用法。したがって、傍線は〝ただ（氏忠の帰国の）意思に背くまい〟の意。解答は「后の、氏忠の帰国の願いを尊重しようという思い。」（二十三字）ですっきりするが、〔解答〕では制限字数に合わせた。解答は設問文に従って、「后の、〜思い」の形で答えるのがよい。

講評

現代文二題、古文一題の出題である。全体的な分量は例年とあまり変わらない。難易度については、二〇二三年度と比べて、現代文は易化して例年並みに戻り、古文は標準的で例年並みであろう。

一 の現代文は、理想的な共生のあり方について論じた文章からの出題。二〇二三年度と比べて、選択肢がかなり易しくなって、選びやすくなった。選択肢問題は完答が目標となる。㈠の空所補充は標準的。㈡の空所補充も標準的で、と「とどめ」には、尊敬語が用いられていないが、主語は実質的に后と考えてよい。「たのしぶ（楽しぶ）」には〝豊かになる〟の意がある。以上のことから、正解は5。1は「たくさんの品物が安価になり」、2は「倹約を控えるよう強制して」、3は「御門に倹約を命じ」、4は「召使いの数も減らされた」などがそれぞれ不適切で、消去できる。

㈣ 本文の敬語法を確認すると、后の動作には基本的に尊敬語が用いられているが、氏忠の動作には尊敬語が用いられていない。傍線ウには尊敬語の「たまふ」が付いているので、主語は氏忠でなく后と判断でき、1・3・4に絞られる。「ざえ（才）」は〝学才、学識〟の意。「限り」は多義語で、1の〝だけ〟、3・4の〝全員〟のどちらの意味もある。「文」はここでは〝漢籍、学問〟の意で、日本ではなく唐が舞台であるから、1の「古典」も該当する。「講ず」は〝①漢籍や仏典の意味を説く、②詩歌を読み上げる〟の意だが、「ざえ」「文」「理」との関連から、ここでは①の意味。「理」は〝物事の道理〟の意。以上の内容から、正解は1。3は「詔書（＝天子の命令書）を読み上げ」や「御門への教育方針をご指示」、4は「教本を御推薦」がそれぞれ不適切。

㈤ 前に「御門、位につきたまふ後にぞ」と、係助詞の「ぞ」があるので、係り結びで文末は連体形になる。4の「ける」は過去の助動詞「けり」の連体形で、4が正解。1の「り」は完了の助動詞「り」の終止形。2の「る」は尊敬の助動詞「る」の終止形。3の「ぬ」は完了の助動詞「ぬ」の終止形。仮に打消の助動詞「ず」の連体形と考えても、これでは文意が通じない。5の「き」は過去の助動詞「き」の終止形。

㈥ 1、「氏忠は友八人とともに…撃破した」とあるが、「宇文会が友八人」と「胡の国のすぐれたる兵七十余人」は並列の関係で、ともに討伐した対象である。宇文会が「反乱軍の将軍」とする注を見落とさないようにしよう。

2、第一段落の「横様の軍、ひと時に滅びぬれど、国を背きしともがら、その数いまだ尽きず」に合致する。

3、「氏忠の容姿を気に入って」が本文に書かれていない内容で、合致しない。

4、「罪に問われた」が、第二段落第一文の「みな許したまふ」に合致しない。

5、「反乱軍から逃げて朝廷軍に加わった」が本文にない内容で、合致しない。第二段落「逃げのがれて向かひしとらっしゃるけれども、父帝や母后よりもさらにいっそう、昔の聖帝の御代を慕いなさることが深いので、すべての人も、心がけを（正しく）整え、身を慎んで、今以上に（帝に）心を寄せ従い申し上げる。ほんの二、三十日の間に、海外まで平穏に治まった。

このような間にも、（氏忠は）ただ人知れず本国に帰ってしまうようなことばかりを願って思うけれども、（遣唐使の）年限がある先例に従って、（唐で）三年間を過ごさなければならないうえに、「卑しい身分でさえ位を授けられた人は、帰国する習わしはない（まして身分の高い人はなおさらだ）」とばかり、人も非難したり思ったりしているので、（氏忠の帰国は）面倒なことに違いないが、「今回は何の先例にも構うことなく、ただ（氏忠が）思っているような意向に背くまい」と、后は真心を尽くして（氏忠を）大切に扱いなさる。

冬の間は、海面が荒れて、人が行き来する例がないので、（后は）春を（待って）過ごすのがよい旨をおっしゃるので、（氏忠は）月日を待ちながら明かし暮らす。

解説

㈠ a、「横様《よこさま》」は〝①横向きなこと、②道理に合わないこと、非道〟の意で、ここでは②の意味。

b、「いはけなし」は〝幼い、子供っぽい、あどけない〟の意。

㈡ 「名」は竜武大将軍という称号を指す。「ずは」は、「ずば」の清音の形で、打消の仮定条件を表し、〝～ないならば〟の意。傍線アは、〝一時的に（竜武大将軍という）称号を借りなければ、自分の武威がありにくい（＝自分の武威を示しにくい）ので、生半可に返上し申し上げなかった〟の意。よって、正解は3。1は「御門の名」、2は「相手の名乗り」、4は「御門の名」、5は「名を馳せる」がそれぞれ不適切で、どれもその段階で消去できる。

㈢ 前の文「后の御掟、ひとへに倹約を先として」からの内容を把握する。「わづらひ（煩ひ）」は〝悩み苦しむこと、苦労、迷惑〟などの意。「はぶかる」は、四段動詞「はぶく（省く）」の未然形＋尊敬の助動詞「る」の終止形で、主語は后。「おほやけのせめ（公の責め）」は、〝政府が人民に課す負担〟のことで、租税の負担などを指す。「いたはり」

全訳

今回の戦いは、（氏忠が）またほかの人の力を借りないで、宇文会の味方八人と胡の国（＝北方・西方の異民族の国）の精強な兵七十人余りを、木端微塵に粉砕したことは、（氏忠一人の力で）ほかに手助けする人もないけれども、（氏忠は）少しもその後に得意げにしないで、畏まり慎んで、授けられた（竜武大将軍の）官位を返上し申し上げ（ようとす）る。（氏忠は）「合戦に加わって、敵に向かう時に、一時的な（竜武大将軍という）称号を借りなければ、自分の武威がありにくい（＝自分の武威を示すことが難しい）ので、生半可に返上し申し上げませんでした。年齢も若く、才能も乏しい旅人の（私の）身に、まったく耐える（＝務める）ことのできる職ではありません」と辞退申し上げるが、后は、決して（竜武大将軍の返上を）お許しにならない。（后は）「天が授ける武運があって、非道の（反乱の）軍は、あっという間に滅んだけれども、国に反逆した者たちは、その数がまだ皆無になっていない」とおっしゃって、引き続き宮中のご門を（氏忠に）警護させなさる。

燕王に従って、本心からでなく召集されて出征させられた類い（の者たち）は、（后は）全員お許しになる。自分から逃亡して敵対した者たちは、探し出され次第に、（殺されて）命を失って、家を滅ぼされる。どれほどの日数も経たないうちに、天下はすっかり治まって、帝が、（無事に）即位なさる後になって、父帝のご葬儀のことなど、あれもこれも儀式を整え、さまざま執り行うべき作法をお尽くしになった（＝すべて行いなさった）。世の中が諒闇（＝帝が喪に服する期間）であるうえに、后のご方針が、もっぱら倹約を第一として、万事につけて、（費用がかかるような盛大なことはせず）人民の労苦を取り除きなさる。人民の力を休め、（租税などの）政府の課す負担を取りやめて、豊かになって喜ばない類い（の人民）はいない。

朝早くから、（后は）朝廷の廟堂に薄い絹物の帳を垂らして、毎日お聞きになる（政務の）ことが終わって、（帝の）正殿にお入りになっては、学識のある者だけを呼び集められて、古典を講読し、道理を論議して、帝を教え導き申し上げなさる。朝晩に（毎日）、（后は）国が繁栄し、人民が安心できる道ばかりを（帝に）お教え申し上げなさる。帝は、幼くいに合致しない。6、最後の四つの段落の記述から考えると、「具体的なことを書き記さなかった」とは言えない。また、「バルトの講義では想像によって事実が補われた」が、本文からは読み取れない内容である。

㈦　最終段落で、「イディオリトミックな」修道院のあり方が、理想的な共生の内実の具体例として述べられているので、それを一般化する形で説明する。「孤独とも集団生活とも異なる『中間的な』リズムを可能にする空間」とあるが、「中間的な」のさらなる説明は必要である。解答としては、「ここで生活を共にする……理想的な空間なのだ」をまとめればよいが、「各々が自分のリズムを手放すことなく、しかし共に生きることのできる理想的な空間」とある記述を利用する場合、さらに、自分のリズムがあるから「疲弊することもない」、共に生きるから「孤独ではない」の関係も明らかにして説明することが必要である。

二

出典　『松浦宮物語』〈二〉

解答

㈠　a―5　b―4

㈡　3

㈢　5

㈣　1

㈤　4

㈥　2・6

㈦　后の、本国へ帰ることを願う氏忠の意思を尊重しようという思い。（三十字以内）

て考えるのではなく」「導入したのが『イディオリトミー』といういささか耳慣れない言葉であった」、最後から四段落目の「『ギリシアの夏』（一九七六）という書物のなかに見いだした。著者はジャック・ラカリエール」に合致している。よって、正解は4。「イディオリトミー」という合成語はラカリエールの書物のなかにあるのであって、バルトが合成したのではない。1は、「『イディオス』と『リュトモス』という語を……『ギリシアの夏』の中に見いだし」や「社会的な諸形態を指す合成語として」が不適切。2は、「バルトは……合成し」や「新たな語を作って」が不適切。3は、「社会的な諸形態に即して」が不適切。5は、「〜ため」という理由説明が不適切。空欄bの直後の記述によると、聴衆が失笑しつつも苛立ったのは、伝送システムの技術的不具合のためである。

(五) 引用の文章の最終段落の「われわれを取り囲む他者の多くは、友でも敵でもない、……曖昧な他者ではないだろうか」が、「主旨」とみなせるので、その内容を踏まえた3と5に絞る。引用の文章には「きっとわたしもそれ（＝感じの悪い連中と同じ食卓を囲むこと）を望まないだろう」とあるので、5の「疑義を呈している」とは読み取れない。よって、正解は3。1は、「本当は耐えがたいものではなかった可能性がある」、2は、「友／敵の二分法で分け」、4は、「両者の違いを指摘している」が、それぞれ不適切。

(六) 1、傍線「共生というのはあくまで所与であり、真に問われるべきはその内実である」の直後の記述に合致する。

2、「CD－ROMに記録された音声以外に講義内容を知る方法はない」が、傍線Bを含む段落の「その講義ノートだけが残されている」に合致しない。

3、傍線Bを含む段落の二段落後の「コレージュ・ド・フランスは……万人に開放されており」、「教室にはおびただしい数の聴衆が詰めかけたという」に合致する。

4、「むしろ楽しみながら」が合致しない。空欄bの後に「教授は居心地の悪い思いを味わった」、「授業のやりにくさは一年中つきまとった」とある。

5、「日本でもよく知られるようになった」が、最後から四段落目の「日本ではほとんど知られていないと思われる」

解説

㈠ aは、「知的関心の高さからか」と「俗っぽい好奇心や流行現象に踊らされてのことか」と、二者択一で述べているので、1の「あるいは」と2の「それとも」に絞られる。bは、劣悪な講義環境の中でも、第一回目の講義は特に状況がひどかったという文脈に読み取れるので、2の「とりわけ」が入る。これで「その後まもなく状況は改善された」にもうまくつながる。よって、正解は2。1の「ならびに」は二つの事柄を並列でつなぐ語だが、空欄bの前後の内容は並列の関係になっていない。

㈡ 「泥のような労苦」に係る語句として最適なものを選ぶ。「泥のような」という形容からは、泥のなかをはい回るような苦しさがうかがえる。3の「名状しがたい」は〝言葉で表現することが難しい、うまく説明できない〟の意で、空欄に入れると〝言葉で表現できない（ほどの）労苦〟となり、正解となる。1の「計算高い」は〝利害や損得に敏感である〟の意。2の「如才《じょさい》ない」は〝気が利いていて、抜かりがない〟の意。4の「当たり障りのない」は〝他に悪い影響を与えない、無難だ〟の意。5の「箸《はし》にも棒にもかからない」は〝取り扱いようがなくて、どうしようもない〟の意。

㈢ 4は、傍線Aを含む段落の次の段落の「われわれはけっして『ひとり』になれない。それゆえ共生とは……現実のことである」とする筆者の共生の考えを踏まえている。また、共生という言葉が、そのような現実を指すものでなく、「弱者や少数者を『包摂』しなければならない」という「社会的正義の問題」つまり「目指すべきゴール」として語られていることに、「どこか違和感がつきまとう」とする筆者の考えに合致している。よって、4が正解。1・2・3は、どれも筆者の共生の考えに合致しない。5は、前半は筆者の共生の考えに合致するが、「何らかの質的差異を含むものとして扱われている」が不適切。「何らかの質的差異が……存在するというならばともかく」は、質的差異が存在しないということである。

㈣ 4は、傍線Cを含む段落の「バルトは『いかにして共に生きるか』をめぐる問いを、その社会的な諸形態……に即し

国語

一

解答

出典　星野太『食客論』〈第一章　共生〉（講談社）

(一)　2
(二)　3
(三)　4
(四)　4
(五)　3
(六)　1・3
(七)　仲間と共に生きられる点で孤独でなく、また自分のリズムを保てる点で疲弊しない有様。（四十字以内）

要旨

ここ二〇年ほどで「共生」という言葉が多く使われるようになったが、共生とは達成されるべき理念でなく、所与の現実であり、真に問われるべきはその内実である。ロラン・バルトは、「いかにして共に生きるか」をめぐる問いを、個人の自由を阻害しない、限られた集団による共同生活を通じて考えた。そこでバルトが導入したのが、ジャック・ラカリエールの『ギリシアの夏』に見いだしたイディオリトミーという言葉である。ギリシアのイディオリトミックな修道院は、孤独も疲弊もない、各々が自分のリズムを手放すことなく、しかし共に生きることのできる理想的な空間である。

2023年度

問題と解答

■学部個別日程（神・商・心理・グローバル地域文化学部）

問題編

▶試験科目・配点

教　科	科　目	配　点
外国語	コミュニケーション英語Ⅰ・Ⅱ・Ⅲ，英語表現Ⅰ・Ⅱ	200 点
選　択	日本史B，世界史B，政治・経済，「数学Ⅰ・Ⅱ・A・B」から1科目選択	150 点
国　語	国語総合，現代文B，古典B	150 点

▶備　考

「数学B」は「数列」および「ベクトル」から出題する。

英語

(100分)

〔Ⅰ〕 次の文章を読んで設問に答えなさい。[＊印のついた語句は注を参照しなさい。](73点)

Potatoes provide more calories, vitamins, and nutrients per area of land sown* than other staple crops*. The potato's role in increasing population and promoting economic development has been a subject of much discussion amongst scholars across a variety of disciplines(a).

For example, historian William Langer argues that within Europe, "the spread of the potato culture everywhere corresponded (W) the rapid increase of population." Potatoes dramatically improved agricultural productivity and provided more calories and nutrients relative to preexisting Old World* staples. In *The Wealth of Nations**, Adam Smith extols* the advantages(b) of potatoes over preexisting staples in Europe, writing that "the food produced by a field of potatoes is ... much superior (X) what is produced by a field of wheat. ... No food can afford a more decisive proof of its nourishing quality, or of its being peculiarly suitable to the health of the human constitution(c)."

Similar observations have been made outside of Europe. A particularly interesting example comes from anthropologist* Christoph von Fürer-Haimendorf, who argues that the introduction of the potato into Nepal significantly increased food production and agricultural surplus. He writes that "the population of Khumbu was a fraction of its present size(ア) until the middle of the nineteenth century and there can be (あ) doubt (い) the great increase of the (う) hundred years coincides (え) the introduction and spread (お) the potato." Another example is from the famous Japanese scholar Takano Chôei, who wrote of the benefits of the potato in his 1836 treatise *Ni butsu kô**. He argued that extensive (d) cultivation of potatoes would cure many social ills of the empire by alleviating* food demands from a growing population.

（中略）

Archeological* evidence suggests that the potato was first cultivated in the Andes between seven thousand and ten thousand years ago. Pre-Columbian* cultivation occurred within modern-day Colombia, Ecuador, Peru, Bolivia, Chile, and Northern Argentina. Although parts of Mexico and the eastern portion of North America are suitable（ Y ）potato cultivation, the historical evidence suggests that the potato never migrated (e) to these areas until after European contact.

（中略）The first evidence of potatoes being consumed in Europe is from Seville, Spain, where there are records of potatoes being purchased by a hospital in 1573. After Spain, the potato next appeared in Italy in 1586, then England in 1596 and Germany in 1601.

（ Z ）the benefits of potatoes, their widespread adoption did not follow immediately after their first appearance at the end of the sixteenth century. For most of the seventeenth century, (イ) potatoes remained a botanical curiosity in Europe. Several characteristics of the potato prevented its immediate adoption.

First, because the potato belongs to the poisonous nightshade* family, it was initially presumed (f) to be poisonous. Second, the similarity between the appearance of the potato — discolored and lumpy — and the flesh of those afflicted with (g) leprosy* led many to believe that potatoes caused the disease. Finally, because many characteristics of the potato were unique and previously unobserved prior to its arrival, these also caused suspicion and apprehension*.

（中略）

The eventual diffusion* of potato cultivation was gradual and uneven (h). Adoption first began in the late seventeenth century by Irish peasants.

Also in the late seventeenth century, potatoes began to be cultivated on the European mainland in East and West Flanders and in Alsace. By the early eighteenth century, potato cultivation had also spread to the Scottish Highlands, as well as to parts of England and France. In Scandinavia, the cultivation of the potato (i)lagged behind the rest of Europe. Cultivation in Sweden and Norway did not begin until the mid-eighteenth century.

From Europe, the potato was spread across the rest of the Old World by mariners who carried potatoes to ports in Asia, Africa, and Oceania. The potato was probably introduced to China on several different occasions during the seventeenth century. It was cultivated as early as 1603 by Dutch settlers of the Penghu Islands*, and later in Taiwan after the Dutch occupied the island from 1624 to 1662. (ウ)Given the Dutch initiation of trade links between Taiwan and the coastal province of Fujian*, it is likely that the potato was also introduced to mainland China during this time. （中略） The potato first reached India not long after it arrived in Europe, introduced by either the British or the Portuguese. The earliest known reference to potato cultivation in India is a written (j)account from the 1670s by John Fryer. By the late eighteenth century there are various accounts of widespread cultivation in many parts in India.

（中略）

After 1700, the population and urbanization of potato-suitable locations begin to increase relative to locations that are not suitable. The effect on population appears to begin immediately after 1700, while the effect on urbanization appears to lag behind the effect on population by (k)approximately fifty to one hundred years. （中略） According to our estimates, the introduction of the potato explains 25-26 percent of the increase of Old World population between 1700 and 1900 and 27-34 percent of the increase in urbanization.

(By Nathan Nunn and Nancy Qian, writing for *The Quarterly Journal of Economics*, June 27, 2011)

［注］ sown （sow　種をまく）

staple crops　主要作物

Old World　旧世界（ヨーロッパ・アジア・アフリカ）

The Wealth of Nations 『国富論』（アダム・スミスの経済論書）

extols （extol　絶賛する、ほめたたえる）

anthropologist　人類学者

treatise *Ni butsu kô*　専門書『二物考』（高野長英の書籍）

alleviating （alleviate　軽減する）

Archeological　考古学の

Pre-Columbian　コロンブス到来以前のアメリカの

nightshade　ナス属

leprosy （医）ハンセン病

apprehension　危惧、懸念

diffusion　普及

Penghu Islands　澎湖《ほうこ》諸島（台湾島の西にある諸島）

Fujian　福建《ふっけん》（中国南東部の地方）

Ｉ－Ａ　空所(W)～(Z)に入るもっとも適切なものを次の１～４の中からそれぞれ一つ選び、その番号を解答欄に記入しなさい。

(W)　1 at　2 in　3 upon　4 with

(X)　1 beyond　2 in　3 on　4 to

(Y)　1 across　2 for　3 on　4 with

(Z)　1 Adding to　2 Along with　3 Despite　4 Except

Ｉ－Ｂ　下線部 (a)～(k) の意味・内容にもっとも近いものを次の１～４の中からそれぞれ一つ選び、その番号を解答欄に記入しなさい。

(a) disciplines

1 behaviors　2 fields　3 habits　4 regulations

(b) advantages

1 benefits　2 defects　3 species　4 types

(c) constitution

1 action　2 body　3 custom　4 law

(d) extensive

1 cautious　2 large-scale　3 rapid　4 re-tested

(e) migrated

1 agreed　2 led　3 moved　4 objected

(f) presumed

1 approved　2 condemned　3 prepared　4 supposed

(g) afflicted with

1 involved in　2 playing with

3 recovered from　4 suffering from

(h) uneven

1 consistent　2 irregular

3 outstanding　4 successful

(i) lagged behind

1 happened more slowly than in

2 happened more widely than in

3 succeeded to

4 yielded to

(j) account

1 application　2 certificate　3 document　4 figure

(k) approximately

1 around　2 exactly　3 only　4 rather

I－C　波線部 (ア)〜(ウ) の意味・内容をもっとも的確に示すものを次の１〜４の中からそれぞれ一つ選び、その番号を解答欄に記入しなさい。

(ア) a fraction of its present size

1 larger than recent scholars predicted

2 not measured by our modern standards

3 small compared to what it is now

4 very similar to what it is now

(イ) potatoes remained a botanical curiosity in Europe

1 Europeans attempted to grow potatoes in fields

2 Europeans did not categorize potatoes as food

3 Europeans displayed potatoes in markets

4 Europeans doubted whether potatoes were plants

(ウ) Given the Dutch initiation of trade links

1 Although the Dutch abandoned any chance of a trade agreement

2 Considering that the Dutch started to establish a trade connection

3 Since the Dutch eventually failed to find any trade route

4 Supposing that the Dutch had captured tradesmen

I－D 二重下線部の空所(あ)～(お)に次の１～７の中から選んだ語を入れて文を完成させたとき、(あ)と(え)と(お)に入る語の番号を解答欄に記入しなさい。同じ語を二度使ってはいけません。選択肢の中には使われないものが二つ含まれています。

there can be (あ) doubt (い) the great increase of the (う) hundred years coincides (え) the introduction and spread (お) the potato

1 any　　2 last　　3 no　　4 of

5 that　　6 where　　7 with

I－E 本文の意味・内容に合致するものを次の１～６から二つ選び、その番号を解答欄に記入しなさい。

1 Adam Smith judged that potatoes were more nutritious than earlier staple crops cultivated in Europe.

2 Potatoes were introduced to parts of Mexico and the eastern portion of North America before Europeans arrived there.

3 The potato was adopted quickly in Europe even though it was believed to contain poison and cause disease.

4 The cultivation of potatoes in Sweden and Norway commenced nearly two centuries after potatoes were first consumed in Spain.

5 British sailors introduced the potato to Spain, and the Spanish then carried potatoes to India, where they were recorded by John Fryer.

6 The potato's effects on population and urbanization have mostly occurred simultaneously.

〔Ⅱ〕 次の文章を読んで設問に答えなさい。[＊印のついた語句は注を参照しなさい。](77点)

Electric vehicles are here, and they are essential for decarbonizing transport. The United Kingdom, California, the European Union, Canada and others plan to phase out the sale of fossil-fuelled vehicles as early as 2030 — Norway plans to do it sooner. (中略)

Major investments in electric vehicles are welcome news. The sector has come a long way, but many challenges lie ahead. One issue that has received too little attention, in our view, is the increasing weight of vehicles. Pick-up trucks and sport utility vehicles (SUVs) now account for 57% of US sales, compared with 30% in 1990. The mass of a new vehicle sold in the United States has also risen — cars, SUVs and pick-up trucks have gained 12% (173 kilograms), 7% (136 kg) and 32% (573 kg), respectively, since 1990. That's (a) equivalent to hauling around a grand piano and pianist. (中略)

Electrifying vehicles adds yet more weight. Combustible*, energy-dense petroleum is replaced by bulky* batteries. And the rest of the vehicle must get heavier to provide the necessary structural support. The electric F-150* weighs 700 kg more than (ア) its petrol-powered predecessor. Smaller electric cars are heavier than their petrol equivalents, too. Why does this matter? First and foremost is safety. The likelihood of passengers (あ) killed in a collision with another vehicle increases (い) 12% (う) every 500-kg difference (え) vehicles.

This added risk wouldn't apply if everyone drove cars of similar heft*. But until they do, the number of casualties(b) in crashes is likely to increase as heavy electric vehicles join lighter existing fleets. Pedestrians will also be (W) risk. If US residents who switched to SUVs over the past 20 years had stuck with smaller cars, more than 1,000 pedestrian deaths might have been averted*, according to one study.

Heavier vehicles also generate more particulate* pollution from tyre wear. They require more materials and energy to build and propel* them, adding to emissions and energy use.

(X) big a problem is this extra weight? A rough comparison between mortality* costs and climate benefits shows that it is significant. Under the energy systems operating in most countries today, the cost of extra lives lost from a 700-kg increase in the weight of an electrified truck rivals the climate benefits of avoided greenhouse-gas emissions.

Two main factors are at play: the battery's weight and supports as well as the cleanliness of the electricity grids* it is charged from. In calculating the cost of the extra weight, we used the US Department of Transport's value of US$11.6 million per avoided fatality. The cost-benefit trade-off holds even if we assume that the social cost of emitting(c) one tonne of carbon dioxide is high, around $150; lower values, such as $50, reduce the estimates for climate benefits. Admittedly, it's an oversimplification(イ). Realistic cost-benefit analyses for electric vehicles require the evaluation of many other factors. These include the costs from injuries in collisions(d), the health benefits from cleaner air and the life-cycle impacts* of different car designs.

As time goes on, cleaner grids will strengthen the case for electric vehicles. Some countries with lots of clean electricity sources, such as Norway, are already at a point at (Y) electrifying a truck has more climate benefits than safety costs. Others, including the United States, must keep on the path to net-zero* electricity systems. Yet (Z) addressing the weight issue, the benefits for society of going electric will be smaller than they could be in the next decade.

（中略）

Batteries now cost 90% less than they did ten years ago. And their energy density has more than tripled since lithium-ion batteries were introduced in 1991. Yet most of the gains in battery technology have gone to increase the distance an electric car can travel in a single charge, and to boost the car's power. Over the past decade, for example, Nissan has brought to market a long-range version of its flagship Leaf* electrical vehicle, with triple the range (364 kilometres) and double the horsepower (214 hp). But its weight has grown, too, by 14%, to 1,749 kg.

Driving range is important for the widespread adoption of electric vehicles. Most consumers buy cars (ウ)on the basis of reach because they worry about losing power or being unable to recharge on a long trip. Yet, most car journeys are short — to the shops or school. In the United States, for example, on average, drivers travel 56 kilometres per day, far short of the maximum range for electric vehicles.

Extending that reach by another 100 kilometres or so every few years will make electric vehicles more practical for people who need to travel long distances regularly, for work for example. But even now, it has diminishing returns for the average driver. Fast-charging infrastructure is being (e)deployed more widely. Producing lightweight batteries will (f)reap rewards immediately.

（中略）

But (g)cutting-edge technologies are expensive to incorporate, raising the costs of electric cars. Government support, from the laboratory to the factory to the consumer, is thus essential to spur innovation and development. Weight-based registration charges could supply some of that money. US subsidies for electric vehicles currently increase with the storage capacity of the battery. Basing electric-vehicle subsidies instead on

energy storage per kg would incentivize advances in lighter batteries.
(h)

Further developments in battery technology are needed to reduce pollution from manufacturing and to consume less cobalt* and other rare metals and minerals. Schemes for recycling and reusing battery and other materials need to be put in place, before tens of millions of electric vehicles arrive on and then leave the roads.
(i)

(By Blake Shaffer, Maximilian Auffhammer and Constantine Samaras, writing for *Nature*, October 14, 2021)

［注］ Combustible　可燃性の、燃えやすい
bulky　大きな、分厚い
F-150　(車種の名称)
heft　重量
averted　(avert　避ける)
particulate　微粒子の
propel　前進させる
mortality　死亡率
electricity grids　電力系統（電力を受電設備に供給するためのシステム）
life-cycle impacts　環境への影響
net-zero　実質ゼロ
Leaf　(車種の名称)
cobalt　コバルト（金属元素）

Ⅱ－A　空所(W)～(Z)に入るもっとも適切なものを次の１～４の中からそれぞれ一つ選び、その番号を解答欄に記入しなさい。

(W)	1 at	2 for	3 on	4 without
(X)	1 How	2 What	3 Where	4 Why
(Y)	1 that	2 what	3 which	4 why
(Z)	1 against	2 in	3 on	4 without

Ⅱ－Ｂ 下線部 (a)〜(i) の意味・内容にもっとも近いものを次の１〜４の中からそれぞれ一つ選び、その番号を解答欄に記入しなさい。

(a) equivalent to
1 comparable to 2 easier than
3 harder than 4 irrelevant to

(b) casualties
1 disputes 2 engines 3 trials 4 victims

(c) emitting
1 announcing 2 calculating
3 discharging 4 eliminating

(d) collisions
1 accidents 2 constructions
3 explosions 4 games

(e) deployed
1 considered 2 installed
3 investigated 4 replaced

(f) reap
1 bring in 2 double 3 join in 4 promise

(g) cutting-edge
1 advanced 2 basic
3 conventional 4 old

(h) incentivize
1 impede 2 increase 3 inspire 4 introduce

(i) Schemes
1 Alternative options 2 Emergency measures
3 Large advertisements 4 Plans of action

Ⅱ－Ｃ 波線部 (ア)〜(ウ) の意味・内容をもっとも的確に示すものを次の１〜４の中からそれぞれ一つ選び、その番号を解答欄に記入しなさい。

(ア) its petrol-powered predecessor

1 the average motorbike

2 the driver of the car

3 the earlier gasoline vehicle

4 the new hydrogen vehicle

(イ) it's an oversimplification

1 the reality is more complicated

2 these figures might be unreliable

3 things have already gone too far

4 we need to make this easier

(ウ) on the basis of reach

1 based on how far they can travel

2 based on how fast they can drive

3 based on how many people they can carry

4 based on how smoothly they can speed up

Ⅱ－D　二重下線部の空所(あ)～(え)に次の1～7の中から選んだ語を入れて文を完成させたとき、(あ)と(え)に入る語の番号を解答欄に記入しなさい。同じ語を二度使ってはいけません。選択肢の中には使われないものが三つ含まれています。

The likelihood of passengers (あ) killed in a collision with another vehicle increases (い) 12% (う) every 500-kg difference (え) vehicles.

1 being　　2 between　　3 by　　4 for

5 in　　6 that　　7 were

Ⅱ－E　本文の意味・内容に合致するものを1～6の中から二つ選び、その番号を解答欄に記入しなさい。

1 Norway is determined to shift to electric transportation more slowly than the US.

2 Pick-up trucks and SUVs constitute over 50% of total vehicle sales in the US.

3 The extra weight of batteries in electric vehicles is balanced by the rest of the vehicles getting lighter.

4 In most countries, when climate-friendly electrified trucks increase in weight by 700 kg, the extra cost will reduce sales and thus start to save lives.

5 Lithium-ion batteries have contributed significantly to the reduced cost of fossil-fuelled vehicles.

6 Financial support from governments can accelerate the development of electric vehicles with more efficient batteries.

II－F 本文中の太い下線部を日本語に訳しなさい。

In the United States, for example, on average, drivers travel 56 kilometres per day, far short of the maximum range for electric vehicles.

〔III〕 次の会話を読んで設問に答えなさい。(50点)

(*Devon and Riley notice each other on the train.*)

Devon: Hey Riley! Don't you usually commute by subway?

Riley: Oh, hi Devon. I also live near a JR station. ＿＿(a)＿＿

Devon: It must be convenient to be able to choose.

Riley: Yeah, I like having options. But in order to make it to my first class on time, I need to leave the house by 7 am regardless of which train I take. ＿＿(b)＿＿

Devon: I can relate. It takes me almost two hours to get to campus from my house. I don't really mind it though. ＿＿(c)＿＿

Riley: Oh, like what?

Devon: Well, I really like listening to podcasts. So, riding the train is a good excuse for me to do that.

Riley: What is a podcast? ＿＿＿＿(d)＿＿＿＿

Devon: Podcasts are audio files that you listen to on your phone or computer. It's hard to define exactly because each one is different. Podcasts also have a wide range of voices, points-of-view, and perspectives. Some can be an excellent way to learn new information. Others are more for entertainment.

Riley: Do you have any examples?

Devon: Now I am listening to a podcast where the host, LeVar Burton, reads short stories to listeners. I love being able to put in my earphones and slip into another world for a while.

Riley: LeVar Burton? ＿＿＿＿(e)＿＿＿＿

Devon: He's an American actor and TV personality. When I was growing up, he had a television show called the *Reading Rainbow*. He was also on *Star Trek*.

Riley: That's right! That's how I know the name.

Devon: He is a wonderful host.

Riley: I don't have a lot of extra money these days. Are podcasts expensive?

Devon: No, most of the podcasts I listen to are free.

Riley: Oh, that makes them easier to try out. You said, there are podcasts that help you learn new information too. I wonder if there are any podcasts about philosophy. I'm taking a philosophy class this semester. It is really interesting. [でも、先生がとても速く話すから、たくさんの重要な点を聞き漏らしていると思う。]

Devon: I bet there are many podcasts about philosophy. Last year I started listening to a podcast about history for a similar reason. The podcast was very interesting. So, I still listen to it.

Riley: Well, you've convinced me. ＿＿＿＿(f)＿＿＿＿

Devon: They might not be for everybody, but I love them.

Riley: Oh, we're already here. Time flies when you're having a good conversation. ＿＿＿(g)＿＿＿ I have to rush or I'll be late.

Devon: Okay. Nice running into you on the train.

Riley: Nice bumping into you too. Hope I didn't take away too much of your podcast time.

Devon: Not at all. ＿＿＿(h)＿＿＿ But I also love to talk to my friends. Let me know if you find any interesting new podcasts that I should check out.

Riley: Will do!

Ⅲ－A　空所 (a)～(h) に入るもっとも適切なものを次の1～10の中からそれぞれ一つ選び、その番号を解答欄に記入しなさい。同じ選択肢を二度使ってはいけません。選択肢の中には使われないものが二つ含まれています。

1　And, I don't have time to read many history books.
2　His name sounds familiar.
3　I am definitely going to check out a podcast, or maybe two.
4　I have never heard of it before.
5　I love listening to podcasts.
6　In fact, there are some nice things about it.
7　My class is starting in ten minutes.
8　Of course it does not depend on the podcast.
9　So, I often take this train.
10　Sometimes I wish I lived a bit closer to the university.

Ⅲ－B　本文中の［　　　］内の日本語を英語で表現しなさい。

でも、先生がとても速く話すから、たくさんの重要な点を聞き漏らしていると思う。

日本史

（75 分）

〔Ⅰ〕　次の文章（１）～（４）は、網野善彦著『日本社会の歴史（上）』(岩波新書、1997年）の一部である（なお一部表記を改めた箇所がある)。この文章を読んで、下記の設問に答えよ。なお、同じ記号の空欄には同じ言葉が入る。　(45点)

（１）『三経義疏』は仏教に深く傾倒した厩戸の著作といわれているが、「世間虚《せけんこ》仮《け》、唯仏是真《ゆいぶつぜしん》」(天寿国繡帳）という厩戸の言葉にその晩年の心境をよくうかがうことができるとされている。(中略）厩戸は、多くの伝説とともに人びとの敬仰を集め、のちに「(　ア　)」と呼ばれるようになった。

現存する法隆寺金堂の釈迦三尊像は（中略)、(　イ　）がその死後に完成して、斑鳩寺におさめたといわれ、(　ウ　）に残る天寿国曼陀羅繡帳も厩戸を慕う妃たち a がつくったものとされている。

このように百済・高句麗 エ を通じて伝えられた中国大陸の南北朝時代の文化の影響をうけつつ、王子厩戸と大臣（　b　）の時代を頂点として、ヤマトを中心に花を咲かせた文化が飛鳥文化といわれる。横穴式石室をもつ古墳 c はまだ広く築造されつづけており、社会にはなお未開の要素が依然として強く残っているとはいえ、このころから数多くの大寺院 オ が建立されはじめ、ヤマトを中心に、日本列島最初の本格的な国家が、隋・唐帝国の強烈な影響を受けつつ、仏教文化とともに産声をあげる時期は近づいていた。

【設問ア】空欄（　ア　）にあてはまる人物名を解答欄Ⅰ－Aに漢字４字で記せ。

【設問イ】空欄（　イ　）にあてはまる、釈迦三尊像の制作にあたった仏師の名を、解答欄Ⅰ－Aに漢字で記せ。

【設問ウ】空欄（　ウ　）について、天寿国繡帳を現在に伝える寺院の名を、解答欄Ⅰ－Aに漢字で記せ。

【設問ａ】下線部ａについて、天寿国繡帳を制作させたとされる妃の名を、語群より選び、番号を解答欄Ⅰ－Bに記入せよ。

【設問エ】下線部エについて、高句麗僧曇徴が紙墨彩色を伝えたのに対し、暦法を伝えたとされる百済僧は誰か。その名を解答欄Ⅰ－Aに漢字で記せ。

【設問b】空欄（　b　）にあてはまる人物名を語群より選び、番号を解答欄Ⅰ－Bに記入せよ。

【設問c】下線部cについて、6世紀後半に築造され、金銅製透彫馬具などが出土した奈良県斑鳩町の古墳の名を語群より選び、番号を解答欄Ⅰ－Bに記入せよ。

【設問オ】下線部オについて、蘇我氏の氏寺で飛鳥寺とも呼ばれ、日本最古とされる寺院の当初の名称を、解答欄Ⅰ－Aに漢字で記せ。

（2）　持統は、強固な意志をもって夫（　カ　）の事業を継承していこうとしており、（中略）694年には、新都藤原京が完成し、持統はそこに遷った。7世紀初め、奈良盆地には四つの道が造成されていたが、藤原京はそれを基準に計画され、内裏と朝堂院からなる藤原京を中央におき、それを中心に条坊制を布いた本格的な中国風都城であった。さらに藤原京のなかの大官大寺（高市大寺）は造営を終え、これも（　カ　）以来造営が行われていた薬師寺も完成をまぢかに控えていた。こうして大化以来の長年の懸案のすべてがこの都において結実、実現したのである。宮廷詩人柿本人麻呂は、持統が吉野にいったとき、「山川も依りて仕ふる神の御代かも」と天地の神々に祝福された天皇の世の栄えを長歌に力強く歌い上げたが、この歌に象徴されるように、新たな時代の繁栄はすべてこの都に集まったかにみえた。そしてこうした人麻呂の長歌をはじめとする貴族たちの和歌、百済の王族の移住に刺激された漢詩文もまた宮廷を華やかに飾り、法隆寺金堂の壁画や高松塚古墳d（奈良県明日香村）の壁画などをふくめ、初唐の影響を強く受け、新たな国家をついに完成させた天皇や貴族たちの自信がおのずからあふれる、おおらかな白鳳文化がここに生まれた。

【設問カ】空欄（　カ　）にあてはまる天皇の名を、解答欄Ⅰ－Aに漢字2字で記せ。

【設問d】下線部dについて、同じ頃に造営され、同様な四神が描かれた彩色壁画古墳の名を語群より選び、番号を解答欄Ⅰ－Bに記入せよ。

（3）　恭仁にいた聖武は、このころしばしば近江の紫香楽の離宮に行くようにな

っていたが、(中略) 743年の10月、紫香楽の地で大仏建立の詔を発した。(中略)

大仏の造営は平城京にその場を移し、大伴家持などの協力キによって進められたが、(中略) 造営は困難をきわめた。(中略) 天平勝宝元年、陸奥からはじめて金が貢献され、(中略) 聖武天皇と諸兄はこの事業の完成に執念を燃やしつづけたのである。

ところがこの年、聖武が退位し、孝謙が独身の女帝として即位すると、状況は大きく変わる。(中略) そのような微妙な政治の状況のなかで、752年(天平勝宝4)e 4月、大仏が完成し、その開眼供養が行われた。

【設問キ】下線部キについて、諸国を遊歴して社会事業に尽力し、大仏造営にも協力した渡来人系の僧の名を、解答欄Ⅰ－Aに漢字2字で記せ。

【設問e】下線部eの前年、日本で最初の漢詩集が編纂されたが、その書名を語群より選び、番号を解答欄Ⅰ－Bに記入せよ。

(4) 朝廷を主導した嵯峨は天皇在位中も、812年(弘仁3)に花宴を開き、翌813年には内宴という華やかな宮廷行事を行うとともに、『(　ク　)』『文華秀麗集』『経国集』という勅撰の漢詩文集を編纂させるなど、宮廷を唐風に染め上げていった。(中略) 空海もまた当初は宗教家としてよりも漢詩人の一人として嵯峨の宮廷に迎えられ、詩文の法を論じた『(　f　)』や漢詩文集『(　g　)』(空海の弟子真済の編) を残しており、滋野貞主も古今の文書を類聚して詩文の法を論じた『秘府略』を完成させた。また空海は嵯峨、(　h　) とともに唐様の書の名手とされ、のちに三筆といわれるなど、唐風文化はこの朝廷で最も華やかに開花した。

(中略)

空海は奈良に近い聖地高野山の土地を朝廷から与えられ、そこに建立した金剛峯寺の経営にしばらくは専念している。(中略) (　ケ　) といわれた真言宗の密教は、台密といわれた天台宗の密教とともに大きな発展を遂げ、ここに密教全盛時代がはじまった。

それは芸術上にも新様式を生み出し、世界、宇宙を象徴的に解釈して表現した両界曼陀羅をはじめ、園城寺の (　i　) や観心寺の如意輪観音などの密教風の図像・仏像がさかんに製作されるようになった。

【設問ク】空欄（　ク　）にあてはまる書名を、解答欄Ⅰ－Aに漢字3字で記せ。

【設問f】空欄（　f　）にあてはまる書名を、語群より選び、番号を解答欄Ⅰ－Bに記入せよ。

【設問g】空欄（　g　）にあてはまる書名を、語群より選び、番号を解答欄Ⅰ－Bに記入せよ。

【設問h】空欄（　h　）にあてはまる人名を、語群より選び、番号を解答欄Ⅰ－Bに記入せよ。

【設問ケ】空欄（　ケ　）について、天台宗が台密といわれるのに対し、真言宗は何と呼ばれるか。解答欄Ⅰ－Aに漢字2字で記せ。

【設問i】空欄（　i　）にあてはまる絵画の名を、語群より選び、番号を解答欄Ⅰ－Bに記入せよ。

［語群］

1．神皇正統記	2．性霊集	3．大伴坂上郎女
4．和漢朗詠集	5．青不動	6．江家次第
7．江田船山古墳	8．大原女	9．小野道風
10．大仙陵古墳	11．三教指帰	12．黒塚古墳
13．入　鹿	14．箸墓古墳	15．歎異抄
16．藤ノ木古墳	17．加賀千代女	18．キトラ古墳
19．蝦　夷	20．造山古墳	21．守　屋
22．文鏡秘府論	23．延喜式	24．類聚三代格
25．橘大郎女	26．本朝文粋	27．黄不動
28．藤原佐理	29．懐風藻	30．赤不動
31．妹　子	32．成田不動	33．橘逸勢
34．立正安国論	35．馬　子	36．野口王墓古墳

〔Ⅱ〕　次の（1）（2）の古代・中世の政治に関する文章を読んで、下記の【設問A】【設問B】に答えよ。なお、同一記号の空欄には同一語句が入る。（45点）

（1）　1333年、鎌倉幕府の滅亡とともに、隠岐に流されていた（　a　）の後醍醐天皇は京都へ戻り、持明院統の（　ア　）天皇を退位させ、律令政治の復活を目指して摂政・関白や知行国の制度を廃止した。同時に天皇のもとに、中央では武者所・（　b　）・（　c　）・（　d　）を設置、地方では国司・守護を併設したうえで天皇の側近を登用して各地を統御しようとした。特に、奥羽には北畠親房の子顕家が補佐する陸奥将軍府を、鎌倉には足利尊氏の弟直義が補佐する鎌倉将軍府を設置した。さらに、土地の所有権の認定は天皇が出す命令書である（　e　）によるものとし、大内裏の造営や貨幣の発行なども計画して、天皇権力の絶対化を目指した。この後醍醐天皇の政治を（　f　）と呼ぶ。

（　f　）では、天皇への権限の集中が急速にはかられたため、恩賞請求や所領安堵要求への対応が不十分であることや、大内裏造営計画をはじめ社会慣行の無視及び増税など一貫性のない対応により、武士を中心に不満と失望が増大した。このようななか、北条高時の子時行らが反乱をおこして鎌倉を占領する（イ）と、足利尊氏は敗退した直義を救援するため出兵してこれを鎮圧した。そして、新政府に反旗を翻し、天皇が派遣した尊氏追討軍の新田義貞を破り京都に攻め上った。その後、北畠顕家などに敗れて一度は九州へ落ちるが、再挙して上洛の途中、摂津で楠木正成を破り京都へ入った。

尊氏はすぐに後醍醐天皇を廃し、持明院統の（　ウ　）天皇を擁立した。後醍醐天皇は（　エ　）へ脱出し、ここに京都の朝廷（北朝）と（　エ　）の朝廷（南朝）が並立して争う状態になり、その後60年間近くに及ぶ南北朝の動乱がはじまった。なお尊氏は、幕府再興の基本方針を定め、1338年には征夷大将軍に任ぜられると京都に武家政権を開いた。

（2）　1368年、足利義満が3代将軍に就任した頃には南北朝の動乱も終息に向かった。征西将軍懐良親王の活躍で一時南朝に制圧されていた九州も、九州探題として下向した今川貞世が1372年に大宰府を制してからは、北朝の勢力下に入って安定していった。義満は京都に「花の御所」と呼ばれる邸宅を造営（g）

して政務を進めた。

義満は1392年、両朝が交代で皇位につくことを提案し、南朝の（　オ　）天皇が北朝の（　カ　）天皇に譲位することで、両朝の合一が実現した。しかし、両朝の天皇の権威は失われており、合一の条件もその後は守られなくなった。

幕府の組織については、将軍を補佐する管領には、足利一門の（　キ　）氏といった有力守護を交代でその職に付けた。管領のもとには政所がおかれて、おもに伊勢氏が任命されて幕府の財政を管掌した。京都の市中警察権は、それまで掌握していた検非違使から侍所に移り、その侍所は一色・山名・赤松・京極の四氏h から任命されるようになった。

また義満は、強大化する有力な守護大名に攻勢をかけ、その勢力を弱める政策を進めた。1390年には、美濃・尾張・伊勢の３か国の守護であったある氏族を内紛に乗じて美濃一国に押し込めたク。1391年には、一族で山陽・山陰など11か国の守護職を有していた山名氏をやはり内紛に乗じて、３か国の守護へ勢力を削減させた。1399年には、（　ケ　）という港町を掌握して貿易の利を上げていた周防などの守護であった（　i　）を、挙兵に追い込んで敗死させた。こうして義満は、武家を掌握することはもちろん、公家に対する支配者としての地位の獲得も進め、権力の集中をはかった。

【設問A】文中の下線部や空欄（　a　）～（　i　）について、下記の設問に答えよ。

a．亀山天皇から発し、持明院統と皇位を争い、その後両統迭立となった皇統の名称を、解答欄Ⅱ－Aに漢字で記せ。

b．味方した武士の論功行賞を取り扱う機関の名称を、解答欄Ⅱ－Aに漢字で記せ。

c．鎌倉幕府の引付を受け継ぎ、おもに所領問題などを裁判した機関の名称を、解答欄Ⅱ－Aに漢字で記せ。

d．国政の重要事項を審議する政権の中枢機関の名称を、解答欄Ⅱ－Aに漢字で記せ。

e．土地の諸権利の確認にも必要とされたため、安堵や訴訟が滞り、武士の不満の大きな要因となった、この天皇の意志を伝える命令書の名称を、解答欄Ⅱ－Aに漢字で記せ。

f．鎌倉幕府滅亡後の後醍醐天皇による政治であるが、わずか3年たらずでおわった。この政治は何と称されたか。その名称を、解答欄Ⅱ－Aに記せ。

g．「花の御所」と呼ばれる邸宅を造営した場所の名称にちなみ、義満は何と呼ばれたか。その名称を、解答欄Ⅱ－Aに漢字3字で記せ。

h．管領に付いた三氏のことを三管領と呼ぶが、これに対して侍所の所司に任じられた一色・山名・赤松・京極の四氏のことを何と呼ぶか。その名称を、解答欄Ⅱ－Aに漢字で記せ。

i．周防・長門・石見・豊前・和泉・紀伊6か国の守護で、幕府に従い多くの功績をあげたが、朝鮮との外交・貿易を独占して勢力を強め、義満に警戒されたこの人物は誰か。その名前を、解答欄Ⅱ－Aに漢字で記せ。

【設問B】文中の下線部や空欄（　ア　）～（　ケ　）について、下記の設問に答えよ。

ア．後醍醐天皇によって退位させられたこの天皇は誰か。次のうちから選び、その番号を解答欄Ⅱ－Bに記入せよ。

1．光　明　　2．後小松　　3．光　厳　　4．後亀山

イ．この反乱のことを何と呼ぶか。次のうちから選び、その番号を解答欄Ⅱ－Bに記入せよ。

1．正中の変　　2．元弘の変　　3．中先代の乱　　4．観応の擾乱

ウ．足利尊氏によって擁立されたこの天皇は誰か。次のうちから選び、その番号を解答欄Ⅱ－Bに記入せよ。

1．光　明　　2．後小松　　3．光　厳　　4．後亀山

エ．後醍醐天皇が京都を脱出して拠点をおき、自身の正当性を主張した場所はどこか。次のうちから選び、その番号を解答欄Ⅱ－Bに記入せよ。

1．伊勢神宮　　2．南　都　　3．金剛峯寺　　4．吉　野

オ．足利義満の斡旋を受け京都に戻り、神器を北朝の天皇に渡して譲位したこの天皇は誰か。次のうちから選び、その番号を解答欄Ⅱ－Bに記入せよ。

1．光　明　　2．後小松　　3．光　厳　　4．後亀山

カ．足利義満の斡旋を受け、神器を南朝の天皇から受けたこの天皇は誰か。次のうちから選び、その番号を解答欄Ⅱ－Bに記入せよ。

1．光　明　　2．後小松　　3．光　厳　　4．後亀山

キ．管領に任じられ三管領と呼ばれた足利一門の有力守護について、正しい組み合わせはどれか。次のうちから選び、その番号を解答欄Ⅱ－Bに記入せよ。

1．斯波・畠山・細川　　2．細川・松永・斯波

3．畠山・斯波・三好　　4．三好・松永・細川

ク．この反乱のことを何と呼ぶか。次のうちから選び、その番号を解答欄Ⅱ－Bに記入せよ。

1．霜月騒動　　2．土岐康行の乱

3．明徳の乱　　4．応永の乱

ケ．中世を代表する貿易港で、自治都市として栄えたこの場所はどこか。次のうちから選び、その番号を解答欄Ⅱ－Bに記入せよ。

1．平　戸　　2．堺　　3．長　崎　　4．坊　津

〔Ⅲ〕 次の文章は、16世紀から19世紀にかけての日本の国際関係について述べたものである。この文章の下線部a～xに関する設問に答えよ。なお、解答は、指示のあるものを除いて、解答欄Ⅲ－Aに記せ。 (60点)

16世紀のヨーロッパでは、ポルトガルやスペインが東・東南アジアなどに成立した通商網への参入をめざしていた$_{a}$。同じ時期の東アジアでは、明が私貿易を禁止し、中国人の海外渡航を禁じた$_{b}$一方、日本では銀の生産が飛躍的に増加していた。スペイン人、ポルトガル人は九州各地の港で貿易を開始した。

全国を統一した豊臣秀吉は、倭寇などの海賊行為を禁止$_{c}$しつつ、貿易は奨励した。さらに、秀吉はポルトガル、スペインに対して入貢と服属を求め$_{d}$、朝鮮に対しては入貢と明への出兵の先導役をつとめるよう求めた。朝鮮がこれを拒否すると、大軍を派兵した。日本軍は、漢城などを占領するも、朝鮮水軍の活躍$_{e}$や義兵の抵抗、明からの援軍により戦局は不利となった。秀吉が死去すると、日本軍は朝鮮から撤兵した。

関ケ原の戦いで勝利し、江戸幕府を開いた徳川家康は、ルソン・カンボジアなどに修好を求める文書を送り、朝鮮に対しては講和を実現した$_{f}$。それ以降、将軍の代替わりごとに朝鮮から使節が派遣された$_{g}$。一方、明に対しては国交を

結べないまま、清へと王朝が交替したh。清は、三藩の乱を平定し、台湾の鄭氏政権を降伏させるとi、民間による海外との交易の一部を容認し始めた。清は、東アジアやインドシナ半島の諸国からの朝貢使節を受け入れた。朝貢の使節が入国する地点や北京へ赴く経路は、清朝により指定された。使節が入国する地点では、貿易が行われた。日本との関係では、そのような儀礼的関係が伴わないまま貿易関係だけが続いた。

琉球は、明（のちに清）の朝貢国でありながら、薩摩藩により征服され、日明（清）に「両属」した。薩摩藩は、琉球に対して検地を行い、支配体制を強化した一方で、明（清）との朝貢貿易は継続させた。琉球は、琉球国王や将軍の代替わりごとに使節を送るようになったj。北方では、松前氏が徳川家康によりアイヌとの交易独占権を保障され、この交易権を家臣に知行として与えたk。このように北と南で日本の領域が拡大しつつあった。

一方、西洋との関係については、従来のスペイン、ポルトガルとの関係に加えて、1600年にオランダ船が豊後に漂着したlことを契機にイギリスとオランダとの関係が開かれた。家康は、スペインとの通商関係も積極的に結ぼうと、京都商人をスペイン領へと派遣したmが、目的を果たすことはできなかった。また、幕府はポルトガル商人の利益独占を排除しようともした。日本人の海外進出も盛んで、幕府は彼らに朱印状を与え、朱印船貿易が盛んになりn、海外に移住する日本人も増加し、17世紀初期には東南アジア各地に自治制をとった居住地が形成されたo。このように活発であった日本人の海外渡航や貿易もキリスト教の禁教政策のため、制限が加えられはじめた。1616年に明船を除く外国船の寄港地を制限したことをかわきりにp、日本人の海外渡航や在外日本人の帰国を禁止する法令を発布し、1641年にはいわゆる鎖国の状態となったq。これ以降、日本に来航する貿易船はオランダ船と清船だけとなった。オランダとは、長崎の商館で貿易を行ったr。また、清国との貿易も次第に商人の居住地を大きく制限する形になっていったs。このように江戸時代には、対外関係が全く消滅したわけではなかったが、日本人の海外渡航が禁止され、外国との貿易も強く統制された。

しかし、ロシアやイギリスが18世紀後半より接近してきた。1792年にロシアt

の使節が来航し、大黒屋光太夫ら漂流民を届けるとともに通商をもとめた。さらに、ロシアは、1804年に使節を送るが、幕府が正式使節に冷淡な対応を取ったため、ロシア船は樺太や択捉島を攻撃した u。この事態は、幕府に衝撃を与え、松前藩と蝦夷地を直轄地にし、1808年から翌年にかけて樺太とその対岸を探査させた v。

こうした状況がかわるのが19世紀中ごろであった。他国に先がけてイギリスで産業革命が始まり、巨大な産業力と軍事力を手にした西欧は市場、原料供給地を求め、アジアに進出した。清国はアヘン戦争で敗北し、香港を割譲し、開国した w。清国の劣勢が伝わると、幕府は1842年に異国船打払令を緩和し、漂着した外国船に薪や水・食糧を与えることにした。しかし、アメリカやロシアなどの軍艦が来航し、開国や条約の締結を要求した。その結果、幕府は1854年に日米和親条約を締結し、鎖国政策を転換させると x、1858年に安政の五カ国条約を締結し、日本は自由貿易体制に組み込まれた。

【設問】

a．ポルトガルが居住権を得て、日本との貿易の拠点とした中国の地名を下記の1～4より選び、解答欄Ⅲ－Bに記入せよ。

1．澳 門　　2．寧 波　　3．杭 州　　4．厦 門

b．明のこのような交易や渡航を統制する政策の名称を漢字で記せ。

c．この命令は、海賊取締令といわれるものであるが、同じ年に発布された命令を下記の1～4より選び、解答欄Ⅲ－Bに記入せよ。

1．バテレン追放令　　2．人掃令

3．刀狩令　　4．分地制限令

d．当時、スペイン政庁が存在した都市名を下記の1～4より選び、解答欄Ⅲ－Bに記入せよ。

1．ゴ ア　　2．マニラ　　3．マラッカ　　4．アユタヤ

e．秀吉の朝鮮出兵の際、亀甲船を考案し、朝鮮水軍を率いた人物名を漢字で記せ。

f．下記の文章は、講和の際に締結された条約を説明したものである。空欄（ あ ）～（ う ）に入る適切な語句を下記の1～7より選び、解答欄Ⅲ－Bに記入せよ。

この条約は、（　あ　）と朝鮮との間で締結されたものであり、貿易は（　い　）で行うことを取りきめた。朝鮮へ派遣される（　う　）は、20隻と制限された。

1．幕　府　　2．宗　氏　　3．釜　山　　4．歳遣船

5．北前船　　6．仁　川　　7．元　山

g．この1607年に来日し、11代将軍徳川家斉まで12回を数えた朝鮮の使節の名称を漢字で記せ。

h．清は、北京に入城する以前に朝鮮へ出兵し、1637年に宗属関係に組み込む。日本は、この関係を否定する条約を1876年に朝鮮と締結した。この条約の名称を漢字で記せ。

i．台湾の鄭氏政権は、鄭成功がオランダ人勢力を駆逐して打ちたてた政権である。この鄭成功をモデルにした近松門左衛門の戯曲名を下記の1～4より選び、解答欄Ⅲ－Bに記入せよ。

1．『国性（姓）爺合戦』　　2．『日本永代蔵』

3．『曽根崎心中』　　4．『心中天網島』

j．将軍が代替わりするごとに琉球国王が送った使節の名称を下記の1～4より選び、解答欄Ⅲ－Bに記入せよ。

1．謝恩使　　2．慶賀使　　3．冊封使　　4．朝貢使

k．このアイヌとの交易対象地の名称を下記の1～4より選び、解答欄Ⅲ－Bに記入せよ。

1．飯　場　　2．居留地　　3．商　場　　4．運上所

l．豊後に漂着したオランダ船の名称を下記の1～4より選び、解答欄Ⅲ－Bに記入せよ。

1．モリソン号　　2．サンフェリペ号

3．リーフデ号　　4．サスケハナ号

m．この商人は、上総に漂着した前ルソン総督を伴い、ノビスパンに渡航した。この商人の人物名を漢字で記せ。

n．朱印船は、当時の明の海外貿易統制政策により、明船との交易を中国以外の台湾やルソンなどで行った。この貿易形態の名称を何と呼ぶか。その名称を下記の1～4より選び、解答欄Ⅲ－Bに記入せよ。

1．朝貢貿易　　2．居留地貿易

3．南蛮貿易　　4．出会貿易

o．これらのアユタヤやツーランなどに形成された居住地の名称を漢字で記せ。

p．この年に指定された外国船来航地として正しい地名を下記の1～4より選び、解答欄Ⅲ－Bに記入せよ。

1．平　戸　　2．府　内　　3．坊　津　　4．鹿児島

q．次の1～3の文章は、鎖国に関する記述である。時期の古い順にならびかえ、その番号を解答欄Ⅲ－Bに記入せよ。

1．ポルトガル船の来航を完全に禁止した。

2．日本人の海外渡航と在外日本人の帰国を禁止した。

3．奉書船以外の日本船の海外渡航を禁止した。

r．このオランダ商館が立地した扇型埋立地の名称を漢字で記せ。

s．商取引のため、1689年に設置された清国人の居住地の名称を漢字で記せ。

t．このロシアの使節が来航した場所を下記の1～4より選び、解答欄Ⅲ－Bに記入せよ。

1．長　崎　　2．箱　館　　3．根　室　　4．浦　賀

u．この時の使節として来航した人物名を下記の1～4より選び、解答欄Ⅲ－Bに記入せよ。

1．ラクスマン　　2．ゴローニン

3．レザノフ　　4．プチャーチン

v．この探査を行った人物名を漢字で記せ。

w．アヘン戦争を終結させるため、1842年に清国がイギリスと締結した条約名を下記の1～4より選び、解答欄Ⅲ－Bに記入せよ。

1．北京条約　　2．南京条約　　3．天津条約　　4．下関条約

x．次の1～3の文章は、開国に関する記述である。時期の古い順にならびかえ、その番号を解答欄Ⅲ－Bに記入せよ。

1．ハリスが初代アメリカ総領事として来日した。

2．横浜、長崎、箱館が開港場となった。

3．ロシアとの間で択捉・得撫間を国境とした。

世界史

（75分）

〔Ⅰ〕　次の文章を読み，設問1～9に答えなさい。　（50点）

1980年代末，新羅の故地である韓国の慶尚北道で，6世紀初めにつくられた新羅の二つの(1)石碑が発見された。数百字におよぶ漢字が刻まれたこれらの石碑は，新羅の歴史を伝えるとともに，東アジア世界における漢字文化の伝来のあり方を考えるうえでも興味深い事実を示している。

(2)隋・唐という超大国の存在を前提にして，周辺諸国が漢字，儒教，(ア)漢訳仏教，律令といった中国文化を取り入れていくなかで東アジア文化圏とも呼びうる地域世界が形成される。かつて，こうした中国文化の周辺諸民族への波及において中国王朝との冊封体制が介在したことが強調された。冊封体制は，中華思想と王化思想を前提にしつつ，近代以前の中国の二つの政治支配形式である封建制と郡県制のうち，漢代に部分的に復活させた前者を異民族の国家に適用し，中国皇帝と諸民族の首長との間に官職・爵位の授受を媒介にして結ばれる関係と説明される。中国を中心とした政治圏である冊封体制とそれを支える政治思想にもとづいて東アジア文化圏が形成され，漢字をはじめとする中国文化の伝播もこうした政治的関係によって実現されるとみなされてきた。しかし，周辺諸民族の中国文化の拡大と受容は，かならずしも(イ)中国王朝と周辺国との二国間関係ではとらえきれず，むしろ，周辺諸民族相互間の政治関係が軽視できない位置を占めていたことが指摘されるようになっている。こうした点について，朝鮮半島の歴史的展開を踏まえながら見ていこう。

前2世紀の朝鮮半島では，北方の(3)匈奴に境界を接していた戦国の七雄の一つである（　**a**　）の影響下にあった衛満が西北部に衛氏朝鮮をひらいたが，(4)漢の武帝によって滅ぼされ，漢は朝鮮半島に（　**b**　）など4郡をおいた。前1世紀ごろ中国東北部南部に興った高句麗が4世紀はじめに南下し，（　**b**　）などを滅ぼして朝鮮半島北部を支配する。また，南部の韓族が(5)馬韓・弁韓・辰韓の三韓と呼ばれる小国家群を興すと，中国勢力は次第に後退した。その後，南部で統一を進めた百済，新羅に，高句麗を加えた三国が勢力を争った。この時代を朝鮮における三国時代と呼ぶ。高句麗は，半島への足掛かりを失った中国北朝としばしば交戦したが，（　c　）とも呼ばれる好太王の時期に最盛期を迎え，朝鮮南部の経営にも積極的にのりだした。三国の関係は，たがいに対抗し，ときに同盟関係を結ぶなど，情勢に応じて変化した。そして自国の立場を優位にするために中国の北朝・南朝に朝貢使節を送り，冊封を受けて勢力の拡大を目指した。また，中国から儒教や漢文，仏教などの文化を積極的に取り入れた。さらに，当時ヤマト政権による統一が進んでいた(ウ)倭国と連携したり覇を争ったりしていた様子が(6)中国の史書をはじめとする史料に記載されている。

隋，次いで唐はともに，その進出を恐れた高句麗に大軍を送ったが，高句麗はこの侵攻を撃退した。しかし唐と結んで勢力を伸ばした新羅が百済を滅ぼし，次いで日本の援軍を得た百済復興軍を663年に（　d　）で破ると，さらに高句麗を滅亡させた。その後，唐の勢力を排除して統一国家を樹立した。この統一された新羅はあらためて唐の冊封を受け，中央集権体制を築くとともに，（　e　）と呼ばれる独自の身分制度によって貴族中心の社会秩序を整えた。また仏教も保護され，首都である（　f　）には仏国寺などの寺院が建立されるなど，(7)仏教文化が栄えた。

漢字をはじめとする中国文化の周辺諸民族への伝播が，上のような冊封体制といった中国王朝の政治関係の成立に求められるものだとしても，そうした漢字文化などがその社会に定着していく過程については，別の説明を必要とする。たとえば漢字の使用が，冊封関係という中国との交通においてのみ必要な特殊技術と位置づけられたならば，社会内部に漢字が定着する必然性は乏しいからである。その成立以前の三韓時代である4世紀後半，のちに新羅となる国家が中国王朝に朝貢したことは伝わっているが，それ以後の新羅の対中国外交は南朝の梁への朝貢まで史料的には確認できない。なお，新羅が中国王朝に冊封されたのは，北朝の（　g　）によるもので，565年になってからである。『梁書』新羅伝は，521年，百済の武寧王の仲介によって新羅の使者が中国南朝の梁に入朝した際，新羅には文字がなく，百済の使者の通訳を介して新羅の国情を報告せざるを得なかったと伝える。しかし，冒頭の新羅の二つの石碑が示すとおり，当時新羅に漢字文化がなかったわけではなく，『梁書』の記載は百済使節の意図をそのまま反映させたものと考えられる。これらの事実は，(エ)文字として漢字を使用することと中国側に口頭で意思を伝える技術とは次元を異にしていたこと，また，新羅の漢字文化は中国王朝から直接受容されたわけではなかった可能性を示している。実際には，新羅の漢字文化の形成過程は，長期にわたる高句麗との政治関係に規定されたものであったと推測されるのである。

冊封体制の設定とは，周辺諸民族の首長を中国王朝の国家秩序のなかに包含することによって，この秩序体系をその地域に拡大させるものであり，(オ)冊封された首長はその支配体制を自らも中国王朝に似せて整備しようとした。各首長が中国に冊封を求めたのは，自分自身がその支配領域内において権威を確立しようとしただけでなく，さらに自分たちの周辺に対しても支配的地位を得ようとしたためでもあった。それゆえ，冊封関係が中国と周辺首長との関係として設定されることによって，これらの首長とその周辺との関係として再設定される。そして冊封体制のなかに小冊封体制が生じ，やがてその小冊封体制は自己を完結した世界であるかのように秩序を形成していく。冒頭の二つの石碑から，中国の冊封を受けた高句麗が，新羅をはじめとする周辺の諸民族を政治的に編成して独自の秩序世界を構築するのにともない，その文化を拡大させていったことが読み取れるのである。

設問1　文中の空欄（　**a**　）～（　**g**　）に入る最も適切な語句を次の選択肢１～４のうちから一つ選び，解答欄Ｉ－Ａに記入しなさい。なお，同じ記号には同じ語句が入る。

(a)　１．燕　　２．韓　　３．魏　　４．斉

(b)　１．帯方郡　　２．南海郡　　３．日南郡　　４．楽浪郡

(c)　１．王建　　２．桓公　　３．広開土王　　４．文公

(d)　１．洪景来の乱　　２．赤壁の戦い
　　３．タラス河畔の戦い　　４．白村江の戦い

(e)　1．骨品制　　2．三長制
　　3．猛安・謀克制　　4．両班

(f)　1．開城　　2．漢城　　3．慶州　　4．平壌

(g)　1．後梁　　2．東晋　　3．北魏　　4．北斉

設問2　波線部(1)の石碑に関連して述べた次の文X・Yについて，それぞれの正誤の組合せとして正しいものを，次の選択肢1～4のうちから一つ選び，解答欄Ⅰ－Aに記入しなさい。

X　唐代に建てられた大秦景教流行中国碑は，エフェソス公会議で異端とされたキリスト教ネストリウス派の中国伝来の沿革を刻んだものである。

Y　マウリヤ朝の最盛期を築いた第三代の王は，ダルマによる統治と平穏な社会を目指し，各地に勅令を刻んだ磨崖碑や石柱碑を建てさせた。

1．X：正　Y：正　　2．X：正　Y：誤
3．X：誤　Y：正　　4．X：誤　Y：誤

設問3　波線部(2)の隋について述べた次の文のうち正しいものを，次の選択肢1～4のうちから一つ選び，解答欄Ⅰ－Aに記入しなさい。

1．西魏の有力者であった楊堅は帝位に就くと，南朝の陳を滅ぼして南北を統一した。

2．官吏登用法として，魏代に制定された推薦制の郷挙里選に代わって学科試験による科挙制度を導入した。

3．南北の交通・輸送の幹線として，華北と江南を結びつける大運河を開いた。

4．土地制度として国家が土地所有に介入し，農民に耕作を割り当てる占田・課田法を施行した。

設問4　波線部(3)の匈奴などの騎馬遊牧民に関連する事項について述べた次の文のうち，**誤っているもの**を，次の選択肢1～4のうちから一つ選び，解答

欄Ⅰ－Aに記入しなさい。

1．匈奴の全盛期を築いた冒頓単于は，成立間もない漢を破り，漢の高祖は匈奴と和親策をとった。

2．匈奴は，漢の武帝の攻撃を受けると，内陸交易の利を失って衰え，間もなく南北に分裂した。

3．現在のカザフスタンからウクライナにいたる地域で遊牧をしていたフン人が西に向かって移動を開始すると，ヨーロッパで民族の大移動が始まった。

4．モンゴル高原を支配していた突厥は，騎馬遊牧民として初めて文字をつくった。

設問5　波線部(4)の漢に関連する事項について述べた次の文①～③について，古いものから年代順に正しく配列したものを，次の選択肢1～6のうちから一つ選び，解答欄Ⅰ－Aに記入しなさい。

①　財政難に陥った朝廷は，塩・鉄・酒の専売や均輸・平準法を実施するなどして国庫収入の増加を図った。

②　郡県制が実質的に復活して中央集権体制が確立するきっかけとなった呉楚七国の乱が起こった。

③　西域都護だった班超は部下の甘英を大秦国に派遣し，シルクロードの西半分の情報を中国にもたらした。

1．①—②—③　　2．①—③—②　　3．②—①—③
4．②—③—①　　5．③—①—②　　6．③—②—①

設問6　波線部(5)の三韓とそこから興った国との組合せとして正しいものを，次の選択肢1～4のうちから一つ選び，解答欄Ⅰ－Aに記入しなさい。

1．馬韓—新羅，弁韓—百済　　2．辰韓—新羅，弁韓—百済
3．辰韓—新羅，馬韓—百済　　4．弁韓—新羅，馬韓—百済

設問7　波線部(6)の中国の史書に関連する事項について述べた次の文X・Yと，それに該当する語句a～dの組合せとして正しいものを，次の選択肢1～4のうちから一つ選び，解答欄Ⅰ－Aに記入しなさい。

X　帝王の年代記と重要人物の伝記を中心に歴史を記述する文体。

Y　倭の邪馬台国の女王が朝貢使節を派遣した事績を記載している。

a　紀伝体　　b　編年体　　c　『漢書』　　d　『三国志』

1．X―a　Y―c　　2．X―a　Y―d

3．X―b　Y―c　　4．X―b　Y―d

設問8　波線部(7)に関連して，各地域の仏教文化について述べた以下の三つの文のうち，正しい文はいくつあるか。正しい文の数を解答欄Ⅰ－Aに数字**1**～**3**で答えなさい。なお，正しい文がない場合は**4**を記入しなさい。

1．チベットでは，7世紀に吐蕃が統一国家を建設すると，漢字をもとにしたチベット文字がつくられ，またインド仏教とチベットの民間信仰が融合したラマ教が生まれた。

2．南北朝時代の中国において，華北では広く庶民にまで仏教が受け入れられたのに対し，江南では貴族を中心に広まった。

3．スコータイ朝では，大乗仏教から分派した上座部仏教が広く信仰された。

設問9　下線部(ア)～(オ)について，次の問いに対する答えを解答欄Ⅰ－Bにそれぞれ記入しなさい。

ア　下線部(ア)と関連し，ナーランダー僧院で学び，帰国後，『大唐西域記』を著した人物は誰か。漢字2文字で書きなさい。

イ　下線部(イ)について，中国歴代王朝，特に唐が周辺異民族に対してとった，「ゆるくつなぎとめる」ことを意味する間接統治策を何というか。漢字4文字で書きなさい。

ウ　下線部(ウ)について，倭に救援を要請したが失敗に終わり，新羅に滅亡させられた朝鮮半島南部に位置する連合小国群を何というか。漢字２文字で書きなさい。

エ　下線部(エ)と関連し，遊牧民族タングートの李元昊が建てた国において作成された，漢字の影響を受けた文字を何というか。漢字４文字で書きなさい。

オ　下線部(オ)と関連し，都城制と呼ばれる都市計画にもとづいて設計され，日本の平城京や渤海の上京竜泉府など，各国で模倣された唐の都を何というか。漢字２文字で書きなさい。

〔Ⅱ〕　次の文章を読み，設問１～17に答えなさい。　(50点)

大航海時代以降，世界の一体化は一気に進んだといわれている。ヨーロッパではそれまでと比べて長距離貿易が飛躍的に成長し，交易圏は地球規模に拡大した。ヨーロッパ諸国のうち，(ア)香辛料をはじめとしたアジアの魅力的な商品を求めて最初に海へと繰り出したのは，イベリア半島のポルトガルやスペインであった。両国は，西まわりあるいは東まわりでインディアス，つまり現在でいうアジアを目指した。

スペインの(イ)イサベル女王の援助を受けたコロンブスは，フィレンツェ生まれの天文・地理学者であった（　**a**　）が唱えた地球球体説を採り，ヨーロッパから西へ向かって大西洋を進めばアジアに到達する近道だと信じて1492年に第１回航海に出た。(ウ)同年，コロンブス一行はカリブ海地域に到着した。その後アメリカ大陸にも上陸したが，結局それが「新大陸」であるとは気づかず，当初の目的地であったインディアスの一部であると誤認した。そのため，先住民は「インディオ」と呼ばれ，カリブ海の島々は現在でも「西インド諸島」と呼ばれることになった。コロンブスによる航海以降，(エ)スペインのアメリカ大陸進出は本格的に進められ，(オ)他のヨーロッパ諸国に先行して植民地経営に乗り出すことでスペインは莫大な利益を得た。その一方，当時新興国であったイギリスや(カ)オランダがスペインの繁栄を脅かし始め，スペインの存在感は低下していくことになる。

17世紀になると，ヨーロッパの国々はアメリカ大陸に領土を増やしていった。オランダは西インド会社を設立すると，北アメリカ東岸に(キ)ニューネーデルラント植民地を建設した。一方，フランスはセントローレンス河口に建設した（　b　）植民地を中心にカナダに進出し，またミシシッピ川流域には(ク)ルイジアナ植民地を築いた。それに対してイギリスは，17世紀初頭に北米最初の植民地として（　c　）植民地を建設し，またその北方では(ケ)ピューリタンの一団がニューイングランド植民地の基礎を形成した。このように，17～18世紀にかけてイギリスの13植民地が成立した。度重なる(コ)フランスとの戦争を通じて，イギリスは北アメリカに新たな領土を増やし，とくに南部ではタバコ，インディゴ，綿花，コメなどを栽培する大規模農園である奴隷制（　d　）の経営が盛んに行われるようになった。

西インド諸島においても同様に，ヨーロッパ諸国は植民と（　d　）開発を展開していった。とくにイギリスはバルバドスやジャマイカなど植民地経済の鍵となる島々を獲得するとともに，(サ)砂糖（粗糖）に代表される西インド諸島物産の生産量を急増させた。それにしたがい，北米や西インド諸島における労働力確保の手段として，オランダやフランスなどと同様にイギリスでも，奴隷を扱う(シ)大西洋三角貿易が活発化した。

奴隷貿易や植民地貿易，さらに植民地経営を通じてヨーロッパに流入した富は，工業化の前提となる資本蓄積をうながした。なかでも，18世紀末からイギリスのいわゆる産業革命が地方都市のマンチェスターにおいて綿工業を中心に進展したことは，(ス)繁栄を極めた奴隷貿易都市が近接していたこと，原料となる綿花を北米や西インド・東インドから得られたこと，そして生産した製品の輸出市場としてアフリカや植民地があったことと関連づけて説明できる。

他方，植民地においては，特定作物栽培への特化にともなう経済の［　(A)　］化や環境破壊が植民地経済の成長を妨げたことは否定できない。さらに(セ)アフリカ世界においては，多くの生産年齢人口を失っただけでなく，諸王国が奴隷輸出に経済的に依存するようになった。このように，大西洋を挟んだ3地域は，分業体制を通して経済的支配と従属の関係を強めた。

このようななか，奴隷貿易や奴隷制に反対する動きも強まりを見せるようになった。18世紀末までに，フランス領サン＝ドマング（イスパニョーラ島西部）でも砂糖生産が拡大するとともに黒人奴隷人口が増加していたが，本国のフランス革命に影響を受けて(ソ)奴隷解放と独立を求める運動が反乱を伴って進められた。1804年，その地には史上初の黒人共和国としてハイチが誕生した。このことは他の国の奴隷貿易や奴隷制に大きな衝撃を与えた。奴隷貿易廃止運動が繰り広げられていたイギリスでは1807年に奴隷貿易が，1833年には英領植民地の奴隷制が廃止されるに至った。

設問１　下線部(ア)について，香辛料貿易の実権を握るべく，オランダ東インド会社が1619年にアジアの根拠地とした場所として正しいものを，次の１～４から一つ選び，番号を解答欄Ⅱ－Ａに記入しなさい。

１．ゴア　　２．バタヴィア　　３．平戸　　４．マカオ

設問２　下線部(イ)について，イサベルと夫のフェルナンドが共同統治していたスペイン王国が1492年に滅ぼした王朝として正しいものを，次の１～４から一つ選び，番号を解答欄Ⅱ－Ａに記入しなさい。

１．ナスル朝　　２．マムルーク朝
３．ムラービト朝　　４．ムワッヒド朝

設問３　下線部(ウ)について，コロンブスが到着した場所として正しいものを，次の１～４から一つ選び，番号を解答欄Ⅱ－Ａに記入しなさい。

１．アンボイナ島（アンボン島）　　２．カリカット
３．サンサルバドル島　　４．マラッカ

設問４　下線部(エ)について，スペインは征服者（コンキスタドール）を送り込み，征服や植民地経営を進めた。それに伴って滅ぼされた国，その首都，征服事業を先導した人物の組み合わせとして正しいものを，次の１～４から一つ選び，番号を解答欄Ⅱ－Ａに記入しなさい。

1．アステカ王国，テノチティトラン，コルテス

2．アステカ王国，マチュ＝ピチュ，バルボア

3．インカ帝国，クスコ，ラス＝カサス

4．インカ帝国，リマ，ピサロ

設問5　下線部(オ)について，スペイン領の植民地に関する説明として正しいものを，次の1～4から一つ選び，番号を解答欄Ⅱ－Bに記入しなさい。

1．先住民のキリスト教化義務と使役の権利について定めたアシエンダ制が導入された。

2．天然痘，ペストなど，ヨーロッパ人がもたらした一部の伝染病の影響により，インディオ人口は激減した。

3．教皇子午線の西をポルトガルの，東をスペインの勢力圏と定めた翌年，サラゴサ条約によってその境界線は改められた。

4．スペインは，メキシコのアカプルコから銀を運び，中国の北京で絹や陶磁器と交換した。

設問6　下線部(カ)について，オランダの独立に関連する説明として**誤っているもの**を，次の1～4から一つ選び，番号を解答欄Ⅱ－Bに記入しなさい。

1．フェリペ2世の宗教政策に抵抗した新教徒が中心となって戦った。

2．南部10州は独立戦争から脱落した。

3．北部7州は独立を目指してシュマルカルデン同盟を結成した。

4．オラニエ公ウィレムを指導者としてスペインからの独立を宣言した。

設問7　下線部(キ)について，その中心都市であるニューアムステルダムは1664年に改称されることになったが，何という名になったのか，適切な都市名を解答欄Ⅱ－Cに記入しなさい。

設問8　下線部(ク)について，ルイジアナという名称は当時のフランス王の名にちなんで1682年に名付けられたが，その人物として正しいものを，次の1～

4から一つ選び，番号を解答欄Ⅱ－Aに記入しなさい。

1．ルイ13世　2．ルイ14世　3．ルイ15世　4．ルイ16世

設問9　下線部(ケ)について，イギリス（イングランド）ではピューリタンと呼ばれていたカルヴァン派のフランスでの呼称として正しいものを，次の1～4から一つ選び，番号を解答欄Ⅱ－Aに記入しなさい。

1．ゴイセン　2．ピルグリム＝ファーザーズ

3．プレスビテリアン　4．ユグノー

設問10　下線部(コ)について，七年戦争およびフレンチ＝インディアン戦争の結果として結ばれた条約の内容の記述として正しいものを，次の1～4から一つ選び，番号を解答欄Ⅱ－Bに記入しなさい。

1．イギリスは，新しくカナダとミシシッピ川以西のルイジアナを獲得した。

2．イギリスは，新しくジブラルタルやニューファンドランドを獲得した。

3．フランスは，北米における領土をすべて失った。

4．フランスは，スペインにフロリダを割譲した。

設問11　下線部(サ)について，イギリスでは東インド会社が中国から輸入した茶に砂糖を入れて飲む習慣が広がった。このイギリス東インド会社が設立された1600年当時のイギリス王を，次の1～4から一つ選び，番号を解答欄Ⅱ－Aに記入しなさい。

1．ヴィクトリア女王　2．エリザベス1世

3．ヘンリ8世　4．メアリ1世

設問12　下線部(シ)を説明した，次の記述(あ)(い)について，(あ)(い)ともに正しい場合は数字**1**，(あ)のみ正しい場合は数字**2**，(い)のみ正しい場合は数字**3**，(あ)(い)ともに正しくない場合は数字**4**を，解答欄Ⅱ－Bに記入しなさい。

(あ)　ヨーロッパから西アフリカ沿岸に持ち込まれた砂糖や綿花は，黒人奴隷と交換された。

(い)　ヨーロッパを出発した船はまずアメリカ大陸や西インド諸島へ，次いでアフリカへ，そして最終的にヨーロッパに向かった。

設問13　下線部(ス)について，この都市を次の1～4から一つ選び，番号を解答欄Ⅱ－Aに記入しなさい。

1．グラスゴー　2．バーミンガム　3．リヴァプール　4．ロンドン

設問14　文中の［(A)］に入る適切な語句を，次の1～4から一つ選び，番号を解答欄Ⅱ－Aに記入しなさい。

1．カピチュレーション　2．社会主義
3．世界の工場　4．モノカルチャー

設問15　下線部(セ)を説明した，次の記述(あ)(い)について，(あ)(い)ともに正しい場合は数字**1**，(あ)のみ正しい場合は数字**2**，(い)のみ正しい場合は数字**3**，(あ)(い)ともに正しくない場合は数字**4**を，解答欄Ⅱ－Bに記入しなさい。

(あ)　19世紀後半から列強によるアフリカ大陸の分割競争が始まり，フランスがアフリカ縦断政策を採った一方で，イギリスはアフリカ横断政策を採った。

(い)　アフリカ大陸の南東部に成立したモノモタパ王国は，金の輸出をはじめとしたインド洋交易で栄えた。

設問16　下線部(ソ)について，この運動を指揮して1801年には事実上の独立を宣言したが，独立が達成される前に獄死した人物を，次の1～4から一つ選び，番号を解答欄Ⅱ－Aに記入しなさい。

1．サン＝シモン　2．サン＝マルティン
3．シモン＝ボリバル　4．トゥサン＝ルヴェルチュール

設問17　文中の（　**a**　）～（　**d**　）に入る適切な語句を，それぞれ解答欄Ⅱ－Cに記入しなさい。なお，同じ記号には同じ語句が入る。

〔Ⅲ〕　次の文を読み，設問1～5に答えなさい。　(50点)

ドイツでは，18世紀になると，プロイセンがオーストリアに次ぐ第二の強国として，ヨーロッパの主権国家体制の一翼を担う存在に成長した。プロイセンは，2代目国王の（　a　）が財政・行政を整えて軍備を増強し，絶対王政の基礎を作り上げた。1740年に即位した3代目の国王（　b　）は，オーストリア継承戦争を仕掛けて勝利し，つづく七年戦争でもイギリスと同盟してオーストリア・フランス・ロシアに辛勝した。一方，オーストリアでも種々の内政改革を行い，上からの近代化に努めた。対外的には，プロイセン・オーストリアはロシアとともに①ポーランドを分割した。オーストリアとロシアによる第2回ポーランド分割では，(あ)アメリカ独立戦争にも参加した愛国者の（　c　）が義勇軍を率いて抵抗したが失敗した。

19世紀になると，1814年から翌年にかけて，フランス革命とナポレオンによる一連の戦争の戦後処理のため，ウィーン会議がひらかれた。これにより，プロイセンは東西に領土を拡大し，オーストリアは（　d　）を得た。また，ドイツにはオーストリア・プロイセン以下の35の君主国とハンブルクなど4自由都市で構成される［　ア　］が新たに組織された。

この時代を象徴する思想である（　e　）は，各民族や地域の固有の文化や歴史，個人の感情や想像力を重視して，文学・芸術における大きなうねりになるとともに，各地で②独立運動や国家統一運動を思想的に支えた。哲学では，カントの影響をもとに，国民意識の形成を呼びかけたフィヒテや，ドイツ観念論を大成させて（　f　）をとなえたヘーゲルが登場した。

1848年3月，ウィーンでは民衆が基本的人権の保障や憲法の制定などを求めて蜂起し，ウィーン会議を主宰した［　イ　］を失脚させた。プロイセンでも，憲法制定を求める蜂起が生じ，国王は議会招集・憲法制定などを約束し，自由主義内閣が成立した。これらによってウィーン体制は崩壊した。統一国家達成と憲法制定を目指して，ドイツ諸邦の自由主義者らは［　ウ　］を開いたが，大ドイツ主義と小ドイツ主義が対立し，解散をよぎなくされた。

プロイセンでは，1862年に首相に就任したビスマルクが，力による統一を追求する鉄血政策をとなえ，対デンマーク戦争ついでプロイセン＝オーストリア戦争に勝って統一の主導権を確保するとともに，北ドイツ連邦を結成した。さらに，プロイセンの覇権を警戒する南部諸邦からの支持を得るためにフランスと戦って大勝した。こうして，オーストリアを除く諸邦からなり，プロイセン王（　g　）を皇帝とするドイツ帝国が1871年に成立した。

その後1888年に（　h　）が即位し，1890年にはビスマルクが退いた。ビスマルク時代の保護貿易主義と第２次産業革命により，ドイツはイギリスに匹敵する工業国に躍進していたので，これを背景に「世界政策」の名のもと，海軍を増強し，再保障条約の更新を拒否するなど，積極的な(い)対外膨張政策をとった。

列強体制が分裂して，イギリス・フランス・ロシアとドイツ・オーストリアの対抗関係に移行すると，バルカン諸国やオスマン帝国の動向が，列強の関心の焦点となった。なかでもオーストリアは，スラヴ系諸民族の統一と連帯を目指す［　エ　］の影響が国内におよんで，分離・自治運動が激化することをおそれた。1908年，(う)オスマン帝国で青年トルコ革命が起こると，オーストリアは管理下にあった（　i　）を併合した。

バルカン諸国ではそれぞれ特定の列強と結びついていたことから，バルカン半島での勢力関係の変動は列強間の対立をさらに悪化させた。バルカン半島での列強対立と民族紛争が激化するなか，1914年６月，オーストリア帝位継承者夫妻が訪問した州都の（　j　）でセルビア人の民族主義者に暗殺された。これを契機に，第一次世界大戦が勃発した。

設問１　文中の（　a　）～（　j　）に入る最も適切な語句を次の語群から選び，番号を解答欄Ⅲ－Aに記入しなさい。ただし，**a**・**b**・**c**・**g**・**h**は【語群Ⅰ】から，**d**・**i**・**j**は【語群Ⅱ】から，**e**・**f**は【語群Ⅲ】から選びなさい。

【語群Ⅰ】

１．ヴィルヘルム１世　　２．ヴィルヘルム２世　　３．エカチェリーナ２世
４．カジミェシェ　　５．コシューシコ（コシチューシコ）
６．ゴムウカ　　７．サン＝シモン　　８．シャルル10世

9．ジョゼフ＝チェンバレン　　10．ディズレーリ
11．ニコライ1世　　12．フランツ1世
13．フリードリヒ＝ヴィルヘルム1世　　14．フリードリヒ1世
15．フリードリヒ2世　　16．マリア＝テレジア　　17．ヨーゼフ1世
18．ヨーゼフ2世　　19．ラ＝ファイエット　　20．ルイ＝フィリップ

【語群Ⅱ】

21．北イタリア　　22．コルシカ　　23．サライェヴォ
24．サルデーニャ　　25．ソフィア　　26．ブカレスト
27．ブダペスト　　28．プラハ　　29．ベオグラード
30．ボスニア・ヘルツェゴヴィナ　　31．南イタリア
32．モンテネグロ

【語群Ⅲ】

33．功利主義　　34．サンディカリズム　　35．実証主義
36．ニヒリズム　　37．弁証法哲学　　38．マキャヴェリズム
39．唯物史観　　40．ロマン主義

設問2　文中の［ア］～［エ］に入る適切な語句を，解答欄Ⅲ－Bに記入しなさい。ただし，［ア］は国家連合の名称，［イ］は人物名，［ウ］は議会名，［エ］は思想・運動の名とする。

設問3　二重下線部に関して，ビスマルク政権の政策として正しいものを，次の1～4から一つ選び，番号を解答欄Ⅲ－Cに記入しなさい。

1．国家体制を強化するため，「文化闘争」を開始してプロテスタントを抑圧した。

2．フランスを孤立させるために，オーストリアとの間に再保障条約を結んだ。

3．社会保険を整備する一方で，社会主義者鎮圧法を制定した。

4．フランス・ロシアとともに日本に圧力を加えて，遼東半島を清に返還させた。

設問4 下線部①・②について，それぞれの記述として**誤っているもの**を，次の1～4から一つ選び，番号を解答欄Ⅲ－Cに記入しなさい。

① ポーランドについて。

1．ナポレオンは，プロイセン・ロシアの連合軍を破った後，ポーランド地方にワルシャワ（大）公国をたてた。

2．ロシア皇帝アレクサンドル2世の治世下のポーランドで独立運動が起こった。

3．ヴェルサイユ条約によって，ポーランドは内陸国として独立が認められた。

4．独立後のポーランドでは，独立運動の指導者ピウスツキが実権を握り，独裁制へ移行した。

② 独立運動や国家統一運動について。

1．イタリアでは，マッツィーニ指導の下に，青年イタリアが組織され，統一国家建設を目指した。

2．三月革命期に，ハンガリーではコシュート指導による独立運動が起こった。

3．第一次世界大戦後，セルビアは一国として独立を達成した。

4．第一次世界大戦後，チェコスロヴァキアは一国として独立を達成した。

設問5 波線部(あ)～(う)に関する次の記述(a)(b)について，(a)(b)ともに正しい場合は数字**1**，(a)のみ正しい場合は数字**2**，(b)のみ正しい場合は数字**3**，(a)(b)ともに正しくない場合は数字**4**を解答欄Ⅲ－Cに記入しなさい。

(あ) アメリカ独立戦争について。

(a) トマス＝ペインは『コモン＝センス』でイギリスのアメリカ大陸支配が「常識」であると示した。

(b)　合衆国憲法では，連邦主義が採用され，人民主権を基礎として，三権分立が定められた。

(い)　対外膨張政策について。

(a)　ドイツはカメルーン・南西アフリカ・東アフリカの植民地を得，さらにミクロネシアを支配した。

(b)　ドイツはモロッコ事件を起こしたが，目的をはたせず，モロッコはイギリスの保護国となった。

(う)　オスマン帝国について。

(a)　アブデュル＝ハミト２世は，ロシア＝トルコ戦争に乗じて憲法を停止した。

(b)　スルタンの専制政治に反対する「統一と進歩団（統一と進歩委員会)」が結成された。

政治・経済

（75分）

〔Ⅰ〕　次の文章を読み、下の設問（設問1～設問7）に答えよ。　（50点）

国家の重要な役割のひとつとして、国民が平和で幸福な生活ができるように秩序をつくりだし、これを維持することがある。意見や利害が対立している中で秩序を維持するには、集団の構成員を従わせる権力が必要である。権力の行使は、そのたびに恣意的な決定がなされるのではなく、法という公的なルールに基づかなければならない。

ⓐ国家権力を法によって拘束しようとする立憲主義の思想は、中世のヨーロッパにおいても存在した。しかし、その後、その考え方は大きく変化して、今日に至っている。

近代的な立憲主義の中心にある憲法の規定は、統治権を担う権力担当者が守るべき事柄を定めた規範であり、憲法をつくる権限は国民にある。そして、憲法の一番重要な内容は、国民の権利・自由の保障にある。そのため、日本国憲法は、ⓑ憲法を尊重し擁護する義務を定めている。

日本国憲法は、また、国の最高法規として位置づけられている。したがって、それに違反する法律・命令その他一切の国家行為は、その最高法規性を損なうものであるから、無効である。このため、日本国憲法第81条は、裁判所に、「法律、命令、規則又は（　ア　）が憲法に適合するかしないかを決定する」ⓒ違憲立法審査権を与えている。裁判所は、この権限をもつことから、（　イ　）と通称されている。

最高裁判所がこれまでに下した、ⓓ法律の条項それ自体を違憲とする判決には、尊属殺重罰規定違憲判決、議員定数不均衡違憲判決などがある。その数は欧米諸国の違憲立法審査の例と比べて少ないといわれている。

また、このように最高法規として位置づけられている日本国憲法の改正には、一般の法律よりも厳格な手続が定められている。
ⓔ

裁判所は、法に基づいて社会秩序の維持を図り、国民の権利・自由の保障を確保することをその役割としていることから、日本国憲法第76条第3項は、「その良心に従ひ（　ウ　）してその職権を行」うことを裁判官に求めている。これを担保するため、裁判官はその身分が保障されており、「裁判により、（　エ　）のために職務を執ることができないと決定された場合」（日本国憲法第78条）を除いては、（　オ　）に設けられる（　カ　）で罷免が決定された場合を除いて罷免されることはない。ただし、最高裁判所の裁判官については、これらの罷免事由に加えて、国民審査において、「（　キ　）の（　ク　）が裁判官の罷免を可とするとき」は、罷免される（日本国憲法第79条第3項）。また、司法権の（　ウ　）を具体的に保障するため、日本国憲法第76条第2項は、特別裁判所の設置を禁止している。
ⓕ

【設問1】文中の（　ア　）～（　ク　）に入る最も適切な語句を、解答欄Ⅰ－甲のア～クに記入せよ。ただし、ア・ウ・エ・キ・クには、日本国憲法上の語句を記入せよ。

【設問2】下線部ⓐに関連して、次の文章の（　A　）～（　D　）には、「法治主義」または「法の支配」のいずれかの語句が入る。それぞれについて、**「法治主義」が入る場合には数字の1を、「法の支配」が入る場合には数字の2**を、解答欄Ⅰ－乙のA～Dに記入せよ。

（　A　）は、17世紀のイギリスにおいて、「国王といえども神と法のもとにあるべきである」との言葉を引用して主張された考え方であるのに対し、（　B　）は、19世紀のプロイセン（ドイツ）で発達した考え方で、行政権の行使には法律の根拠が必要であるとするものである。（　C　）は、基本的人権を法により抑える根拠に使われることもある。（　D　）は、法の内容が合理的なものでなければならないことを要求し、基本的人権を尊重したものであることを求める。

【設問３】下線部ⓑに関連して、次のａ・ｂの記述について、**正しいものには数字の１を**、**正しくないものには数字の２を**、解答欄Ⅰ－乙のａ・ｂに記入せよ。

ａ．日本国憲法第99条が定める憲法尊重擁護義務は、国権の最高機関であり、憲法改正の発議権も有する国会の構成員である国会議員には及ばない。

ｂ．憲法が、基本的人権の尊重を基本原理のひとつとし、各種の人権を保障する規定を設けているのであるから、憲法上、具体的に明示されていない権利を法律や裁判所の判決で認めることはできない。

【設問４】下線部ⓒに関連して、次のｃ～ｅの記述について、**正しいものには数字の１を**、**正しくないものには数字の２を**、解答欄Ⅰ－乙のｃ～ｅに記入せよ。

ｃ．最高裁判所以外の裁判所も、法律などが憲法に違反していないかどうかを判断することができる。

ｄ．国民は、誰でも、法律などが憲法に違反していると考えれば、その法律などによって具体的な不利益を受けていなくとも、違憲であるとの判決を求めて裁判所に訴えを起こすことができる。

ｅ．裁判所は、高度に政治的な国家の行為についても、それが憲法に違反するかどうかが争われれば、その争点について判断を示す必要があるとしている。

【設問５】下線部ⓓに関連して、次の語群から、下線部ⓓに当てはまる事案を**３つ**選んで、その番号を、解答欄Ⅰ－甲の設問５－１に記入せよ。また、裁判での審理において憲法違反の有無が争点になったが下線部ⓓには当てはまらない事案を**２つ**選んで、その番号を、解答欄Ⅰ－甲の設問５－２に記入せよ。

［語群］

1．森林法訴訟　　2．大津事件
3．愛媛県玉ぐし料訴訟　　4．婚外子相続差別訴訟
5．松山事件　　6．滝川事件
7．朝日訴訟　　8．薬事法訴訟

【設問6】下線部ⓔに関連して、次の記述について、**正しいものであれば数字の1を、正しくないものであれば数字の2を**、解答欄Ⅰ－乙に記入せよ。

憲法改正のための国民投票では、「過半数」の賛成があれば改正が承認されるが、投票率が極端に低ければ賛成が真に国民の意思であるとはいえない場合があるので、投票率が50％に満たない場合には、改正は承認されない。

【設問7】下線部ⓕに関連して、次の語群から、**「特別裁判所」に当たらないもの**を1つ選んで、その番号を、解答欄Ⅰ－乙に記入せよ。

［語群］

1．行政裁判所　　2．皇室裁判所
3．知的財産高等裁判所　　4．軍法会議

〔Ⅱ〕 次の文章を読み、下の設問（設問１～設問９）に答えよ。　(50点)

第二次世界大戦後の日本では、連合国軍総司令部（ＧＨＱ）の指示のもと、（　ア　）解体、ⓐ農地改革、労働の民主化の３本柱による経済の民主化が進められた。農地改革では（　イ　）地主の全小作地の売却が求められ、（　イ　）地主制が解体した。また、北海道を除く地域の在村地主の（　Ａ　）町歩を超える小作地も売却され、その結果、全農地に占める小作地の割合は（　Ｂ　）割程度にまで低下した。

1960年代以降の日本では、ⓑ食糧管理制度のもとで米作農家の保護が行われた。しかし、それによって生じる副作用に対処するため、1970年代以降はⓒ減反政策がとられるようになった。

一方で、農産物貿易における日本の保護政策に対する批判が強まり、農産物に関しては原則として（　ウ　）化することとなった。しかし、1991年には（　エ　）や牛肉の輸入が自由化され、米については、（　ウ　）化を行わない代わりに米の国内消費量の一定割合を輸入するミニマム・アクセスが1995年にスタートした。ミニマム・アクセスとして輸入する割合は、開始当初の（　Ｃ　）％から順次引き上げられ、2000年を期限として（　Ｄ　）％とすることが決まっていたが、その前年に米の輸入は全面（　ウ　）化され、2000年以降は1999年の実績値である国内消費量の7.2％、量にして約（　Ｅ　）万トンがミニマム・アクセス米として輸入されている。

これらの品目に限らず、日本は多くの農産物を輸入している。「穀物（　オ　）」とよばれる穀物取引を行う多国籍企業が存在し、アメリカ合衆国の企業としてはカーギルなどが含まれる。オランダやドイツの企業も含めて、これら企業は世界のトウモロコシや小麦、大豆の貿易において圧倒的なシェアを有しており、また生産性の高い諸外国の農業に日本の農業は太刀打ちできていない。日本のⓓ食料自給率が低くなっている背景には、このような現状がある。

そのような中で、日本の農家戸数は高度経済成長期以降一貫して減少してきた。1990年代前半までの農家分類では「（　カ　）農家」と「兼業農家」に分類されていたが、「（　カ　）農家」よりも「兼業農家」の割合が増大し、「兼業農家」

のなかでは農業所得よりも農外所得の方が大きい「(　キ　)兼業農家」の割合が増大した。また、ⓔ1995年以降に用いられるようになった農家分類では、経営耕地面積が(　F　)アール以上もしくは農産物販売額が(　G　)万円以上の農家を「販売農家」としている。2020年の統計では、「販売農家」について、戸数の多い順で(　H　)という順位になっている。

【設問１】文中の(　ア　)～(　キ　)に入る最も適切な語句を、解答欄Ⅱ－甲のア～キに記入せよ。

【設問２】文中の(　A　)～(　G　)に入る最も適切な数値を、次の語群から１つ選び、その番号を、解答欄Ⅱ－乙のA～Gに記入せよ。ただし、同じ選択肢を複数回用いてもよい。

[語群]

1．1	2．2	3．3	4．4
5．5	6．6	7．7	8．8
9．9	10．10	11．30	12．33
13．50	14．55	15．77	16．99

【設問３】文中の(　H　)に入る最も適切な順位の組み合わせを、次の１～４のうちから１つ選び、その番号を、解答欄Ⅱ－乙のHに記入せよ。

1．１位：主業農家　２位：副業的農家　３位：準主業農家
2．１位：副業的農家　２位：主業農家　３位：準主業農家
3．１位：主業農家　２位：準主業農家　３位：副業的農家
4．１位：副業的農家　２位：準主業農家　３位：主業農家

【設問４】下線部ⓐに関連して、本格的な農地改革の基礎となった法律として最も適切なものを、次の１～４のうちから１つ選び、その番号を、解答欄Ⅱ－

乙に記入せよ。

1．農業基本法　　2．自作農創設特別措置法
3．農業調整法　　4．食料・農業・農村基本法

【設問5】下線部ⓑに関する記述として最も適切なものを、次の1～4のうちから1つ選び、その番号を、解答欄Ⅱ－乙に記入せよ。

1．食糧管理制度を定めた食糧管理法は、農地改革が本格的にスタートした1952年に制定された。
2．1960年代には、消費者米価が生産者米価よりも高く設定されるようになった。
3．1960年代に消費者米価が高く設定されたことによって、畜産や果樹栽培などへの転作が促された。
4．1960年代には、生産者米価は農家の生産費を補償する水準として設定されるようになった。

【設問6】下線部ⓑに関連して、食糧管理制度を廃止してその後継制度を定めた法律として最も適切なものを、次の1～4のうちから1つ選び、その番号を、解答欄Ⅱ－乙に記入せよ。

1．農地法　　2．新食糧法
3．食品安全基本法　　4．食育基本法

【設問7】下線部ⓒに関する記述として最も適切なものを、次の1～4のうちから1つ選び、その番号を、解答欄Ⅱ－乙に記入せよ。

1．減反政策は、米の作付けの抑制を通じて、「米あまり」を解消することを目的として行われた。

2．減反政策では、当初、農家は無補償で米の作付け制限を強制された。

3．減反政策は、米の需要拡大によって価格を上昇させ、農家の所得を増大させることを目的として行われた。

4．減反政策は、米の供給拡大を通じて農家の総販売量を増大させ、農家の所得を増大させることを目的として行われた。

【設問8】下線部ⓓに関連して、食料自給率に関する記述として最も適切なものを、次の1～4のうちから1つ選び、その番号を、解答欄Ⅱ－乙に記入せよ。

1．2000年代のフランスのカロリーベースの食料自給率は、100％を超える水準を維持している。

2．1980年代のドイツのカロリーベースの食料自給率は低下傾向である。

3．2010年代の日本のカロリーベースの食料自給率は、1970年代よりも高い。

4．2010年代の日本の生産額ベースの自給率は、カロリーベースの自給率よりも低い。

【設問9】下線部ⓔに関連して、「販売農家」の規模に満たない農家を何というか。解答欄Ⅱ－甲に記入せよ。

〔Ⅲ〕 次の文章を読み、下の設問（設問１～設問10）に答えよ。　(50点)

第二次世界大戦後、アジアの中では、日本がいち早く経済成長を遂げた。とくに1985年の（　A　）合意以降の円高を背景に、日本はアジア諸国へのⓐ国際投資を増やし、国内向けや欧米向けの生産を拡大した。

日本に次いで、韓国・台湾・（　ア　）・香港もまた経済成長を遂げ、世界への輸出を拡大した。これら国々や地域は、アジアＮＩＥｓ（新興工業経済地域）とよばれた。さらに、1980年代後半以降、ⓑアジアにはその他にも成長著しい国々があらわれた。ⓒ世界銀行は1993年に発表した報告書の中で、アジアの驚異的な経済発展をとくに「東アジアの奇跡」とよんだ。

しかし、先進国との経済格差縮小に成功した発展途上国は、一部の国々や地域に限られている。ⓓ貧困や不平等の克服は、依然、世界の重要課題であり、さまざまな取組みがなされている。

先進国の側でも、発展途上国において深刻化する貧困問題の解消をめざして、ⓔ開発援助委員会（ＤＡＣ）を中心に、途上国への援助を調整・促進してきた。世界経済の安定的な発展に寄与するため、日本政府もまた、ⓕ政府開発援助（ＯＤＡ）を通じて発展途上国への支援を積極的に行ってきた。1992年にはⓖＯＤＡ大綱（ＯＤＡ四原則）をまとめ、援助実施にあたって一定の方向性を示した。ⓗ2015年には、新しいＯＤＡ大綱（開発協力大綱）が閣議決定された。ＯＤＡには、発展途上国に直接供与される二国間援助と、国際機関を通じた（　イ　）がある。日本では、2008年、二国間援助の実施機関が一元化された。現在、（　B　）が日本の二国間援助の実施を担っている。

一方、国際連合による発展途上国支援の中心的役割を担っている（　C　）は、貧困層の福祉や生活の質の改善に直接的効果を与える技術援助を重視している。（　C　）は、各国の福祉や生活の質をはかる目安として、（　ウ　）とよばれる指標の作成を開始した。これは、所得水準、教育水準のほか、出生時の（　エ　）で示される保健水準から総合的に算出される。経済学者の（　D　）の考え方がその指標の作成に大きな影響を与えたといわれる。（　D　）は世界の貧困問題や不平等を解決するためには、人々の潜在能力（ケイパビリティ）を高める必要があると説いた。

【設問1】文中の（　A　）～（　D　）に入る最も適切な語句を、次の語群から1つ選び、その番号を、解答欄Ⅲ－乙のA～Dに記入せよ。

[語群]

1．プラザ	2．ルーブル	3．キングストン
4．スミソニアン	5．内閣府	6．国際協力銀行
7．外務省	8．国際協力機構	9．ＵＮＤＣ
10．ＵＮＣＴＡＤ	11．ＵＮＤＰ	12．ＵＮＨＣＲ
13．セン	14．スティグリッツ	15．クルーグマン
16．ガルブレイス		

【設問2】下線部ⓐに関連して、外国で企業を設立したり外国の企業の経営権を取得する目的でなされる国際投資を何というか。その語句を、解答欄Ⅲ－甲に記入せよ。

【設問3】文中の（　ア　）～（　エ　）に入る最も適切な語句を、解答欄Ⅲ－甲のア～エに記入せよ。

【設問4】下線部ⓑに関連して、次の文章の（　E　）・（　F　）に入る最も適切な語句を、下の語群から1つ選び、その番号を、解答欄Ⅲ－乙のE・Fに記入せよ。

インドネシアや、（　E　）政策により市場経済化を進めたベトナムなど、ＡＳＥＡＮ諸国の経済発展もめざましかった。ＡＳＥＡＮは、2015年には、政治・安全保障、経済、社会・文化の3分野を柱とする、（　F　）の設立を宣言した。

[語群]

1．ＡＳＥＡＮ自由貿易地域　　2．ＡＳＥＡＮ地域フォーラム

3．ＡＳＥＡＮ共同体　　4．ＡＳＥＡＮ＋３
5．ドイモイ　　6．一帯一路
7．ルック・イースト　　8．ペレストロイカ

【設問５】下線部ⓒに関連して、同機関の設立時の目的として最も適切なものを、次の１～４のうちから１つ選び、その番号を、解答欄Ⅲ－乙に記入せよ。

1．国際収支赤字国への一時的な短期融資と外国為替相場の安定をはかる。
2．発展途上国の経済構造改革のための構造調整融資を行う。
3．自由貿易の推進をはかる。
4．戦後復興と経済開発を援助する。

【設問６】下線部ⓓに関連して、下の文章の（　オ　）・（　カ　）に入る最も適切な語句や数字を、解答欄Ⅲ－甲のオ・カに記入せよ。

貧富の差をあらわす指標の一つとして、（　オ　）係数がよく使われる。イタリアの統計学者（　オ　）によって考案された。人々の貧富の差が大きくなるほど（　オ　）係数の値も大きくなり、その値は（　カ　）に近づく。

【設問７】下線部ⓔに関連して、同委員会はどの組織の下部機関であるのか、最も適切なものを、次の１～４のうちから１つ選び、その番号を、解答欄Ⅲ－乙に記入せよ。

1．ＩＢＲＤ　　2．ＩＤＡ　　3．ＯＥＣＤ　　4．ＯＥＥＣ

【設問８】下線部ⓕに関連して、日本のＯＤＡに関する次のａ～ｄの記述について、**正しいものには数字の１**を、**正しくないものには数字の２**を、解答欄Ⅲ－乙のａ～ｄに記入せよ。

a．発展途上国に対する資金援助を目的としているため、専門家派遣などの技術協力は含まれない。

b．発展途上国における経済発展の支援を目的としているため、資金の返済を必要とする円借款は含まれない。

c．ＯＤＡ総額の対ＧＮＩ比は、国連が掲げる目標水準を上回っている。

d．援助額の対象地域をみると、中南米地域に対するものが最大となっている。

【設問９】下線部ⓖに関連して、1992年に制定された同大綱（四原則）の基本理念として**適当でないもの**を、次の１～４のうちから１つ選び、その番号を、解答欄Ⅲ－乙に記入せよ。

１．民主化の促進などへの注視　　２．環境と開発の両立
３．日本製品の海外輸出　　４．軍事的用途への使用回避

【設問10】下線部ⓗに関連して、次の文章の（　キ　）に入る最も適切な語句を、解答欄Ⅲ－甲に記入せよ。

2015年に閣議決定された開発協力大綱では、①非軍事的協力による平和と繁栄への貢献、②（　キ　）の推進、③自助努力支援と日本の経験と知見を踏まえた対話・協働による自立的発展に向けた協力、という３点を基本方針に掲げている。

数学

（75 分）

〔Ｉ〕次の［　　］に適する数または式を，解答用紙の同じ記号の付いた［　　］の中に記入せよ。

(1) 1 辺の長さが 2 である正八面体について，頂点の数は［ ア ］，辺の数は［ イ ］である。また，この正八面体の表面積は［ ウ ］であり，体積は［ エ ］である。

(2) 不等式 $\log_2(x-5)+2\log_2 x<\log_2(2x-3)+2$ の解は［ オ ］である。

(3) 座標平面上の相異なる 3 点 $\mathrm{A}(a_1, a_2)$, $\mathrm{B}(b_1, b_2)$, $\mathrm{C}(c_1, c_2)$ の座標が

$$\begin{cases} a_1-c_1=\sqrt{3}(b_2-a_2) \\ a_2-c_2=-\sqrt{3}(b_1-a_1) \\ (b_1-c_1)^2+(b_2-c_2)^2=16 \end{cases}$$

をみたしている。このとき 3 点 A, B, C を頂点とする $\triangle\mathrm{ABC}$ に対して，$\mathrm{BC}=$［ カ ］，$\mathrm{AB}:\mathrm{AC}=1:$［ キ ］である。$\angle\mathrm{BAC}$ の大きさは［ ク ］，$\angle\mathrm{ABC}$ の大きさは［ ケ ］であり，内接円の半径は［ コ ］である。

〔 II 〕 A, B は, $A>0$, $B>0$ をみたす定数とする。$0 \leqq x \leqq 2\pi$ で定義された関数 $f(x)$, $g(x)$, $h(x)$ をそれぞれ

$$f(x)=\sin x+\cos x$$

$$g(x)=|\sin x|+|\cos x|$$

$$h(x)=|A\sin x+B\cos x|+|B\sin x-A\cos x|$$

とするとき, 次の問いに答えよ。

(1) k を実数の定数とする。st 平面上の円 $s^2+t^2=1$ と直線 $s+t=k$ が共有点をもつような k のとりうる値の範囲を求めよ。

(2) 関数 $f(x)$ の最大値と最小値を求めよ。

(3) 関数 $g(x)$ の最大値と最小値を求めよ。

(4) 関数 $h(x)$ の最大値と最小値を A, B を用いて表せ。

〔 III 〕 実数 x に対して定義された関数

$$f(x)=(x+1)(x^2-2x-2)-(x+2)\bigl|(x+1)(x-2)\bigr|$$

と座標平面上の曲線 $C: y=f(x)$ を考えるとき, 次の問いに答えよ。

(1) 不等式 $f(x)<2-2x^2$ を解け。

(2) 座標平面上の領域 D_0 を

$$D_0=\left\{(x,y) \mid -1 \leqq x \leqq 2,\ f(x) \leqq y \leqq 2-2x^2\right\}$$

で定める。D_0 の面積を求めよ。

(3) 直線 $y=b$ と曲線 C の共有点の個数がちょうど 4 つとなるような実数 b のとりうる値の範囲を求めよ。

(4) (3) で求めた範囲にある b に対して, 直線 $y=b$ と曲線 C の 4 つの共有点の x 座標を小さい順に, $x_1(b)$, $x_2(b)$, $x_3(b)$, $x_4(b)$ とおく。座標平面上の 2 つの領域 D_1, D_2 をそれぞれ

$$D_1 = \left\{(x, y) \mid x_1(b) \leqq x \leqq x_4(b),\ b \leqq y \leqq f(x)\right\}$$

$$D_2 = \left\{(x, y) \mid x_1(b) \leqq x \leqq x_4(b),\ f(x) \leqq y \leqq b\right\}$$

とする。D_1 と D_2 の面積が等しくなるような b の値を求めよ。

4　筆者は、若い頃の苦労はつきものだと考えている。
5　筆者は、かつて物好きな老君に仕えていたことがある。
6　筆者は、老君のために文章を贈った。

(七)　傍線――について、筆者は何のどのようなところに「あやかり」たいと思っているのか、説明せよ（句読点とも三十字以内）。

（以上・六十点）

2　賓客の新居を占った老君が、そのお礼として頂いたものであるため、家宝として大事にするのも無理はないと筆者は同意している。

3　持ち主が新居を手に入れた記念に、老君から下賜されたものであるため、厳重に保管をしておくように筆者は忠告をしている。

4　持ち主が賓客に新居を仲介した見返りに、老君から下賜されたものであるため、所持しているだけで名誉なことであると筆者は称賛している。

5　老君が新居を建てた嬉しさのあまり下賜したものであるのに、持ち主がこっそりしまっておくのは惜しいと筆者は残念がっている。

㈤　傍線══「る」と文法的意味・用法が同じものを、次のうちから一つ選び、その番号を記せ。

1　つらきかなうつろふまでに八重桜訪へともいはで過ぐる心は

2　五月雨の雲間の月の晴れゆくをしばし待ちけるほととぎすかな

3　神無月木々の木の葉は散り果てて庭にぞ風の音は聞こゆる

4　見し夢にやがてまぎれぬわが身こそ問はるる今日もまづ悲しけれ

5　また越えむ人も泊まらばあはれ知れわが折り敷ける峰の椎柴

㈥　本文の内容に合致するものを、次のうちから二つ選び、その番号を記せ。

1　筆者は、ある官邸の天井裏でたまたま踏石を見つけ出した。

2　玉や六助は、今も井戸で水を汲み、忙しく働いている。

3　欠けた擂鉢は、犬用の食器として用いられることがあった。

2　井戸車の古風な趣を見ていたのは、ちょっとやそっとの時間ではないだろう
3　井戸車の古臭い有様を見たところ、それほど貴重なものではないはずだ
4　持ち主の年老いた姿を見たところ、並大抵の年齢ではないだろう
5　持ち主の奥ゆかしい様子を見ると、並大抵の身分ではないだろう

(三)　傍線――イ「檜垣の嫗みづわぐむまで」は次に挙げる檜垣の嫗の和歌に関連している。和歌の説明として不適当なものを、後の1～5のうちから一つ選び、その番号を記せ。

むばたまのわが黒髪は白川のみづはくむまでなりにけるかな

（『大和物語』より）

1　「むばたまの」は「黒」にかかる枕詞である。
2　地名の「白川」には髪が白くなる意が重ねられている。
3　「みづ」には「満つ」と「見つ」が掛けられている。
4　「みづはくむ」という言葉には「水は汲む」という意味が込められている。
5　「なりにけるかな」という詠嘆を含む表現を用いて、年老いてしまったという嘆きを表している。

(四)　傍線――ウ「新居を卜せし歓びとて賜はりけるとなり。愛蔵することむべなるかな」の説明として適当なものを、次のうちから一つ選び、その番号を記せ。

1　持ち主が新居を定めたお祝いに、老君から頂いたものであるため、大切にするのはもっともなことであると筆者は納得している。

とへにかく用ふる人にあひける幸ひぞかし。もとこのぬしのつかへたてまつる老君の、これを物好きて、久しく座右にもてあそび給ひしを、ウ新居を卜《ぼく》せし歓びとて賜はりけるとなり。愛蔵することむべなるかな。予に一語の記を求むるまま、思ひよれる趣をbそぞろに筆して贈ることになりぬ。

（横井也有『鶉衣』）

注　若水　　元旦に初めて汲む水。
　　うなゐ子　　髪を首のあたりに垂らしている子供。

設　問

㈠　傍線――――a・bの意味として適当なものを、次のうちからそれぞれ一つ選び、その番号を記せ。

a　あづかる
1　任せる
2　関わる
3　受ける
4　入手する
5　管理する

b　そぞろに
1　一心に
2　所在なく
3　空々しく
4　型どおりに
5　気の向くままに

㈡　傍線――――ア「その古びたるさまを見るに、それもしばしのほどにはあらじ」の解釈として適当なものを、次のうちから一つ選び、その番号を記せ。

1　井戸車の古くなった状態を見ると、ちょっとやそっとの古さではないはずだも知らずに育つようになった。

(六) 傍線――――について、「〃都市郊外〃という環境がもたらす認識への影響」とはどういうことか、筆者の考えを説明せよ(句読点とも四十字以内)。

(以上・九十点)

二　次の文章を読んで、後の設問に答えよ。

井戸車の古びたるをもつて、花瓶の台となせる‖あり。これはある官邸の天井のうへにかくろへて、塵にうづもれありしを見出でて、おもしろきかたちなりとて、その片面に漆して、かく風流なる物とはなれり。さればにや、かれがむかしを思ふに、至つて危ふきところにかかり、若水の晨《あした》より、大晦日の風呂の夕べまで、一日も休することなし。ア その古びたるさまを見るに、それもしばしのほどにはあらじ。影うつせしうなゐ子のふりわけがみより、イ 檜垣の嫗みづわぐむまでも、見果てしならむ。さてやその危ふきを経つくし、いそがしきをし果たして、今の身の安く静かなること、釣瓶の露ばかりも昔に似たることなし。さもいそがはしかりしほどは、あやしの五助六助にまはされ、飯たきの玉や竹が手にのみひかれつらむ。物かはり星うつりて、玉も六助も今いづくにかある。思ひきや、ひとりこの物の身を全うして、今は畳に登り花瓶を負ひて、大賓貴客のためにもいささかも床を下らず、かかる貴き行く末ならむとは。昔の菜刀今の剣ともいふべからむ。かく安く静かにしてこそ、千世の寿もたもちぬべし。そもまた摺鉢の欠けて犬の飯器に下げられ、磨《ひきうす》の引きわけられて踏石となるなど、静かなりとも何の面目かあらむ。ただこの物の宿世こそありがたけれ。人も少壮のころは、世につれことに a あづかる習ひ、危ふきところにも身をおき、いそがしきつとめものがるべからず。その灘をつつがなく越えすまして、かく安静の境に至らむは、誠にあやかりものなるをや。それもただひ

3　ローカルでありナショナルであるという、私たちの二面性の均衡が崩れ、グローバルな動きに翻弄されるしかなくなる中で、「生きにくさ」がすでに一部で現実化している。

4　農山漁村で営まれる暮らしをナショナルであると錯覚した新しい世代が、日本で暮らす者の大半を占めるようになったことで、本来のローカルな生活はもはや疎遠なものとなっている。

5　国家とグローバル世界のバランスのよいハイブリッドが失われ、国そのものが外から入り込んできたものに乗っ取られていく中で、私たちの経済はドメスティックな形で存続する必要はなくなりつつある。

㈤　本文の内容に合致するものを、次のうちから三つ選び、その番号を記せ。

1　昭和四十一年以降に着手された郊外住宅地開発は、京王相模原線と小田急多摩線の敷設がセットとなって行われたため、モータリゼーションは進展しなかった。

2　鉄道が都市の内外に張り巡らされたことによって、長距離通勤と職住分離が実現された。

3　都心の交通渋滞を回避するために、バイパスに新しく都市的機能が貼り付けられた。

4　地価の安い町に住宅や公共施設などの立地が進んだことによって、都心の地価が高騰した。

5　平成期までには様々な経済活動が活発化し都市での雇用が増え、以前であれば農山村に滞留していた人々までもが都市に出て働くようになった。

6　戦後に構築された新しい生活は、近代社会の人々を何百年もの間悩ましつづけてきた問題を一気に解決したため、地域の自明性はより顕著なものとなった。

7　世代を経ることで人間は一気に大きく変容しうるが、必要があれば元の暮らしに戻ることができる。

8　昭和後半以降、生活インフラの揃った環境に生まれた人間は、水や食糧・燃料を手に入れるのがいかに大変なことなのかう面的利用から、安定的で効率のよい環境利用へと変化した。

(三) 傍線―――B「私たちの社会は過剰なまでに一体化を達成しすぎたようである」の説明として適当なものを、次のうちから一つ選び、その番号を記せ。

1 農産物や衣服などを海外で生産されたものに依存することで私たちの毎日の生命活動が維持される一方で、その背後では再び格差が進展し、貧困や差別が新たな形ではじまっている。

2 いわゆるエネルギー革命により、日本の村や町は小さな範囲でガスや石油を自給していた状態から、国際的な関係の中にすっぽりと入り込んだために存続すら危うくなっている。

3 安い海外産に依存することで暮らしの安定性を手に入れた大量の都市生活者たちは、日本の村落で生産される農林産品にも驚くべき低価格を求め、農家経営を圧迫した。

4 私たちが日々着る服の多くがいまや海外産であり、しかもそれを世界中で分業して縫製しているので、地域や国内で調達していた衣服の装飾効果が失われた。

5 二十一世紀の新しい環境の中で、地域間での違いはなくなり、人々は平等になった一方で、暮らしを維持する作業が制御できなくなったために、人口減少が止まらなくなってしまった。

(四) 傍線―――Cについて、「大変問題のある事態」の説明として適当なものを、次のうちから一つ選び、その番号を記せ。

1 ドメスティックなものとグローバルなものの二面性が別のものに置き換えられたことで、この国にいま暮らす者たち自身を守る大事なつながりが切れ、浮遊する集団になりはててしまった。

2 経済面から見ればドメスティックなものの保持が海外からの輸入品に席巻されて難しくなる中で、ローカルなものとグローバルなもののセットがこの国の現在をかたちづくっている。

自分がどのように生きているのかもわからぬままだ生きているとすれば、これほど危うい生き方はない。私たちは地域を知るきっかけを取り戻さなくてはならない。

（山下祐介『地域学入門』）

設　問

㈠　空欄〔　　〕に入る語句として適当なものを、次のうちから一つ選び、その番号を記せ。

1　二律背反　2　異化作用　3　脱構築　4　相乗効果　5　弁証法

㈡　傍線――A「より小さな環境から、より大きな環境へ」の説明として適当なものを、次のうちから一つ選び、その番号を記せ。

1　各都市圏内にとどまらず、全国規模でも大きく展開された自動車の普及によって、江戸時代にあった全国レベルの流通から、現在の地域間に見られるようなもっと巨大で多面的で複雑な関係へと移行した。

2　貿易赤字解消にかかわるアメリカからの強い要請によってグローバル化が進展するとともに、単独で自らの地域環境に対峙していた状態から、もっと広大な環境とのつながりまでもが各地で生じた。

3　モータリゼーションの進展によって都市消費の中心がスプロール化するにつれて、都市の物流は商店街とデパートから、バイパス沿いの全国チェーン店と巨大商業モールに移っていった。

4　鉄道開発が十分に進展しなかった地方都市でも、自動車の普及によって、徒歩による町から、自動車交通による町へと都市そのものの形態が大きく変容するとともに、都市圏を越え、県境を越える規模の地域どうしの関係が成立した。

5　近代化による環境改変に伴い交通規制の緩和が進むにつれて、河川では、上流から下流、あるいは山林を含めた流域とい心との往復によって成り立つ。暮らすことと働くことは本来同じ場所で（少なくとも近接した場所で）行われるべきだが、ここではそれが分離されている。寝る場所としての郊外住宅地は、遠く離れた働く場所のみの地域（都心のオフィス街や工業集積地など）とセットになって現れてきたものである。

都市郊外の住宅地はこうして、空間的にも時間的にも、また暮らしにおいても仕事においても地域から切り離されて存立しており、地域を見出すどころか、地域とできるだけ無縁なまま暮らせるように構築されている。こうした場所にいまや国民の多くが暮らしている。それも第二世代、第三世代が。多くの人に地域が見えにくいのはむしろ当然だといってもよい。

日常の中に「地域」が認識されづらい状況はこのように、郊外形成と世代交代の〔　　　　〕によってこの半世紀の間に急速に形成されたものである。

実にちっぽけな一人一人の人間が、実に大きな装置の中で生きるようになっている。暮らしを成り立たせている環境が、広く際限のないものになっている。人間が一日のうちに高速度で広域に移動し、経験が一日の中で分裂している。人々が地域に自覚的に所属していないから、宙ぶらりんな社会の中で、個人が国家やグローバル市場にだけ向き合って暮らしているかのような錯覚が、むしろ一般的な認識となってしまった。

だが見えにくいだけで、こうした装置を実際に保持し、また動かしているのは地域である。それは具体的には地方自治体であり、様々な事業体の集積であり、地域社会（村や町内社会）の形をとる。国はただ、これらが作動する条件を整えるのにすぎない。

いまを生きる私たちは、こうした地域のありようを想像力を働かせて再認識せねば、いったい自分がどんな基盤の上にいるのか、まったく気付かないような環境の中に暮らしている。それどころか、一部の人々の視野にはすでに地域は存在せず、国家と個人しかない認識さえ確立されているようだ。だがそれは、すべてを国家に委ね、依存するしかないという危うい認識である。

車の生活に慣れたとしても、もとの認識や生活スタイルをすべて失うわけではない。必要があれば元の暮らしに戻ることができる。

しかしその次の世代は、はじめから生活インフラの揃った環境に生まれてくる。新しい人間には自然との関わりははじめからなく、それどころか水や食糧・燃料を手に入れるのがいかに大変なことなのかも知らずに、金さえ払えば何でも手に入るかのような錯覚に陥ることになる。

これがいまの私たちの世代の姿である。戦後生まれ以降、順にそういう人間に切り替わってきた。とくに昭和後半（一九七〇年代）以降の都市郊外に生まれ育った者は、農山漁村を知らず、あるいは本当の都市というものも知らずに、郊外という環境の中だけで自らの認識を作り上げている。いや農山漁村に生まれた者さえ、この頃から地域の暮らしを知らずに育つようになった。こうした新しい世代がいまや日本で暮らす者の大半を占めるようになり、多くの人にとって農山漁村や伝統的都市で営まれる本来の地域の暮らしというものが、もはや認識しがたいほど疎遠なものとなっている。この世代＝環境効果は実に絶大で、たった半世紀の間でも劇的な変化が起きる。

ここで〝都市郊外〟という環境がもたらす認識への影響について掘り下げてみたい。

都市郊外は、すべてのインフラをセットにして巨大な形で組み立てられている人工物である。平らで広大な土地を造成し、河川を付け替え、上水道を引っ張り、排水を整備し、電気やガスを引き、そして食糧その他が手に入るよう商店（スーパーや大型店）や配送センターを配置する。すべては住宅団地造成の際に計算されて構築された、巨大な生命維持装置である。そしてそれはしばしば、その背後にある大小の地域を犠牲にして実現したものでもあるわけだ。この地の暮らしははじめから、本来の地域とは断絶している。

さらにこれらの郊外住宅地は、その周りの地域を飛び越えて、高速交通で都心に直結されている。この地の人々の暮らしは都が、この国の現在をかたちづくっている。

ところがこのうち、経済面から見ればドメスティックなものの保持が海外からの輸入品に席巻されて難しくなり、むしろ経済面だけ考えればそれを存続する必要もないという話になりつつある。このことにより、国そのものが外から入り込んできたものに乗っ取られ、別のものに置き換えられてしまうのかもしれず、それどころかこの国にいま暮らす者たち自身が地域という根を失って、浮遊する集団になりはててしまうのかもしれない——。

C客観的にこの状況を考えてみれば、これは大変問題のある事態のはずである。もしこの国の国民の皆が拠り所となる地域を失い、国家やグローバル世界と直接につながっていくとしたら、すべて国民は国家の言いなりになり、あるいはグローバルな動きに翻弄されて生きるしかなくなるからだ。貧困も格差も、対海外に向けた戦略の中で国家が必要と考えれば、国民はそれを甘んじて受け入れねばならない。それではたしかに「生きにくい」はずである。そしてこうした「生きにくさ」がすでに一部で現実化していることが、止まらない少子化に現れているように見える。

だが、本当の問題は、どうもこうした事態が、日本で暮らす多くの人々にとって危機にさえ感じられなくなっているということである。それはなぜだろうか。

その理由を知るためには、社会、文化、生命の変化に加えて、さらにもう一つの変化——すなわち人間の心に生じている変化に注意を向ける必要がある。

人は環境を変えるが、環境もまた人を変える。そしてここで重要なのは、世代を経ることで人間は一気に大きく変容しうることである。

環境が変わると、その環境の中に暮らす人間の環境認識も変わる。認識は、環境との接触による経験がつくるものだからだ。もっともそれはすぐではない、これまで毎日水汲みをし、山から薪をとってきてご飯を炊いていた人間が、たとえ水道や自家用と密接に関わり合うことで維持されるようになった。私たちが直面している環境は小さなレベルを超え、国家のレベルさえ超えて、国家でも制御しがたいところまで広がっている。二十一世紀に入ってまさに、新しい社会に対応する、新しい環境が生まれているのだといってよい。そしてこの新しい環境の中で、私たちにはかつてのような明確な格差はなくなり、皆が安全で豊かな暮らしができるようになったのであった。地域間での違いはなくなり、人間も容易には死ななくなった。人々は自由に、平等になった。

　だがこの変化はあまりにも大きく、B私たちの社会は過剰なまでに一体化を達成しすぎたようである。そのために私たちはかえって生きづらく、そして人の生まれにくい社会に変容してしまったようだ。地域の課題を解決すべく国家に協力していたら、すべてが国家の中心である都市に吸収されてしまい、人口減少が止まらなくなってしまった。それどころかその背後では再び格差が進展し、貧困や差別が新たな形ではじまっている。自らを守るために進めた国家事業への参画が、人間自らの再生可能性まで奪うような結果を招いてしまったという矛盾。それは国家の存続すら危うくするものである。これから地域はどうなっていくのか。この国はいったいどこに向かっていくのだろうか。

　おそらくここから読み取るべき変化は、次のようなものである。

　一方で地域はいまも私たちの生命を守る大事な手がかりであり、条件である。すべてがなくなったわけではなく、私たちをしっかりとその基礎で支えている。

　他方で、私たちはまた日本という国家に直接つながり、さらには世界ともつながることで生きている。このつながりもまた私たちの生命の条件である。こうしたつながりが切れては、私たちはもはや一日だって暮らすことはできない。

　身近な地域と、国家を通じた世界とのつながり。私たちはローカルであり、ナショナルである。そしてまたそれは、ドメスティックなもの（自国内生産品）と、グローバルなもの（輸入品）の二面性も持っている。こうしたバランスのよいハイブリッド

こと一つをとっても、私たちが対峙している環境はすでに国内を越えてグローバル化してしまっているといえる。だが、これらのエネルギー源によって私たちは、それ以前には不可欠であった重労働を逃れ、肉体を酷使せずに日々の暮らしが送れるようにもなっているのである。

　さらにこの環境のグローバル化を、別の面で体現しているのが食糧である。日本の食糧自給率はこの間、一貫して下がりつづけてきた。このことは単純に言えば、次のことを示している。

　私たち自身がいま生きていること、この生命の存続自身が、海外で生産されたものに依存しているのだということである。国内で生産されている農産物も、その生産に使用される燃料や化学肥料、あるいは畜産のための飼料を考えれば、国内で完全調達されているものはほとんどないといってよい。そしてその反面で、日本の村落で生産される農林産品は安い海外産に圧迫されて、この間の物価の上昇を考えれば驚くべき低価格となって農家経営を圧迫している。だが考えてみれば、農産品が低価格で抑えられているからこそ、大量の都市生活者たちは飢える心配なく生活を営んでいるのであった。これもまた以前からすれば考えられないような暮らしの安定性を手に入れているのである。

　そしてまた、私たちが着ている衣服にグローバル化が最も端的に表れている。衣服はその装飾効果（ファッション性）とともに、体温を保つ手段として人間にとって必要不可欠なものである。かつて農山村では繊維を麻などから作り、そこから衣服をこしらえた。綿は綿花から、絹も桑を育て蚕を飼って生産した。昔話の瓜子姫や鶴の恩返しでも女性が機を織っているが、これらは日常的な光景だったのである。こうしてかつては身につけるものの多くを地域や国内で調達していたが、いまやその素材の多くが海外産であり、しかもそれを世界中で分業して縫製し、私たちが日々着る服に仕立てている。まさにグローバルなものに包まれて、私たちの毎日の暮らしは成り立っているのである。

　こうして、水も食糧も物資もエネルギーも、私たちの毎日の生命活動はいまや広域的に、場合によってはグローバルなレベル流域という面的利用が、様々な施設や交通網が方々に広がることで可能となった。いやさらにはこうした河川流域よりももっと広大な環境とのつながりまでもが各地で生じた。それは、それまでの都市圏を越え、県境をも越える規模の巨大な関係の成立であった。

　現在ではもはや、小さな地域が単独で自らの地域環境に対峙しているのではなくなっている。より広い社会がより広い環境に対面しているのであり、そのことで安定的で効率のよい環境利用が可能となっているのである。江戸時代にも全国レベルの流通はあったが、現在の地域間の関係はもっと巨大で多面的で複雑なものである。そしてこうした高度な環境利用によって豊かで安全で、自由で平等な近代社会が実現されたのであり、それは何百年もの間、この列島に暮らす人々を悩ましつづけてきた問題を一気に解決してくれるものであった。しかしまたこのことで、かつてのように小さな地域を区切ることは難しくなっており、それまでにはあった地域の自明性は、環境利用という面から見て薄れてしまったことになる。

　そしてこのことはさらに、エネルギーと物質においてより顕著なものとなっている。

戦後社会のもう一つの大きな環境改変は、人間・社会の活動を可能にするためのエネルギーと物質の確保に関わるものである。私たちの暮らしを支えるエネルギーの供給が、国内で生産されていた木材（炭、薪など）や石炭から、地球の裏側から運ばれる石油に入れ替わったのは昭和三十年代なかば（一九六〇年前後）のことである。いわゆるエネルギー革命により、日本の村や町は、それまでの小さな範囲で燃料を自給していた状態から、国際的な関係の中にすっぽりと入り込んでしまった。これもまた地域の生命過程の大きな変化を意味するものだった。

　村では本来、燃料は薪炭林を利用して自分たちで近くの山を使って確保していた。動力は人力か、せいぜい牛馬であり、この牛馬を維持する作業もまた人によった。これに対して戦後に構築された新しい生活は、電気、ガス、石油に暮らしの営みを依存し、その制御はもはや自らの手を離れてしまっている。なにより天然ガスや石油は国外からの大量輸送がなくてはならず、このが進められたのだが、都心の地価高騰もあって、地価の安いバイパス沿いに今度は様々な施設（住宅、物流、公共施設など）の立地が進み、商業施設もまた集中するようになる。

　こうして都市機能の郊外への分散が進行し、平成期（一九九〇年代）までには、本来の都心が都市の中心ではなくなり、各地でスプロール化（空洞化）が現実化することとなる。モータリゼーション以前の都市消費の中心が商店街とデパートであったとすると、それ以後はバイパス沿いの全国チェーン店と巨大商業モールに移っていくことになる。

　渋滞する都心を避けるためにつくられたバイパスに新しく都市的機能が貼り付けられ、そこでまた渋滞が発生していくというのは非常に矛盾した事態である。だが、郊外型のショッピングセンターやモールの開発が進んだのは平成三（一九九一）年、いわゆる大店法（大規模小売店舗法）の改正（規制緩和）以降であり、そこには貿易赤字解消にかかわるアメリカからの強い要請があったことを忘れてはならない。すなわち都心の中心商店街の衰退もまた、グローバル化の結果なのであった。

　交通網の整備はこうした各都市圏内にとどまらず、各都市の間で、さらには全国規模でも大きく展開していく。昭和三十年代（一九五〇年代後半）に始まった新幹線および高速自動車道の整備は、遠く離れた都市どうし、地域どうしを短時間でつないでいった。人々はより広範囲に移動をはじめるようになり、平成期までには様々な経済活動が都道府県の境を越えて広がり、ますます活発化していく。そしてこうして経済規模が大きくなることで都市での仕事が増え、雇用が増えて、以前であれば農山村に滞留していた人々までもが都市に出て働くようになった。

　その結果、私たちが暮らす環境、あるいは地域が存立する環境に何が生じたか。ここではこれを、A〝より小さな環境から、より大きな環境へ〟という言葉で表現しておこう。

　これまでの地域は、自分たちが使える限りでの小さな環境を相手にしていた。右に見たような近代化による環境改変は、各地域が対峙する範囲を超えた、より大きな環境を成立させることとなった。河川であれば、上流から下流、あるいは山林を含めた

国語

（七五分）

一　次の文章を読んで、後の設問に答えよ。

筆者がいま、この本の執筆を行っている東京都の多摩ニュータウンの開発着手は昭和四十一（一九六六）年である。同じ時期に、大阪府の千里ニュータウンや千葉県の千葉ニュータウンなど同様の郊外住宅地開発が全国で行われたが、多摩ニュータウンはその中でも国家主導で推進された大規模なものであった。こうした大規模郊外団地は、その場所と都心をつなぐ交通網の整備が前提となる。多摩ニュータウンでは、京王相模原線、小田急多摩線の敷設がセットとなって開発が行われた。鉄道が都市の内外に張り巡らされることによって、都心と郊外を日々往復する「長距離通勤」と「職住分離」が実現されるのである。

鉄道開発が十分に進展しなかった地方都市でもやはり昭和四十年代（一九六〇年代後半）までにモータリゼーション（自動車の普及）が進展し、当初はバス交通によって、のちには自家用車による通勤によって郊外住宅が広く展開していくこととなる。モータリゼーションはさらに、人間の移動とともにモノの広範囲で細やかな大量移動をも実現し、製造業を変え、商売のあり方を変え、仕事のあり方そのものを変えていくこととなった。そしてそれは都市の姿そのものを大きく変化させることになる。その帰結の一つが、現在の地方都市の都心の空洞化と、その反面としての郊外に展開する大規模商業モールである。

モータリゼーションは、それまでの徒歩による町から、自動車交通による町へと都市そのものの形態を大きく変容させた。モータリゼーションの開始当初、変化はまずは都心の交通渋滞という形で現れた。この渋滞を回避するためにバイパス道路の建設

解答編

英語

I **解答**　A. (W)－4　(X)－4　(Y)－2　(Z)－3

B. (a)－2　(b)－1　(c)－2　(d)－2　(e)－3　(f)－4　(g)－4　(h)－2　(i)－1　(j)－3　(k)－1

C. (ア)－3　(イ)－2　(ウ)－2

D. (あ)－3　(え)－7　(お)－4

E－1・4

◆全　訳◆

≪ジャガイモ栽培がもたらした人口増加と都市化≫

ジャガイモは，他の主要作物に比べて，より多くの播種面積当たりのカロリー，ビタミン，栄養素をもたらしてくれる。ジャガイモが人口増加や経済発展の促進に果たした役割については，様々な分野の研究者の間で議論されてきた。

例えば，歴史家のウィリアム＝ランガーは，ヨーロッパでは「ジャガイモ文化の普及は人口の急増に対応するものであった」と論じている。ジャガイモはそれまでの旧世界の主要作物に比べ，農業生産を飛躍的に向上させ，より多くのカロリーと栄養素を供給した。アダム＝スミスは『国富論』の中で，ジャガイモがヨーロッパの既存の主食よりも優れていることを絶賛し，「ジャガイモ畑で作られる食糧（ジャガイモ）は…小麦畑で作られる食糧（小麦）よりもはるかに優れている。…滋養強壮に優れていること，人間の体質に特に合っていることをこれほどまでに証明できる食品はないだろう」と記している。

ヨーロッパ域外でも，同じような考察がなされている。特に興味深い例は，人類学者のクリストフ＝フォン＝フューラー・ハイメンドルフによるもので，ネパールへのジャガイモの導入が同地域の食糧生産と農作物余剰を大幅に増加させたと主張した。彼は，「19 世紀半ばまでのクンブの人口は現在のそれと比べてわずかだったが，この100年の大幅な人口増はジャガイモの導入とその普及に一致していることに疑いの余地はない」と記している。また，日本の有名な学者である高野長英は，1836年に出版した専門書『二物考』の中で，ジャガイモの効用について書いている。彼は，ジャガイモの大規模栽培は，人口増加による食糧需要を軽減し，帝国（幕政下の日本）の多くの社会的病を治すであろうと論じたのである。

（中略）

考古学的根拠からはジャガイモは7000年から1万年前にアンデス地方で初めて栽培されたと考えられている。コロンブス到来以前のアメリカ大陸では，現在のコロンビア，エクアドル，ペルー，ボリビア，チリ，アルゼンチン北部域内でその栽培が始められていた。メキシコの一部と北アメリカ東部はジャガイモ栽培に適しているが，歴史的証拠から，ヨーロッパ人が到達するまではジャガイモがこれらの地域に移動することはなかったと考えられる。

（中略）ヨーロッパでジャガイモが消費された最初の証拠はスペインのセビリアからのもので，1573年に病院がジャガイモを購入した記録が残っている。スペインに続き1586年にはイタリアで，そして1596年にはイギリスで，1601年にはドイツでジャガイモが登場した。

ジャガイモが持つ効能にもかかわらず，16世紀末に初めて登場した後，すぐに普及することはなかった。ジャガイモは17世紀の大半，ヨーロッパでは植物学上の珍品という地位にとどまっていたのである。ジャガイモの持つ，いくつかの特徴が，その速やかな普及を妨げたのだ。

まず，ジャガイモは有毒なナス属に属するため，当初は有毒であると考えられていた。また，ジャガイモのその――色あせていてゴツゴツとした――見た目から，人々にハンセン病患者の身体を連想させ，その病気の原因であると考える人も多かった。さらに，ジャガイモの持つその他多くの特徴が，それまで知られていなかった独特なものであったため，人々は疑心暗鬼に陥ったのである。

（中略）

ジャガイモ栽培の最終的な普及はゆっくりで，一様ではなかった。最初に導入したのは17世紀後半のアイルランド農民だった。17世紀後半には，ヨーロッパ本土の東西フランドルやアルザスでもジャガイモの栽培が始まった。18世紀初頭には，ジャガイモ栽培はスコットランドのハイランド地方をはじめ，イングランドやフランスの一部でも行われるようになった。スカンジナビアにおけるジャガイモの栽培は他のヨーロッパ地域に比べて遅れていた。スウェーデンやノルウェーでその栽培が始まったのは，18世紀半ばのことだった。

ヨーロッパからアジア，アフリカ，オセアニアの港にジャガイモを運んだ船員によって，旧世界の他地域にもジャガイモは広まった。ジャガイモは17世紀の何度か異なった時期に中国に持ち込まれたと考えられている。早くも1603年には澎湖諸島のオランダ人入植者によって栽培され，その後，1624年から1662年にかけてオランダ支配下の台湾でも栽培されるようになった。オランダが台湾―福建の沿岸地方間の貿易を開始したことから，この時期にジャガイモは中国大陸にも伝わったと考えられている。(中略) ジャガイモが初めてインドに渡ったのは，ヨーロッパに伝来して間もなくで，イギリス人またはポルトガル人によってもたらされた。インドでジャガイモが栽培された最初の記録は，1670年代にジョン＝フライヤーが記した文献に登場する。18世紀後半には，インド各地で広く栽培されていたとの記録も残されている。

(中略)

1700年以降，ジャガイモ栽培に適した地域の人口と都市化は，それに適していない地域と比べ拡大し始める。人口への影響は1700年直後に始まるが，都市化への影響は人口への影響よりも約50～100年遅れているようである。(中略) 我々の推計によると，ジャガイモの導入は，1700年から1900年の間の旧世界の人口増加の25～26パーセント，都市化の増加の27～34パーセントをそれぞれ説明するものである。

◀解　説▶

A. (W)は第2段第1文 (For example, …) の「ジャガイモ文化の普及は人口の急増に対応するものであった」という趣旨の文意から4のwithが正解。correspond with～は「～に対応する」という意味の熟語。correspond to～も同意。correspond with～は「～と文通する」という意味もある。

(X)は (be) superior to～「～より優れている」の意味のラテン比較級から4のtoが適切。代表的なラテン比較表現はpreferを除き語尾が-orで終わり，than ではなく to を用いる。

(Y) (be) suitable for ～は「～に適している」という熟語。よって，2の for が正解。

(Z)は主節の their widespread adoption did not…「16世紀末に初めて登場した後すぐに普及することはなかった」との記述から，空所には主文を修飾する副詞句を導く逆接の前置詞3．Despite「～にもかかわらず」が適切。他の選択肢はそれぞれ，1．Adding to～「～に加えて」，2．Along with～「～とともに」，4．Except「～を除いて」という意味。

B．(a) discipline は可算名詞として「(学術) 分野」の意味がある。よって，この文脈では2が同意。1は「態度」，3は「(生活) 習慣」，4は「規制，規定」の意味。安易に1と答えないこと。本問では文脈をしっかりと捉える力が問われている。

(b) advantage は「強み，利点」という意味。よって，1が最も適切。2は「欠点，欠陥」，3は「(動植物の) 種」，4は「種類」の意味。

(c) constitution は「構成，憲法」などの意味もある多義語で本問の文脈からは「体質」という意味。よって，2が同意。1は「行動」，3は「(文化的) 習慣」，4は「法律」という意味。安易に4と解答しないこと。ここでも文脈を捉える力が問われている。

(d) extensive は「広大な」という意味。よって，2が最も近い。1は「注意深い，慎重な」，3は「急速な」，4は「再試験を受けた」の意味。

(e) migrate は「移住する，移動する」という意味。よって，3が同意。1は「合意する」，2は「至る，導く」，4は「反対する」の意味。

(f) presume は「～と思う」という意味。よって，4が最も近い。1は「～を認める」，2は「～を批判する」，3は「～を準備する」の意味。

(g) afflict with～は「～に苦しむ」という意味。よって，4が同意。1は「～に巻き込む」，2は「～で遊ぶ」，3は「～から回復する」の意味。

(h) uneven は「不規則な」という意味。よって，2が同意。1は「一貫した」，3は「傑出した」，4は「成功した」の意味。

(i) lag behind は「遅れをとる」の意味。よって，1が同意。文脈から判断する力が求められる。2は「～より広範囲で起こる」，3は「～を継承する」，4は「～に屈する」の意味。日本語になっている time lag「タイムラグ，時間の遅れ」などからも連想できる。

(j)accountは多義語で様々な意味があるが，特にwritten accountは「文献」の意味がある。したがって，3が正解。1は「申込，応用」などの意味を持つ多義語，2は「証明書，賞状」，4は「文字，数字，形，図」などを意味する頻出の多義語。

(k)approximatelyは「およそ，約」の意味。よって，1が同意。2は「正確に，まさに」，3は「唯一の，たった～だけ」，4は「むしろ」の意味。

C．(ア)fraction of～は「～に比べてわずか」という意味。したがって，波線部は「現在の規模と比べてわずか」という意味になる。よって，3．「今のそれと比べて少ない」が正解。他の選択肢はそれぞれ，1．「最近の学者の予測より多い」，2．「現代の基準では測れない」，4．「現在のものと非常によく似ている」という意味。

(イ)botanical curiosityは「植物学上の珍品」という意味。よって，波線部は「ジャガイモはヨーロッパで植物学上の珍品という地位にとどまっていた」という意味となり，食糧として認知されていなかったことになる。したがって，2．「ヨーロッパの人々はジャガイモを食べ物として分類していなかった」が正解。他の選択肢はそれぞれ，1．「ヨーロッパの人々はジャガイモを畑で栽培することを試みていた」，3．「ヨーロッパの人々はジャガイモを市場に並べた」，4．「ヨーロッパの人々はジャガイモが植物であるかどうか疑っていた」という意味。

(ウ)givenは文頭におかれることで慣用的な分詞構文を導く「～を考慮すると」の意味になる。また，initiation of～「～の開始・導入」という意味から波線部は「オランダが通商を開始したことを考えると」という意味になる。よって，その言い換えの2．「オランダが通商航路を開設し始めたことを考えると」が正解。他の選択肢はそれぞれ，1．「オランダがいかなる貿易協定の可能性をも放棄したものの」，3．「オランダは通商路を見つけることが結局できなかったので」，4．「オランダが貿易商を捕らえたと仮定すると」という意味。

D．(あ)の直後にdoubtがあることから，there can be no doubt「疑いの余地はない」が予想され(あ)に入るのは，3．noが適切だとわかる。1．anyはthere cannot be any doubtならば同意になる。noは強い否定でnot anyと同意であることもおさえる。(い)はその後にcoincideと動詞があることから接続詞である必要があり5．thatが適切。(う)は直前にthe,直後に hundred years があることから「過去 100 年にわたり」という意味で，形容詞である 2．last が特定できる。(え)には，coincide with ～「～に一致する」という熟語から 7．with が適切。(お)には，spread of ～「～の伝搬・広がり」の意味の熟語から 4．of が適切。

E．1．「アダム＝スミスは，ジャガイモがヨーロッパでそれまで栽培されていた主要作物よりも栄養価が高いと判断した」 第 2 段第 3・最終文（In *The Wealth of* … the human constitution.”）の内容と一致する。

2．「ジャガイモは，ヨーロッパ人が到着する前にメキシコの一部と北アメリカ東部に伝わっていた」 第 4 段最終文（Although parts of Mexico …）の内容と一致しない。

3．「ヨーロッパでは，ジャガイモには毒があり，病気を引き起こすと信じられていたが，すぐに普及した」 第 6 段（Despite the benefits …）から第 8 段の記述，特に第 8 段第 1 文（The eventual diffusion of …）の内容と一致しない。

4．「スペインでジャガイモがはじめて消費されるようになってから，約 2 世紀後にスウェーデンとノルウェーでジャガイモの栽培が始まった」 第 5 段第 1 文（The first evidence of …）で 1573 年にスペインのセビリアの病院が購入した記録があること，第 8 段最終文（Cultivation in Sweden …）においてスウェーデンとノルウェーでの栽培が 18 世紀半ば，つまり 1750 年ごろに始まったとあることからその差を約 2 世紀と割り出せるので一致する。離れた箇所にある情報どうしを照らし合わせて考える必要がある。

5．「イギリスの船乗りがスペインにジャガイモを持ち込み，スペイン人がインドにジャガイモを運び，ジョン＝フライヤーが記録した」 第 9 段第 5 文（The potato first reached India …）の内容と一致しない。インドにジャガイモをもたらしたのはイギリス人かポルトガル人だと記述されている。また誰がスペインにジャガイモをもたらしたのかという記述も本文にはない。

6．「ジャガイモが人口と都市化に及ぼした影響は，そのほとんどが同時期に発生している」 最終段第 2 文（The effect on population appears …）の内容に一致しない。simultaneously「同時に」の理解が鍵を握る。

II　解答

A．(W)－1　(X)－1　(Y)－3　(Z)－4

B．(a)－1　(b)－4　(c)－3　(d)－1　(e)－2　(f)－1　(g)－1　(h)－3　(i)－4

C．(ア)－3　(イ)－1　(ウ)－1

D．(あ)－1　(え)－2

E－2・6

F．全訳下線部参照。

◆全　訳◆

≪電気自動車の未来と課題≫

電気自動車が到来し，交通輸送における脱炭素化には欠かせない存在となった。イギリス，カリフォルニア州，欧州連合，カナダなどは，早ければ2030年までに化石燃料車の販売を段階的に廃止する予定である――ノルウェーはもっと早く廃止する予定だ。（中略）

電気自動車への大規模投資は歓迎すべきニュースだ。同業界は長い道のりを歩んできたが，依然として多くの課題を残している。我々が思うこれまであまり注目されてこなかった問題のひとつに，車両重量の増加がある。1990年には30％だったピックアップトラックやスポーツ多用途車（SUV）のアメリカ国内の販売は，現在では市場の57％を占めている。アメリカで販売される新車の車重も増加している――1990年以降，普通車は12％（173kg），SUVは7％（136kg），ピックアップトラックは32％（573kg），それぞれ増加している。これは，グランドピアノとピアニストを引きずりまわしているようなものだ。（中略）

しかし自動車の電動化は，さらに車重を増やす。可燃性でエネルギー効率の高いガソリンが，大きなバッテリーに置き換わるのだ。また，必要な車体構造を支えるために，他の部品もより一層重くしなければならない。電気自動車のF-150は，ガソリンエンジンを搭載した先代モデルよりも700kg重い。小型の電気自動車でも，同等のガソリン車より重い。なぜそれが問題なのか。まず何よりも大切なのは安全性だからだ。他車との衝突によって搭乗者が死亡する確率は，車重が500kg異なるごとに12％増加する。

もし，すべての人が同じような車重の車に乗っていれば，このようなリスクが増えることはない。しかし，そうなるまでは，重い電気自動車が軽い既存の車列に加わることで，衝突事故による死傷者数が増加する公算が高い。また，歩行者も危険にさらされることになる。ある調査によると，過去 20 年間に SUV に乗り換えたアメリカ国民がより小型の車に乗り続けていれば，1,000 人以上の歩行者の死亡を回避できたかもしれないとのことである。

さらに重い車はタイヤの磨耗による微粒子状物質汚染も多く発生させる。自動車を製造し走行させるため，より多くの材料とエネルギーを必要とし，排出量と消費エネルギーを増加させる。

この重量増加はどれほどの問題なのだろうか。死亡率の代償と気候変動への恩恵を大まかに比較すると，それが顕著であることがわかる。現在ほとんどの国で運用されているエネルギーシステム下では，電動化されたトラックの重量が 700 kg 増加することで失われる人命への代償は，温室効果ガス排出削減によって得られた気候変動への恩恵に匹敵する。

大きく分けて 2 つの要素が存在する。電池の重量やフレーム，充電に使用される電力系統の環境への影響などだ。重量増のコスト計算には，アメリカ合衆国運輸省が発表した死亡事故回避 1 件あたり 1,160 万米ドルという数値を使用した。この費用便益トレードオフは，仮に 1 トンの二酸化炭素を排出する社会的費用が 150 ドル程度と高い値を仮定しても成立する。50 ドルなど低い値を仮定すると，気候変動への便益の推定値は小さくなる。確かに，これは単純化しすぎである。電気自動車の現実的な費用便益分析には，他の多くの要素を評価する必要がある。そこには衝突事故による怪我による代償，よりきれいな空気による健康への恩恵，車の設計の差異による環境への影響などが含まれる。

時が経つにつれ，より環境にやさしい電力系統は，電気自動車の存在をより強く印象づけることになるだろう。ノルウェーのようにより環境に配慮した電力供給源を多く持つ国では，トラックの電動化により，安全性へのコストよりも気候変動へのメリットのほうが大きい段階に入っている。アメリカを含む他の国々も温室効果ガス排出量実質ゼロの電力供給システムの促進を続けなければならない。しかし，車重の問題に取り組まなければ，自動車電動化が社会にもたらす恩恵は，今後 10 年間で減少するであろう。

（中略）

現在のバッテリー価格は 10 年前と比べて 90% も安くなっている。また，1991 年のリチウムイオン電池の登場以降，エネルギー効率はこれまでの 3 倍以上になっている。しかし，バッテリー技術の進歩のほとんどは，電気自動車が 1 回の充電で走行できる距離をのばすことと，車の出力を高めることに費やされてきた。例えば，日産自動車はこの 10 年間で，主力車種である電気自動車リーフの長距離バージョンを市場に投入し，航続距離を 3 倍（364 km）に，馬力を 2 倍（214 hp）にした。しかし，同時にその車重も 14% 増の 1,749 kg となった。

電気自動車を普及させるためには，航続距離が重要である。多くの消費者は，長距離の移動で駆動力が損なわれたり，充電ができなくなったりすることを心配し，距離性能を基準に車を購入する。しかし，自動車で移動するのは買い物や学校など短距離がほとんどである。アメリカを例にとると，ドライバーは 1 日当たり平均 56 km 走行しており，これは電気自動車の最大航続距離をはるかに下回る。

例えば仕事などで定期的に長距離を移動する必要がある人にとっては，この航続距離を数年ごとに 100 km ほどのばしていけば，電気自動車はより実用的なものになるだろう。しかし，一般的なドライバーはすでに収穫逓減状態に陥っている。急速充電設備の十分な普及が進んでいる。より軽量なバッテリーを生産すれば，すぐにでも見返りが見込めるであろう。

（中略）

しかし，最先端技術を取り入れるには高額な費用がかかるため，電気自動車の価格は上昇する。そのため，技術革新と開発を促進するためには，研究所から工場，そして消費者に至るまでの政府の支援が不可欠である。重量ベースの登録料が，その資金の一部を担うことができる。現在，アメリカの電気自動車への補助金はバッテリーの総蓄電量に応じて増加するが，その基準をバッテリー 1 kg あたりの蓄電量にすることで，バッテリーの軽量化は促進されるだろう。

製造時の汚染を減らし，コバルトやその他のレアメタルや鉱物の消費量を減らすために，バッテリー技術のさらなる開発が必要である。何千万台もの電気自動車が登場し，そしてやがてそれらが引退するまでに，バッテリーや他の部品のリサイクル，再利用体制を確立する必要がある。

◀解 説▶

A. (W)at risk は「危険にさらされる」という意味の熟語。よって，1が正解。

(X)how big a problem は「どのぐらい大きな問題なのか」という意味。選択肢の中で直後に形容詞が来ることでそれを修飾できる副詞は how だけ。よって，1が正解。本問の how＋形容詞＋a＋名詞の語順をとる副詞は how の他に however, so, as, too があり，頻出。

(Y)は a point を先行詞とし，かつ前置詞 at の目的語となる関係代名詞が適切である。よって，3が正解。いわゆる前置詞＋関係代名詞の形である。1．that は前置詞＋関係代名詞の形では用いない。2．what は先行詞を含む関係代名詞であり，本問では先行詞に相当する a point が存在するため不可。4．why は関係副詞であるため前置詞とともには用いない。

(Z)ここでは第8段第2文（Some countries with …）でのノルウェーにおけるトラック電動化による恩恵，それを受けてアメリカも自動車の電動化による二酸化炭素排出量を実質ゼロにすることを促進すべきという論理展開，さらに空所直前の文頭にある逆接の yet に着目すると，直後の文脈から重量問題に取り組まない限り，車を電動化する社会的な恩恵はないことが読み取れるため，4．without が正解。without *doing* は「～なしで」の意味。address はここでは「～に取り組む」という意味。

B. (a)equivalent to～は「～（と）同等の」という意味。よって，1が同意。2は「～よりも容易な」，3は「～よりも難しい」，4は「～とは無関係の」という意味。

(b)casualty は「死傷者」という意味。よって，4．「犠牲者」が最も近い。1は「争議」，2は「エンジン」，3は「裁判，試み」という意味。

(c)emit は「～を排出する」という意味。よって，3が同意。discharge には be discharged from hospital で「病院から退院する」という意味もあるのでおさえておく。1は「～を発表する」，2は「～を計算する」，4は「～を削除する」という意味。

(d)collision は「衝突」という意味。よって，1の「事故」が最も近い。2は「建設」，3は「爆発」，4は「ゲーム」の意味。

(e)deploy は「～を配置する，展開する」という意味。よって，2の「～を設置する」が最も近い。1は「～を検討する」，3は「～を調査する」，

4は「～を交換する」という意味。

(f) reap は「～を収穫する」という意味。よって，1の「～をもたらす」が最も近い。2は「～を倍にする」，3は「～に参加する」，4は「～を約束する」という意味。

(g) cutting-edge は「最先端の」という意味。よって，1の「先進的な」が最も近い。2は「基本的な」，3は「従来の」，4は「古い」という意味。

(h) incentivize は「(人など) を動機づける」という意味。よって，3が同意。1は「～を阻害する」，2は「～を増加させる」，4は「～を導入する，紹介する」という意味。

(i) scheme は「体制，構想」という意味。よって，4の「行動計画」が最も近い。1は「代替案」，2は「緊急措置」，3は「大広告」という意味。

C．(ア) petrol は主にイギリス英語で「ガソリン」，predecessor は「前任者，前のもの」の意味。つまり波線部は「ガソリンエンジンを搭載した先代モデル」となる。よって，その言い換えの3．「以前のガソリン車」が正解。他の選択肢はそれぞれ，1．「平均的なオートバイ」，2．「自動車の運転手」，4．「新型水素自動車」という意味。

(イ) oversimplification は「過剰な単純化」という意味。over- は「～しすぎ」の意味の接頭辞。つまり波線部は「これは単純化しすぎである」という意味である。よって，1．「現実はもっと複雑だ」がその言い換えとして最も適切。他の選択肢はそれぞれ，2．「これらの数字は信頼できないかもしれない」，3．「事態はすでに行きすぎている」，4．「我々はもっとこれを簡単にする必要がある」という意味。

(ウ) ここでは reach を「航続距離」と類推できるか，そして on the basis of ～「～を基準に」という基本的な熟語を理解しているか，を問うている。つまり波線部は「航続距離を基準に」という意味であり，その言い換えの1．「移動可能な距離に基づいて」が正解。他の選択肢はそれぞれ，2．「どのくらいのスピードで走れるかに基づいて」，3．「搭乗可能人数に基づいて」，4．「どのくらいスムーズに加速できるかに基づいて」という意味。

D．(あ)を含む部分は，前置詞 of の目的語，つまり名詞相当語となり，かつ(あ)直後に過去分詞 killed があることから，空所直前の passengers を意味上の主語とする動名詞の受身形を成立させる1が最も適切だとわかる。

空所と前置詞 of の間に動名詞の意味上の主語である passengers があるため，離れた要素を見抜く力が試されている。(い)の直後には 12%があることから程度や差を表す際に用いる 3 が特定できる。(う)には，for every＋〈数値〉で「〈数値〉毎に」という熟語から 4 が特定できる。(え)は difference between＋〈複数名詞〉で「〈複数名詞〉間の差異」という意味から 2 が適切だと特定できる。例文：There is a four-hour time difference between the two countries.「その 2 国間には 4 時間の時差がある」

E．1．「ノルウェーは，アメリカよりも電気自動車への移行を遅くしようと決意している」 第 1 段第 2 文（The United Kingdom, California, …）の記述に矛盾する，よって不一致。

2．「アメリカでは，ピックアップトラックと SUV が自動車販売台数の 50%以上を占めている」 第 2 段第 4 文（Pick-up trucks and sport …）の記述と一致する。

3．「電気自動車に搭載されるバッテリーの重量増は，他の車両が軽量化されることで均衡がとれる」 本文中に電気自動車のバッテリーの重量増を正当化する記述はない。逆に第 3 段第 6 ～最終文（Why does this matter …500-kg difference between vehicles.）には電気自動車とガソリン車との重量差が死亡事故を引き起こす深刻な問題である旨が記述されている。よって，不一致。

4．「多くの国では，気候にやさしい電動化トラックの重量が 700 kg 増加すると，その余分なコストが販売を減らし，結果として人命を救うことにつながる」 第 6 段最終文（Under the energy systems …）には電動化されたトラックが 700 kg 増加することで失われる人命の代償は気候変動への恩恵に匹敵する，という旨が記述されている。よって，不一致。

5．「リチウムイオン電池は，化石燃料車のコスト削減に大きく貢献している」 本文に記述はない。リチウムイオン電池に関する記述は第 9 段第 2 文（And their energy density …）にあるが，化石燃料車のコスト軽減に貢献している，という記述ではない。よって，不一致。

6．「政府による財政支援は，より効率的な電池を搭載した電気自動車の開発を加速させることができる」 第 12 段 2 文（Government support, from the …）の内容と一致する。

F．主文（drivers travel 56 kilometres per day）とカンマで区切られた

修飾語句との自然なつながりを意識する。特に最後のカンマが主文への補足説明を導いていることや英文を正確に捉えていることが伝わるように，明確な日本語になっているかを推敲しながら解答にあたる。far short of ～は文字通り「～よりはるかに短い」と訳しても問題はない。maximum range は「最大航続（走行）距離」の意味。

III　**解答**　A．(a)－9　(b)－10　(c)－6　(d)－4　(e)－2　(f)－3　(g)－7　(h)－5

B．But I think I'm missing a lot of important points because the teacher speaks very fast.

◆全　訳◆

≪ポッドキャスト≫

（デヴォンとライリーは電車の中で互いに気づく）

デヴォン：やあ，ライリー！　いつもは地下鉄で通学してるんじゃないの？

ライリー：ああ，こんにちは，デヴォン。家がJRの駅の近くでもあるんだ。だからよくこの電車に乗るんだよ。

デヴォン：選べるって便利ね。

ライリー：うん，選択肢があるのはいいよね。でも，最初の授業に間に合わせるためには，どっちに乗るとしても朝7時には家を出ないといけないんだ。もう少し大学の近くに住めばよかったと思うこともあるよ。

デヴォン：わかるわ。私も家から大学まで2時間近くかかるの。でも，あまり気にならないんだ。実際，いいところもあるしね。

ライリー：へえ，どんなところ？

デヴォン：そうね，私，ポッドキャストを聴くのがとても好き。だから電車に乗るのはそのいい口実になってるの。

ライリー：ポッドキャストって何？　聞いたことないんだけど。

デヴォン：ポッドキャストは，携帯電話やコンピュータで聴く音声ファイルでそれぞれ違うからちゃんと説明するのは難しいんだ。ポッドキャストではいろんな人のいろんな主張や意見や見解が聞けるの。新しい情報を学ぶのにぱっちりなものもあるよ。どっちかというと娯楽的なものもあるしね。

ライリー：例えば？

デヴォン：いま聴いているのは，ホストのレヴァー＝バートンがリスナーに短編小説を読んで聞かせる，というものなの。イヤホンをつければしばらくの間，別世界に入り込めるのがいいんだ。

ライリー：レヴァー＝バートン？　聞き覚えのある名前だ。

デヴォン：アメリカの俳優で，テレビタレントよ。私が子供の頃，『リーディング・レインボウ』っていうテレビ番組の司会者だったの。『スタートレック』にも出演していたよ。

ライリー：そうか！　それで名前を知っているんだ。

デヴォン：素晴らしい司会者よ。

ライリー：最近，お金に余裕がないんだけど。ポッドキャストって高いの？

デヴォン：ううん，私が聴いているポッドキャストはほとんど無料だよ。

ライリー：ああ，それなら試してみるのもありだね。新しい情報を学ぶのに役立つポッドキャストもあるって言ってたよね。哲学に関するポッドキャストってないかなあ。今学期，哲学の授業を受けているんだけど本当に面白いんだ。でも，先生がとても速く話すから，たくさんの重要な点を聞き漏らしていると思う。

デヴォン：哲学に関するポッドキャストだったら絶対いっぱいあるよ。去年同じ理由で，私は歴史に関するポッドキャストを聴き始めたもん。それがとても面白くて。で，今でも聴いているんだ。

ライリー：なるほど，納得させられたよ。絶対にひとつはポッドキャスト，チェックするよ。ひょっとするとひとつで済まないかも。

デヴォン：合わない人もいるかもしれないけど，私は大好きだよ。

ライリー：あれ，もう着いた。面白い話をしているとあっという間だね。あと10分で授業が始まるんだ。急がないと遅刻しちゃう。

デヴォン：そうね。電車で偶然出会えてよかった。

ライリー：こちらこそ，ばったり会えてよかったよ。ポッドキャストの時間，あまり奪っていなければいいんだけど。

デヴォン：大丈夫。ポッドキャストを聴くのは大好き。でも，友人と話すのも好きなんだ。何か私も聴いてみるべき面白い新しいポッド

　　　キャストを見つけたら教えてね。
ライリー：そうするよ！

◀解　説▶

A．(a)の直前のライリーの発言で彼が通学のために地下鉄だけでなく JR も利用可能であることがわかる。また，その直後の「選べるって便利ね」というデヴォンの発言からも(a)に入る選択肢は 9 が最も自然。
(b)までのライリーの発言から 1 限目に間に合うためには，通学手段に関係なく家を早く出る必要があることがわかる。したがって(b)に入る選択肢は，10 が最も自然。
(c)の直前にデヴォンの長時間の電車通学も気にならないという発言があり，さらに，続くライリーの質問に対してデヴォンはその具体例を挙げている。このことから，6 が最も自然。in fact「実際」をヒントに見抜く。
(d)の直前でライリーは「ポッドキャストって何？」と聞いており，直後でデヴォンはその具体的な説明をしていることから，4 が最も自然。
(e)の直後のデヴォンの発言で彼女はレヴァー＝バートンの経歴を，同世代であろう 2 人が知っているテレビ番組を引き合いにライリーに説明をしており，その後のライリーの発言ではレヴァー＝バートンの名前に関してはっきりと認識できた様子が見て取れる。そのことから，その前の(e)のライリーの発言にはおぼろげに覚えている様子を示している 2 が最も自然。
(f)の空所直前にライリーのポッドキャストの良さに納得したという発言があることから 3 が最も自然。
(g)の空所直後のライリーの発言から，遅刻ギリギリになっていたことがわかる。よって，7 が最も自然。
(h)の前のライリーの発言ではデヴォンの大切なポッドキャストの時間を奪ってしまったのではないかと気にしている。ここでは(h)の直後の逆接の接続詞 but とその直後の友達と話すことも好きだ，というデヴォンの発言から 5 が適切。
B．まず，悩んだ受験生もいるだろうが But で文章を始めることに問題はない。「～と思う」は〔解答〕のように I think としてもよいが，I assume や I'm guessing としてもよいだろう。少しくだけすぎかもしれないが，友達同士なら，I reckon という表現も特に南半球では一般的。「たくさんの重要な点」は many crucial points や a lot of essential points としてもよい。「先生」はこの会話が通学中の大学生同士で交わされていることを考えると，professor「教授」や lecturer「講師」としても自然である。「～を聞き漏らす」の部分に関しては，苦労をした受験生が多かったのではないだろうか。ここでは miss で十分に「～を聞き漏らす」として成り立つことをおさえてほしい。また，時制の観点では〔解答〕では問題部分の前に I'm taking a philosophy class … というライリーの発言があることから，その流れを汲み進行形で I'm missing と進行形で表した。このように進行形でも一時的な状態を表すことは可能でむしろ自然だろう。もちろん，完了形で I've missed としても問題はない。また，会話文なので I'm や I've のように短縮形で表すと自然に感じられる。別解として But I assume〔believe〕I've missed a lot of〔many〕essential〔crucial〕points, as〔since〕the lecturer〔professor〕speaks really〔super〕fast. などと表現することもできる。

❖講　評

2023 年度も出題形式に変化はなく，長文読解問題 2 題と会話文・英作文問題 1 題の出題で，会話文の中に英作文の問題が含まれている。

I は「ジャガイモ栽培がもたらした人口増加と都市化」がテーマの英文である。小問ごとの解答個数の変動は例年通りあるが，難易度は例年並み。B の同意表現は文脈から正確に言い換えを類推する必要がある問題が 2023 年度も多かった。C の内容説明は例年通り本文の言い換えを見抜くことがポイントになる。過去問で十分な量を演習し波線部分付近を精読し理解しさえすれば満点を狙える。D の語句整序は高等学校で学ぶ基本的な文法事項や，受験生として知っておいてほしい必要なコロケーション，熟語の知識を問うている。E の内容真偽は素直な出題だったため逆に面食らい，迷った受験生も多かったのではないだろうか。ここでも正確な読解力が求められる。

Ⅱ は「電気自動車の未来と課題」がテーマの英文である。文中「費用便益」や「トレードオフ」，「収穫逓減」など受験生にとっては馴染みの薄い概念が登場する。英文すべてを「読んで理解する」ことよりも試験時間内に問われている問題を「効率よく解く」という意識を持つこと。すると E の内容真偽問題や F の英文和訳問題に，さらには **Ⅲ** の B の和文英訳問題に時間を確保することができる。Ａの空所補充，Ｂの同意表現，Ｃの内容説明，Ｄの語句整序，Ｅの内容真偽も**Ⅰ**と同様，問題としては例年並みの難易度。高等学校で学ぶ基礎的な知識や，文脈から類推する受験生の力を見たい，という出題者の意図を感じる。Ｂの同意表現では 2022 年度**Ⅰ**に引き続き(e)で deploy が出題された。単語集で多義語の知識を増やすとともに，ここでも過去問で問題傾向に早くから慣れておくことが肝要だろう。Ｆの英文和訳は 2022 年度と比べて若干易化しており，本文の主旨を理解した上で落ち着いて解答に当たれば十分に対応できる。**Ⅰ**・**Ⅱ**ともに，Ｅの内容真偽の選択肢は文章の流れに沿って配置されているため，まず本文を読み始める前に，選択肢に一通り目をやり，読み進めながら解答に当たれば，全体の流れが理解しやすくなり，高得点が期待できる。

Ⅲは「ポッドキャスト」がテーマの会話文。話の展開はわかりやすく，例年通り，会話特有の言いまわしを問うような知識問題は出題されていない。Ａの空所補充では会話の場面をイメージし，空所の前後をよく読んで自然な流れになる選択肢を選ぶことを意識する。Ｂの和文英訳ではとにかく安易なミスを避けること。意味さえ正しければ平易な英文でも構わないので時間をかけて推敲しながら解答に当たりたい。2023 年度は比較的解きやすい内容だったが，難解な日本語に直面したときこそ焦らず，まず平易な日本語に置き替えてから英訳に当たるとよい。

日本史

I　解答

【設問ア】聖徳太子　【設問イ】鞍作鳥〔止利仏師〕
【設問ウ】中宮寺　【設問エ】観勒　【設問オ】法興寺
【設問カ】天武　【設問キ】行基　【設問ク】凌雲集　【設問ケ】東密
【設問ａ】25　【設問ｂ】35　【設問ｃ】16　【設問ｄ】18　【設問ｅ】29
【設問ｆ】22　【設問ｇ】２　【設問ｈ】33　【設問ｉ】27

◀解　説▶

≪古代の文化≫

【設問イ】鞍作鳥（止利仏師）は７世紀前半に活躍した渡来系氏族出身の仏師で，法隆寺金堂の釈迦三尊像，飛鳥寺釈迦如来像などの金銅像を制作した。

【設問ウ】厩戸王の没後，妃であった橘大郎女（設問ａ）が彼を偲んで制作させたとされる刺繍が「天寿国繡帳」で，法隆寺に隣接する尼寺の中宮寺に伝わる。

【設問エ】７世紀前半は百済・高句麗を通じた中国南北朝時代の文化の影響下にあり，高句麗僧曇徴が紙・墨・彩色の技法を伝えたのに対し，百済僧観勒は暦法や天文・地理の知識を伝えた。

【設問オ】奈良県飛鳥地方に建立され，飛鳥寺と通称された大寺院は当初の名称を法興寺といった。のちに平城京に移転して元興寺となったが，旧地である飛鳥の寺は本元興寺とも呼ばれた。

【設問キ】諸国をめぐって「社会事業」につくし，また「大仏造営にも協力」した僧が問われている。当初はその民間布教がとがめられ弾圧を受けたが，のちに大仏造立に協力して大僧正に任じられたという僧・行基を答えよう。

【設問ク】平安京では文芸による国家隆盛をはかる文章経国思想が高まり，嵯峨天皇時代を中心に勅撰漢詩文集が編纂された。その最初が『凌雲集』である。

【設問ケ】天台宗では最澄の没後，唐に渡った円仁・円珍らにより密教が積極的に導入され天台の密教，すなわち台密と呼ばれたのに対し，空海が唐よりもたらした密教は東寺の密教，すなわち東密と呼ばれた。

【設問ａ】天寿国繡帳は，厩戸王の没後，妃である「25．橘大郎女」が厩戸王を追慕して制作させた刺繡であるが，現在はその断片が残る。

【設問ｃ】横穴式石室をもつ奈良県斑鳩町の古墳は「16．藤ノ木古墳」で，その形状は円墳である。後期古墳にあたり，石室内部の家形石棺からは金銅製の服飾具や透彫馬具などが出土した。

【設問ｄ】高松塚古墳と同じころの終末期古墳にあたり，彩色壁画を特徴とするのは「18．キトラ古墳」を答えよう。その石室内部には四神や天文図が描かれている。

【設問ｅ】751年に成立した日本最初の漢詩集なので，「29．『懐風藻』」を答えよう。近江大津宮時代から天平末期までの約80年間に60人余りが詠んだ漢詩文を収める。撰者は淡海三船ともいわれるが不詳。

【設問ｆ】～【設問ｈ】密教を伝えた空海は多才な人物で，漢詩文を論じた「22．『文鏡秘府論』」や漢詩文集である「２．『性霊集』」を残した。唐風書道の能書家としても知られ，嵯峨天皇，「33．橘逸勢」とならんで三筆と称された。

【設問ｉ】平安初期には密教風の図像・仏像が多数制作され，曼荼羅や不動尊像などが描かれた。園城寺に伝わる「27．『黄不動』」図はその一つである。

Ⅱ　解答

【設問Ａ】ａ．大覚寺統　ｂ．恩賞方　ｃ．雑訴決断所　ｄ．記録所　ｅ．綸旨　ｆ．建武の新政　ｇ．室町殿　ｈ．四職　ｉ．大内義弘

【設問Ｂ】アー３　イー３　ウー１　エー４　オー４　カー２　キー１　クー２　ケー２

◀解　説▶

≪中世の政治≫

【設問Ａ】ｂ～ｄ・ｆ．後醍醐天皇による建武の新政において設けられた政治機関で，ｂの「論功行賞を取り扱う」機関が恩賞方，ｃの「所領問題」の裁判機関で引付を受け継いだものが雑訴決断所，ｄの「政権の中枢機関」が記録所となる。

ｅ．天皇の秘書官である蔵人が天皇の意志を受けて伝える命令文書が綸旨

で，建武新政期には所領に対する権利の確認はすべて綸旨を必要とするとしたため，政治が混乱する原因となった。

g．将軍足利義満の住居兼政庁は「花の御所」と呼ばれたが，西側の正面が室町通に面していたため，室町殿とも呼ばれた。

h．三管領に対し，侍所所司を任される守護の家格も足利義満の治世下で定着し，赤松・一色・山名・京極の四氏を四職と称した。

i．大内義弘は周防・長門を含め任国が6カ国に及ぶ大守護で，朝鮮貿易で富強化した。任国の一つ和泉国堺で反乱を起こしたが足利義満の討伐を受け，敗死した（応永の乱）。

【設問B】ア．後醍醐天皇は隠岐から京都に戻り，持明院統の天皇を退位させたが，その人物が「3．光厳天皇」である。

イ．北条高時の子時行が1335年に反乱を起こし鎌倉を一時占領したが，この乱を「3．中先代の乱」という。中先代とは「先代」の北条氏，「当代」の足利尊氏に対していう語句で，北条時行を指す。

ウ．1336年，九州から東上し京都に入った足利尊氏は，光厳上皇の弟である「1．光明天皇」を擁立した。

オ・カ．1392年，足利義満の斡旋で，南朝の「4．後亀山天皇」が入京し，北朝の天皇に神器を渡し譲位して上皇となった。一方，神器を受けたのは「2．後小松天皇」で，ここに南北朝は合一し，皇位は北朝・持明院統に継承されることとなった。

ク．美濃をはじめ3カ国を任国とした守護を美濃一国に押し込めた，とあるので，美濃の守護・土岐氏を想起し，「2．土岐康行の乱」を選ぶ。1の霜月騒動は鎌倉時代の事件，3と4はそれぞれ美濃を任国としない大守護の山名氏，大内氏が関わった乱である。

ケ．周防など6カ国の守護を兼ねた大内義弘は足利義満の圧迫を受け，任国である和泉の「2．堺」で挙兵し，敗死した。

Ⅲ　解答

a－1　b．海禁政策　c－3　d－2　e．李舜臣

f．あ－2　い－3　う－4　g．通信使〔朝鮮通信使〕

h．日朝修好条規〔江華条約〕　i－1　j－2　k－3　l－3

m．田中勝介〔田中勝助〕　n－4　o．日本町　p－1　q．3→2→1

r．出島　s．唐人屋敷　t－3　u－3　v．間宮林蔵　w－2

x．3→1→2

◀解　説▶

≪近世・近代の国際関係≫

a．16世紀の中ごろにポルトガルが居住権を得たのは「1．澳門（マカオ）」である。選択肢が漢字で，「4．厦門（アモイ）」と似ているので，混同しないよう注意しておこう。

b．海禁とは「下海通蕃之禁」の略語で，自由に海外へと渡航し外国と交易することを禁じる政策である。外国との交易は明が統制下に置き，冊封関係を結んだ周辺諸国の王からの朝貢使節にのみ限定した。

c．1のバテレン追放令，2の人掃令，3の刀狩令は豊臣秀吉時代に発令され，年代が近いので少し難しい。海賊取締令は1588年7月，刀狩令と同日に発せられているので，3が正解である。

d．1のインドにあるゴア，3のマレー半島にあるマラッカは16世紀初頭にポルトガルが占領し，支配下に置いた。4のアユタヤはシャム（タイ）の主要都市。2のマニラが正解となる。マニラは16世紀よりスペインによるフィリピン植民地化の拠点となった。

f．徳川家康により日朝間の講和が実現すると，1609年，対馬の「2．宗氏」と朝鮮との間で己酉約条が結ばれた。貿易は「3．釜山」で行われることとなり，対馬から朝鮮へは年に20隻までの「4．歳遣船」が派遣された。朝鮮に派遣された「歳遣船」は，単独では難解そうな用語であるが，選択肢にある，蝦夷地と大坂を繋いだ「5．北前船」との対比で選択したい。

g．朝鮮からの使節は1607年以降11代将軍徳川家斉の時代まで12回を数え，4回目からは通信使（朝鮮通信使）と呼ばれた。将軍代替わりによる新将軍の就任に対する慶賀がおもな来日の名目であった。

h．日朝修好条規（江華条約）は明治初期に日本が朝鮮を開国させた条約であるが，その第一款で「朝鮮国は自主の邦」と明記して認めさせ，宗主国である清国と朝鮮との宗属関係を否定した。

i．近松門左衛門の時代物の人形浄瑠璃として名高いのが，平戸生まれで日本人の母をもつ明の遺臣・鄭成功（国性爺）の活躍を描いた「1．『国性（姓）爺合戦』」で，1715年に大坂で初めて上演され，以後3年越しの長期興行となった。

j．琉球国王は徳川将軍に対し２種類の使節を送った。まず国王の代替わりごとに将軍に対して就任を感謝する「１．謝恩使」，そして将軍の代替わりごとにそれを祝賀する「２．慶賀使」である。両者の違いをよく覚えておこう。

k．1604年，徳川家康は松前氏に対しアイヌとの交易独占権を保障し，松前氏は藩制をしいた。蝦夷地におけるアイヌとの交易対象地域は「３．商場」と呼ばれた。松前氏は家臣に商場を知行として与え，その交易による収入が家臣のものとなった。

m．徳川家康は上総に漂着した前ルソン総督ドン＝ロドリゴに船を与え，京都の商人田中勝介を同行させてノビスパン（メキシコ）に送ったが，通商を開始するには至らなかった。

n．明の海禁政策により，日本の貿易船は自由に明に出かけ直接の交易ができなかったため，台湾やルソンに日明の貿易船が出かけ，交易を行った。こうした第三国における日明の交易を，「４．出会貿易」という。

o．ルソン島（フィリピン），コーチ（ベトナム），シャム（タイ）のアユタヤなどには日本人の居住地である自治的な日本町が形成された。

p．1616年，明を除く外国船の寄港地は「１．平戸」と長崎に限定された。

q．１のポルトガル船の来航禁止が1639年，２の日本人の海外渡航と帰国の禁止が1635年，３の奉書船以外の日本船の海外渡航禁止が1633年。年代順に並べると３→２→１となる。

s．幕府は長崎に来航する清国人に対しても，彼らを隔離・収容するために1689年に唐人屋敷をつくって，この施設に長崎市中にいる清商人や清船の乗員を収容した。

t．1792年，ロシア使節ラクスマンが日本人漂流民の大黒屋光太夫らをともなって「３．根室」に来港して通商を求め長崎入港の信牌を得たが，長崎には寄港せず帰国した。

u．1804年長崎に来港したロシア使節は「３．レザノフ」である。このときの幕府の冷淡な処遇が原因で，樺太や択捉島をロシア船が攻撃する事件があいついだ（文化露寇）。

w．清国とイギリスとの間で結ばれたアヘン戦争の講和条約が「２．南京条約」で，清国はイギリスに香港の割譲，賠償金の支払い，五港の開港などを認めさせられた。

x．1のハリスの来日は1856年，2の横浜など三港の開港は1859年，3の択捉・得撫間の国境線引きは日露和親条約（日露通好条約）締結の1855年なので3→1→2の順となる。

❖講　評

Ⅰ　古代の文化について，各時代の政権との関わりをもとに問う問題である。網野善彦『日本社会の歴史』上巻から，文章を4カ所使用してリード文にしている。リード文(1)～(4)は，飛鳥文化から平安初期文化までの文化史4期を順次扱っている。際だった難問もなく，出題内容と難易度は標準的なもので推移しているが，藤ノ木古墳（設問c）やキトラ古墳（設問d）を答えさせる問いはやや詳細である。

Ⅱ　中世の政治に関して，(1)建武の新政と南北朝動乱，(2)足利義満と南北朝の合一という2つの時代に分けて問う。皇統の分裂や義満による守護討伐なども扱っており，求められる天皇名や守護名などは，高校教科書の記述を追って学習すれば大きな困難なく正解にたどり着けるだろう。

Ⅲ　近世・近代の国際関係についての出題で，同志社大学では定番の対外交渉史が出された。外国の地名・人名・船名，特殊な交易の形態などが問われており，内容は今後も注目しておく必要がある。また，年代の配列問題も2問出題されている。歴史の流れは丁寧に学習しておきたい。

2022年度は大問3題すべてで史料が出題されたが，2023年度は出題されなかった。また，2021・2022年度と見られた現代からの出題も2023年度は見られなかった。

世界史

I 解答

設問1．(a)－1 (b)－4 (c)－3 (d)－4 (e)－1 (f)－3 (g)－4

設問2．1 設問3．3 設問4．2 設問5．3 設問6．3

設問7．2 設問8．1 設問9．ア．玄奘 イ．羈縻政策

ウ．加耶〔加羅〕 エ．西夏文字 オ．長安

◀解 説▶

≪中国王朝と周辺諸国の関係≫

設問1．(a)戦国の七雄のうち最も北方に位置した燕が秦に滅ぼされると，燕王の家臣であった衛満は衛氏朝鮮を開いた。

(b)漢の武帝は朝鮮に楽浪・玄菟・臨屯・真番の4郡を設置した。選択肢の帯方郡は，後漢から自立した公孫氏が楽浪郡の南に設置したもの。

(e)骨品制は新羅の，両班は高麗・朝鮮の身分制度。

(f)開城は高麗，漢城は朝鮮，平壌は高句麗の首都。

(g)新羅が冊封された565年には，北朝では北斉と北周が存在していた。選択肢の北魏は534年に滅亡している。

設問2．X．正文。唐代に景教と呼ばれて中国で流行したネストリウス派は，431年のエフェソス公会議で異端とされた。

Y．正文。マウリヤ朝の最盛期は第3代のアショーカ王の時代で，王はダルマによる統治を目指して各地に磨崖碑・石柱碑を建立した。

設問3．1．誤文。楊堅は，西魏ではなく北周の有力者（外戚）であった。

2．誤文。郷挙里選は漢の武帝が始めた官吏登用法で，魏の文帝（曹丕）が制定したのは九品中正。

3．正文。南北朝を統一した隋において，煬帝は南北の交通の幹線として大運河を開削した。

4．誤文。隋は北魏の創始した土地制度である均田制を引き継ぎ，実施した。占田・課田法は西晋の土地制度。

設問4．1．正文。冒頓単于は漢の高祖を平城付近の白登山で破り，和約を結んだ。

2．誤文。匈奴は武帝の攻撃を受けた後，東西に分裂した。匈奴がさらに南北に分裂したのは後漢時代のこと。

3．正文。フン人が居住していたのは中央アジア（現在のカザフスタン）から南ロシア（現在のウクライナ）にかけての地域。

4．正文。突厥はアラム文字の影響を受けたソグド文字を改良して，独自の突厥文字を創作・使用した。

設問5．①塩・鉄・酒の専売や均輸・平準法を実施したのは前漢の武帝の時代。

②前漢の景帝の時代に呉楚七国の乱が平定された後，中央集権化が進んで帝権が強化され，武帝の時代に全盛期を迎えた。

③班超が甘英を大秦国に派遣したのは後漢の時代。

設問6．馬韓の地に百済，辰韓の地に新羅，弁韓の地に加耶が生まれた。

設問7．X．司馬遷が創始した紀伝体では，帝王の年代記である「本紀」と重要人物の伝記である「列伝」を組み合わせて歴史を叙述した。

Y．邪馬台国の女王卑弥呼が遣使したのは三国時代の魏であった。

設問8．1．誤文。チベット文字は漢字をもとにしたものではなく，インド文字をもとにしてつくられた。

2．正文。北朝では何度か弾圧（廃仏）が行われたものの，仏教は庶民にまで広く浸透した。南朝では有力貴族による門閥政治が行われ，外来宗教である仏教は貴族の教養として受容された。

3．誤文。タイのスコータイ朝で広く信仰された上座部仏教は，大乗仏教に先行して存在し，大乗仏教から分派したものではない。

設問9．イ．唐は周辺諸民族の首長に官職を与えてその自治を認め，都護府を設置してこれを監視した。「羈縻」とは牛や馬をつなぎとめること。

ウ．朝鮮半島南部の弁韓の地には加耶（加羅ともいう）と呼ばれる小国家群が形成されたが，やがて新羅に併合された。

エ．中国北方の諸民族のうち契丹族は契丹文字，女真族は女真文字をつくった。タングート族は西夏を建国して西夏文字をつくった。

II　解答

設問1．2　設問2．1　設問3．3　設問4．1　設問5．2　設問6．3　設問7．ニューヨーク　設問8．2　設問9．4　設問10．3　設問11．2　設問12．4

設問13.　3　設問14.　4　設問15.　3　設問16.　4
設問17.　a．トスカネリ　b．ケベック　c．ヴァージニア
d．プランテーション

◀解　説▶

≪ヨーロッパ諸国の植民地経営≫

設問1．ゴア・マカオはポルトガルの根拠地。平戸にもオランダ商館が設置されたが，江戸幕府の許可を受けたのは1609年である。また，香辛料貿易は日本とではなく，ジャワ島のバタヴィアやモルッカ諸島など現在のインドネシアを中心に行われた。

設問2．グラナダを都とするナスル朝が滅亡するとイベリア半島におけるイスラーム勢力は消滅し，レコンキスタは完了した。

設問4．テノチティトランを都とするアステカ王国はコルテスに滅ぼされ，クスコを都とするインカ帝国はピサロに滅ぼされた。

設問5．1．誤文。先住民のキリスト教化と引き換えに，その統治を委託したのはエンコミエンダ制。アシエンダ制はエンコミエンダ制に代わって導入された大土地所有制。

2．正文。新大陸は長く旧大陸と人の行き来がなかったため，先住民は伝染病に対する抵抗力がなかった。

3．誤文。教皇子午線の東がポルトガル，西がスペイン領と定められた。また，その翌年に境界線を改めたのは，サラゴサ条約ではなくトルデシリャス条約。

4．誤文。スペインは，メキシコのアカプルコから運び出した銀を，フィリピンのマニラで中国産の絹や陶磁器と交換した。

設問6．3．誤文。北部7州が結成したのはユトレヒト同盟。シュマルカルデン同盟はルター派の新教諸侯の同盟。

設問7．当時の王位継承者であるヨーク公ジェームズ（のちのジェームズ2世）にちなんでニューヨークと名付けられた。

設問8．フランス王ルイ14世の財務総監コルベールは西インド会社を設立し，フランス人探検家ラ＝サールはミシシッピ川流域を探検してこの地をルイジアナと名付けた。

設問10．1．誤文。イギリスが獲得したのはミシシッピ川以東のルイジアナ。

2．誤文。イギリスがジブラルタルやニューファンドランドを獲得したのはスペイン継承戦争の結果。

3．正文。フランスは1763年のパリ条約で，ミシシッピ川以西のルイジアナをスペインに割譲し，北米における領土をすべて失った。

4．誤文。フロリダはスペインからイギリスに割譲された。

設問12. (あ)誤文。砂糖・綿花はアメリカ大陸からヨーロッパに持ち込まれたもの。ヨーロッパから西アフリカには武器・雑貨が持ち込まれた。

(い)誤文。大西洋の三角貿易は，まずヨーロッパから西アフリカに向かい，そこで手に入れた黒人奴隷をアメリカ大陸に運び，アメリカ大陸から砂糖や綿花をヨーロッパに持ち込んだ。

設問13. イギリスの奴隷貿易港としては，マンチェスターの外港として有名なリヴァプールのほかにブリストルがある。

設問15. (あ)誤文。アフリカ縦断政策を採ったのはイギリス，フランスはアフリカ横断政策を採った。

(い)正文。南アフリカのモノモタパ王国は，ジンバブエを中心として黄金貿易で栄えた。

設問17. b．ブルボン朝を開いたアンリ4世に仕えた探検家シャンプランは，セントローレンス川流域を探検してケベック植民地を開いた。このケベック植民地をもとにニューフランス植民地（フランス領カナダ）が発展した。

c．ヴァージニアは，エリザベス女王の寵臣ローリーが開いた植民地が起源となり，1607年のジェームズタウン建設以来入植が本格化してイギリス最初の植民地となった。

Ⅲ　解答

設問1．a－13　b－15　c－5　d－21　e－40
f－37　g－1　h－2　i－30　j－23

設問2．ア．ドイツ連邦　イ．メッテルニヒ
ウ．フランクフルト国民議会　エ．パン＝スラヴ主義

設問3．3　設問4．①－3　②－3　設問5．(あ)－3　(い)－2　(う)－1

◀解　説▶

≪18～20世紀初頭のドイツ≫

設問1．a．フリードリヒ＝ヴィルヘルム1世は，初代プロイセン王フリ

ードリヒ1世の子で，軍隊強化に力を注ぎ兵隊王と呼ばれた。

b．フリードリヒ2世は内政・外政に力を注ぎプロイセンを強国に育て上げたため大王と呼ばれ，啓蒙専制君主としても知られる。

d．オーストリアはウィーン会議の結果，ヴェネツィア・ロンバルディア・チロルなど北イタリアの諸地域を得た。

e．ドイツでは疾風怒濤（シュトゥルム＝ウント＝ドランク）と呼ばれる文学運動を先駆として，均整や調和を重んじる古典主義に代わって，個性や感情を重んじるロマン主義が流行した。

f．ヘーゲルは，すべてのものが矛盾・対立を契機としてより高次なものへと変化・発展していくとして，正・反・合の3段階を経て弁証法的に発展すると考えた。

i・j．セルビア人の多数居住するボスニア・ヘルツェゴヴィナをゲルマン系国家であるオーストリアが併合したことは，パン＝スラヴ主義を標榜するセルビアの反感を招き，ボスニアの州都サライェヴォでオーストリア皇太子夫妻が暗殺されるサライェヴォ事件が起こった。

設問2．ア．ナポレオン戦争中にオーストリア・プロイセンを除く西南ドイツ16諸邦でライン同盟が組織されたがナポレオンの没落で解消し，ウィーン体制下で新たにドイツ連邦が組織された。

イ．メッテルニヒはオーストリア外相としてウィーン会議を主宰し，その後宰相としてウィーン体制を支えた。

エ．バルカン半島をめぐって，ドイツ・オーストリアのパン＝ゲルマン主義と，セルビア・ロシアのパン＝スラヴ主義が対立し，第一次世界大戦の原因となった。

設問3．1．誤文。ビスマルクは「文化闘争」で南ドイツのカトリックを抑圧した。

2．誤文。再保障条約は，ロシアがフランスに接近するのを防ぐためドイツとロシアの間で結ばれた。

3．正文。ビスマルクは社会保障制度を整備して，労働者が社会主義に接近するのを防ごうとした。

4．誤文。フランス・ロシア・ドイツによる三国干渉（1895年）は，1890年のビスマルク引退後の出来事。

設問4．①3．誤文。ヴェルサイユ条約によって，内陸国ポーランドはバルト海への通路としてポーランド回廊を得た。

②3．誤文。第一次世界大戦後，セルビアは同じ南スラヴ人のクロアティア・スロヴェニアとともに，セルブ＝クロアート＝スロヴェーン王国（のちにユーゴスラヴィアと改称）を建国した。

設問5．(あ)(a)誤文。『コモン＝センス』は，アメリカのイギリスからの独立が「常識」であると主張した。

(b)正文。合衆国憲法は，連邦主義・人民主権・三権分立を特徴とする。

(い)(a)正文。カメルーン・南西アフリカ・東アフリカ・ミクロネシアはいずれも第一次世界大戦まではドイツの植民地であった。

(b)誤文。モロッコはイギリスの支持によってフランスが保護国とした。

(う)(a)正文。アブデュル＝ハミト2世は，ミドハト憲法を停止して専制政治を続けたが，青年トルコ革命の結果廃位された。

(b)正文。「統一と進歩団」は専制政治反対と憲法復活を掲げ，「青年トルコ」の中心的組織となった。

❖講　評

I　例年のように出題されている中国とその周辺地域からの問題で，2021年度以前は3年連続して東アジアの現代史が出題された。2022年度は7～10世紀の唐の時代から出題されたが，2023年度は隋・唐時代を中心に紀元前後から11世紀ごろまでの幅広い時代から出題された。設問1は空所補充形式で，それぞれ4つの選択肢の中から適切な語句を選び出すもの。内容的には，基本的な知識ですべて対応できる。設問2はほぼ毎年出題されている2文正誤判定形式の問題であるが，共通テストの出題形式をとっているのが目新しい。設問3・設問4は選択肢から正文（誤文）を選ぶもので，情報量が多いために難問となっている。設問5は出題としては比較的少ない配列法，設問6・設問7もあまり出題されることのなかった組み合わせによる選択問題だが，共通テストに慣れた受験生にはさほど戸惑いはないだろう。設問8は新形式の正誤問題で，3つの文章の正誤を判断して，正文の数を答えるもので，個々の文の正誤ではなく，正文の数を答えさせるところが新しい。設問9はオーソドックスな語句記述問題であるが，ア～ウは正確な漢字で書くことが要求され，難しい。全体を通して，様々な出題形式が工夫され，正誤判定問題は，慎重さや正確さを要求される難問である。

Ⅱ　大航海時代以降のヨーロッパと植民地に関する知識を問うもので，頻出の地域・テーマと言える。2022年度Ⅲでもラテンアメリカ近代史が出題されている。4つの選択肢から正しい語句を選ぶ選択形式の問題が多く，すべて教科書の知識で対応できる。設問4は組み合わせ形式の選択問題であるが，内容的には難しくない。設問5・設問6・設問10は4つの文章から正文（誤文）を選ぶもので，情報量が多く，問われている内容も細かいので慎重に正誤を判断したい。設問12・設問15は同志社大学で頻出の2文正誤判定問題で，正確に正誤を判断したい。設問17はオーソドックスな空所補充の語句記述問題で，いずれも基本的な知識を問うものである。

Ⅲ　近代ドイツの政治・外交・社会・文化などの基本的な知識を問うもので，頻出の時代・テーマによるオーソドックスな出題と言える。設問1は，空所に語群から適切な語句を選ぶ語句選択問題。設問2は，空所に適切な語句を記入する語句記述問題。語句選択と語句記述の違いはあるが，いずれも基本的な重要語句に関する知識を問うている。設問3・設問4は，4つの文章から正文（誤文）を選ぶ問題で，内容的にはさほど難しくない。設問5は同志社大学で頻出の2文正誤判定問題で，一つ一つの文章の情報量が多く，注意深く慎重に正誤判断をすることが求められている。

政治・経済

I 解答

【設問1】ア．処分　イ．憲法の番人　ウ．独立
エ．心身の故障　オ．国会　カ．弾劾裁判所
キ．投票者　ク．多数
【設問2】A－2　B－1　C－1　D－2　【設問3】a－2　b－2
【設問4】c－1　d－2　e－2
【設問5】(5-1) 1，4，8　(5-2) 3，7
【設問6】2　【設問7】3

◀解　説▶

≪憲法と司法権≫

【設問1】ア．憲法第81条の規定する「処分」は一般に行政機関など統治機関の行為を指す。

イ．法令などが憲法に違反するかどうかを決定する違憲立法審査権はすべての裁判所が持ち，そのなかで最高裁判所は最後に憲法判断を行うので「憲法の番人」と呼ばれる。

ウ．憲法第76条第3項の「すべて裁判官は，その良心に従ひ独立してその職権を行ひ，この憲法及び法律にのみ拘束される」における「独立」は立法権，行政権が裁判に介入しないことを求める「司法権の独立」と上級裁判所による下級裁判所への裁判指揮を否定する「裁判官の職権の独立」がある。

エ．懲戒を含め心身の故障のための裁判官の免官処分は高等裁判所・最高裁判所による分限裁判で行う。

オ・カ．憲法第64条第1項で「国会は，罷免の訴追を受けた裁判官を裁判するため，両議院の議員で組織する弾劾裁判所を設ける」と規定している。裁判官が職務上の義務に違反し，または職務を甚だしく怠ったとき，その他職務の内外を問わず，裁判官としての威信を失うべき非行があったときに弾劾裁判が行われる。弾劾裁判所は合計14名の国会議員（衆議院議員7名，参議院議員7名）で構成され，憲法上の特別の機関であり，国会閉会中でもその職務を遂行できる。過去7人の裁判官が弾劾裁判で罷免

された。
キ・ク．最高裁判所裁判官各々につき任命後初めて行われる衆議院議員選挙の期日に国民審査が行われる。これは日本国憲法における直接民主制を示した部分である。最初の審査から10年経過後初めての衆議院議員選挙で再審査が行われ，その後も同様である。国民審査において投票者の多数（＝過半数）が罷免を可とした裁判官は罷免される。実際に，国民審査によって罷免された裁判官は過去に一例もない。
【設問2】法の支配は，すべての国家権力の活動が自然法を反映した法に拘束される原則であり，法の内容そのものが人権の保障という原則に適わなければならないことを要請する。イギリス，アメリカで発達した。一方で，法治主義は為政者が政治を行うにあたっては，議会で定められた法律に従わなければならないという法治行政の原則で，法の内容よりも形式や手続きの適法性が重視される。戦前のドイツで発達した。
A．「国王といえども神と法のもとにあるべきである」という13世紀のイギリスの法学者ブラクトンの言葉は，法律によって国王の権限を抑制する考えを導くので「法の支配」が入る。
B．法治主義は戦前のドイツで発達した考え方なので「法治主義」が入る。
C．基本的人権を法によって抑えるのは法の形式を重視した「法治主義」である。
D．法の内容が合理的なものでなければならないことを要請しているので「法の支配」が入る。
【設問3】a．誤文。憲法第99条で「天皇又は摂政及び国務大臣，国会議員，裁判官その他の公務員は，この憲法を尊重し擁護する義務を負ふ」と規定しており，国会議員も憲法尊重擁護義務を負う。
b．誤文。例えば，憲法で明文規定がないプライバシーの権利は『宴のあと』事件で東京地裁が，『石に泳ぐ魚』事件で最高裁が認めている。
【設問4】c．正文。憲法第81条「最高裁判所は，一切の法律，命令，規則又は処分が憲法に適合するかしないかを決定する権限を有する終審裁判所である」は，違憲立法審査権を行使する終審裁判所が最高裁判所であることを述べているだけで，終審でなければ下級裁判所も違憲立法審査権を行使できることになる。
d．誤文。日本が採用しているのは具体的（付随的）違憲審査制であり，具体的な事件の訴訟のなかで必要があれば法律などの憲法判断を行う。具体的な事件の訴訟とは別に国民が裁判所に違憲判決を求めることはできない。

e．誤文。最高裁は国家機関の行為のうち，高度の政治性を有する行為，たとえば，「衆議院の解散」「国防」「外交問題」については，法的判断が可能であっても，その高度の政治性ゆえに裁判所の審査から除外され，最終的判断は国民に委ねられるという考え方（統治行為論）に立っている。

【設問5】（5－1）1．森林法訴訟は，山林の共有者の一方が分割請求をしようとしたときに，森林法186条では共有林の分割請求に制限を加えていたため，この分割請求は妨げられることになり，この規定は憲法第29条の財産権の不可侵に反し，違憲無効ではないかと原告が訴えたものである。最高裁が森林法186条に違憲判決を出し，その後1987年に国会で廃止された。

4．民法第900条4号で非嫡出子（法律上婚姻関係のない夫婦間に生まれた子供）の法定相続分は，嫡出子の2分の1と規定していたが，2013年9月に最高裁が相続格差を憲法第14条第1項の法の下の平等に違反すると判断した。その結果，同年12月に国会が同規定を民法から削除した。

8．薬事法の適正配置規制（距離制限）が憲法第22条の職業選択の自由を制限しないかどうかが争われ，最高裁が距離制限に合理的理由はないと違憲判決を下し，その後1975年に国会が同規定を廃止した。

（5－2）3．愛媛県が公金で靖国神社と護国神社に玉ぐし料などを奉納していた行為について，1997年に最高裁が憲法第20条第3項の政教分離原則に違反すると判決を下した。しかし，法律の条項それ自体を違憲としたわけではない。

7．朝日訴訟は肺結核で国立岡山診療所に入所していた朝日茂氏が憲法第25条第1項の生存権を根拠に当時の厚生大臣を相手に起こした裁判であったが，上告中に朝日氏が死亡したため，結審となった。よって，法律の条項それ自体を違憲としたという条件に合わない。

2．大津事件と6．滝川事件は戦前の事件。5．松山事件は死刑判決を受けた被告が自白の信ぴょう性を根拠として再審が行われて無罪となった事件であり，それぞれ設問の条件には合わない。

【設問6】誤文。国民投票法（2007年制定）では投票率についての規定はないので，文章にあるように50%という最低投票率が設けられることはない。賛成票が有効投票総数の過半数を満たせば憲法改正案が有効に成立する。

【設問7】明治憲法では，行政裁判所・軍法会議・皇室裁判所といった司法裁判所以外の特別裁判所が存在していたが，日本国憲法は第76条第2項で「特別裁判所は，これを設置することができない」と規定している。3の知的財産高等裁判所は，技術面での専門性の高い知的財産に関する訴訟を迅速に解決するために日本初の専門事件を扱う裁判所として2005年4月に発足したが，位置づけは東京高等裁判所特別支部なので憲法で禁止している特別裁判所には該当しない。

II　解答

【設問1】ア．財閥　イ．寄生　ウ．関税
エ．オレンジ　オ．メジャー　カ．専業　キ．第二種

【設問2】A－1　B－1　C－4　D－8　E－15　F－11　G－13

【設問3】2　【設問4】2　【設問5】4　【設問6】2　【設問7】1

【設問8】1　【設問9】自給的農家

◀解　説▶

≪戦後の日本の農政≫

【設問1】ア．GHQは戦前の財閥の存在や経済力の過度の集中による市場独占が自由な経済を妨げ，戦争の原因となったと考え，日本政府に対して財閥解体を指示し，それを受けて持株会社整理委員会が設置され，三井・三菱・住友・安田の四大財閥をはじめ中小財閥の保有する株式が処分された。

イ．農地改革の目的は寄生地主制の廃止と自作農創設である。寄生地主制は大土地を所有している地主がその土地を小作農に貸し付けて耕作させ，小作料を徴収する形態で，戦前の農村は寄生地主と小作農による封建的主従関係が続いていた。

ウ．GATTウルグアイ・ラウンド（1986～94年）では「農産物の例外なき関税化」が掲げられた。関税化とは貿易自由化の過程で，数量制限を撤廃した後に国内産業を保護するために，輸入品に高関税をかける措置である。

エ．1975年以降，日本に対する農産物の輸入自由化の要求が高まり，特

にアメリカからの自由化要求に対応するために1991年から牛肉・オレンジの輸入自由化が始まった。

オ．アメリカ国内に多くの穀物倉庫を有し，小麦やトウモロコシなどの穀物の貯蔵・運搬・取引を行う多国籍企業を穀物メジャーと呼ぶ。穀物メジャーは一般に価格決定力を持つ。

カ・キ．1990年代前半までの農家の分類は，世帯の中に兼業従事者が1人もいない農家である「専業農家」と兼業従事者が1人はいる農家である「兼業農家」だった。そして「兼業農家」のうち農業所得が主である農家を「第一種兼業農家」，農外所得が主である農家を「第二種兼業農家」という。

【設問2】A．1946年からの第2次農地改革では「寄生地主の全小作地」と「在村地主の1町歩（北海道は4町歩）を超える小作地」が小作農に売却された。

B．農林省統計表によると農地改革後の1950年には全農地のうち自作地が90.1%，小作地が9.9%となった。

C・D．GATTウルグアイ・ラウンド（1986〜94年）で1994年にコメの自由化が承認されたが，1995〜99年までの5年間は，自由化免除の代わりにミニマム・アクセス（国内のコメ消費量の4～8%を最低輸入量と設定）を輸入することが義務付けられることとなった。最低輸入量は年々増加させる取り決めであった。

E．コメの自由化後も，ミニマム・アクセス米は年間76.7トンを輸入している。

F・G．1990年の農業センサスで，経営耕地面積が30アール以上または農産物販売額が50万円以上の農家を「販売農家」，販売農家以外の，自給のために農業を行う農家を「自給的農家」と区分することが決められた。

【設問3】2020年の農業センサスによると販売農家（個人経営体）の区分のなかで，副業的農家が66.4万戸（全体の64%），主業農家が23.1万戸（全体の22.3%），準主業農家が14.3万戸（全体の13.7%）であった。

【設問4】2が正しい。自作農創設特別措置法は1946年10月に成立した第2次農地改革実施の細目を定めた基本法で，1952年の農地法制定まで続いた。1の農業基本法は農業の発展と農業従事者の地位の向上および農工間の所得格差是正を目的に1961年に制定された。4の食料・農業・農村基本法は1999年に農業基本法を改正して定められた法律。３の農業調整法はアメリカにおいてニューディール政策の一環として制定された法律である。

【設問５】４．正文。1960年までは，農家の生活水準は考慮されず，食糧管理特別会計の財政バランスを崩さないように生産者米価が決められていたが，離農化が進むなか，農家が都市労働者と同等の収入が得られるように農家の所得補償を重視して生産者米価が高く設定された。１．誤り。農地改革は1945〜50年まで実施された。また，食糧管理法は戦中の1942年に制定されている。２．誤り。生産者米価が消費者米価を上回る逆ザヤが続いた。３．誤り。畜産や果樹栽培などへの転作は1961年の農業基本法の制定によって促進された。

【設問６】２が正しい。食糧管理法が1995年に改正されて新食糧法（食糧需給価格安定法）が成立した。ヤミ米を計画外流通米として公認し，米の集荷・販売を許可制から登録制に変更した。また，一律減反を廃止して農家の自主的判断で減反できるように段階的に移行する方針が決められた。
１の農地法は1952年に制定された自作農保護を目的とした法律である。
３の食品安全基本法はBSE問題などを受けて2003年に制定された国や地方公共団体，事業者に食品の安全を確保する義務を定めた法律である。４の食育基本法は2005年に制定された地域で食育を推進するための法律である。

【設問７】１．正文。米は農家と他の産業労働者との所得格差を補うために政府に高く買い上げられて生産過剰となっていたため，米あまりを解消するために1970年から作付面積を減らす生産調整（減反政策）が実施された。農家が国主導の減反政策に応じて米の作付面積を減らせば，奨励金を与えられた。2018年から国主導の一律減反政策は廃止された。以上より２・３・４は誤文。

【設問８】１．正文。フランスのカロリーベースの食料自給率は平均して130％の水準である。２．誤文。1980年代のドイツのカロリーベースの食料自給率は微増傾向にあった。３．誤文。1970年代の日本のカロリーベースの食料自給率は50％を超えていた。2010年代は37〜38％程度で推移している。４．誤文。2010年代の日本の生産額ベースの食料自給率は60％を超えているのでカロリーベースの食料自給率よりも高い（すべて食料需給表を参照)。

【設問 9】自給的農家は経営耕地面積 10 アール以上, 30 アール未満で, 1 年間の農産物販売額が 50 万円未満の農家である。2020 年時点で約 72 万戸存在している。

Ⅲ 解答

【設問 1】A－1　B－8　C－11　D－13

【設問 2】直接投資

【設問 3】ア. シンガポール　イ. 多国間援助　ウ. 人間開発指数〔HDI〕　エ. 平均余命

【設問 4】E－5　F－3　【設問 5】4　【設問 6】オ. ジニ　カ. 1

【設問 7】3　【設問 8】a－2　b－2　c－2　d－2

【設問 9】3　【設問 10】人間の安全保障

◀解　説▶

≪貧困問題とその解決≫

【設問 1】A. 1985 年 9 月に G5（アメリカ, イギリス, フランス, 西ドイツ, 日本）の蔵相と中央銀行総裁がニューヨークのプラザホテルに集まり, 為替相場を円高・ドル安に移行する目的で各国が外国為替市場に協調介入することが決められた。これがプラザ合意である。

B. 国際協力機構（JICA）は日本政府の発展途上国に対する技術協力の実施, 無償資金協力の実施の促進, 開発途上地域の住民を対象とする国民等の協力活動の促進に必要な業務等を行い, これらの地域等の経済および社会の発展に寄与することを目的としている。

C. UNDP（国連開発計画）は 1966 年に発足した国連における発展途上国への開発援助の中心機関で, 1994 年に「人間の安全保障」という概念を提唱した。

D. センはインドのベンガル地方出身で, 1998 年にアジア初のノーベル経済学賞を受賞した経済学者。世界の貧困や不平等の問題を解決するためには, 人間一人一人の潜在能力（ケイパビリティ）を高める必要があることを説いた。

【設問 2】直接投資は金融収支の一項目で, 外国企業の経営支配を目的に, 株式を購入したり, 海外工場の設置などを行う対外投資の形態である。外国企業の経営支配を目的としない株式の購入は証券投資に記録する。

【設問3】ア．アジアNIEsは韓国・台湾・香港・シンガポールで構成。1980年代に急速に経済成長した。円高のため日本からの直接投資が増加すると同時に，国土が狭いため農産物については自給自足は難しいことが背景にあり，工業製品の輸出で経済発展を成し遂げた。

イ．ODAのうち，世界銀行やユニセフなどへ資金協力することを通じた経済援助は多国間援助に分類される。

ウ・エ．HDI（人間開発指数）は各国の発展の度合いを，経済中心の数値ではなく，人間中心の数値で表すもので，保健水準（平均寿命），教育水準（教育年数），所得水準（GNI）から算出する。

【設問4】E．ドイモイ政策はベトナム共産党が1986年に打ち出した改革・開放経済政策で，外資の積極的導入など市場経済原理を取り入れることで経済発展を目指した。

F．ASEAN諸国は，2003年にAFTA（ASEAN自由貿易地域）を原型に，モノの貿易だけでなく，「ヒト・モノ・カネ」の自由化も目指し，ASEAN共同体に発展させることで合意し，2015年に発足した。

【設問5】4が正しい。IBRD（国際復興開発銀行）は別名，世界銀行ともいう。加盟国の出資金や世界銀行債券を発行して集まった資金を，戦災からの復興や経済建設を必要とする国に，長期融資を実施し，経済発展を支援する。日本は1952年に加盟。1953〜66年にかけて東海道新幹線建設のためなど31件の融資を受け，1990年に完済した。1はIMF（国際通貨基金）の目的。2はIBRDの後の目的。3はGATTおよびWTOの目的。

【設問6】ジニ係数は所得格差を示す指標でイタリアの統計学者ジニの考案による。一般にジニ係数は，所得分布の不平等度を示すローレンツ曲線と均等分布線とで囲まれた部分の面積の，均等分布線より下の直角三角形の面積に対する比率で求められ，ジニ係数が0に近づくほど格差は小さくなり，1に近づくほど格差は大きくなる。

【設問7】3が正しい。ヨーロッパ経済協力機構（OEEC）は1960年，目的を達成して解消され，アメリカ・カナダなどの先進国を加えて，経済協力開発機構（OECD）に改組された。その目的は，「加盟国の経済成長」「発展途上国の経済援助」「貿易の拡大」などであり，先進国間の協力をはかるものである。OECDは組織内部に開発援助委員会（DAC）を設置し，加盟国の政府資金の供出による援助（ODA）と民間資金の活用による援助を並行して行うことになっている。1の IBRD は世界銀行。2の IDA（国際開発協会）は 1960 年設立。世界銀行の融資条件や，一般の商業ベースでは融資を受けられない発展途上国政府への開発融資援助を行う。別名「第二世界銀行」という。4の OEEC は前述したとおり，OECD の前身。

【設問8】 a．誤文。日本の ODA の二国間協力は無償資金協力と専門家や青年海外協力隊などの派遣である技術協力からなる。

b．誤文。日本の ODA の二国間協力は大きく贈与と政府貸付（借款）からなり，後者は資金の返済が条件である。日本の ODA は「自助努力の支援」を援助の基本方針としているため，円借款の割合が高い。

c．誤文。2020 年の日本の ODA 総額の対 GNI 比は 0.31 で国連が掲げる目標（0.7%）を下回っている。

d．誤文。日本の ODA はアジア偏重主義とも批判されるほど，アジア諸国への援助が中心であった。近年は貧困率の高いアフリカ諸国への無償資金援助が増えている。

【設問9】 3．誤り。1992 年6月に閣議決定された ODA 大綱では，⑴環境と開発の両立，⑵軍事的用途への使用を回避⑶途上国の軍事支出，大量破壊兵器・ミサイルの開発・製造，武器の輸出入の動向に注意，⑷途上国の民主化の促進，市場経済導入への努力，基本的人権と自由の保障に留意の四原則を掲げている。

【設問 10】 開発協力大綱では，日本が国際社会の平和と安定および繁栄の確保に一層積極的に貢献し，開発途上国と協働する対等なパートナーとしての役割を更に強化すべく⑴非軍事的協力による平和と繁栄への貢献，⑵人間の安全保障の推進，⑶自助努力支援と日本の経験と知見を踏まえた対話・協働による自立的発展に向けた協力という3つの基本方針を掲げている。

❖講　評

Ⅰ　憲法と司法権およびそれに関連する判例の理解を問う出題。【設問3】の憲法尊重擁護義務や【設問4】の違憲立法審査権についての正誤問題は問われている内容は標準的。【設問5】の重要判例の知識を問う問題については最高裁の出した違憲判決についての正確な理解が必要とされるが，内容は標準的である。他の問題は記述問題も含めて標準的。

全体的に基本・標準中心の出題と言える。

Ⅱ　戦後の日本の農政に関する出題。【設問1】の空所補充問題の「穀物メジャー」は少々細かい出題。【設問2】の数値を入れる問題も「ミニマム・アクセス米の輸入量」「『販売農家』の定義」の数値は少々細かい出題である。【設問5】の「生産者米価」,【設問7】の「減反政策」についての問題は細かな知識の必要な選択肢もあるが，消去法を活用して解きたい。それ以外の記述・選択問題はいずれも標準的な内容で，全体的に基本・標準中心の出題と言える。

Ⅲ　貧困問題とその解決の知識を問う問題。【設問3】の空所補充問題の「人間開発指数」は近年様々な大学で出題頻度が高まっている。【設問8】の日本のODAについての正誤問題の内容は標準的。図説や用語集も併用して学習してほしい。それ以外の記述式・選択式問題はいずれも標準的な内容であった。全体的に基本・標準中心の出題と言える。

例年のレベルから，2023年度は標準的な出題であったと言えるだろう。

数学

I

解答　(1)ア．6　イ．12　ウ．$8\sqrt{3}$　エ．$\frac{8}{3}\sqrt{2}$

(2)オ．$5<x<6$

(3)カ．4　キ．$\sqrt{3}$　ク．$\frac{\pi}{2}$　ケ．$\frac{\pi}{3}$　コ．$\sqrt{3}-1$

◀解　説▶

≪小問3問≫

(1)　正八面体は各面が正三角形で，各頂点に4つの面が集まっている正多面体であるから，頂点の数は

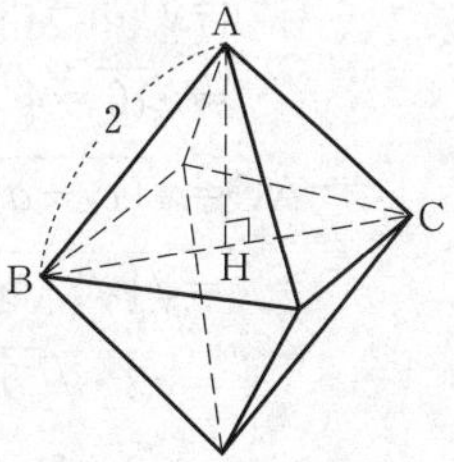

$$(3\times 8)\div 4=6\quad \to ア$$

辺の数は

$$(3\times 8)\div 2=12\quad \to イ$$

である。また，表面積は1辺の長さが2の正三角形が8個あるから

$$\left(\frac{1}{2}\times 2\times 2\times \sin\frac{\pi}{3}\right)\times 8=8\sqrt{3}\quad \to ウ$$

体積は1辺の長さが2の正四角錐2つ分で，右図の $\triangle ABC$ に着目すると $BC=2\sqrt{2}$ で，$AB=AC=2$ の二等辺三角形となる。点Aから線分BCに下ろした垂線の足をHとすると，$AH\perp BC$ かつ $BH=HC=AH$ なので

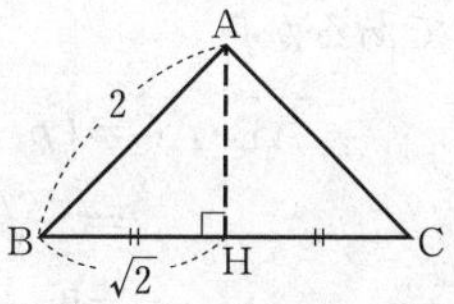

$$AH=\sqrt{2}$$

よって，正八面体の体積は

$$\left\{(2\times 2)\times\sqrt{2}\times\frac{1}{3}\right\}\times 2=\frac{8}{3}\sqrt{2}\quad \to エ$$

(2)　真数条件から

$$\begin{cases} x-5>0 \\ x>0 \\ 2x-3>0 \end{cases} \iff x>5\quad \cdots\cdots ①$$

$$\log_2(x-5)+2\log_2 x<\log_2(2x-3)+2$$

$$\log_2(x-5)\cdot x^2<\log_2 4(2x-3)$$

底2は1より大きいから

$$(x-5)x^2<4(2x-3)$$

$$x^3-5x^2-8x+12<0$$

$$(x-1)(x^2-4x-12)<0$$

$$(x-1)(x+2)(x-6)<0$$

$$x<-2,\ 1<x<6$$

①から，不等式の解は　　$5<x<6$　→オ

(3)　　$\mathrm{BC}=\sqrt{(c_1-b_1)^2+(c_2-b_2)^2}$

$$=\sqrt{(b_1-c_1)^2+(b_2-c_2)^2}$$

$$=\sqrt{16}=4\quad\text{→カ}$$

$$\mathrm{AC}=\sqrt{(c_1-a_1)^2+(c_2-a_2)^2}$$

$$=\sqrt{\{\sqrt{3}(b_2-a_2)\}^2+\{\sqrt{3}(b_1-a_1)\}^2}$$

$$=\sqrt{3}\cdot\sqrt{(b_1-a_1)^2+(b_2-a_2)^2}$$

$$=\sqrt{3}\,\mathrm{AB}$$

であるから　　$\mathrm{AB}:\mathrm{AC}=1:\sqrt{3}$　→キ

$$\overrightarrow{\mathrm{AB}}=(b_1-a_1,\ b_2-a_2)$$

$$\overrightarrow{\mathrm{AC}}=(c_1-a_1,\ c_2-a_2)=(\sqrt{3}(a_2-b_2),\ -\sqrt{3}(a_1-b_1))$$

であるから

$$\overrightarrow{\mathrm{AB}}\cdot\overrightarrow{\mathrm{AC}}=(b_1-a_1)\cdot\sqrt{3}(a_2-b_2)+(b_2-a_2)\{-\sqrt{3}(a_1-b_1)\}$$

$$=-\sqrt{3}(a_1-b_1)(a_2-b_2)+\sqrt{3}(a_1-b_1)(a_2-b_2)$$

$$=0$$

3点A，B，Cは異なる点なので，$\overrightarrow{\mathrm{AB}}\neq\vec{0}$，$\overrightarrow{\mathrm{AC}}\neq\vec{0}$ であるから

$$\overrightarrow{\mathrm{AB}}\perp\overrightarrow{\mathrm{AC}}$$

よって　　$\angle\mathrm{BAC}=\dfrac{\pi}{2}$　→ク

であり，$\mathrm{AB}:\mathrm{AC}=1:\sqrt{3}$ なので

$$\angle\mathrm{ABC}=\frac{\pi}{3}\quad\text{→ケ}$$

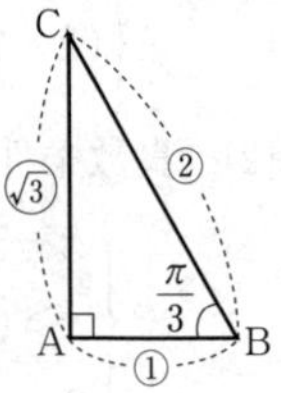

さらに，内接円の半径を r とおくと，$\triangle$ABC の面積に関して，BC=4, AB=2，AC=$2\sqrt{3}$ から

$$\frac{r}{2}(\mathrm{BC}+\mathrm{AB}+\mathrm{AC})=\frac{1}{2}\times2\times2\sqrt{3}$$

$$(3+\sqrt{3})r=2\sqrt{3}$$

$$r=\frac{2}{\sqrt{3}+1}\times\frac{\sqrt{3}-1}{\sqrt{3}-1}$$

$$=\sqrt{3}-1 \quad \to コ$$

II 解答

(1)　円の中心である原点から直線 $s+t-k=0$ までの距離が円の半径である 1 以下のとき，円と直線は共有点をもつから，点と直線の距離の公式より

$$\frac{|0+0-k|}{\sqrt{1^2+1^2}}\leqq1 \Longleftrightarrow |k|\leqq\sqrt{2}$$

$$\Longleftrightarrow -\sqrt{2}\leqq k\leqq\sqrt{2} \quad \cdots\cdots(答)$$

(2)　$\sin x=s$，$\cos x=t$ とおくと，$\sin^2x+\cos^2x=1$ から，$s^2+t^2=1$ をみたすので，$s+t$ のとりうる値の範囲は，(1)より $-\sqrt{2}\leqq s+t\leqq\sqrt{2}$ となる。

よって　　関数 $f(x)$ の最大値は $\sqrt{2}$，最小値は $-\sqrt{2}$　……(答)

別解　$f(x)=\sqrt{2}\sin\left(x+\frac{\pi}{4}\right)$

$0\leqq x\leqq2\pi$ より $\frac{\pi}{4}\leqq x+\frac{\pi}{4}\leqq\frac{9}{4}\pi$ なので

$$-1\leqq\sin\left(x+\frac{\pi}{4}\right)\leqq1$$

よって，$-\sqrt{2}\leqq f(x)\leqq\sqrt{2}$ なので

$$x+\frac{\pi}{4}=\frac{\pi}{2} \Longleftrightarrow x=\frac{\pi}{4} \text{ のとき，最大値 } \sqrt{2}$$

$$x+\frac{\pi}{4}=\frac{3}{2}\pi \Longleftrightarrow x=\frac{5}{4}\pi \text{ のとき，最小値 } -\sqrt{2}$$

(3)　(2)と同様に $\sin x=s$，$\cos x=t$ とおく。

$s^2+t^2=1$ をみたすとき，$|s|+|t|$ のとりうる値の範囲を考える。

$|s|+|t|=l$（l は実数）とおく。

次図より st 平面上で円 $s^2+t^2=1$ と $|s|+|t|=l$ の表す図形が共有点をも

つような l の値の範囲は　　$1 \leqq l \leqq \sqrt{2}$

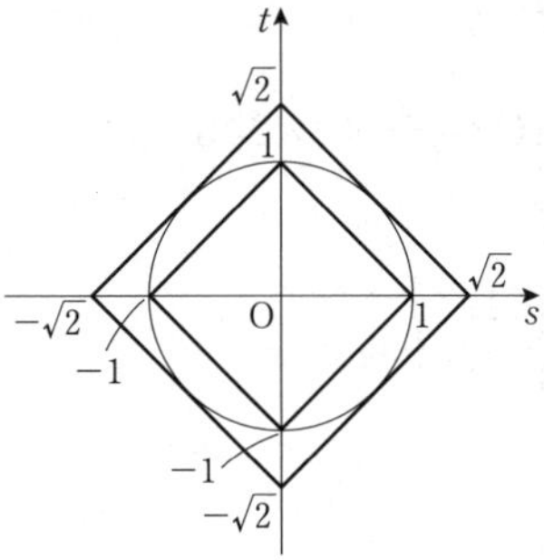

よって　　関数 $g(x)$ の最大値は $\sqrt{2}$，最小値は 1　……(答)

(4)　　$h(x)=\sqrt{A^2+B^2}\left|\dfrac{A}{\sqrt{A^2+B^2}}\sin x+\dfrac{B}{\sqrt{A^2+B^2}}\cos x\right|$

$$+\sqrt{A^2+B^2}\left|\frac{B}{\sqrt{A^2+B^2}}\sin x-\frac{A}{\sqrt{A^2+B^2}}\cos x\right|$$

ここで，$A>0$，$B>0$ より，$0<\dfrac{A}{\sqrt{A^2+B^2}}<1$，$0<\dfrac{B}{\sqrt{A^2+B^2}}<1$ であり，

$\left(\dfrac{A}{\sqrt{A^2+B^2}}\right)^2+\left(\dfrac{B}{\sqrt{A^2+B^2}}\right)^2=\dfrac{A^2+B^2}{A^2+B^2}=1$ であるから，$0<\alpha<\dfrac{\pi}{2}$ の α

を用いて，$\cos\alpha=\dfrac{A}{\sqrt{A^2+B^2}}$，$\sin\alpha=\dfrac{B}{\sqrt{A^2+B^2}}$ とおくと

$$\begin{aligned}
h(x)&=\sqrt{A^2+B^2}\,|\cos\alpha\sin x+\sin\alpha\cos x| \\
&\qquad+\sqrt{A^2+B^2}\,|\sin\alpha\sin x-\cos\alpha\cos x| \\
&=\sqrt{A^2+B^2}\,|\sin x\cos\alpha+\cos x\sin\alpha| \\
&\qquad+\sqrt{A^2+B^2}\,|-(\cos x\cos\alpha-\sin x\sin\alpha)| \\
&=\sqrt{A^2+B^2}\,|\sin(x+\alpha)|+\sqrt{A^2+B^2}\,|-1|\cdot|\cos(x+\alpha)| \\
&=\sqrt{A^2+B^2}\,\{|\sin(x+\alpha)|+|\cos(x+\alpha)|\}
\end{aligned}$$

$0 \leqq x \leqq 2\pi$ より $\alpha \leqq x+\alpha \leqq 2\pi+\alpha$ であるから

(3)より　　$1 \leqq g(x+\alpha) \leqq \sqrt{2} \Longleftrightarrow 1 \leqq |\sin(x+\alpha)|+|\cos(x+\alpha)| \leqq \sqrt{2}$

よって，$\sqrt{A^2+B^2} \leqq h(x) \leqq \sqrt{2(A^2+B^2)}$ なので

　　関数 $h(x)$ の最大値は $\sqrt{2(A^2+B^2)}$，最小値は $\sqrt{A^2+B^2}$　……(答)

◀解　説▶

≪円と直線が共有点をもつための条件，関数の最大値と最小値，三角関数の合成≫

(1)　(2)，(3)を考えやすくするための設問であり，点と直線の距離を用いて，2 つの図形が共有点をもつための条件を考える。

(2)　〔別解〕のように，三角関数の合成を用いて解くこともできるが，$\sin x=s$，$\cos x=t$ とおいて，(1)を利用するとよい。

(3)　(2)と同様に s と t を用いて考えるとよい。$|s|+|t|=l$（l は実数）の図形を st 平面上で考え，円 $s^2+t^2=1$ と共有点をもつ条件を考えるとよい。

(4)　(3)を利用する設問で，それぞれの絶対値の中の式を三角関数の合成を用いて変形する。$B\sin x-A\cos x$ のほうは，cos の合成を用いるとよい。

III　解答

(1)　$f(x)=(x+1)(x^2-2x-2)-(x+2)|(x+1)(x-2)|$ なので

(i) $-1<x<2$ のとき，$|(x+1)(x-2)|=-(x+1)(x-2)$ より

$$f(x)<2-2x^2$$
$$(x+1)\{(x^2-2x-2)+(x+2)(x-2)\}+2(x+1)(x-1)<0$$
$$(x+1)\{(2x^2-2x-6)+2(x-1)\}<0$$
$$2(x+1)(x^2-4)<0$$
$$(x+1)(x+2)(x-2)<0$$
$$x<-2,\ -1<x<2$$

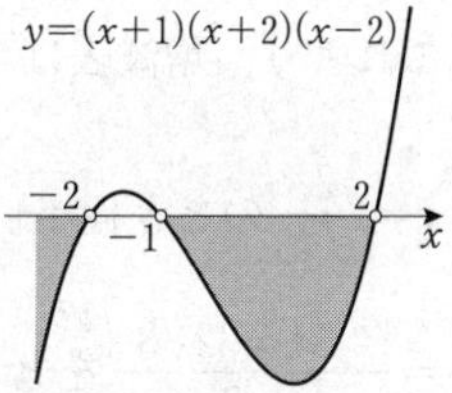

$-1<x<2$ なので，不等式の解は　　$-1<x<2$

(ii) $x\leqq -1$，$x\geqq 2$ のとき，$|(x+1)(x-2)|=(x+1)(x-2)$ より

$$f(x)<2-2x^2$$
$$(x+1)\{(x^2-2x-2)-(x^2-4)\}+2(x+1)(x-1)<0$$
$$(x+1)(-2x+2+2x-2)<0$$
$$(x+1)\cdot 0<0$$

これをみたす解は，$x\leqq -1$，$x\geqq 2$ に存在しないため，解なし。

以上(i)，(ii)から，$f(x)<2-2x^2$ の解は　　$-1<x<2$　……(答)

(2)　(1)より $-1<x<2$ で $f(x)<2-2x^2$ であるから，求める領域 D_0 の面積は

$$\int_{-1}^{2}[(2-2x^2)-\{(x+1)(x^2-2x-2)+(x+2)(x+1)(x-2)\}]dx$$
$$=\int_{-1}^{2}\{2-2x^2-(x^3-x^2-4x-2+x^3+x^2-4x-4)\}dx$$
$$=\int_{-1}^{2}(-2x^3-2x^2+8x+8)dx$$
$$=\left[-\frac{1}{2}x^4-\frac{2}{3}x^3+4x^2+8x\right]_{-1}^{2}$$
$$=\left(-8-\frac{16}{3}+16+16\right)-\left(-\frac{1}{2}+\frac{2}{3}+4-8\right)$$
$$=\frac{45}{2}$$ ……(答)

(3)　$f(x)=\begin{cases}2(x+1)(x^2-x-3) & (-1<x<2)\\ -2(x+1)(x-1) & (x\leqq -1,\ x\geqq 2)\end{cases}$

であり，$y=2(x+1)(x^2-x-3)$ は

$$y'=2(x^2-x-3)+2(x+1)(2x-1)$$
$$=6x^2-8$$
$$=6\left(x+\frac{2}{\sqrt{3}}\right)\left(x-\frac{2}{\sqrt{3}}\right)$$

これより，増減表は下のようになり，$-\frac{2}{\sqrt{3}}<-1<\frac{2}{\sqrt{3}}<2$ より

$x=\frac{2}{\sqrt{3}}$ のとき極小値 $2\times\left(\frac{2}{\sqrt{3}}+1\right)\left(\frac{4}{3}-\frac{2}{\sqrt{3}}-3\right)$

$=-\frac{54+32\sqrt{3}}{9}$ をとる。

x	-1	…	$\frac{2}{\sqrt{3}}$	…	2
y'		$-$	0	$+$	
y	0	↘	(極小)	↗	-6

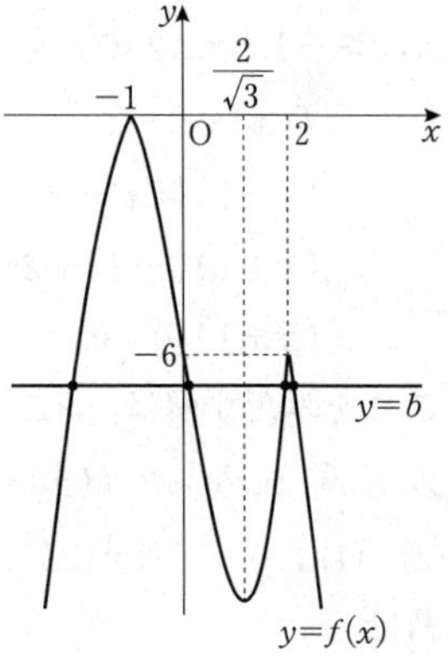

よって，$y=f(x)$ のグラフは右図のようになるから，直線 $y=b$ と共有点の個数が4つとなる実数 b のとりうる値の範囲は

$$-\frac{54+32\sqrt{3}}{9}<b<-6$$ ……(答)

(4)　$x_1(b)$，$x_4(b)$ は，$y=2-2x^2$ と $y=b$ の共有点の x 座標であるから，

$2-2x^2=b \Longleftrightarrow x=\pm\sqrt{1-\dfrac{b}{2}}$ なので　$\left((3)\text{より}\qquad 1-\dfrac{b}{2}>0\right)$

$$x_1(b)=-\sqrt{1-\frac{b}{2}},\ x_4(b)=\sqrt{1-\frac{b}{2}}$$

である。

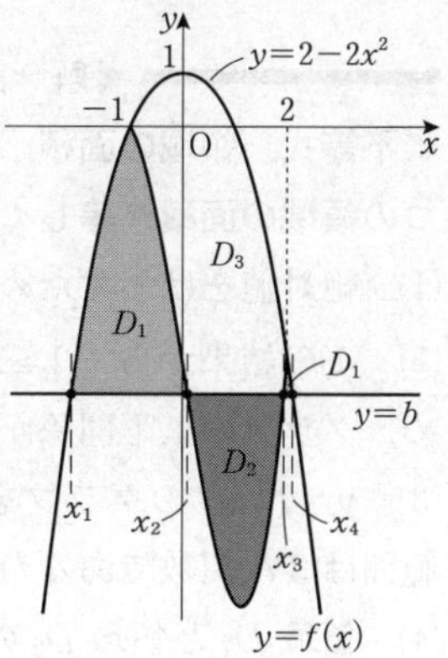

D_1 と D_2 の面積が等しいとき，右図のように領域 D_3 を定めると

$$\begin{aligned}
&(D_0\text{の面積})\\
&=(D_3\text{の面積})+(D_2\text{の面積})\\
&=(D_3\text{の面積})+(D_1\text{の面積})\\
&=\int_{x_1(b)}^{x_4(b)}\{(2-2x^2)-b\}dx\\
&=-2\int_{-\sqrt{1-\frac{b}{2}}}^{\sqrt{1-\frac{b}{2}}}\left(x+\sqrt{1-\frac{b}{2}}\right)\left(x-\sqrt{1-\frac{b}{2}}\right)dx\\
&=\frac{2}{6}\left\{\sqrt{1-\frac{b}{2}}-\left(-\sqrt{1-\frac{b}{2}}\right)\right\}^3\\
&=\frac{8}{3}\left(1-\frac{b}{2}\right)^{\frac{3}{2}}
\end{aligned}$$

(2)より，$(D_0\text{の面積})=\dfrac{45}{2}$ であるから

$$\frac{8}{3}\left(1-\frac{b}{2}\right)^{\frac{3}{2}}=\frac{45}{2}$$

$$\left(1-\frac{b}{2}\right)^{\frac{3}{2}}=\frac{135}{16}$$

$1-\dfrac{b}{2}$ は正の実数より　　$1-\dfrac{b}{2}=\dfrac{9}{8}\sqrt[3]{50}$

よって　　$b=\dfrac{8-9\sqrt[3]{50}}{4}$

$$-6-\frac{8-9\sqrt[3]{50}}{4}=\frac{-32+9\sqrt[3]{50}}{4}>0\quad(\because\ \ 32^3<(9\sqrt[3]{50})^3)$$

$$\frac{8-9\sqrt[3]{50}}{4}-\left(-\frac{54+32\sqrt{3}}{9}\right)=\frac{288+128\sqrt{3}-81\sqrt[3]{50}}{36}>0$$

$$(\because\ \ 3<\sqrt[3]{50}<4)$$

これより，$-\dfrac{54+32\sqrt{3}}{9}<\dfrac{8-9\sqrt[3]{50}}{4}<-6$ をみたすので，求める b の値は

$$b=\frac{8-9\sqrt[3]{50}}{4}\quad\cdots\cdots(\text{答})$$

◀解　説▶

≪不等式，領域の面積，曲線と直線の共有点の個数が４つとなる条件，２つの領域の面積が等しくなるための条件≫

(1)　絶対値をはずすために場合分けして考える。

(2)　(1)の結果から $-1\leqq x\leqq 2$ では常に $f(x)\leqq 2-2x^2$ が成り立っているため，グラフの上下関係がわかる。

(3)　$y=f(x)$ のグラフを描くことで求めることができる。$-1\leqq x\leqq 2$ の範囲は３次関数であるから，極値などを考えるとよい。

(4)　領域 D_1 と領域 D_2 の面積が等しくなるように，領域 D_0 から D_2 を除いた領域に D_1 を付け加えることで，放物線 $y=2-2x^2$ と直線 $y=b$ で囲まれた領域になることに気付くことが大事である。

❖講　評

例年大問３題の出題で，2023年度はⅠが「数学Ａ」の空間図形，「数学Ⅱ」の対数関数からと，「数学Ⅱ」の図形と方程式と「数学Ａ」の平面図形の融合問題，Ⅱが「数学Ⅱ」の図形と方程式，三角関数から，Ⅲが「数学Ⅱ」の微・積分法からの出題。

Ⅰ　(1)は正八面体に関する基本的な内容で取り組みやすい。(2)は対数不等式の問題で，真数条件をまず考えておくことが大切となる。(3)は座標平面上にある３点を結んでできる三角形に関する問題で，辺の長さ，辺の長さの比，角の大きさをそれぞれ求めるが，条件で与えられている３つの関係式をうまく用いると比較的簡単に求めることができる。最後の内接円の半径も面積を用いるのが一般的であるが，直角三角形の場合は接線の長さを利用して解く方法をとることもできる。

Ⅱ　三角関数からの出題であるが，(1)は図形と方程式の内容からの出題で，後の設問においても同様の考え方で求めるという誘導になっている。円と直線が共有点をもつ条件なので，点と直線の距離の公式を用いたい。(2)は三角関数の合成ではなく，(1)を利用することが望ましい。(3)

も絶対値はつくが，(1)の考え方を利用することで図形的にとらえることができる。(4)は，(3)が利用できるように，絶対値の中の式を sin の合成と cos の合成を用いて変形できることに気付きたい。

Ⅲ　微・積分法からの出題である。**Ⅱ**と同様，絶対値を含んでいるが，この問題では，絶対値をはずして解いていく必要がある。(1)は絶対値をはずすために場合分けをすることになるが，$x \leqq -1$，$x \geqq 2$ のとき $f(x)=2-2x^2$ で不等式の右辺と同じ式が出てくることになり，不等式の解は存在しない。(2)は(1)からグラフの上下関係がわかっているため，ていねいに計算したい。(3)は $y=f(x)$ のグラフを描くことで b の範囲がわかるため，$-1<x<2$ のときの3次関数の部分は増減表をかき，極値などを調べる必要がある。(4)領域 D_1 は $x_1(b) \leqq x \leqq x_2(b)$ の部分と $x_3(b) \leqq x \leqq x_4(b)$ の部分の2カ所があり，面積を求めるというのは現実的ではない。領域 D_2 には含まれず，(2)で面積を求めた領域 D_0 の部分と領域 D_1 を合わせることで放物線と直線で囲まれた領域となることに気付くのが重要。計算量もあり，ていねいに解答していくよう心がけたい。

2023年度も例年通り，**Ⅲ**において，かなりの計算力が求められる。日頃からていねいに計算し，答えが合うまできっちり見直しをするなどの対策をしておきたい。

章に不慣れだったかもしれない。全体的に井戸車を擬人化して書いているので、うっかり読み間違えないようにしたい。㈠の語意は、a・bともに標準的。語彙力がものを言う問題である。㈡の口語訳も標準的。㈢の和歌修辞も標準的。㈣の内容説明は、人物関係の正確な把握が必要で、やや難。㈤の文法は標準的。㈥の内容真偽も標準的。㈦の内容説明（記述式）は、やや難。「何」は「（古びた）井戸車」で、これを間違うと点数は得られないだろう。本文の正確な理解が試されていて、点差が大きく付く問題である。「どのようなところ」のうち、「その灘（＝困難）をつつがなく越えすまして」は具体化する必要がある。「安静の境に至らむ（こと）」も具体化するのが望ましいが、〝今は安静な役割につくところ〟くらいに答えるのも現実的であろう。

「所」「こと」「点」などとしても可。

❖講　評

二〇二三年度から引き続き、二年連続で現代文一題、古文一題の出題となった。全体的な分量は例年とあまり変わらない。二〇二二年度と比べて、現代文は難化し、古文は同程度の難易度であった。

一の現代文は、地域を、都市郊外・国家・世界との関係から論じた文章からの出題。例年と比べても文章自体はかなり読みやすく、内容把握に問題はなかっただろう。しかしそのぶん、一部の設問で選択肢がかなり紛らわしくなっていて、受験生は相当手こずったと思われる。㈠の空所補充は平易。㈡〜㈣の内容説明は、それぞれの傍線について説明されている箇所を把握し、それと選択肢の内容を照応しながら適否を確かめていくという、例年通りの手順で答えられる。ただし、㈡は選択肢がかなり紛らわしく、難問。おそらく2と4に絞れて、2のほうが「より小さな環境から、より大きな環境へ」の説明としてふさわしいと感じるかもしれないが、「……によってグローバル化が進展する」が適切かどうか、吟味する必要があった。一方、4は内容的に間違いがなく、消去法で残る。㈢と㈣はともに標準的。紛らわしい選択肢もあるが、積極法で正解は選べる。㈤の内容真偽は、正解三つのうち、2と5はすんなり選べるが、8がやや難で、7か8かで紛らわしかった。しかし、7は前半と後半のつなぎ方が不適切で、本文の内容に合致しない。8は、「とくに昭和後半以降」でなく、単に「昭和後半以降」となっているので、それで合致していると言えるのか、判断に迷うところだろうが、消去法で8が残る。㈥の内容説明（記述式）は、標準的なレベルだが、「〝都市郊外〟という環境がもたらす認識への影響」の全体的説明をするのか、「認識への影響」に焦点を当てて説明するのか、迷うかもしれない。一応後者と見ておくと、解答を構成するキーワードは「地域」「個人」「国家」「世界（グローバル）」の四語。都市郊外に住めば、これらをどう認識しがちになるのか、本文に即して明らかにすればよい。

二の古文は、江戸時代後期の俳文集からの出題。俳味（しゃれた趣）のよく出ている文章だが、受験生はこの手の文こと〟の意。「むべなり」は〝もっともだ〟の意。「このぬし（＝今の持ち主）」が、官邸の老君から「賜はりける」という人物関係も押さえて、1が正解となる。2は「賓客の新居を占った老君が」、3は「忠告をしている」、4は「持ち主が賓客に新居を仲介した」、5は「老君が新居を建てた嬉しさ」「残念がっている」が、それぞれ不適切。

㈤　「なせ」は四段動詞「なす（為す）」の已然形（命令形説もある）なので、傍線「る」は完了存続の助動詞「り」の連体形（「る」の下には「もの」などが補える）。したがって、四段動詞「敷く」の已然形（命令形）の「敷け」に接続している5の「る」が同じで、正解。1は上二段動詞「過ぐ」の連体形の一部。2は過去の助動詞「けり」の連体形の一部。3は下二段動詞「聞こゆ」の連体形の一部。4は受身の助動詞「る」の連体形の一部。

㈥　1、見つけ出したのは踏石でなく井戸車であり、見つけたのは官邸の誰かであろう（少なくとも筆者ではない）。
2、玉と六助については、「今いづくにかある（＝今どこにいるのか）」とあり、消息不明である。
3、「擂鉢《すりばち》の欠けて犬の飯器に下げられ」に合致する。
4、「人も少壮のころは、……危ふきところにも身をおき、いそがしきつとめものがるべからず」に合致する。
5、老君に仕えていたのは筆者でなく、「このぬし（＝今の持ち主）」。
6、老君のためにでなく、「このぬし」のためにこの文章を贈った。

㈦　「その灘《なだ》（＝ここでは仕事の困難なことのたとえ）をつつがなく（＝無事に）越えすまして、かく（＝花瓶の台となって）安静の境に至らむ（こと）」に、筆者はあやかりたい（自分もそうなりたい）と思っている。本文では「安静」が井戸車に用いられていることに注意する。解答としては、「井戸車の、幾多の危難を乗り越えて、安静の境遇にあるところ」なども一つの候補になる。しかし、これでは説明が擬人的なので、井戸車の物としてのあり方に即して説明し直すのが適切である。「その灘をつつがなく越えすまして」とは、「一日も休することなし」にこき使われたが「身を全うして」無事だったこと。「安静」は、「今は畳に登り花瓶を負ひて、大賓貴客のためにもいささかも床を下らず」つまり「愛蔵」されていることを指している。答え方は「〜の、……ところ」の形が基本だが、「ところ」は申しあげていた（役人である）老君が、この井戸車をわざわざ好んで、長い間そばに置いて慰み物となさっていたのを、（この持ち主が）新居を定めたお祝いとしていただいたということだ。大切にするのはもっともなことだなあ。私に一筆したためるよう求めるのに応じて、思いついた内容を気の向くままに書いて贈ることになった。

▲解　説▼

(一) a、「あづかる」は「与る」と書き、〝関与する、関わる〟の意。ここでの「ことにあづかる」は、〝仕事に関わる（従事する）〟ほどの意。

b、「そぞろなり」は漫然としたさまを表す語で、連用形の「そぞろに」は、〝むやみに、わけもなく、とりとめもなく〟などの意。ここでは、「思ひよれる趣を（＝思いついた内容を）」からも、5が自然。

(二) 一文前の「かれがむかしを思ふに」の「かれ」は「井戸車」を指し、「至つて危ふきところにかかり、……一日も休することなし」は、その井戸車の説明であることに注意。「その古びたるさま」の「そ」は「井戸車」を指し、傍線アは、〝井戸車の古くなった様子を見ると、働いていた期間もしばらくの間ではないだろう〟の意。1は、打消推量の助動詞「じ」を「〜ないはずだ」としているが、解釈の範囲内と言える。2は、後半の解釈は適切だが、「見ていたのは」が不適切。「見るに」の「に」は接続助詞で、〝〜（する）と〟の意。3は「貴重な」が不適切。4・5は「持ち主の」が誤り。

(三) 檜垣《ひがき》の嫗《おうな》は、平安時代中期（十世紀）の伝説的な女流歌人で、和歌は、〝私の（美しかった）黒髪は白くなり、白川の水汲みをするまでに（落ちぶれて）年老いてしまったなあ〟の意。「みづはくむ」は「水は汲む」と「瑞歯《みずは》ぐむ（＝年老いる）」の掛詞で、3が「満つ」「見つ」ともに不適当。

(四) この文章は、筆者が古びた井戸車の今の持ち主から一文を所望されて書いたものである。その点を踏まえて傍線ウを解釈すること。「卜《ぼく》す」は〝①占う、②占って定める・判断して定める〟の意で、ここでは②の意味。「歓《よろこ》び」には〝①お祝い、②お礼〟の意があり、ここでは①の意味。「賜はる」は〝いただく〟の意。「愛蔵」は〝大切に所有する

◆全　訳◆

井戸車（＝井戸水を汲むために吊るす滑車）の古びた物を用いて、花瓶を置く台としているものがある。この井戸車はある役人の邸宅の天井の上に隠れて、塵に埋もれていたのを見つけ出して、興味深い外形だということで、その片面に漆を塗って、このように風流な物となっている。そうだからであろうか、その（井戸車の）昔を思うと、極めて危険な（井戸の上の）所に懸かり、元旦に初めて汲む水の朝から、大みそかの風呂の（水の）夕方まで、（一年中回されて）一日も休むことがない。その（井戸車の）古くなった様子を見ると、それもしばらくの間ではないだろう。（井戸車は、井戸の底に）姿を映した幼児の振り分け髪（の頃）から、檜垣の嫗のようにひどく年老いるまでも、見届けたことであろう。そうして（井戸車が）その危険な場面を経験し尽くし、忙しい仕事をし終えて、今の身の安静な状態でいることは、釣瓶《つるべ》の露ほども（＝ほんの少しばかりも）（苦難の）昔に似ていることがない。あれほど多忙だった頃は、身分の低い五助や六助（といった下男）に回され、飯炊きの玉や竹（といった下女）の手にばかり引かれたことだろう。物事が変化し時が流れて、玉も六助も今はどこにいるのか（消息不明だ）。思ったか（、いや思いもしなかった）、ひとりこの（井戸車だけが）物の身を保って（＝最後まで無事に生き残って）、今は畳に上がり花瓶を背負って、大切な客や高貴な客のためにも少しも床から下りないで、このような貴い行く末であろうとは。昔の菜切り包丁（程度の物）が今では剣となっ（て価値が上がっ）た類とも言うことができるだろう。このように安らかに静かであってこそ、千年の寿命もきっと保つことができるのだろう。それにしてもまた摺鉢《すりばち》が欠けて犬の食器に格下げされ、（上下二個の）挽臼《ひきうす》が別々に分けられて踏石となるなど、（摺られたり挽かれたりせずに）静かな状態だとしても何の面目があろうか（、いやないだろう）。ただこの物（＝井戸車）の前世からの因縁こそめったにないほど尊い。人も若くて元気な頃は、世の時勢に応じて仕事に関わるならわし（として）、危険な所にも身を置き、忙しい勤めも逃れることはできない。（井戸車が）その苦難を無事に乗り越えきって、このように（花瓶の台となって）安静の境遇に至るようなことは、本当に自分もそうなりたいものだよ。それというのもただひたすらにこのように（大切に）用いてくれる人に出会った幸せなのだよ。もともとこの持ち主の人がお仕え

8、第二十九・三十段落に合致する。選択肢の「昭和後半以降」に、第三十段落の「とくに」が付いていないので、やや判断に迷うところではあるが、消去法で8が選べる。

㈥ 「〝都市郊外〟という環境」と、「（それが）もたらす認識への影響」の二点に分けて考えれば、第三十四・三十五段落を踏まえて、「都市郊外では地域と無縁なまま暮らせるため、地域が認識されにくくなるということ」などの解答が考えられるが、ここでは「認識への影響」自体を掘り下げて説明するほうが、設問の趣旨に沿うと思われる。筆者は、「身近な地域と、国家を通じた世界とのつながり」の「バランス」を重視する立場（第二十二段落）。解答としては、第三十五段落の「『地域』が認識されづらい」という内容の指摘は必須。さらに、第三十六段落の「個人が国家やグローバル市場にだけ……錯覚」や、最終段落の「国家と個人しかない認識」「すべてを国家に……認識」などを踏まえて説明するが、前者は「一般的な認識」とし、後者は「一部の人々の視野には」として極端な場合なので、前者を踏まえて説明するのが無難だろう。

二

出典 横井也有《やゆう》『鶉衣《うずらごろも》』〈続編 上 花瓶台記〉

解答

㈠ a－2 b－5

㈡ 1

㈢ 3

㈣ 1

㈤ 5

㈥ 3・4

㈦ 井戸車の、長年酷使された後も無事で、今は大切にされている点。（三十字以内）

は、「暮らしを維持する作業が制御できなくなったために」が不適切。第十三段落によると、それはグローバル化の説明に該当する。第十八段落で、筆者は人口減少の理由として「国家事業への参画」による都市への吸収を挙げている。

㈣　第十九〜三十段落までの内容を押さえる。すると、3が、第二十二〜二十四段落の内容に合致し、正解となる。「均衡が崩れ」は、第二十三段落の記述から適切である。1は、「置き換えられた」「なりはててしまった」が不適切。第二十三段落によると、「かもしれない」の話である。2は、第二十二段落を踏まえると、後半の内容が「大変問題のある事態」に該当しない。4は、第三十段落を踏まえたものであるが、「ナショナル（＝国家的）であると錯覚した」が読み取れず、不適切。5は、バランスのよいハイブリッドの構成を「国家とグローバル世界」の二つとしているのが不適切。「地域」が抜けている（第二十二段落）。

㈤　1、「進展しなかった」が合致しない。第二段落に「鉄道開発が十分に進展しなかった地方都市」にモータリゼーションが進展したとあるが、鉄道開発が十分に進展した郊外都市ではモータリゼーションは進展しなかった、という内容は記載がない。

2、第一段落の「鉄道が都市の内外に……実現されるのである」に合致する。

3、第三〜五段落に合致しない。都心の交通渋滞を回避するためになされたことは「バイパス道路の建設」（第三段落）であり、それに伴って結果的に都市的機能が貼り付けられていったのである。

4、第三段落の「都心の地価高騰もあって」以降に合致しない。「ことによって」の前後の内容が順序逆である。

5、第六段落の「平成期までには……出て働くようになった」に合致する。

6、「より顕著なものとなった」が合致しない。第九段落に「地域の自明性は、……薄れてしまった」とある。

7、第二十七〜二十九段落に合致しない。元の暮らしに戻ることができるのは旧世代の人だけであって、「しかしその次の世代は、……」（第二十九段落）からは、世代を経てしまえば元に戻れないと読み取れる。

▲解　説▼

㈠　第三十段落（㈥の傍線の段落の直前の段落）に「こうした新しい世代が……本来の地域の暮らしというものが、もはや認識しがたいほど疎遠なものとなっている」とあり、第三十四段落に「都市郊外の住宅地はこうして、……地域とできるだけ無縁なまま暮らせるように構築されている」とあるように、郊外形成と世代交代のどちらも、「『地域』が認識されづらい状況」（第三十五段落）を作り出しているので、相乗効果が出ていると考えることができる。相乗効果があるので、その状況が「急速に」（空欄すぐ後）形成されることにもなる。よって正解は4。

㈡　第九段落までの内容を押さえ、内容真偽問題の要領で答える。すると、4が、第二段落の「鉄道開発が十分に進展しなかった地方都市でも……モータリゼーション（自動車の普及）が進展し」、第三段落の「モータリゼーションは、……大きく変容させた」、第八段落の「都市圏を越え、県境をも越える規模の巨大な関係の成立であった」に合致し、正解。1は、「全国レベルの流通」を「小さな環境」と捉えているのが不適切。第九段落の「江戸時代にも全国レベルの流通はあったが」に注意。2は、前半の因果関係の説明が不適切。第五段落によると、「グローバル化」が進むことで「アメリカからの強い要請」を受けたことが遠因となって「商店街の衰退」が生じたのである。3は、「都市消費の中心がスプロール化する」と「都市の物流は……移っていった」が順序逆である。第四段落に「こうして都市機能の郊外への分散が進行し、……各地でスプロール化（空洞化）が現実化することとなる」とある。5は、「面的利用」（第八段落）を「小さな環境」と捉えているのが不適切。

㈢　第十～十八段落までの内容を押さえる。すると、1が、第十五段落の「私たち自身が……依存しているのだ」、第十七段落の「こうして、……維持されるようになった」、第十八段落の「その背後では再び格差が進展し、貧困や差別が新たな形ではじまっている」に合致し、正解。2は、「ガスや石油」が不適切。第十二段落によると、「木材（炭、薪など）や石炭」である。3は、「都市生活者たちは、……求め」が不適切。第十五段落によると、低価格は「安い海外産に圧迫され」たため。4は、「装飾効果が失われた」とあるが、第十六段落からはそこまで読み取れない。5

国語

一

出典 山下祐介『地域学入門』〈Ⅳ 変容の章〉（ちくま新書）

解答

(一) 4

(二) 4

(三) 1

(四) 3

(五) 2・5・8

(六) 地域の認識が希薄化し、個人として国家や世界市場にだけ関わっている錯覚に陥ること。（四十字以内）

◆要 旨◆

モータリゼーション（自動車の普及）の進展に伴い、交通網が整備され、都市機能の郊外への分散が進行し、人々はより広範囲に移動するようになった。その結果、現在では小さな地域が単独で自らの環境に対峙せずに、より広い環境に対面している。物資やエネルギーの調達もグローバル化し、身近な地域と、国家を通じた世界とのつながりのバランスが崩れている。地域と無縁に暮らせる都市郊外という環境によって、私たちは「地域」が認識しづらい状況になり、個人が国家やグローバル市場にだけ向き合って暮らしているかのような錯覚が一般的な認識となった。さらに一部の人々は、すべてを国家に委ね、依存するという危うい認識を持っている。私たちは地域を知るきっかけを取り戻さなくてはならない。

2022年度

問題と解答

■学部個別日程（神・商・心理・グローバル地域文化学部）

問題編

▶試験科目・配点

教　科	科　　　目	配　点
外国語	コミュニケーション英語Ⅰ・Ⅱ・Ⅲ，英語表現Ⅰ・Ⅱ	200 点
選　択	日本史Ｂ，世界史Ｂ，政治・経済，「数学Ⅰ・Ⅱ・Ａ・Ｂ」から１科目選択	150 点
国　語	国語総合，現代文Ｂ，古典Ｂ	150 点

▶備　考

「数学Ｂ」は「数列」および「ベクトル」から出題する。

英語

（100 分）

〔Ⅰ〕 次の文章を読んで設問に答えなさい。[＊印のついた語句は注を参照しなさい。]（70点）

Nations are created through the burial of inconvenient history. Such is the case with the Canadian and American nation-states, whose national narratives both selectively remember and forget their respective histories, as such narratives must do. One telling (a) example is the American battle cry, "Remember the River Raisin!" heard after the Battle of Frenchtown, named for a settlement located on the frontier in southeast Michigan. This forgotten battle during the War of 1812 has all but passed from memory, (ア) while the 1836 Battle of the Alamo is remembered — though fewer Americans were killed at the Alamo.（中略）

The historical amnesia* surrounding the Battle of Raisin River and the War of 1812 is a telling indicator of the forgotten history of the United States and (X) of the French-speaking populations that had shaped the destiny of the United States and Canada. From the Great Lakes and Illinois Country to the Pacific, the French *Canadiens** and Créoles* would be the first to explore and settle (b) the lands that would become Canada and the United States, forging alliances and kin* ties with the indigenous nations that inhabited (イ) these lands. Their knowledge and skills would be co-opted* by the later "explorers" who "discovered" and "mapped" the terrain*. To remember the Battle of Frenchtown would require remembering that the Americans had not been the first settlers and that their success had required alliances with the descendants of the

French.

（中略）

Generations of historians would conveniently ignore the Gallic* names on the terrain mapped by men such as Meriwether Lewis and William Clark*, while omitting from their historical accounts(ウ) the men the "explorers" relied upon to ensure that they could successfully traverse the continent, men such as Toussaint Charbonneau, François Labiche, Jean-Baptiste Lepage, Pierre Cruzatte, and Georges Drouillard. While Georges Drouillard was their principal(c) scout, translator, and hunter, Sacagawea's* husband, Toussaint, in particular, has been ridiculed as part of the general propensity* to grossly overstate* Sacagawea's role in the expedition. Furthermore, Lewis and Clark were serenaded by the French folk songs with accompaniment by Pierre Cruzatte and his fiddle, which were central to the voyageur repertoire*, as their French songs have resonated along the rivers of the continent（ Y ）generations. Cruzatte provided a major component of the entertainment and "ice-breaker*" package deployed(d) when visiting Indian villages along the way. In addition to the five men and one child（Jean-Baptiste Charbonneau）comprising the *Canadien* and Métis* contingent* accompanying Lewis and Clark all the way to the Pacific, two other often forgotten sets of their countrymen were involved as the expedition ascended(e) the Missouri River to the Mandan* villages and their winter encampment*. There were the dozen *Canadien* boatmen who pulled the keelboat* up the river and then returned the following spring to St. Louis with the journals(f) and specimens of the expedition's first year. On the way up, one of these engagés*, named La Liberté, had also been designated to be the translator for the Oto tribe, while another, named François Rivet, added to Cruzatte's fiddle music in entertaining the Mandans by dancing upside down on his hands.（中略）

In his *1493: Uncovering the New World Columbus Created*, Charles Mann borrows from the Cuban folklorist Fernando Ortiz Fernández the term "transculturation" to describe a process whereby one group of people embraces (g) culture from another and transforms it, wherein they "make it their own by adapting, stripping, and twisting it to fit their needs and situation." Mann notes that what is borrowed can include a song, food, or even an ideal. Though Mann does not specifically address (h) the French legacy in North America, the process of *métissage** is certainly a form of transculturation. The French settlers, as they became *Canadien* and later Métis — mixing both in terms of kinship and culture — adopted those features of Native American life that were essential to their survival. However, it was more than material culture, to borrow Mann's term: they were also seeking an ideal, freedom. This freedom was pushing the first French settlers to leave the French forts, take indigenous wives and become whenever possible free traders. This was a defining feature that began long before the British conquest of New France* and lasted (i) well into the nineteenth century. Their dreams of freedom were also inextricably* tied to the creation of a global economic system that followed Christopher Columbus' (Cristóbal Colón's) first Atlantic crossing.

These descendants of the French in North America would work to achieve the dreams that had pushed the monarchs (j) of Europe to finance trading expeditions around Africa to Asia and across the Atlantic. By the early 1800s, the fur trade companies had crossed the continent and tied European capital, North American labor, and Chinese markets into one world system. It is necessary to rethink our assumptions of history. As Mann writes: "(Z) some respects this image of the past — as a cosmopolitan place, driven by ecology and economics — is startling (k) to people who, like me, were brought up on accounts of heroic navigators, brilliant inventors, and empires acquired by dint of* technological and institutional superiority." (中略)

It is necessary (あ) analyze the history of the continental French-speakers in (い) of both local (う) global history to truly appreciate their（　え　）to the（　お　）of the American and Canadian nation-states. Whether it was the Battle of Frenchtown (1813) in the Detroit area, or the other Battle of Frenchtown (1856) in the Oregon Country decades later, the descendants of the original French settlers were central actors to the economic, political, and social history of the continent, even if their contribution has been largely relegated to the footnotes of history.(エ)

(From *Songs Upon the Rivers*, by Robert Foxcurran, et al., 2016)

［注］amnesia　記憶喪失

Canadiens　フランス系カナダ人

Créoles　クレオール（フランス系移民の子孫）

kin　親族の

co-opted　(co-opt　取り込む、利用する)

terrain　地形

Gallic　フランス風の

Meriwether Lewis and William Clark　メリウェザー・ルイスとウィリアム・クラーク（1803年から1806年にかけて北米大陸を横断し、太平洋への水路を発見した探検家）

Sacagawea's　(Sacagawea　サカガウィア（ルイスとクラークの探検隊の道案内をした先住民女性))

propensity　傾向

overstate　誇張する

voyageur repertoire　探検家の音楽のレパートリー

ice-breaker　緊張を解くもの

Métis　メティス（ヨーロッパ系の人々と北米先住民の両方の血を引く人）

contingent　派遣団

Mandan　マンダン族（の）（アメリカ北西部の先住民族）

encampment　野営地

keelboat　貨物運送船

engagés　関係者

métissage　異民族が混じり合うこと

New France　ニューフランス（北米大陸のフランス植民地）

inextricably　切り離せないほど

by dint of　～の力で

I－A　空所(X)～(Z)に入るもっとも適切なものを次の1～4の中からそれぞれ一つ選び、その番号を解答欄に記入しなさい。

(X)	1　than	2　that	3　what	4　which
(Y)	1　at	2　between	3　for	4　with
(Z)	1　For	2　In	3　On	4　To

I－B　下線部(a)～(k)の意味・内容にもっとも近いものを次の1～4の中からそれぞれ一つ選び、その番号を解答欄に記入しなさい。

(a)　telling

1　conversing　2　revealing　3　rewarding　4　staggering

(b)　settle

1　live in　2　quiet　3　solve　4　sort out

(c)　principal

1　chief　2　disciplined　3　prejudiced　4　professional

(d)　deployed

1　declared　2　destroyed　3　originated　4　used

(e)　ascended

1　drove down　2　flowed into

3　looked up　4　went up

(f)　journals

1　diaries　2　journeys　3　newspapers　4　producers

(g)　embraces

1　adopts　2　negotiates　3　shames　4　surrounds

(h) address

1 correspond with　　2 depend on

3 mail in　　4 refer to

(i) lasted

1 continued　　2 defeated　　3 finalized　　4 terminated

(j) monarchs

1 kings and queens　　2 merchants and bankers

3 oppressors　　4 soldiers

(k) startling

1 astonishing　　2 beginning　　3 frightening　　4 thriving

I－C　波線部 (ア)～(エ) の意味・内容をもっとも的確に示すものを次の1～4の中からそれぞれ一つ選び、その番号を解答欄に記入しなさい。

(ア) has all but passed from memory

1 has overcome the passage of time

2 has passed the point of no return

3 is now seldom recalled

4 is remembered by everyone

(イ) indigenous nations that inhabited

1 friendly people who welcomed visitors to

2 ignorant countries that prohibited immigration to

3 impolite attitudes that insulted the residents of

4 native peoples who lived on

(ウ) omitting from their historical accounts

1 counting to record the number of

2 cutting regular funding to

3 deleting from their narratives

4 hiding their traditional rituals from

(エ) relegated to the footnotes of history

1 brushed aside as minor details in history

2　known widely to historians doing careful research

3　noticed by people who are interested in history

4　recalled as historical facts that merit attention

I－D　二重下線部の空所(あ)～(お)に次の１～８の中から選んだ語を入れて文を完成させたとき、(あ)と(う)と(お)に入る語の番号を解答欄に記入しなさい。同じ語を二度使ってはいけません。選択肢の中には使われないものが三つ含まれています。

It is necessary（　あ　）analyze the history of the continental French-speakers in（　い　）of both local（　う　）global history to truly appreciate their（　え　）to the（　お　）of the American and Canadian nation-states.

1　and	2　but	3　contribution	4　difference
5　rise	6　spite	7　terms	8　to

I－E　本文の意味・内容に合致するものを次の１～８の中から三つ選び、その番号を解答欄に記入しなさい。

1　The 1836 Battle of the Alamo is better remembered by Americans than the Battle of Frenchtown during the War of 1812 because of the higher number of casualties.

2　Meriwether Lewis and William Clark relied heavily upon French speakers when they travelled across the North American continent.

3　Pierre Cruzatte and François Rivet provided entertainment with their music and dance, thereby easing tensions between “explorers” and Native Americans.

4　“Transculturation” is a process whereby a people develops its own unique traditions by excluding outside influences.

5　French settlers were able to survive chiefly because they learned Native American lifestyles by marrying indigenous women and by adopting their cultures.

6 By the early 1800s, fur traders had cut Chinese markets off from European ones.

7 People have long regarded 17th-century North America as a cosmopolitan place, with a complex economy and ecology.

8 By 1856, the descendants of French settlers had little to do with the political history of North America.

〔Ⅱ〕 次の文章を読んで設問に答えなさい。[＊印のついた語句は注を参照しなさい。](80点)

More than 100 years ago, Harvard astronomer Edward Charles Pickering decided he was going to take a picture of the entire night sky. Or, rather, many thousands of pictures, each capturing a tiny rectangle of the universe as seen through a telescope. Today, these photos survive on hundreds of thousands of glass plates* at the Harvard College Observatory, the oldest comprehensive record of the cosmos.

Though it was Pickering's idea, the actual work of studying these photographs was done by a group of women known as the Harvard Computers. Before the days of silicon and circuits*, actual humans performed the laborious mathematical endeavor(a) of physics and astronomy.

"Someone had to go look at every plate covered in thousands of little stars, and they had to look at every star on that plate and catalog(b) it," says Daina Bouquin, head librarian at the Harvard-Smithsonian Center for Astrophysics*. "So this team of women, (　X　) the course of a couple of decades, basically analyzed and created the first all-sky catalog."

Like the women memorialized in the movie "Hidden Figures," the Harvard Computers toiled in relative obscurity(ア), yet they produced groundbreaking* work fundamental to the field of astronomy. Women like Henrietta Swan Leavitt and Annie Jump Cannon produced some of the first rigorous(c) examinations of the motion and brightness of stars. Today that data is foundational to our understanding of the basic structure of the universe.

"In the late 1800s and early 1900s, astronomy was undergoing a revolution," Bouquin says. "We were shifting (Y) mapping the sky and what we see and trying to describe it, to trying to understand the physics of the sky. How does it work?"

Now Bouquin is leading an initiative known as Project PHaEDRA. Its goal is to digitize* and catalog those decades of work from the Harvard Computers.

But the collection of notebooks is (あ) too (い)(う) researchers (え)(お) alone. So, the project relies on thousands of volunteers to help comb through* decades of invaluable(d) astronomical observations and turn them into something usable for researchers today. Citizen scientists can get involved with Project PHaEDRA from anywhere in the world — all you need is a computer.

Volunteers transcribe notebook pages from astronomers that have been languishing* in obscurity for decades and add them to a growing collection of searchable data in a NASA* archive. These historic observations are sought after by scientists today, who are continuing the work the computers started.

While astronomers have learned a lot about how stars, planets, galaxies and more interact and evolve, there's much that's still unknown. The cosmos changes slowly, so having a night sky record dating back more than 100 years could help provide data for astronomers to compare and contrast against modern-day observations.

Without such a reference, Bouquin says, "It's like you didn't have the fossil record, but you were trying to do paleontology*. This gives you that record."

Currently, the bulk(e) of the Harvard Computers' work is locked inside thousands of notebooks at the Harvard College Observatory. They contain precise notations and measurements comprising (f) decades of work as the women studied each glass plate in detail and noted the positions, movements and characteristics of the stars it captured. Project PHaEDRA is opening that data up to astronomers for the first time by transcribing the notebooks and converting them into a digital, searchable format.

Citizen scientists working with PHaEDRA are turning the notebooks into a corpus of data that astronomers can reference (g) to see what the night sky looked like over a century ago. That's important because much of our understanding of the universe comes from watching objects like stars move over time. (イ) The further back astronomers can look, the more they can learn.

"Volunteers are the way the whole thing works," Bouquin says. "We would not be able to do much of anything without the volunteers."

The project is currently about halfway through transcribing the collection of thousands of notebooks, Bouquin says. They've already uploaded a number of their transcriptions to NASA's Astrophysics Data System*, a massive repository (h) of data from astronomers where scientists can make use of them.

(中略)

And along (Z) the computers' observations are bits of historical ephemera* that were previously lost to history. Sketches, notes, postcards and more have turned up in the margins (i) of the notebooks, a testament to the very real lives these women lived. Project PHaEDRA volunteers, Bouquin says, have proven adept* at (ウ) picking out these personal touches and bringing a broader perspective to the work of the Harvard Computers.

If not for the work of these modern-day citizen scientists, the valuable efforts of dozens of pioneering women astronomers may have been lost forever. But today, page by page, their hard-won* discoveries are (エ) returning to the light.

(By Nathaniel Scharping, writing for *Discover Magazine*, February 25, 2021)

［注］ glass plates　写真用ガラス乾板
silicon and circuits　シリコン回路
Harvard-Smithsonian Center for Astrophysics　ハーバード・スミソニアン天体物理学センター
groundbreaking　革新的な
digitize　デジタル化（数値化）する
comb through　じっくり調べる
languishing　(languish　劣化する)
NASA　(National Aeronautics and Space Administration　アメリカ航空宇宙局)
paleontology　古生物学
Astrophysics Data System　天体物理データシステム
ephemera　保存されないもの
adept　熟練した
hard-won　苦労の末に手に入れた

Ⅱ－A　空所(X)～(Z)に入るもっとも適切なものを次の１～４の中からそれぞれ一つ選び、その番号を解答欄に記入しなさい。

(X)　1　by　　2　from　　3　over　　4　under
(Y)　1　down　　2　from　　3　on　　4　up
(Z)　1　for　　2　side　　3　with　　4　without

Ⅱ－B　下線部(a)～(i)の意味・内容をもっとも近いものを次の１～４の中からそれぞれ一つ選び、その番号を解答欄に記入しなさい。

(a)　endeavor
1　competition　　2　expression　　3　method　　4　task

(b)　catalog
1　classify　　2　collect　　3　keep　　4　publish

(c)　rigorous
1　boring　　2　careful　　3　difficult　　4　valuable

(d) invaluable

1 independent　　2 indifferent

3 priceless　　4 worthless

(e) bulk

1 copy　　2 majority　　3 original　　4 section

(f) comprising

1 consisting of　　2 depending on

3 disposing of　　4 insisting on

(g) reference

1 accept　　2 consult　　3 develop　　4 reject

(h) repository

1 modification　　2 recover

3 store　　4 supply

(i) margins

1 centers　　2 covers　　3 edges　　4 surfaces

II－C　波線部 (ア)〜(エ) の意味・内容をもっとも的確に示すものを次の 1 〜 4 の中からそれぞれ一つ選び、その番号を解答欄に記入しなさい。

(ア) toiled in relative obscurity

1 hardly had time for bathroom breaks

2 labored without being duly acknowledged

3 produced ambiguous research results

4 worked with distant family members

(イ) The further back astronomers can look

1 The deeper astronomers can see into the past

2 The longer astronomers observe the night sky

3 The more distance astronomers can place between their telescopes

4 The more precisely astronomers measure the movements of stars

(ウ) picking out these personal touches

1 developing sophisticated tastes

2　eliminating merely private documents

3　noticing these humanizing details

4　sharing particular ideas

(エ)　returning to the light

1　attracting new attention

2　becoming increasingly rare

3　getting more difficult

4　moving toward the sun

Ⅱ－D　二重下線部の空所(あ)～(お)に次の1～7から選んだ語を入れて文を完成させたとき、(あ)と(い)と(お)に入る語の番号を解答欄に記入しなさい。同じ語を二度使ってはいけません。選択肢の中には使われないものが二つ含まれています。

But the collection of notebooks is (あ) too (い)(う) researchers (え)(お) alone.

1　extend　　2　extensive　　3　far　　4　for

5　manage　　6　that　　7　to

Ⅱ－E　本文の意味・内容に合致するものを次の1～8の中から三つ選び、その番号を解答欄に記入しなさい。

1　Pickering took a single picture of the entire night sky without using a telescope.

2　The Harvard Computers laid the groundwork for our understanding of the universe.

3　The aim of Project PHaEDRA is to visualize and record the everyday lives of the team of women known as the Harvard Computers.

4　The only thing volunteers need to contribute to Project PHaEDRA is a computer.

5　The transcription and gathering of data produced by citizen scientists is of great value to professional astronomers.

6 Astronomers suggest that observing the universe for an entire century is unimportant since it changes by the minute.

7 Bouquin argues that Project PHaEDRA fails to take into account the value of volunteers.

8 Given that most of the notebooks have now been transcribed, the aim of Project PHaEDRA will soon be fulfilled.

Ⅱ－F　本文中の太い下線部を日本語に訳しなさい。

If not for the work of these modern-day citizen scientists, the valuable efforts of dozens of pioneering women astronomers may have been lost forever.

〔Ⅲ〕　次の会話を読んで設問に答えなさい。(50点)

(*An American, John, is with his Japanese friend Yukiko in Kyoto. Cherry blossoms have arrived.*)

John: Can you explain something to me?

Yukiko: ＿＿＿＿(a)＿＿＿＿

John: Cherry blossoms. Of course, they're lovely, and with them comes spring. But in Japan cherry blossoms are regarded with… well, I don't know how to express it. They play a role in the lives of people that no flower plays in the lives of Americans.

Yukiko: Tell me more.

John: Take this example — azaleas. You have those in Japan.

Yukiko: *Tsutsuji*.

John: As you say. You find them all over America. They bloom in spring, and indicate the arrival of the season in a way. People love azaleas enough to plant them in their yards. They enjoy seeing them bloom. _____(b)_____ Maybe they hang around for two weeks, three at best.

Yukiko: Get to the point, John.

John: I'm trying to. There are azalea festivals in some American cities, but not many. There's no feeling about them shared by every American. And we don't put azalea blossoms, or any other blossoms, on our money. Look at this hundred-yen coin. Right there on the back. Cherry blossoms.

Yukiko: I understand now. You don't find poems and songs about azaleas in America. Nobody sets out blankets beside azalea bushes in March or April and throws a party, with *sake* or whatever it is you drink.

John: Exactly.

Yukiko: You don't have azalea "light-ups." _____(c)_____ No one makes metaphors out of azalea flowers or thinks they teach us anything about life.

John: Yes! [どうして桜の花が日本文化においてそれほど重要な位置を占めるようになったのか教えてくれる？]

Yukiko: You ask a lot. I might ask you why Americans were once so obsessed with going to the moon.

John: _____(d)_____ I've got questions about moon-gazing parties, too. *Tsukimi*. But let's stick to the *Sakura* for now.

Yukiko: I'm probably not the best person to ask, but I'll try. Do you know the Japanese phrase "*mono no aware*"? Or the word "*mujō*"?

John: _____(e)_____ I'm a slow learner.

Yukiko: Well, If I had to translate *mono no aware* into English, maybe I'd say, oh, a sweet kind of sadness, or maybe a happy-sad feeling about how short-lived beauty is. And *mujō*? I'd say that means something like "impermanence." All things must pass.

You find these ideas in Buddhist traditions, right?

John: So far as I'm aware.

Yukiko: Well, Japan has Buddhist traditions. ______(f)______

John: A few. A hundred. How many hundreds?

Yukiko: It's complicated, but stay with me here. The cherry blossom, beautiful and brief, came to be associated with thoughts about *mono no aware* and *mujō*. So, the blossom has a... let's say a philosophical significance, not a religious one really. ______(g)______

John: So even if you aren't entirely aware of it, when you gather for *hanami* parties you're somehow reminded of these feelings and this history?

Yukiko: That's right. Older people more than younger ones, I expect.

John: You're a good guide. But isn't it a little strange to put cherry blossoms on money?

Yukiko: ______(h)______ Actually, that's an excellent reason to put cherry blossoms on money.

John: You're a guide with a sense of irony. I can see how that might have something to do with... what's that word again?

Yukiko: *Mujō*? Indeed, you are a slow learner, John. But a good friend. Join me this September for a *tsukimi* party and we'll speak of the moon.

John: I look forward to that, because when I gaze at the moon, all I think of is the junk we Americans left there.

Ⅲ－A　空所 (a)～(h) に入るもっとも適切なものを次の１～10の中からそれぞれ一つ選び、その番号を解答欄に記入しなさい。同じ選択肢を二度使ってはいけません。選択肢の中には使われないものが二つ含まれています。

1　And, like cherry blossoms, azalea blossoms don't last.

2　Because wealth and riches don't last?

3　Maybe you've noticed the temples.

4　Never forget how bad my Japanese is.

5　Of course. I mastered Japanese years ago.

6　Oh, we'll get to that.

7　This goes way back, maybe as far as a thousand years.

8　What's on your mind?

9　Why would you bring up azaleas?

10　You don't get azalea reports on the nightly news.

Ⅲ－B　本文中の［　　　］内の日本語を英語で表現しなさい。

どうして桜の花が日本文化においてそれほど重要な位置を占めるようになったのか教えてくれる？

日本史

（75 分）

〔Ⅰ〕　古代中世の政治に関する史料（A）～（E）を読んで、【設問ア】～【設問ネ】に答えよ。なお、各史料は漢文のものは書き下し、また全体に読みやすく修正を加えている。（60点）

（A）　凡そ戸籍は六年に一たび造れ。十一月上旬より起して、式に依りて勘《かんが》へ造れ。里別に巻とせよ。惣《すべ》て三通を写し、其の縫《つぎめ》には皆な其国其郡其里其年籍と注《しる》せ。……二通は太政官に申送し[a]、一通は国に留めよ。其れ雑戸・陵戸[b]の籍は則ち更に一通を写して、各本司に送れ。……。（戸令19造戸籍条）

凡そ戸籍は、恒《つね》に五比留めよ。其れ遠き年のものは、次に依りて除け。近江大津の宮の（　c　）年の籍は除かず。（戸令22戸籍条）

凡そ口分田を給ふは、男二段。女は三分之一を減ぜよ。五年以下には給はず。其れ地に寛狭あらば、郷土法に従へよ。……。具《つぶ》さに町段および四至を録せ。（田令3口分田条）

【設問ア】下線部aについて、太政官に送られた2通のうち、1通はその後に中務省にまわされ天皇の御覧に供され、もう1通は戸籍や租税を管轄する官司に転送される。この戸籍や租税を管掌する官司の名称を語群から選び、番号を解答欄Ⅰ－Bに記入せよ。

1．式部省　　2．大蔵省　　3．民部省　　4．治部省

【設問イ】下線部bの陵戸は天皇陵の管理や祭祀に従事する民で、令制下では五色の賤に位置付けられていた。この陵戸および公奴婢・家人・私奴婢以外で五色の賤に含まれる民は何と称されたか。解答欄Ⅰ－Aに漢字で記せ。

【設問ウ】天智天皇が作らせた日本最初の全国的戸籍はその年の干支にちなんで「（　c　）年籍」と称され、氏姓の根本台帳として永久保存された。空欄（　c　）に入る干支を語群から選び、番号を解答欄Ⅰ－Bに記入せよ。

1．庚　寅　　2．庚　午　　3．甲　子　　4．壬　申

【設問エ】奈良朝の戸籍の断簡は多く正倉院に伝世するが、茨城県の鹿の子C遺跡などから発掘された出土文字資料のなかにもその残闕が確認されている。1970年代に多賀城跡で発見されて以降、全国各地の遺跡で発掘されているこの出土文字資料のことを何というか。解答欄Ⅰ－Aに漢字で記せ。

【設問オ】上記の史料に関する以下の説明のうち、明らかに誤っているものを選び、番号を解答欄Ⅰ－Bに記入せよ。

1．口分田は戸籍に基づいて給うもので、公民はみな6歳になった年次に一律に班給されることになっていた。

2．「比」とは戸籍作成のサイクルのことで、戸籍は五比＝30年間の保存が義務付けられていた。

3．雑戸は品部と共に大化前代の部民の系譜をひくもので、特殊技能を要する生産・技芸を維持継承するため官司に隷属させられた民である。

4．口分田は国家から班給されたものであるが、1年を限って賃租することは許されていた。

(B)　太政官符す、東海・東山・北陸・山陰・山陽・南海等の道の諸国司d。

合せて疫に臥《ふ》す日の治身および禁食物などの事七条。

一、凡そ是の疫病e、赤斑瘡と名づく。初めて発する時は既に瘧疾《ぎゃくしつ》に似る。未だ出でざる前に床に臥すの苦、或は三・四日、或は五・六日なり。瘡の出づる間、亦た三・四日を経て、支体府蔵（府臓カ）はなはだ熱く、焼くが如し。是の時に当たりて冷水を飲まんと欲す。固く忍びて飲むこと莫《な》かれ。……。其れ共に発する病にまた四種あり。或は咳嗽《がいそう》、或は嘔逆《はくぎゃく》、或は吐血、或は鼻血。これらの中、痢これ最も急にして、宜しく此の意を知りて能く救治に務むべし。

……

一、凡そ疫病を治めんと欲すれど、丸散などの薬を用ゐるべからず。もし胸熱あらば、僅かに人参の湯を得よ。

以前、四月已来、京および畿内、悉《ことごと》く疫病に臥して、多く死亡するもの有りf。明らかに諸国の百姓、また此の患に遭ふことを知れり。仍って件の状を条し、

国これを伝送す。至らば、宜《よろ》しく写し取りて、即ち郡司主帳已上一人を差して使に充て、早く前所に達せしむべし。留滞あることなかれ。其れ国司、部内を巡行し、百姓に告示し、若し粥饘《がゆ》などの料なくば、国量りて宜しく官物$_{g}$を賑給《しんごう》し具狀申送すべし。今便《すなわ》ち官印を以て印す。符到らば奉行せよ。

　　正四位下行右大弁紀朝臣〔男人〕　　従六位下守右大史動十一等壬生使主

　　　天平九年（737）六月廿六日

（『類聚符宣抄』）

【設問カ】下線部 e の天平九年に全国で蔓延した疫病は、何という病気のことだと考えられているか。解答欄Ⅰ－Aに漢字 3 字で記せ。

【設問キ】下線部 f について、近年の研究では100万人から150万人（当時の人口の三分の一）が感染で死亡したと推定されている。貴族たちも例外ではなく、政権中枢の藤原四子も全員死亡した。その後を受けて政権を主導し、新羅との緊張緩和と軍縮を進めて社会復興に専心した人物はだれか。その人物の名を解答欄Ⅰ－Aに漢字で記せ。

【設問ク】上記の太政官符は全国の国司にむけて出されたものだが、下線部 d の宛先をみると、京および五畿七道のうち早くから感染が顕著であった京・畿内と一道については、すでに指令が出されていたためか外されている。この一道の名称を解答欄Ⅰ－Aに漢字 3 字で記せ。

【設問ケ】疫病が収まらない中で、同年三月には「国ごとに釈迦仏像一躯・挟侍菩薩二躯を造らしめ、兼せて大般若経一部を写さしめよ」という聖武天皇の詔が発せられている。この詔は鎮護国家を願う国分寺建立の伏線となる。国分寺建立の詔が出されたのはこの天平 9 年から数えて何年後のことか。語群から選び、番号を解答欄Ⅰ－Bに記入せよ。

1．1 年後　　2．3 年後　　3．4 年後　　4．6 年後

【設問コ】下線部 g の「賑給《しんごう》」とは、疫病や飢饉などの災害時に国家が公民に稲穀や布・塩を無償で支給することで、おもな財源は公民から毎年収められた田租と大化前代の屯倉や国造領の稲を淵源とする郡稲とを統合した備蓄官稲である。この官稲のことを何というか。語群から選び、番号を解答欄Ⅰ－Bに記入せよ。

1．贄　　2．稲　置　　3．正　税　　4．出挙利稲

（C）（寛仁二年（1018）十月）十六日乙巳。今日、女御藤原威子を以て、皇后に立つる日なり。前太政大臣の第三娘。一家に三后を立つるは未曾有なり。$_{h}$……。太閤、下官を招き呼びて云く「和歌を読まんと欲す。必ず和すべし」といへり。答へて云く「何ぞ和し奉らざらんや」と。また云く「誇りたる歌になむ有る。但し宿構に非ず」といへり。「此の世をば、我世とぞ思ふ、望月の、欠けたる事も、無しと思へば」と。余、申して云く「御歌優美なり。酬答する方無し。満座、ただ此の御歌を誦すべし。元稹の菊詩に居易$_{i}$和せず、深く賞歎して終日吟詠す」と。諸卿余の言に響応し、数度吟詠す。太閤和解し、殊に和を責めず。夜深く、月明るく、酔ひを扶けて、各々退出す。

（『小右記』）

【設問サ】下線部hの「一家に三后を立つるは未曾有なり」について、この威子や著名な彰子のほかに道長が皇后（中宮）に送り込んだ娘として正しいものを語群から選び、番号を解答欄Ⅰ－Bに記入せよ。

1．藤原詮子　　2．藤原妍子　　3．藤原順子　　4．藤原明子

【設問シ】この寛仁2年の翌年には道長は出家して行観（のち行覚）と名乗り、阿弥陀堂の建立を開始、後にこの堂で没する。この阿弥陀堂を核とする寺院は後に何と呼ばれたか。語群から選び、番号を解答欄Ⅰ－Bに記入せよ。

1．法勝寺　　2．平等院　　3．尊勝寺　　4．法成寺

【設問ス】同じくこの寛仁2年の翌年には九州である事件が起こる。その際に大宰権帥として戦いを指揮したのは、かつて叔父道長と対立するなかで、花山法皇に矢を射かけたとして兄伊周とともに左遷された藤原隆家であった。この九州で起こった事件は何と呼ばれているか、解答欄Ⅰ－Aに記せ。

【設問セ】下線部iの「居易」とは白居易のことで、日記の記主はこれを自分に例えている。国風文化の基礎たる唐文化の知識は貴族の間で共有された教養であった。同じ寛仁2年に藤原行成が白居易の漢詩8首を色紙にしたためたものが東京国立博物館に国宝として所蔵されている。この色紙は何と呼ばれているか、解答欄Ⅰ－Aに漢字で記せ。

【設問ソ】上記の『小右記』に「余」「下官」として登場する記主はだれか。そ

の人物名を解答欄Ｉ－Ａに漢字で記せ。

(D)　コノ後三条位ノ御時、……。延久ノ記録所$_{j}$トテハジメテヲカレタリケルハ、諸国七道ノ所領ノ宣旨・官符モナクテ$_{k}$公田ヲカスムル事、一天四海ノ巨害ナリトキコシメシツメテアリケルハ、スナハチ宇治殿（頼通）ノ時、一ノ所ノ御領々々トノミ云テ、庄園諸国ニミチテ受領ノツトメタヘガタシナド云ヲ、キコシメシモチタリケルニコソ。……。別ニ宣旨ヲクダサレテ、コノ記録所ヘ文書ドモメスコトニハ、前太相国ノ領ヲバノゾクト云宣下アリテ、中々ツヤツヤト御沙汰ナカリケリ。コノ御サタヲバイミジキ事哉トコソ世ノ中ニ申ケレ。

サテ又当時氏ノ長者$_{l}$ニテハ大二条殿（教通）ヲハシメケルニ、延久ノコロ氏寺領、国司ト相論事アリケル。大事ニヲヨビテ御前ニテ定ノアリケルニ、国司申カタニ裁許アラントシケレバ、長者ノ身面目ヲウシナフ上ニ神慮又ハカリガタシ。タヽ聖断ヲアヲグベシ。フシテ神ノ告ヲマツトテ、スナハチ座ヲタヽレニケリ。……。　　　　（『愚管抄』）

【設問タ】下線部ｊにみえる記録荘園券契所の設置は、蔵人として後三条天皇のブレインを務めた人物の建議によるといわれ、実際に彼自身もその職員を務めている。この学識高い人物の名を語群から選び、番号を解答欄Ｉ－Ｂに記入せよ。

1．小野篁　　2．大江広元　　3．大江匡房　　4．三善清行

【設問チ】下線部ｋに「官符モナクテ」とあるが、太政官符や民部省符によって領有や不輸が認定された官省符荘に対し、国司の許可によりその任期中の不輸が認められた荘園のことを何というか。解答欄Ｉ－Ａに漢字で記せ。

【設問ツ】下線部ｌについて、藤原氏の氏長者の地位に付属して伝領された所領のことを何というか。語群から選び、番号を解答欄Ｉ－Ｂに記入せよ。

1．院分国　　2．八条院領　　3．殿下渡領　　4．知行国

【設問テ】上記の『愚管抄』を執筆した天台座主慈円は、摂関の地位について源頼朝と結んで政治改革を進めた人物の弟にあたる。日記『玉葉』の記主でもあるこの人物の名を解答欄Ｉ－Ａに漢字で記せ。

(E)　去程に、京都には君伯耆より還幸なりしかば、御迎に参られける卿相・雲

客、行粧花をなせり。今度忠功を致しける正成・長年以下供奉の武士、その数を知らず。宝祚は二条内裏なり。保元・平治・治承より以来、武家の沙汰として政務を恣にせしかども、元弘三年（1333）の今は天下一統に成しこそめづらしけれ。君の御聖断は、延喜・天暦の昔m に立帰りて、武家安寧に民屋謳歌し、いつしか諸国に国司・守護を定め、卿相・雲客各々その階位に登りし体、実に目出《めでた》かりし善政なり。武家楠・伯耆守・赤松以下山陽・山陰両道の輩《ともがら》、朝恩に誇る事、傍若無人ともいつつべし。御聖断の趣、五畿七道八番に分けられ、卿相を以て頭人として新決所n と号して新たに造らる。是は先代引付の沙汰のたつ所なり。大議においては記録所において裁許あるも、また窪所と号して土佐守兼光・大田大夫判官親光・冨部大舎人頭・参河守師直らを衆中として御出有りて聞こし召す。昔のごとく（　o　）を置かる。新田の人々を以て頭人として諸家の輩を結番せらる。古の興廃を改めて、「今の例は昔の新儀なり。朕が新儀は未来の先例たるべし」とて新なる勅裁漸々聞こえけり。　（『梅松論』）

【設問ト】下線部mの「延喜・天暦の昔」は天皇親政の聖代として理想化され、建武の新政や明治維新の精神的原動力となった。その天皇の組み合わせとして正しいものを語群から選び、番号を解答欄Ⅰ－Bに記入せよ。

1．嵯峨天皇・淳和天皇　　2．醍醐天皇・村上天皇
3．宇多天皇・醍醐天皇　　4．一条天皇・三条天皇

【設問ナ】下線部nの「新決所」は雑訴決断所のことで、幕府の引付を継ぎながら朝廷の実務官僚たる中原・小槻・坂上氏らを積極的に配置して構成したものだが、広く多様な人材をかき集めたために「器用ノ堪否沙汰モナク、モルル人ナキ決断所」と揶揄された。この風刺文は何と呼ばれているか。解答欄Ⅰ－Aに漢字6字で記せ。

【設問ニ】空欄（　o　）には、「新田の人々を以て頭人として」とあるように新田一族が頭人を務めた、内裏の警備と京都の治安維持を掌る機関の名称が入る。解答欄Ⅰ－Aに漢字で記せ。

【設問ヌ】上記の『梅松論』と同じく南北朝時代を描く軍記物語で、小島法師の作とされ、軍談として物語僧や講釈師らによって後世まで語り継がれた書は

何か。語群から選び、番号を解答欄Ⅰ－Bに記入せよ。

1．『神皇正統記』　　2．『増鏡』

3．『太平記』　　4．『難太平記』

【設問ネ】建武の新政は3年で解体し、後醍醐天皇は反旗を翻した足利尊氏に京を追われ吉野を拠点としたが、そのままそこで崩じた。夢窓疎石は尊氏にその菩提を弔うために寺を建立することを勧めた。暦応2年（1339）に創建されたこの禅宗寺院を語群から選び、番号を解答欄Ⅰ－Bに記入せよ。

1．天龍寺　　2．大徳寺　　3．相国寺　　4．南禅寺

〔Ⅱ〕　（1）（2）（3）の史料を読み、それぞれの設問に答えよ。ただし、読みやすくするため、句読点を加除し、史料に傍注を付し、現代仮名遣いに換えたところがある。（45点）

（1）「午《うま》の時すぐる程に、かのもの《彼の者》a を召出せり。二人して左右をさしはさみ《差し挟み》たすけて、庭上に至り、人々にむかいて拝す。坐を命じてのち、庭上に設け置きし榻《とう：腰掛》につく。（中略）其《その》たけ《丈》高き事、六尺にははるかに過ぬべし。普通の人は、其肩にも及ばず。頭《かしら》かぶろ《禿》にして、髪黒く、眼ふかく、鼻高し。身には茶褐色なる紬細《つむぎ》の綿入れし、我国の紬の服せり。これは薩州の国守 b のあたえし所也という。肌には白き木綿のひとえ《単衣》なるをきたり《着たり》き。」

（『西洋紀聞』平凡社　東洋文庫版より引用）

【設問a】下線部aは誰か、解答欄Ⅱ－Aにカタカナで記せ。

【設問b】【設問a】の人物は、この時、下線部b薩州の国守島津氏の支配下にあった島に上陸した。その島の名前を、解答欄Ⅱ－Aに漢字で記せ。

【設問c】『西洋紀聞』を著した人物は誰か、解答欄Ⅱ－Aに漢字4字で記せ。

【設問d】【設問c】の人物は、【設問a】の人物への尋問と中国の地理書などを参考に、ある書物を書き上げた。その書物は何か、以下の語群から1つ選び、その番号を解答欄Ⅱ－Bに記せ。

1．『采覧異言』　2．『蘭学階梯』　3．『蔵志』　4．『解体新書』

【設問e】【設問c】の人物は、幕府の財政の立て直しと政治の刷新を図るため、

貨幣の再改鋳、生類憐みの令廃止、海舶互市新例の施行、朝鮮通信使待遇問題の建議などをおこなった。こういった一連の政策が遂行された政治は、時の和年号を冠して評されることがある。その和年号を以下の語群から１つ選び、その番号を解答欄Ⅱ－Ｂに記せ。

１．寛　永　　２．元　禄　　３．正　徳　　４．宝　暦

【設問ｆ】６代将軍徳川家宣、７代将軍家継の側用人として、【設問ｃ】の人物とともに幕政を進めていた人物は誰か、以下の語群から１つ選び、その番号を解答欄Ⅱ－Ｂに記せ。

１．柳沢吉保　　２．間部詮房　　３．牧野成貞　　４．田沼意次

（２）「病多きは皆養生の術なきよりおこる。病おこりて薬を服し、いたき《痛き》鍼、あつき《熱き》灸をして、父母よりうけし遺体《ゆいたい》にきづつけ《傷付け》、火をつけて、熱痛をこらえて《堪えて》身をせめ《責め》、病を療《いや》すは、甚だ末の事、下策なり。たとえば国をおさ《治》むるに、徳を以てすれば民《たみ》おのづから《自ずから》服して乱おこらず、攻め打つ事を用いず。又、保養を用いずして、只《ただ》薬と針《しん》・灸《きゅう》を用いて病をせむる《攻むる》は、たとえば国を治むるに徳を用いず、下を治むる道なく、臣民《しんみん》うらみそむきて《恨み背きて》、乱をおこすをしずめん《鎮めん》とて、兵を用いて《もちいて》たたかう《戦う》が如し。百たび戦って百たびかつ《勝つ》とも、たっとぶ《尊ぶ》にたらず。養生をよくせずして、薬と針・灸とを頼んで病を治するも、又かくの如し。」　（『養生訓』岩波書店　岩波文庫版より引用）

【設問ｇ】『養生訓』の作者は誰か、解答欄Ⅱ－Ａに漢字４字で記せ。

【設問ｈ】【設問ｇ】の人物は、中国の書物を参考に、独自に動物、植物、鉱物を分類し、名称、形状、効能などを解説した書物を著している。それは何か、解答欄Ⅱ－Ａに漢字４字で記せ。

【設問ｉ】【設問ｇ】の人物と同じ分野で、『庶物類纂』の編纂に取り掛かった人物は誰か、解答欄Ⅱ－Ａに漢字４字で記せ。

【設問ｊ】【設問ｇ】の人物は、筑前国に藩庁が置かれた藩の藩医としてむかえられるが、その藩はどこか、以下の語群から１つ選び、その番号を解答欄Ⅱ－Ｂに記せ。

１．佐賀藩　　２．熊本藩　　３．小倉藩　　４．福岡藩

【設問ｋ】【設問ｇ】の人物は、生涯多くの著作を執筆しているが、そのうちに

は彼の仕えた藩主の家譜（系図）も含まれる。その藩主は何家か、以下の語群から１つ選び、その番号を解答欄Ⅱ－Ｂに記せ。

１．鍋島家　　２．細川家　　３．黒田家　　４．小笠原家

【設問ｌ】【設問ｇ】の人物は、『養生訓』に先駆けて教育論書を著述している。その著作は何か、以下の語群から１つ選び、その番号を解答欄Ⅱ－Ｂに記せ。

１．『和俗童子訓』　　２．『大学或問』

３．『聖教要録』　　４．『本朝通鑑』

（３）「奥の海には、目なれぬ怪魚のあがる事、其例《そのためし》おおし。後深草院、宝治元年三月廿日に、津軽の大浦という所へ、人魚はじめて流れ寄り、其形は、かしら、くれないの鶏冠《とさか》ありて、面は美女のごとし。四足《よんそく》るり《瑠璃》をのべて《延べて》、鱗《うろこ》に金色のひかり、身にかおりふかく、声《こえ》は雲雀《ひばり》笛のしずかなる、音《こえ》せしと、世のためしに、語り伝えり。

爰《ここ》に、<u>松前</u>p の浦々の奉行役人に、中堂金内という人、里々《さとざと》の仕置して、廻《まわ》りし時、鮭《さけ》川といえる入海にして、夕暮れにおよび、横渡しの小舟に乗りて、汀《みぎわ：波打ち際》　八丁ばかりもはなれし時、白波、俄《にわか》に立さわぎ、五色の水玉数ちりて、浪《なみ》二つにわかり《別り》て、人魚、目前《もくぜん》にあらわれ《現れ》出しに、舟人おどろき、何れも気をうしない《失い》ける。

金内、荷物にさし置きたる半弓をおっとり《取り》、是大事と、はなちかけ《放ち掛け》しに、手ごたえして、其魚、忽《たちまち》ちしずみける。」

（『武道伝来記』巻二「命とらるゝ人魚の海」　岩波書店版）

【設問ｍ】『武道伝来記』は、貞享４年（1687）に刊行された浮世草子の１つであるが、その作者名を解答欄Ⅱ－Ａに漢字４字で記せ。

【設問ｎ】江戸時代、京都、大坂を中心に栄えた文化を、江戸文化に対して一般的に［　　　］文化と呼ぶ。［　　　］に入る語句を解答欄Ⅱ－Ａに漢字２字で記せ。

【設問ｏ】人形浄瑠璃『心中天網島』を書いた作者は誰か、解答欄Ⅱ－Ａに漢字で記せ。

【設問ｐ】下線部ｐ松前は、松前藩をさすが、同藩は独占的な交易権を持つことによって得る収益を財政的基盤とした。その本拠は、この作品が刊行された

時期には現在の都道府県のどこに位置していたか、以下の語群から１つ選び、その番号を解答欄Ⅱ－Ｂに記せ。

1．宮城県　　2．北海道　　3．秋田県　　4．福島県

【設問ｑ】【設問ｍ】の人物が書いた作品は、武家物、町人物、好色物などと分類されるが、そのうち町人物に分類される作品を、以下の語群から１つ選び、その番号を解答欄Ⅱ－Ｂに記せ。

1．『日本永代蔵』　　2．『奥の細道』

3．『冥途の飛脚』　　4．『国姓爺合戦』

【設問ｒ】浄瑠璃語りとして【設問ｏ】の人物の作品などを上演した人物を以下の語群から１つ選び、その番号を解答欄Ⅱ－Ｂに記せ。

1．出雲阿国　　2．辰松八郎兵衛

3．竹本義太夫　　4．坂田藤十郎

〔Ⅲ〕　次の（1）～（3）の文章や資料を読み【設問ア】～【設問ツ】に答えよ。

（45点）

（1）　1895年４月、日本は清国との戦いに勝利し、（　ア　）条約を結び、講和を成立させた。以下がその条約の一部である。

第一条　清国ハ朝鮮国ノ完全無欠ナル独立自主ノ国タルコトヲ確認ス、因テ右独立自主ヲ損害スヘキ朝鮮国ヨリ清国ニ対スル貢献典礼等ハ、将来全ク之ヲ廃止スヘシ

第二条　清国ハ左記ノ土地ノ主権並ニ該地方ニ在ル城塁、兵器製造所及官有物ヲ永遠日本国ニ割与ス

一　左ノ経界内ニ在ル奉天省南部ノ地 イ……

二　台湾全島及其ノ附属諸島嶼

三　澎湖列島即英国「グリーンウィチ」東経百十九度乃至百二十度及北緯二十三度乃至二十四度ノ間ニ在ル諸島嶼

第四条　清国ハ軍費賠償金トシテ庫平銀二億両ヲ日本国ニ支払フヘキコトヲ約ス……

第八条　清国ハ本約ノ規定ヲ誠実ニ施行スヘキ担保トシテ日本国軍隊ノ一時山東省威海衛ウヲ占領スルコトヲ承諾ス……

しかし、東アジアの進出を目指す列強三国の干渉にあい、日本は下線部イの返還に応じた。日清戦争によって清国の弱体ぶりを知った欧米列強は、1898年以降あいついで清国に勢力範囲を設定したエ。他方、朝鮮ではロシアの支援で日本に対抗する動きが強まり、国号も大韓帝国（韓国）と改めた。ロシアは北清事変オを機に中国東北部を事実上占領し、同地域の独占的権益を清国に承認させた。こうしたロシアの南下政策は、日本の韓国における権益をおびやかした。その結果、1904年に日露戦争が勃発した。戦争が長期化し、継続が困難と判断した両国は、アメリカ大統領の斡旋によって、1905年（　カ　）条約に調印した。

【設問ア】空欄（　ア　）に当てはまる、この条約が締結された地名を解答欄Ⅲ－Aに漢字で記せ。

【設問イ】下線部イにあたる半島の名称を解答欄Ⅲ－Aに漢字２字で記せ。

【設問ウ】1898年に下線部ウを租借した列強の国名として正しいものを下記から１つ選び、その番号を解答欄Ⅲ－Bに記入せよ。

１．ロシア　２．ドイツ　３．フランス　４．イギリス

【設問エ】下線部エに関して、アジアに勢力範囲を設定した列強の国名とその勢力範囲の組み合わせとして誤っているものを下記から１つ選び、その番号を解答欄Ⅲ－Bに記入せよ。

１．ドイツ － 膠州湾　２．アメリカ － フィリピン

３．イギリス － 九龍半島　４．フランス － マカオ

【設問オ】下線部オに関して、出兵した連合軍の国の数として正しいものを下記から１つ選び、その番号を解答欄Ⅲ－Bに記入せよ。

１．７カ国　２．８カ国　３．９カ国　４．10カ国

【設問カ】空欄（　カ　）に当てはまる、講和会議が開催されたアメリカの地名を解答欄Ⅲ－Aにカタカナで記せ。

（２）1914年７月に第一次世界大戦が勃発すると、日本は日英同盟を理由に参戦を表明し、ドイツの根拠地である青島と山東省の権益を接収し、さらに赤道

以北のドイツ領南洋諸島の一部を占領した。他方で、革命がおこり社会主義国家が誕生したロシアに対する干渉戦争にも加わり、日本は大戦後もシベリアに駐兵し続けた。このような日本の露骨な中国進出を抑制するねらいもあって、アメリカは太平洋および極東問題を審議するための国際会議を開催した。1922年にこの会議で結ばれたのが、九カ国条約キである。以下がその条約の一部である。

第一条　支那国以外ノ締約国ハ左ノ通リ約定ス

(一)　支那ノ主権、独立並其ノ領土的及ビ行政的保全ヲ尊重スルコト……

第二条　締約国ハ、第一条ニ記載スル原則ニ違背シ又ハ之ヲ害スヘキ如何ナル条約ク、協定、取極又ハ了解ヲモ、相互ノ間ニ又ハ各別ニ若ハ協同シテ他ノ一国又ハ数国トノ間ニ締結セサルヘキコトヲ約定ス

第三条　一切ノ国民ノ商業及工業ニ対シ、支那ニ於ケル門戸開放又ハ機会均等ノ主義ヲ一層有効ニ適用スルノ目的ヲ以テ、支那国以外ノ締約国ハ左ヲ要求セサルヘク又各自国民ノ左ヲ要求スルコトヲ支持セサルヘキコトヲ約定ス

この条約を締結したことにより、山東半島における旧ドイツ権益も中国に返還されることとなった。その他に同会議では、太平洋諸島の領土権益の相互尊重、問題の平和的解決を目指した四カ国条約ケ、海軍軍縮条約などが締結された。同会議を機に日本は英米との対立を避けコ、中国に対しては内政不干渉方針をとった。また国際連盟常任理事国サとして国際社会における責任の一端を担うこととなった。もっとも、その後も日本は、満州の特殊権益の維持シを図るとともに、中国での経済的権益の拡大を目指した。

【設問キ】下線部キに関して、締約国として誤っているものを下記から1つ選び、その番号を解答欄Ⅲ－Bに記入せよ。

1．中　国　　2．ドイツ　　3．イタリア　　4．ベルギー

【設問ク】下線部クに従い、1917年11月に結ばれた、中国における日本の「特殊権益」をアメリカが認めた日米二国間の協定は廃棄された。この協定の名称を解答欄Ⅲ－Aに記せ。

【設問ケ】下線部ケに関して、締約国として誤っているものを下記から１つ選び、その番号を解答欄Ⅲ－Ｂに記入せよ。

１．イタリア　２．日　本　３．イギリス　４．フランス

【設問コ】下線部コに関して、加藤高明内閣、若槻礼次郎内閣、浜口雄幸内閣の外務大臣を務め、戦後総理大臣も務めた人物名を解答欄Ⅲ－Ａに漢字で記せ。

【設問サ】下線部サに関して、『武士道』を英語で発表し、1920年から26年まで国際連盟事務局次長を務め、後に五千円紙幣にもその肖像が描かれた人物名として正しいものを下記から１つ選び、その番号を解答欄Ⅲ－Ｂに記入せよ。

１．北里柴三郎　２．西園寺公望　３．新渡戸稲造　４．柳田国男

【設問シ】下線部シに関して、1931年９月に始まった満州事変の調査のために国際連盟が派遣した調査団の名称にもなったイギリス人の団長名を解答欄Ⅲ－Ａにカタカナで記せ。

（３）　1937年７月に日本は中華民国国民政府と事実上の全面戦争に突入した。国民政府は奥地の重慶に移り、徹底抗戦を続けた。翌年になると、近衛文麿首相は戦争の目的が日本・満州・中華民国の連帯による（　ス　）の建設にあると声明し、1940年３月、重慶から離脱した汪兆銘（精衛）を首班とする新国民政府を南京に樹立させた。しかし、新政府は弱体で、重慶政府を南京政府に合流させた上で、南京政府と和平を結ぶという日本の戦争終結構想は実現しなかった。

他方で、中国の門戸開放を掲げ日本の行動を批判するアメリカは、1939年７月に日米通商航海条約の廃棄を日本に通告した。同年９月にヨーロッパで第二次世界大戦セが始まると、優勢だったドイツとの結びつきを強め、好機に乗じて石油・ゴム・ボーキサイトといった軍需資材を調達すべく、日本は欧米の植民地である東南アジアへ進出した。しかし、南方進出はかえって欧米の対日経済封鎖を強める結果を招いた。日本とアメリカは外交交渉に入ったが、アメリカの最終提案ソは、中国からの全面撤退、満州国・南京政府の否認など、満州事変以前の状態への復帰を要求する最後通告に等しいものであったため、日本は米英に対する開戦を1941年12月の御前会議で決定した。日本の真珠湾攻撃後、重慶政府は日本に宣戦布告し、連合国の一員タとして日本と

戦い、最終的に戦勝国となった。

日本は敗戦後、約7年にわたって連合国の占領統治下に置かれた。一方の中国は内戦状態に突入し、勝利した共産党は1949年10月中華人民共和国を建国し、敗れた国民党は台湾に逃れ、中華民国を存続させた。米ソ冷戦がアジアにも及び、朝鮮戦争が勃発すると、日本は西側諸国のみと講和条約を結び、安全保障チをアメリカに依存する道を選んだ。講和会議に対立する二つの中国は招かれなかったが、1952年に中華民国と日華平和条約を締結し（1972年に失効)、中華人民共和国とは1978年に（　ツ　）条約を結び、戦争状態が正式に終了した。

【設問ス】空欄（　ス　）に当てはまる語句を解答欄Ⅲ－Aに漢字5字で記せ。

【設問セ】下線部セに関して、第二次世界大戦が勃発した時の内閣総理大臣名として正しいものを下記から１つ選び、その番号を解答欄Ⅲ－Bに記入せよ。

1．近衛文麿　　2．米内光政　　3．阿部信行　　4．平沼騏一郎

【設問ソ】下線部ソに関して、この最終提案の名称には当時のアメリカ国務長官名が冠せられている。この国務長官名を解答欄Ⅲ－Aにカタカナで記せ。

【設問タ】下線部タに関して、重慶政府主席の蔣介石が、アメリカ大統領ルーズベルトとイギリス首相チャーチルと会談し、日本の無条件降伏まで徹底的に戦うこと、満州・台湾・澎湖諸島の中国への返還、朝鮮の独立など、日本の領土の処分方針を決定した。この会談が開催された場所として正しいものを下記から１つ選び、その番号を解答欄Ⅲ－Bに記入せよ。

1．ヤルタ　　2．カイロ　　3．マルタ　　4．ポツダム

【設問チ】下線部チに関して、1951年9月の日米安全保障条約と共に1952年2月に結ばれた、アメリカ駐留軍施設の無償提供や、アメリカ軍人の犯罪の裁判権などに関する細目協定の名称として正しいものを下記から１つ選び、その番号を解答欄Ⅲ－Bに記入せよ。

1．ＭＳＡ協定　　2．日米地位協定

3．日米行政協定　　4．ガイドライン

【設問ツ】空欄（　ツ　）に当てはまる語句を解答欄Ⅲ－Aに漢字6字で記せ。

世界史

（75 分）

〔Ⅰ〕　次の文章を読み，設問１～３に答えなさい。　（50点）

古代ローマ帝国で，紀元１世紀に（　**a**　）に現れ，やがて全土に広まった(ア)キリスト教は，その後の東西ヨーロッパ文化の展開に大きな影響を与えた。西ローマ帝国の崩壊後も，東ローマ帝国（ビザンツ帝国）は存続した。６世紀にユスティニアヌス１世によって首都に再建された（　**b**　）大聖堂は，大ドームとモザイク画を特徴とするビザンツ様式の代表的建造物である。ビザンツ帝国は，３世紀から続くイランの（　**c**　）朝との抗争や，イスラーム勢力，トルコ系の（　**d**　）人の侵入などで多くの領土を失ったが，その後も命脈を保った。ビザンツ皇帝が支配するギリシア正教会は，11世紀にローマ＝カトリック教会と袂を分かつことになる。

(イ)西ヨーロッパでは，1095年のクレルモン教会会議における教皇（　**e**　）の提唱によって始まった(A)十字軍などをつうじて，東方との交流が盛んになった。12世紀には，イスラーム圏で研究されていたギリシアの古典やアラビア語の学術書が，シチリア島や(B)イベリア半島などでラテン語に大量に翻訳された。こうした動きとともに，キリスト教の教義と信仰を体系化しようとする(ウ)スコラ学がおこった。この学問における(C)普遍論争は，13世紀に『神学大全』をあらわした（　**f**　）によって集大成された。またイスラーム科学の影響を受けた（　**g**　）は，観察と実験を重視し，のちの(エ)近代科学を準備した。

同じ頃，(D)都市と商業の発達とともに誕生した大学では，当初は(オ)修道院や教会の付属学校で教えられていた神学や自由七科などの学問が教授された。11世紀後半にイタリアに成立した（　**h**　）大学は，主として法学で名高かった。中世における学問の共通語はラテン語だったが，(E)文学では各地の口語（俗語）も用いられた。教会建築について見ると，例えばイタリアでは半円状のアーチと厚い石壁に小さな窓を持つロマネスク様式の（　**i**　）大聖堂が12世紀に完成し，ドイツでは，高い尖塔とステンドグラスの窓を持つゴシック様式の（　j　）大聖堂が13世紀に起工され，19世紀に完成に至った。

設問1　文中の（　a　）～（　j　）に入る最も適切な語を次の語群から選び，番号を解答欄Ⅰ－Aに記入しなさい。

【語群】

1．アウグスティヌス　2．アケメネス　3．アッバース
4．アーヘン　5．アルクイン　6．ウルバヌス2世
7．エトルリア　8．ガリア　9．クローヴィス
10．ケルン　11．ケンブリッジ　12．ササン
13．サン＝ヴィターレ　14．シャルトル　15．セレウコス
16．トマス＝アクィナス　17．トマス＝モア　18．ノートルダム
19．ハギア＝ソフィア（聖ソフィア）　20．バヤジット1世
21．パレスティナ（パレスチナ）　22．ピサ
23．フィレンツェ　24．プトレマイオス　25．プラハ
26．フランシス＝ベーコン　27．ブルガール
28．ベルベル　29．ベルリン
30．ボニファティウス8世　31．ボローニャ
32．マジャール　33．ミラノ　34．メソポタミア
35．レオ10世　36．ロジャー＝ベーコン

設問2　下線部(A)～(E)に関連する次の記述(a)(b)について，(a)(b)ともに正しい場合は数字**1**，(a)のみ正しい場合は数字**2**，(b)のみ正しい場合は数字**3**，(a)(b)ともに正しくない場合は数字**4**を，解答欄Ⅰ－Bに記入しなさい。

(A)　十字軍について。

(a)　第3回十字軍は，サラーフ＝アッディーン（サラディン）からイェルサレムを奪回した。

(b)　第7回十字軍はチュニスを攻撃した。

(B)　イベリア半島について。

(a)　西ゴート王国は，711年にフランク王国によって滅ぼされた。

(b)　カスティリャ王子フェルナンドとアラゴン王女イサベルが結婚し，1479年にスペイン王国が成立した。

(C)　普遍論争について。

(a)　アンセルムスは唯名論をとなえた。

(b)　ウィリアム＝オブ＝オッカムは実在論をとなえた。

(D)　都市と商業について。

(a)　ハンザ同盟は，リューベック（リューベク）を盟主とした。

(b)　アウクスブルクのフッガー家は，皇帝の政治に影響力を及ぼした。

(E)　口語（俗語）文学について。

(a)　『ローランの歌』は，カール大帝と騎士たちを描いている。

(b)　『ニーベルンゲンの歌』は，イギリスのケルト人の伝説をもとにしている。

設問3　下線部(ア)〜(オ)に関連する以下の問いに対する答えを，解答欄Ⅰ－Cに記入しなさい。

(ア)　初期のキリスト教徒が礼拝所として用いた地下墓所を何と言うか。カタカナで答えなさい。

(イ)　中世西ヨーロッパの荘園で用いられた，耕地を秋耕地・春耕地・休耕地に区分する農法を何と言うか。漢字で答えなさい。

(ウ)　古代ギリシアのプラトンの弟子で，その学問体系がスコラ学に大きな影響を与えた哲学者の名前を答えなさい。

(エ)　気体の体積と圧力との関係を明らかにした，近代化学の父とされる17世紀の人物の名前を答えなさい。

(オ)　6世紀前半にモンテ＝カッシーノ（モンテ＝カシノ）で，厳格な戒律をもつ修道会を創設した人物の名前を答えなさい。

〔Ⅱ〕　次の文章を読み，設問1～3に答えなさい。　(50点)

7世紀初頭に成立した唐は300年近く中国において政権を維持し，一時は西域など周辺地域まで大きく勢力を拡大した。(ア)シルクロードが発展するなか，都の長安では国際的な文化が花開いた。唐は北朝の中核をなした軍事集団の系譜に連なる政権であり，北朝の制度を多く受け継いでいた。さらに唐の制度や文化は日本を含むユーラシア東部の諸政権に多大な影響を及ぼした。

7世紀から9世紀頃のユーラシア東部ではトルコ系遊牧政権，隋・唐政権，チベット系遊牧政権が並び立つ三極構造をなしていた。柔然に隷属していた突厥は552年に建国し，同世紀末に東西に分裂した。東突厥は可汗国を形成したが630年に唐に降る。このとき遊牧系の諸民族は唐の皇帝を「天可汗」として奉った。7世紀末になると可汗国を再興し，8世紀に入りビルゲ可汗のときまで勢力をもった。

一方，618年，高祖李淵は東突厥の支援の下，長安に入り唐を建国した。隋・唐政権はともに，北魏を建てた鮮卑の（　**a**　）氏を中核とする北方民族と漢族とが融合した軍事集団の流れを引くことから，「（　**a**　）国家」とも称される。次の①太宗皇帝となった（　**b**　）は，東突厥の大半を服属させ，チベット高原に勃興した吐蕃の王家と婚姻関係を結んだ。唐の版図は次の高宗の治世に最大となった。唐は西方・北方・東方・南方の征服地に(イ)都護府を置いた。

統治のシステムを見てみよう。唐は隋の制度を受け継ぎ，それをもとに律・令・格・式の法制を整備した。唐が整備した制度を採用した国家を律令国家という。行政機構を見ると，中央では三省六部と総称される機構が行政を担った。このほか御史台が行政の監察を行った。7・8世紀は，ユーラシア東部において女性の統治者の活躍が見られた。唐では高宗の皇后であった(ウ)則天武后が女性の皇帝となった。

地方行政の単位としては隋と同様，（　**c**　）が敷かれた。北魏の孝文帝の時代に始まる土地制度である（　**d**　）が施行され，②租税・労役が課され，ときにこれとは別に雑徭が課された。あわせて軍事面では，西魏に由来する徴兵制度である（　**e**　）を採用した。人材登用制度については，隋が（　**f**　）を廃止してはじめた儒学の試験にもとづく科挙を実施した。

次に，都城制度に目を向けてみよう。唐の都長安が採用した都市計画もまた，北朝の諸政権のもとで発達したものであり，③上京竜泉府や日本の平城京・平安京など周辺諸国の都城にも継承されたことが知られる。

712年に即位した玄宗は，道教を重視し，政治改革を進めた。玄宗の治世の751年には，西方でアラブのムスリム軍と（　**g**　）の戦いで衝突した。やがて玄宗は楊貴妃を寵愛して政治への関心が薄れ，その一族を重用した。唐の律令体制がほころびをみせはじめ，（　**e**　）が崩壊し，傭兵を中心とする（　**h**　）が行われるようになる。従来の税制も維持できなくなり，変わって（　**i**　）が施行された。中央政界では宦官が政治を牛耳るようになり，律令にない(エ)節度使などの役職も登場した。

755～763年，(オ)安史の乱が勃発するが，これは唐の内乱という範疇に収まりきらない背景を持っていた。可汗国の再興をもくろむ突厥の王族や他のトルコ系集団の一部も乱に加わっていたのである。皇帝が長安を逃れる事態にまで陥ったが，唐側にはウイグルがついたほか，トルコ系集団の大部分が味方となり，その力により反乱は平定された。勢力を拡大したウイグルと安史の乱後に勢力を拡大してきた吐蕃の二大勢力がタリム盆地をめぐって衝突し，唐の支配権は内外ともに衰えていった。

唐では845年に(カ)外来宗教を排斥する動きが起こった。会昌の廃仏である。これは唐の国際性がもたらした外来文化の影響への反発ともとれる。このころ日本から唐に入国していた円仁は詳細な記録を残している。この時期にはウイグル帝国もキルギスによって崩壊しており，吐蕃でも廃仏の動きが見られた。

875年から884年にかけて，④塩の密売商人による反乱が起こり，その平定のために（　**j**　）や沙陀突厥の李克用が活躍した。（　**j**　）が後梁を建国し，907年に唐を滅ぼした。かつて唐より李姓を賜った李克用は唐の年号を使い続け，その子李存勗は後梁を倒し，後唐を建国した。中国の南部では，後唐の支配を受けた時期もあったが，南部独自の漢人政権が交替した。926年には，北方では狩猟民族の契丹が勢力を拡大した。この時代は，中国史上では五代十国と呼ばれるが，その北にある契丹の存在を含めたユーラシア東部という視点でみた場合，宋が建国するまでの間，北から契丹政権・沙陀政権・南朝政権という構造でとらえることもできる。

設問1　文中の（　a　）～（　j　）に入る最も適当な語句を以下の語群から一つ選び，番号を解答欄Ⅱ－Aに記入しなさい。

【語群】

1．アンカラ	2．一条鞭法	3．烏孫
4．衛所制	5．王建	6．恩貸地制
7．カイバル峠	8．九品中正	9．郷挙里選
10．共和制	11．均田制	12．郡県制
13．郡国制	14．冊封	15．三長制
16．州県制	17．朱全忠	18．青苗法
19．千戸制	20．占田・課田法	21．大祚栄
22．拓跋	23．タラス河畔	24．趙匡胤
25．屯田制	26．農奴制	27．八旗制
28．パーニーパット	29．府兵制	30．募兵制
31．猛安・謀克制	32．耶律	33．六諭
34．李元昊	35．里甲制	36．李舜臣
37．李成桂	38．李世民	39．両税法
40．完顔		

設問2　下線部①～④に関連する以下の問いの答えとして最も適当な語句を解答欄Ⅱ－Bに記入しなさい。

下線部①　太宗の治世にインドから陸路で唐に帰国し，『大唐西域記』を記した僧侶の名は何と言うか。漢字2文字で答えなさい。

下線部②　唐が人民に課した穀物・絹布などの税と力役のうち，丁男に課された年20日の中央政府の力役ないしその代納を何と呼ぶか。漢字1文字で答えなさい。

下線部③　この都城を築いた国の名前を漢字2文字で答えなさい。

下線部④　この反乱の名称を答えなさい。

設問 3　下線部(ア)～(カ)に関連する次の記述(a)(b)について，(a)(b)ともに正しい場合は数字 **1**，(a)のみ正しい場合は数字 **2**，(b)のみ正しい場合は数字 **3**，(a)(b)ともに正しくない場合は数字 **4** を，解答欄Ⅱ－Cに記入しなさい。

(ア)　シルクロード

(a)　唐代にソグド商人などイラン系の人々が多く長安に移住した。

(b)　タリム盆地周辺のオアシス都市をラクダの背に商品を載せた隊商が行き交った。

(イ)　都護府

(a)　征服地に都護府を置き，実際の統治は現地の首長に任せることを羈縻政策という。

(b)　ベトナムの北部は唐の統治下に入り，安南都護府が置かれた。

(ウ)　則天武后

(a)　則天武后は中国において女性が皇帝となる道を開き，韋后ら後の女性皇帝の模範となった。

(b)　則天武后の即位後，政治の担い手が科挙官僚から古い家柄の貴族へ戻った。

(エ)　節度使

(a)　節度使が軍事だけでなく行政・財政の権限もにぎる例が出てきた。

(b)　漢人以外が節度使に任命される例はなかった。

(オ)　安史の乱

(a)　安史の乱に関わったウイグルは遊牧民としてはじめて文字を使用した。

(b)　安史の乱を起こした安禄山はソグド系の血を引いていた。

(カ)　外来宗教

(a)　孔穎達が『五経正義』を編集して仏教の教えを説明し南北で異なる解釈を統一した。

(b)　寇謙之が西域出身の僧侶がもたらした経典を翻訳し祆教を大成した。

〔Ⅲ〕　次の文章を読み，設問１～４に答えなさい。　(50点)

18世紀末，カリブ海の（　ア　）領イスパニョーラ島西部で独立運動が始まり，1804年に初の黒人共和国（　イ　）が誕生した。同国では独立と同時に①黒人奴隷制が廃止され，その影響を受けてイギリスも植民地での奴隷制を廃止した。

ラテンアメリカにおいては，19世紀初頭から独立運動が起こった。北部では1819年②ベネズエラを中心に大コロンビア共和国の独立が宣言された。南部では（　ウ　）出身の軍人サン＝マルティンが独立運動を率いて（　ウ　），チリ，ペルーを解放した。一方（　エ　）領ブラジルでは，ナポレオン戦争から避難してきた王子が，1822年に独立を宣言して帝政をしいた。（　オ　）ではカトリック司祭イダルゴの呼びかけに応じた先住民やメスティーソが蜂起したことから独立運動が始まり，1821年に独立を達成した。

(a)1823年にアメリカはアメリカ大陸への③ヨーロッパ列強による武力干渉を拒否する宣言を行い，ラテンアメリカ諸国の独立を間接的に支えた。しかし西部開拓を経済発展の基盤としながら領土拡大を目指したアメリカは，ラテンアメリカ諸国に対する干渉を行うようになる。1845年に（　カ　）④をメキシコから併合し，さらにそれをきっかけとして起こった(A)アメリカ＝メキシコ戦争に勝利すると，1848年に（　キ　）を獲得した。1898年に起こったアメリカ＝スペイン戦争をきっかけに（　ク　）を保護国化し，プエルトリコ，グアム，フィリピンを獲得した。大西洋から太平洋にいたる広大な国家となったアメリカは，⑤棍棒外交と呼ばれる強硬なカリブ海政策を展開し，(b)1903年にはパナマを（　ケ　）から独立させた。

アメリカ＝メキシコ戦争の敗北で国土の半分以上を失ったメキシコでは，(B)自由派と保守派の対立が激化して内戦となった。これに乗じてフランス，イギリス，スペインが軍事介入を行い，1864年には（　コ　）皇帝の弟マクシミリアンをメキシコの皇帝にすえたが，メキシコ人の抵抗にあって敗退した。その後ディアス将軍が混乱を収拾し，大統領となって長期独裁政権をしいた。ディアス政権はメキシコの近代化を目指し，積極的に外国資本を導入したが，貧富の差が拡大したことに人々の不満がつのり，⑥ディアス独裁政権の打倒と政治的民主化を求める運動が起こった。運動は農民や労働者を巻き込んで全国的に展開され，民族主義的な社会運動へと変貌し，大土地所有の分割や労働基本権を規定した1917年の革命憲法の制定に結実した。

設問1　（　ア　）～（　コ　）に入る最も適切な語を下の語群から選び，解答欄Ⅲ－Aに番号で答えなさい。

【語群】

1．アメリカ	2．アルゼンチン	3．イギリス
4．イタリア	5．ウルグアイ	6．オーストリア
7．オクラホマ	8．オランダ	9．カリフォルニア
10．キューバ	11．グアテマラ	12．コスタリカ
13．コロンビア	14．ジャマイカ	15．スウェーデン
16．スペイン	17．チリ	18．テキサス
19．ドイツ	20．ドミニカ	21．ハイチ
22．パラグアイ	23．フランス	24．プロイセン
25．フロリダ	26．ベネズエラ	27．ペルー
28．ペンシルベニア	29．ポーランド	30．ボリビア
31．ポルトガル	32．メキシコ	33．モンタナ
34．ルイジアナ	35．ロシア	

設問2　下線部①～⑥について，以下の問いに対する答えを解答欄Ⅲ－Bに記入しなさい。

① アメリカでは奴隷制をめぐって南部と北部が対立し，利害調整のために1820年にある協定が結ばれた。北緯36度30分以北には奴隷州をつくらないとするその協定を何というか。

② ベネズエラ出身で，ベネズエラやコロンビアを独立に導いた指導者はだれか。

③ この宣言は当時の大統領の名にちなんで何と呼ばれているか。

④ 現在のメキシコシティを中心に発展し，1521年にスペイン人征服者によって征服された王国の名はなにか。

⑤ 棍棒外交を展開したアメリカ大統領はだれか。

⑥　1910年にメキシコで武装蜂起を主導した自由主義者はだれか。

設問3　二重下線部(a)(b)の年号について，それぞれ①～③の記述を読み，1つの出来事のみ二重下線部より早く起きている場合には**1**，2つの出来事が早い場合には**2**，すべての出来事が早い場合には**3**，すべて二重下線部より遅い場合には**4**を解答欄Ⅲ－Cに記入しなさい。

(a)　1823年

①　ヨーロッパで，キリスト教の友愛精神を基調とする神聖同盟が成立した。

②　ギリシアがオスマン帝国から独立した。

③　ロシアでは，自由主義化や農奴の解放を求めてデカブリストの乱が起こった。

(b)　1903年

①　イランでは，タバコ販売の利権がイギリス人に譲渡されることに反対するタバコ＝ボイコット運動がおこった。

②　アルゼンチンでは労働者の支持を受けたペロン政権が誕生し，社会改革を行った。

③　メキシコでは，先住民出身のフアレス大統領が外国勢力の干渉をしりぞけた。

設問4　波線部(A)(B)に関連する次の記述(i)(ii)について，(i)(ii)ともに正しい場合は**1**，(i)のみ正しい場合は**2**，(ii)のみ正しい場合は**3**，(i)(ii)とも正しくなければ**4**を，解答欄Ⅲ－Cに記入しなさい。

(A)　アメリカ＝メキシコ戦争

(i)　アメリカでは領土拡大が進み，この戦争の翌年ルイジアナをフランスから購入した。

(ii)　アメリカの領土拡大は，天から与えられた使命であるとする「マニフェスト＝デスティニー（明白な天命）」という言葉で正当化された。

(B)　自由派と保守派

(i)　19世紀後半のイギリスでは，自由党と保守党による二大政党制が定着した。

(ii) メキシコで保守派を制して政権を握った自由党は，ヴァルガス大統領のもとでアメリカをモデルとする工業化を推進した。

政治・経済

（75分）

〔Ⅰ〕　次の文章を読み、下の設問（設問1～設問5）に答えよ。　　（50点）

日本国憲法第14条1項は、「すべて国民は、法の下に平等であつて、ⓐ人種、信条、ⓑ性別、社会的身分又は門地により、政治的、経済的又は社会的関係において、差別されない」と規定している。そして、同条2項は、「（　ア　）その他の（　イ　）の制度は、これを認めない」と規定し、門地による差別の禁止を具体化している。ただし、日本国憲法第2条が「（　ウ　）は、（　エ　）のものであつて、国会の議決した（　オ　）の定めるところにより、これを継承する」と規定しているため、天皇と皇族は同第14条の例外とされる。また、同条1項に規定されている法の下の平等とは、各人に現実に存する差異を無視し、あらゆる取扱いの点で機械的に平等に扱う絶対的平等ではなく、ⓒ合理的な根拠に基づく区別であれば容認する相対的平等を意味すると解されている。

日本国憲法第14条1項が宣言する平等は、日本国憲法の多くの規定が保障する自由とともに、近代立憲主義の中核をなす理念である。このように、日本国憲法は、平等とともに自由を重視する考え方をとっていることから、全ての人を均等に扱ってその自由な活動を保障するという形式的平等を前提としている。しかし、資本主義の発展に伴い、この形式的平等の考え方は、個人間に格差をもたらした。そのため、社会的・経済的弱者をより厚く保護するⓓ実質的平等が重視されるようになってきている。

【設問1】文中の（　ア　）～（　オ　）に入る最も適切な憲法上の語句を、解答欄Ⅰ－甲のア～オに記入せよ。

【設問２】下線部ⓐに関連して、次の文章の（　Ａ　）～（　Ｄ　）に入る最も適切な語句や数字を、下の語群から１つ選び、その番号を、解答欄Ｉ－乙のＡ～Ｄに記入せよ。

国際連合は、「あらゆる形態の人種差別の撤廃に関する国際条約」〔人種差別撤廃条約〕を（　Ａ　）年に採択した。日本は、（　Ｂ　）年に同条約に加入したが、一部の規定の適用に留保を付している。同条約第１条は、人種差別を広く定義し、（　Ｃ　）的出身に基づく区別、排除、制限又は優先を含む旨を規定している。アイヌに対する差別については、立法によって対策がなされてきた。1899年に制定された北海道旧土人保護法は、1997年に廃止された。そして、2019年に制定された「アイヌの人々の誇りが尊重される社会を実現するための施策の推進に関する法律」は、法律として初めてアイヌを（　Ｄ　）として明記した。

[語群]

1．1985	2．原住民	3．1975	4．言語
5．1995	6．先住民族	7．少数民族	8．2005
9．民族	10．1965	11．地理	12．1955

【設問３】下線部ⓑに関連して、次の文章の（　Ｅ　）～（　Ｋ　）に入る最も適切な語句や数字を、下の語群から１つ選び、その番号を、解答欄Ｉ－乙のＥ～Ｋに記入せよ。ただし、Ｅは憲法上の語句である。

日本国憲法第10条は、「日本国民たる（　Ｅ　）は、法律でこれを定める」と規定している。このように、「国民たる（　Ｅ　）」は、原則として各国家が任意に決定できるが、日本でこれを定めた国籍法は、「女子に対するあらゆる形態の差別の撤廃に関する条約」〔女子差別撤廃条約〕の採択と批准の影響を受けて改正され、「出生の時に（　Ｆ　）が日本国民であるとき」、「子は、……日本国民とする」と定めている。なお、2001年に「（　Ｇ　）からの暴力の防止及び被害者の保護等に関する法律」が公布・施行された。

「女は、前婚の解消又は取消しの日から六箇月を経過した後でなければ、（　H　）をすることができない」と規定する民法第733条１項について、最高裁判所は、2015年12月16日の大法廷判決で、「本件規定の立法目的は、父性の推定の重複を回避し、もって（　I　）関係をめぐる紛争の発生を未然に防ぐことにある」ところ、「本件規定のうち（　J　）日超過部分については、民法772条の定める父性の推定の重複を回避するために必要な期間ということはできない」から、「同部分は、憲法14条１項に違反するとともに、憲法24条２項にも違反する」と判断し、これを受けて、民法第733条は2016年に改正された。

しかし、最高裁判所は、上記大法廷判決と同日の別の大法廷判決で、「夫婦は、婚姻の際に定めるところに従い、（　K　）の氏を称する」と規定する民法第750条は、夫婦の氏の決定を、「夫婦となろうとする者の間の協議に委ねているのであって、その文言上性別に基づく法的な差別的取扱いを定めているわけではなく」、同条の定める制度自体に「男女間の形式的な不平等が存在するわけではない」等の理由で、日本国憲法第14条１項および同第24条に違反しないと判断した。

［語群］

1．150	2．配偶者	3．100
4．家族	5．父	6．妊娠
7．離婚	8．妻	9．資格
10．親子	11．地位	12．父子
13．母子	14．夫	15．再婚
16．父又は母	17．120	18．要件
19．親族	20．母	21．夫又は妻

【設問４】下線部ⓒに関連して、次の文章の（　カ　）～（　ク　）に入る最も適切な語句を、解答欄Ⅰ－甲のカ～クに記入せよ。

最高裁判所は、1973年４月４日の大法廷判決で、「(　カ　)の殺害は通常の殺人に比して一般に高度の社会的道義的非難を受けて然るべきであるとして、このことをその処罰に反映させ……法律上、刑の加重要件とする規定を設けても、かかる差別的取扱いをもってただちに合理的な根拠を欠くものと断ずることはできず、したがってまた、憲法14条１項に違反するということもできない」としたうえで、「刑法200条は、(　カ　)殺の法定刑を死刑または無期懲役刑のみに限っている点において、その立法目的達成のため必要な限度を遙《はる》かに超え、普通殺に関する刑法199条の法定刑に比し著しく不合理な差別的取扱いをするものと認められ、憲法14条１項に違反して(　キ　)である」と判断した。

労働基準法第89条は、常時10人以上の労働者を使用する使用者に、始業および終業の時刻・休憩時間・休日・休暇等に関する事項、賃金の決定・計算および支払の方法・賃金の支払の時期・昇給等に関する事項、退職に関する事項等を記載した(　ク　)の作成を義務づけている。最高裁判所は、1981年３月24日の判決で、日産自動車株式会社の「(　ク　)は男子の定年年齢を60歳、女子の定年年齢を55歳と規定している」として、「右の男女別定年制に合理性があるか否か」を問題とし、日本国憲法第14条１項を引用しつつ、「上告会社の(　ク　)中女子の定年年齢を男子より低く定めた部分は、専ら女子であることのみを理由として差別したことに帰着するものであり、性別のみによる不合理な差別を定めたものとして民法90条の規定により(　キ　)である」と判断した。

【設問５】下線部ⓓに関連して、次の文章の(　L　)と(　M　)に入る最も適切な語句を、下の語群から１つ選び、その番号を、解答欄Ⅰ－乙のLとMに記入せよ。

男女の実質的平等を図る見地から、2018年に「政治分野における男女共同参画の推進に関する法律」が制定された。同法は、「男女の(　L　)の数ができる限り均等となることを目指し」、そのための施策の策定・実施に努めること等を国および地方公共団体に義務づけるほか、（　M　）にも一定の努力義務を課している。

［語群］

1．企業　　　　2．選挙管理委員会　　　3．候補者

4．議員　　　　5．大臣　　　　　　　　6．政党

〔Ⅱ〕　次の文章を読み、下の設問（設問1～設問12）に答えよ。　　　　（50点）

市場は、ⓐ超過需要にある財の価格を（　i　）させ、超過供給にある財の価格を（　ii　）させることで、需要とⓑ供給の調整を促し、それらをⓒ均衡させるⓓ市場メカニズムとよばれる機能を持つ。市場を分析するためには、市場に参加する個々のⓔ経済主体の行動を集約する需要曲線、供給曲線などの概念が有用であるが、需要曲線は通常（　iii　）の曲線として、また供給曲線は（　iv　）の曲線として描かれる。市場での取引は、ⓕ通貨を媒体として行われる。市場には、通常の商品市場の他に、ⓖ労働市場、ⓗ外国為替市場、ⓘ資本市場などがある。

市場メカニズムは、すぐれた特性をもっているが、市場がⓙ完全競争市場から離れるほど、その機能は低下する。市場メカニズムが機能不全に陥る「市場の失敗」の例として、ⓚ外部経済の問題などが挙げられる。

【設問1】下線部ⓐに関連して、次の文章の（　ア　）に入る数字を、解答欄Ⅱ－甲のアに記入せよ。

ある財の需要曲線が、D＝150－2pで表され、供給曲線がS＝pで表されるとする。このとき、価格が40であるときの超過需要は（　ア　）となる。ここでD、S、pはそれぞれ需要量、供給量、価格を示している。

【設問2】文中の（　i　）～（　iv　）に入る最も適切な語句の組み合わせを、

次の１～４のうちから１つ選び、その番号を、解答欄Ⅱ－乙に記入せよ。

1．（　ⅰ　）上昇（　ⅱ　）減少（　ⅲ　）右下がり（　ⅳ　）右上がり
2．（　ⅰ　）上昇（　ⅱ　）減少（　ⅲ　）右上がり（　ⅳ　）右下がり
3．（　ⅰ　）減少（　ⅱ　）上昇（　ⅲ　）右上がり（　ⅳ　）右下がり
4．（　ⅰ　）減少（　ⅱ　）上昇（　ⅲ　）右下がり（　ⅳ　）右上がり

【設問３】下線部ⓑに関連して、次の文章の（　イ　）に入る数字を、解答欄Ⅱ－甲のイに記入せよ。

ある財の価格が１個100円から120円に上昇したとき、供給量が100個から160個に増加するならば、その財の価格弾力性は（　イ　）となる。

【設問４】下線部ⓒに関連して、次の文章の（　ウ　）に入る数字を、解答欄Ⅱ－甲のウに記入せよ。

ある財の需要曲線が、D＝120－2ｐで表され、供給曲線がS＝10ｐで表されるとすると、この財の均衡価格は（　ウ　）となる。

【設問５】下線部ⓓに関連して、次のA～Eの記述は、それぞれ、ある市場において、当該の財・サービスの価格・数量以外の条件がどのように変化したかを記述したものである。A～Eにおける変化の内容として最も適切なものを、下の選択肢１～13のうちから１つ選び、その番号を、解答欄Ⅱ－乙のA～Eに記入せよ。ただし、他の条件は一定として、市場メカニズムが適切に働くことを前提とする。同じ選択肢を複数回用いてもよい。

A．企業の技術が進歩し、同じ量のチョコレートをより小さな費用で生産できるようになったとき、チョコレートの市場に生じる変化。
B．新型コロナウィルスの蔓延により、人々がより多くのマスクを求めるよ

うになったとき、マスクの市場に生じる変化。

C．天候不順のため、ぶどうが不作になった。そのとき、ワインの市場に生じる変化。ただし、ぶどうはワインの生産要素であると仮定する。

D．ある財の市場に政府が介入し、その財の最高価格を均衡価格以下に設定する法律が成立したときに生じる変化。

E．みかんの価格が減少したときに、りんごの市場に生じる変化。ただし、りんごはみかんの代替品であると仮定する。

［選択肢］

1．需要曲線が右上方向にシフトし、価格が下落し、取引数量は減少する。
2．需要曲線が左下方向にシフトし、価格が下落し、取引数量は減少する。
3．供給曲線が右下方向にシフトし、価格が上昇し、取引数量は減少する。
4．供給曲線が左上方向にシフトし、価格が下落し、取引数量は増加する。
5．需要曲線が右上方向にシフトし、価格が上昇し、取引数量は増加する。
6．需要曲線が左下方向にシフトし、価格が上昇し、取引数量は増加する。
7．供給曲線が右下方向にシフトし、価格が下落し、取引数量は増加する。
8．供給曲線が左上方向にシフトし、価格が上昇し、取引数量は減少する。
9．需要曲線や供給曲線に変化はないが、価格が下落し、取引数量は減少する。
10．需要曲線や供給曲線に変化はないが、価格が下落し、取引数量は増加する。
11．需要曲線や供給曲線に変化はないが、価格が上昇し、取引数量は減少する。
12．需要曲線や供給曲線に変化はないが、価格が上昇し、取引数量は増加する。
13．何も起こらない。

【設問6】下線部ⓔに関連して，経済主体がある選択を行ったときに、ほかの何かをあきらめたために失われた最大の便益を何とよぶか、次の1～4のうちから1つ選び、その番号を、解答欄Ⅱ－乙に記入せよ。

1．希少性　　2．効用　　3．機会費用　　4．厚生水準

【設問7】下線部ⓕに関連して、預金通貨は銀行の貸し付けによって創造されるが、預金準備率（支払い準備率）が20%であったときの信用創造額は最初に預けられた額の何倍になるか、次の1～4のうちから1つ選び、その番号を、解答欄Ⅱ－乙に記入せよ。

1．1倍　　2．2倍　　3．3倍　　4．4倍

【設問8】下線部ⓖに関連して、次の文章の（　エ　）～（　カ　）に入る最も適切な語句を、解答欄Ⅱ－甲のエ～カに記入せよ。

就業状態の区分として、労働力人口の中で、就職活動中または始業準備中の者で、仕事があればすぐに就けるが仕事がなく失業状態にあるものを（　エ　）失業者とよぶ。産業構成が変化していく中で、衰退している産業から新しい産業へ労働力が移動する過程で発生する失業を（　オ　）的失業とよぶ。また、景気循環による労働市場での需要と供給の一時的な不一致により発生する失業を（　カ　）的失業とよぶ。

【設問9】下線部ⓗに関連して、次の文章の（　キ　）と（　ク　）に入る最も適切な語句を、解答欄Ⅱ－甲のキとクに記入せよ。

為替相場の短期的な変動をおさえるために、通貨当局（中央銀行や財務省）が外国為替市場で通貨を売り買いすることを（　キ　）とよぶ。長期的には為替レートが各国の物価水準を反映した水準に決定されるという考え方を（　ク　）とよぶ。

【設問10】下線部ⓘに関連して、次のａとｂの記述について、**正しいものには数字の1を、正しくないものには数字の2を**、解答欄Ⅱ－乙のａとｂに記入せよ。

a．余剰資金の所有者が債券市場や株式市場を通じて債券や株式を購入することで、資金を企業に融通することを、直接金融とよぶ。

b．一般的に、債券価格とその利回りは正比例する。

【設問11】下線部ⓙに関連して、完全競争市場が満たすべき条件として、**適当でないもの**を、次の1～4から1つ選び、その番号を、解答欄Ⅱ－乙に記入せよ。

1．多数の買い手と売り手がいるため、個々の買い手や売り手の行動が価格に影響を与えることはない。

2．事業や取引への参入が自由に行われている。

3．売り手と買い手が、取引されている財・サービスについての知識を共有している。

4．輸送コストが大きいため、転売ができず、需要量が多い地域での財の価格が高くなっている。

【設問12】下線部ⓚに関連して、次のcとdの記述について、**正しいものには数字の1**を、**正しくないものには数字の2**を、解答欄Ⅱ－乙のcとdに記入せよ。

c．オリンピックのための建設ラッシュで建設業の人件費がふくらみ、その影響によって新築のマンション価格が上昇することは、外部不経済の発生にあたる。

d．ある企業の生産活動から外部不経済が発生しているとき、その企業が負担する私的費用は社会的費用を上回っている。

〔Ⅲ〕　次の文章を読み、下の設問（設問１～設問９）に答えよ。　(50点)

第二次世界大戦後、アジア・アフリカなどでかつて植民地支配にあった国々の独立があいついだ。これらの国々の多くは、植民地時代に先進諸国にとっての食料や原料供給地・製品市場とされ、単一の商品作物を栽培する（　ア　）経済を強いられた。また、政治的独立を達成したあとも経済的には国際価格が不安定な単一、または、少数の（　Ａ　）の輸出に依存した。その結果、国内産業は未発達なまま、これらの国々と先進工業国との経済格差が固定化した。

1980年代になると、世界的な景気の低迷を背景に、（　Ａ　）価格は下がって、南北格差はむしろ拡大し、生存に必要な衣食住を確保できないⓐ貧しい人々の数が増加した。ただし、この間、発展途上国の間でも、産油国や工業化に成功した国や地域と、それ以外の国々、とりわけ開発が著しく遅れたサハラ以南のアフリカ諸国など（　Ｂ　）との経済格差が拡大した。このような発展途上国の間の経済格差の諸問題を（　イ　）問題という。1980年代には、ラテンアメリカを中心に、先進国からの借り入れ金が一国の経済からみて返済不能な水準まで膨らむ（　ウ　）問題も発生した。これら発展途上国の経済が不振に陥る一方、先進国でも貸し倒れによる金融不安が生じた。このため、先進国は、発展途上国に対して、元本や金利の支払いを遅らせる（　Ｃ　）等を実施した。

地球規模で貧困問題を解決するためには国際協力が不可欠である。（　エ　）は1961年、ⓑ経済協力開発機構（ＯＥＣＤ）の下部組織として発足し、発展途上国への援助について、加盟国間の利害調整等を開始した。しかし、発展途上国の経済状態はいっこうに改善されなかったため、1964年に国連は新たな機関を設置した。その初代事務局長である（　オ　）は、ジュネーブで開催された第一回会議総会の討議資料として、援助のみならず貿易の拡大による発展途上国の経済の発展を趣旨とする（　オ　）報告を提出した。同報告には、発展途上国の貿易促進のために、発展途上国から輸入される工業製品に対して先進国から輸入される同種製品よりも有利な待遇を与える（　Ｄ　）制度の提案も含まれていた。ただし、貧困撲滅には、政府機関やⓒ国際機関だけでなく、ⓓ企業やＮＧＯの取組みもまた大きな力となる。たとえば、近年注目されている成功例として、バングラデシュの

ⓔグラミン銀行の活動があげられる。その銀行が行ってきた最貧困層向けの少額融資などの金融サービスを（　E　）とよぶ。

21世紀に入ると、発展途上国の中でも、ＢＲＩＣｓとよばれる国々が著しい経済成長を遂げ、世界の中で存在感を示すようになった。2011年にはもう１カ国加わり、ⓕＢＲＩＣＳという名称に代わった。これら諸国は、先進国に新興国を加えた（　F　）サミットにも参加している。しかし、世界の資源・エネルギーは有限であり、先進国のみならず、発展途上国によるその大量消費は、地球環境を悪化させる要因ともなってきた。したがって、ⓖ開発と環境保全の両立は全世界的に取り組む課題として認識されるようになった。2015年９月の国連総会では、新たな行動計画として「我々の世界を変革する：持続可能な開発のための（　G　）アジェンダ」が採択された。その中で、（　カ　）の世界目標や169のターゲットが示された。

【設問１】文中の（　ア　）～（　カ　）に入る最も適切な語句や数字を、解答欄Ⅲ－甲のア～カに記入せよ。ただし、アとオにはカタカナ、カには数字で記入せよ。

【設問２】文中の（　A　）～（　G　）に入る最も適切な語句や数字を、次の語群から１つ選び、その番号を、解答欄Ⅲ－乙のＡ～Ｇに記入せよ。

［語群］

1．2020	2．リスケジューリング	3．電子マネー
4．原発	5．G20	6．2050
7．ＬＧＢＴ	8．リストラクチュアリング	9．ＩＣＴ
10．リフレーション	11．ＬＳＩ	12．一般特恵関税
13．リフューズ	14．マイクロファイナンス	15．交易条件
16．Ｇ８	17．技術移転	18．G77
19．ペイオフ	20．メセナ	21．ＬＣＣ
22．Ｇ５	23．価格安定	24．デリバティブ

25. ＬＤＣ　　26. 2015　　27. 一次産品

28. 2030

【設問３】下線部ⓐに関連して、次の文章の（　Ｈ　）に入る最も適切な数字を、次の１～４のうちから１つ選び、その番号を、解答欄Ⅲ－乙のＨに記入せよ。

世界銀行は、2015年10月以降、2011年の物価をもとに、１日あたり（　Ｈ　）ドル未満で生活する人を絶対的貧困にあると定義している。

１．1.01　　２．1.08　　３．1.25　　４．1.90

【設問４】下線部ⓑに関連して、現在、同機構の**加盟国でない国**を次の１～４のうちから１つ選び、その番号を、解答欄Ⅲ－乙に記入せよ。

１．中国　　２．韓国　　３．メキシコ　　４．チェコ

【設問５】下線部ⓒに関連して、主にインフラ整備を主体とした融資を行うべく、2015年に設立、2016年に開業した国際開発金融機関の略称を、次の１～４のうちから１つ選び、その番号を、解答欄Ⅲ－乙に記入せよ。

１．ＡＤＢ　　２．ＩＤＡ　　３．ＩＢＲＤ　　４．ＡＩＩＢ

【設問６】下線部ⓓに関連して、貧しい人々の生活を改善するために、発展途上国の原料や製品を適正な価格で継続的に取引することを何とよぶか、解答欄Ⅲ－甲にカタカナで記入せよ。

【設問７】下線部ⓔに関連して、同銀行およびその創始者に2006年のノーベル平和賞が贈られた。その創始者の名前を、解答欄Ⅲ－甲にカタカナで記入せよ。

【設問８】下線部ⓕに関連して、**これに含まれない国**を、次の１～５のうちから

1つ選び、その番号を、解答欄Ⅲ－乙に記入せよ。

1．ブラジル　　2．ロシア　　3．インド
4．コスタリカ　　5．南アフリカ

【設問9】下線部ⓖに関連して、次のaとbの記述について、**正しいものには数字の1を、正しくないものには数字の2を**、解答欄Ⅲ－乙のaとbに記入せよ。

a．開発と環境保全は対立するものではなく、両立が可能であるという考え方は、環境と開発に関する世界委員会（通称ブルントラント委員会）の1987年の報告書『かけがえのない地球（Only One Earth)』によって広く知られるようになった。
b．2012年、国連持続可能な開発会議がブラジルのサンパウロで開催された。同会議では、グリーン経済の重要性等が盛り込まれた合意文書が採択された。

数学

（75 分）

〔 I 〕 次の □ に適する数または式を，解答用紙の同じ記号の付いた □ の中に記入せよ。

(1) D, O, S, H, I, S, H, A の 8 文字を 1 列に並べる。並べ方は全部で [ア] 通りである。S が両端にくる並べ方は [イ] 通りである。D と O が隣り合う並べ方は [ウ] 通りである。

(2) 定数 a, b は 0 ではないとする。x についての整式

$$A(x) = ax^4 + bx^3 - ax^2 - bx + 3x^2 + x - 2,$$

$$B(x) = x - 1, \qquad C(x) = x^2 - 1$$

について，$A(x)$ を $B(x)$ で割ったときの余りは [エ] であり，$A(x)$ を $C(x)$ で割ったときの余りは [オ] である。

(3) 3 直線 $y + 3 = 0$, $x + 2y - 4 = 0$, $2x - y - 3 = 0$ で囲まれた部分は三角形となる。この三角形の外接円の半径は [カ] であり，外心の座標は [キ] である。

(4) $-\frac{\pi}{2} \leqq \theta \leqq \frac{\pi}{2}$ における関数 $y = \cos^2\theta + \sin\theta$ は，最小値が [ク] である。また，$\theta =$ [ケ] のとき最大値 [コ] をとる。

〔 II 〕 関数 $f(x)$ は，条件 $f(x)=\int_0^1 |2t-x|(6t+x)\,dt$ を満たす。このとき，次の問いに答えよ。

(1) $f(x)$ を求めよ。

(2) $\int_{-1}^{3} f(x)\,dx$ の値を求めよ。

〔 III 〕 O を原点とする座標平面上に，辺の長さが 1 の正六角形 OABCDE をとる。ただし，頂点 O，A，B，C，D，E は反時計回りの順にとり，O は原点，A は x 軸上にあり，E は第 2 象限にあるとする。t は $0<t<1$ を満たす実数とし，辺 BC を $\mathrm{BP}:\mathrm{PC}=t:(1-t)$ に内分する点を P とおく。点 Q を直線 DE 上にとり，かつ直線 OP と直線 AQ は垂直に交わるとする。直線 OP と直線 AQ の交点を R とする。$\overrightarrow{\mathrm{OA}}=\vec{a}$，$\overrightarrow{\mathrm{OE}}=\vec{e}$ とおく。このとき，次の問いに答えよ。

(1) $\overrightarrow{\mathrm{AB}}$，$\overrightarrow{\mathrm{OB}}$，$\overrightarrow{\mathrm{OP}}$，$\overrightarrow{\mathrm{OQ}}$ を $\vec{a}$，$\vec{e}$ を用いて表せ。ただし，t を用いてもよい。

(2) $\overrightarrow{\mathrm{OR}}$ を成分で表せ。ただし，t を用いてもよい。

(3) R の x 座標が $\frac{1}{2}$ となるときの t の値と，そのときの $\triangle\mathrm{OAR}$ の面積を求めよ。

6　父が病で亡くなってまもなく亀は尼となり、二十三年間、菩提を弔った。

(六)　傍線――「ただこのままに候はんこそあらまほしう候へ」について、誰がなぜこのようなことを言ったのか、説明せよ（句読点とも三十字以内）。

（以上・六十点）

3　足かせをはずしてもらうことはできたが、牢の番人が役人に叱られるのが気の毒なので、定められていたとおりに足かせをはめつづけていた。

4　足かせをはずそうと思えばはずせるのだが、牢の番人に気づかれたら厄介なので、ふだんは前と変わらない状態を装っていた。

5　足かせははずせる状態までゆるんだものの、牢に入れられたことを人に知られたくなかったので、ずっと牢の奥で動かないようにしていた。

㈣　傍線━━「らん」と文法的意味・用法が同じものを、次のうちから一つ選び、その番号を記せ。

1　我らが生ける今日の日、なんぞその時節にことならん。

2　いかなる宿縁にてか、二代の君をば守護したてまつるらん。

3　この御ありさまをば、親たちもいかでかは優れて思さざらん、と見えたまふ。

4　人聞くべうもあらねど、宮は少し心得たまへらん。

5　一天下の人、いづれかは宮になびき仕うまつらぬがあらん。

㈤　本文の内容に合致するものを、次のうちから二つ選び、その番号を記せ。

1　並河家は津の国能勢の郡で代々高名な薬屋を営んでいた。

2　息子の太郎が罪を犯したので、道悦まで牢に入れられてしまった。

3　神山には古くから信仰される観音堂があった。

4　観音堂がある山には化け物が住むという言い伝えがあった。

5　道悦が牢から出られたのは、捕らえられて六年程経ってからだった。

ア　われ寒からでやはいぬべき

1　私は寒さを感じながら帰らなければならないはずだ
2　私が寒さを感じないで誰が寒さを感じるだろうか
3　私は寒さを感じながらそのまま座ってはいられまい
4　私は寒さを感じないで過ごせるのだろうか
5　私が寒さを感じないで寝ていてよいはずはない

イ　けうとき山の奥なりければ年たけたる男だにいとものすごく思へり

1　今では人もいない山奥だったので、大人の男でさえ道案内をするのはたいそう難しいと思っていた
2　気後れがするほど遠い山奥だったので、大人の男でさえ行くのはたいへん面倒だと思っていた
3　人気がなくもの寂しい山奥だったので、大人の男でさえたいそう気味が悪いと思っていた
4　人の手が入らない山奥だったので、せめて大人の男だけでもとにかく頼みにしようと思っていた
5　険しくも清浄な山奥だったので、せめて大人の男だけでも向かわせて、なんとか恩恵にあずかりたいと思っていた

(三)　傍線------「まもる人の見てとがめんがうるさければ、つねはなほありしままに足さし入れてぞゐける」の説明として適当なものを、次のうちから一つ選び、その番号を記せ。

1　足かせをはずそうと思えばはずせるのだが、牢の番人がしきりに話しかけてくるのが面倒なので、ふだんは牢の奥のほうに足かせをはめたままで動かずにいた。
2　足かせをはずせる状態までゆるんだものの、妻や子の様子が分からない苦しさに責め苛まれて、ずっと足かせから足をぬくことができなかった。

きて、泣きみ笑ひみよろこびあへり。

そのころは、亀もやうやうおよすけねびまさりたれば、父母、さるべき人にも見せて、さかゆく末を待たばやといへば、亀、思ひもよらずとなんいふを、父母あやしみて問へば、われ父のわざはひを観音に祈り申しし時、父ゆゑなくば、われ生ける間、男を見侍らじと、ちかごとし侍りぬ。しかるを、ただいまその言葉にたがへさせ給はば、わが身のことはいふにやおよぶ、父の御ためもいかならんとおそろし、ただこのままに候はんこそあらまほしう候へといふ。父母せんかたなくて思ひわづらひけるが、亀、やがて父母に乞ひて尼となりて、名を智信と改めけり。その後、いくほどもなくて病にをかされて、年二十三にして失せぬとなん。

（『仮名本朝孝子伝』）

注　をちをち　一つ一つ。

設問

(一) 傍線——a・bの意味として適当なものを、次のうちからそれぞれ一つ選び、その番号を記せ。

a　かなしま
1　無念に思い
2　不憫に思い
3　無益に思い
4　不審に思い
5　無情に思い

b　およすけ
1　衰弱し
2　苦心し
3　達観し
4　成長し
5　努力し

(二) 傍線〰〰ア・イの解釈として適当なものを、次のうちからそれぞれ一つ選び、その番号を記せ。

二　次の文章を読んで、後の設問に答えよ。

過ぎし寛文のころにや、津の国能勢の郡神山といふところに、並河道悦といふものありけり。くすしをわざとせり。心ざまもあしからざりしが、幸ひなくて、罪におち入り、その太郎なる子とともに、牢《ひとや》の内にとらはれて、足かせなどいふ物に身を苦しめをりけり。

道悦、娘あり。名をば亀となんいひて、年は十に二つばかりぞあまれる。父がこのことをいといたう嘆き、その苦しみを思ひやりて、身をおくに所無げなり。夏は蚊の声のしげくわづらはしきに、母とはらからは帳はりていぬるを、をのれはひとり帳の外にのみいねて、父の牢の内におはして、いをやすくもし給ふまじきを、われ家にありていかで豊かにはいぬべきといへり。深山もさやぐ霜夜には、また、小夜の衣を重ねずして、かの牢の内いかばかり寒からんに、ア われ寒からでやはいぬべきと思へり。

近き山の深く茂れるかたに、いにしへより観音の堂ありけり。亀嘆きのあまりに、かの堂に詣でて、父がわざはひにまぬかれんことを祈る。堂は、里とははるかの道を隔てて、イ けうとき山の奥なりければ年たけたる男だにいとものすごく思へり。そのうへ、猛きけだものなどもすみて折節は人をそこなふこともあるを、亀いささかいとはず、おそれず、夜中、暁にも行きかよひて、もしあやしきけだものにあへば、われはかかる願ひありて観音に詣で来るものぞ、けだものといふとも心あらばこの身をそこなはでよといへば、近づき寄るけだものもなし。人みなこれをあやしみけり。

さても、かの牢の内には、妻や子の行方も知らず、ただ身の苦しきにたへかねてのみ月日経にけるが、ある夜、何ゆゑともなく、足かせゆるびたるやうにて、ふたつの足心のままなり。道悦、よろこびにたへず。されど、まもる人の見てとがめんがうるさければ、つねはなほありしままに足さし入れてぞゐける。それを聞き伝ふる人は、あきらかにこれ神山の観音大慈の亀が心をa かなしませ給ひてせさせ給ふらんとぞいへる。

かくて六とせばかりありて、道悦ゆるされて帰りぬ。亀よろこべること、限りもなし。父もありしことども、をちをち問ひ聞

2　建築の意匠に有機的な形態を取り入れ実体化していくという手法を確立させたゲーリーが設計した美術館は、一九九〇年代後半に造られたアイコン建築の一つである。

3　建築家が、ドレスをつくるファッション・デザイナーの製作方法を模倣してＣＡＤを使い始めたことが端緒となり、強い記号性と象徴性を持つ建築が生まれた。

4　建築家の仕事に対するセネットや内藤廣の主張に対して、ギデンズは批判的な立場をとると筆者は考えている。

5　セネットは『クラフツマン』の中で、マサチューセッツ工科大学の若い建築家の言葉を肯定的に引用し、自説を展開している。

6　建物に対しては何千万という金は出しても、図面には何百万という金は払えないという施主の意識を嘆く建築家に対して、筆者は憤慨している。

(七)　傍線――「建築家の職能に対する信頼を縮減させていくような事態」の内容について説明せよ（句読点とも四十字以内）。

（以上・九十点）

日々の業務の中で専門領域の創造性を高めるという好機が一部の建築家や研究者にもたらされた。

5　図面をデータ化しネットで送信することで、離れた場所にいる設備設計者とのやりとりや設計変更が容易にできるようになるとともに、三次元曲線を多用するような複雑な形態の構築も可能になった。

㈤　傍線――Ｃについて、「現在ＣＡＤは建築設計の現場においては「誤用」されている」の説明として適当なものを、次のうちから一つ選び、その番号を記せ。

1　ＣＡＤは計算能力が優れているが、コンピュータで作成された図面は設計の全体が把握しにくいため、ディスプレイ上の作業による描き直しの必要をもたらし、結果的に瑕疵のない建物の建設を困難にして、建築のレベルを下げてしまう。

2　ＣＡＤを使用することによって様々に異なる材料の質感を十分に表現できるが、建築家当人の自信の有無に関係なく作業が完結し全てうまくいっているように見えてしまうため、図面を描く建築家の人柄が消えてしまう。

3　ＣＡＤは現場では欠かせないものであり魅力的なスピードをもたらすが、建築の計画段階を把握するのが困難で、建築家が建築用地を頭の中に植え込むことができなくなり、実際に致命的な設計ミスが頻繁に起こってしまっている。

4　ＣＡＤを導入することによって建物が必要とする煉瓦や鉄鋼の数量は精確に計算できるが、手描きによる図面の作成を通して得られるような現場の地勢や素材に対する深く精確な認識が得られなくなり、建築家の創造性の力が減衰してしまう。

5　ＣＡＤを用いることによって、用地の図面をコンピュータで何回も描き直し、可能性の像を結晶化し精緻化できるようになったが、作業がルーチン化するため、建築家は現場を認識し思考を成熟させていこうとは考えなくなってしまう。

㈥　本文の内容に合致するものを、次のうちから二つ選び、その番号を記せ。

1　ポストモダンと呼ばれる一連の新しい建築の表現様式が現れたことによって、一九八〇年代から建築の現場でＣＡＤが導入され始めた。

4　副作用

5　解毒剤

㈢　傍線――A「ＣＡＤの普及」が建築家にもたらしたものの例として不適当なものを、次のうちから一つ選び、その番号を記せ。

1　指先の腱鞘炎や腰痛、頭痛といった身体的苦痛と背中合わせの重労働からの解放。

2　紙を労働の対象とする製図からの解放。

3　製作・工事などに当たり、工費や構造上の諸点などの計画を立てて図面で明示することからの解放。

4　製図の道具の変更による仕事の合理化。

5　シャープペンシルの代わりにマウスを握り図面を描くことによる仕事の省力化。

㈣　傍線――B「ＣＡＤは建築家の仕事を大きく変えた」の説明として適当なものを、次のうちから一つ選び、その番号を記せ。

1　オンラインによる情報のやりとりができるようになることで、図面の現物を携え現場を走り回るという建築家にとっての肉体労働を軽減させただけでなく、建築の自由自在な造形を可能にした。

2　計算器などの間接的労働手段を使うことで一人ひとりの労働形態にフレキシビリティを導入することになるとともに、魔法のツールとして、高度なシミュレーション機能による刺激に満ちたデザイン設計を促した。

3　高度な図形処理による複雑な設計変更ができるようになることで、有名建築家も市井の建築家も名声が高まっただけでなく、模型の形態をコンピュータの仮想空間の内部で次々と具体化させていくという業務の効率化がもたらされた。

4　設計図書がデジタル情報となったことで、誰もが現場で内観や外観のイメージの確認が簡単にできるようになるとともに、人のクライアントが描いた図面は明確な差が確認できたはずである。

　この事例からも建築家にとって、図面とはクライアントや施工現場との情報伝達という役割以上に、クライアントとの間のインターフェイスであり、ほぼ唯一の「職能の証」としても機能する非常に重要な存在であることがわかる。それゆえに、それが手描きによって加筆修正の痕跡を残しながら生産されるのと、コンピュータによって綺麗に印刷出力されるものでは、「重み」が異なると考えられるのである。その「重み」を安藤は図面に宿る「文化」と述べ、磯崎は「アウラ」と呼んだ。建築家のプロフェッションとしての威信は、手描き図面が醸し出す、「文化」や「アウラ」を拠り所としてきたのである。

注　定規・平行定規・ドラフター・計算器　　製図の際に利用する道具。
　　へら・墨さし・筆・烏口・エンピツ　　材料や図面に線を引く道具。
　　クライアント　　依頼主。

設問

(一)　空欄［　　］a・bに入る語句として適当なものを、次のうちからそれぞれ一つ選び、その番号を記せ。

1　なぜ　2　しかし　3　これから　4　もし　5　なお　6　それゆえに

(二)　空欄〔　　〕に入る語句として適当なものを、次のうちから一つ選び、その番号を記せ。

1　処方箋
2　特効薬
3　荒療治

ための情報伝達メディアに留まらず、建築家の職能を象徴するシンボルとして機能しているということを明らかにしなければならない。しかし、ＣＡＤによる図面作成に替わればそのシンボル性が減衰されていくと安藤や磯崎は懸念しているのである。そして彼らの懸念は現実のものとなっているのである。以下の建築家の語りを見てみよう。

> 施主の意識として、建物に対しては何千万というお金は出しても、紙に書いた図面に何百万というお金は払えないというものがあるような気がします。平面図となると、プランニングなら素人の描いたものと一見あまりかわらない。しかし、そこに至る過程には法的な根拠、構造的な根拠があるんだけど、そこが理解できてない。この一枚ができるのに何日かけたのか、そりゃ物理的に描くだけなら二、三時間でできますけど、それがこの形になるのに何日もかかっているのですから。時間かけるほうが悪いなんて言い方はどうなのかなって思いますね。その時間がかかっているということに対して、正当な報酬をいただけない。寝ても覚めても考えている。それも本来なら評価されるべきだと思います。（Ｅ氏）

この語りから見えてくるのは、建築家の描いた図面が、もはや単なる意思伝達メディアとしての道具的な意味しか持ち得ていない事実である。建築家の職能を象徴するシンボル性が失われた図面には、建築家がその図面を描くために「身体的に」費やした時間以上の価値は汲み取られないのである。［ a ］、このような認識がクライアントに醸成されてしまうのだろうか。

一つの理由は、脱専門職論で言われているようなクライアントとの間の知識ギャップの縮減であろう。現在、一見すると建築家が描いた図面とそれほど変わらないクオリティの図面を描画できるソフトウエアが比較的廉価で販売されている。それを使って平面図や立面図は比較的容易に作成できる。［ b ］、見た目だけなら建築家が描いた図面とクライアントが自分で描いた図面との差異が、クライアント目線では明白には把握できないのである。これが手描き図面であれば、建築家が描いた線と素ったと考えるべきであろう。

それを読み解く手がかりとして、別の建築家の語りをみてみよう。

ＣＡＤ、ＣＧによって描かれた図面からは、個性が現れにくい。手描きの図面からは、描いた人間の思いや迷い、文化的背景といったものまで読み取れたのですが、ＣＡＤの図面は一見完成度が高く充実した内容を伴っているように見える反面、世界中の誰が描いても似たような表情になってしまう。そこには文化が宿らないのではないかという懸念が生じるのも当然のことです。（安藤）（傍線筆者）

わずか数年間で、私のアトリエの製図板のうえからT定規が消えて、みんながコンピューター端末と向い合ってしまったことだ。（中略）かつてはトレシング《（ママ）》ペーパーが破れるまで消したり、インキングの跡をけずったりしたものだった。書き込みだって、レタリングの練習などする必要ない。きれいに印字されている。活版が写植にかわったとき、印刷された紙の表面からアウラ（霊気）が消えたように感じた。（磯崎）（傍線筆者）

建築家が描く設計図は、建築家が設計の意図を現場やクライアントに正しく伝えるためのメディアである。つまり、情報（設計意図）の中身が重要なのであって、図面という紙媒体そのものが重要なわけではないし、「文化」や「アウラ」の有無も問題ではないはずである。それにもかかわらず、安藤はＣＡＤの図面には文化が宿らない、磯崎はアウラが消えたように感じた、とそれぞれ述べている。彼らが、図面から「文化」や「アウラ」が消えることを危惧しているのはなぜなのだろうか。それを正しく読み解くことが、建築家の職能を理解することに繋がるのである。そのためには、図面が建築家の設計意図を施工者に伝えるせることで、現場や素材への深く精確な認識を獲得し、結果的に瑕疵のない建物の建設に資するという議論である。セネットはさらに「建物が必要とする煉瓦や鉄鋼の数量を驚くほど精確に計算できるが、フラットなコンピュータの画面は、様々に異なる材料の質感を十分に表現できなかったり、材料の色を選ぶときに役に立たなかったりする」と述べる。

　また、建築家の内藤廣はセネットと同様な意味において手描き図面の重要性を語っている。

> 建築の設計でもＣＡＤ化の勢いはすさまじい。しかし、その図面は、設計の全体を把握しにくい。きれい過ぎて、何であれ、全てうまくいっているように見えてしまう。手を経ずに、頭の中だけで作業が完結してしまっているからだろう。トレーシングペーパーに鉛筆で苦労をして描かれた旧来の図面は、そこに描く人の感情が入っている。（中略）描いた当人の自信がなければ、鉛筆の線にもその迷いを見て取ることもできる。慣れてくると図面上の線から、描いた人の経験的なレベルや人柄さえ分かるようになる。手書きの図面には、すてがたい様々な種類の情報が塗り込められている。

ここでセネットや内藤が述べていることは、「手段」と「過程」に関することである。つまり図面の作成における創造性の「過程」がＣＡＤの導入によってルーチン化することで、建築家が持っているとされる創造性の力が減衰するという議論である。

　たしかに、セネットや内藤の述べる危惧はその通りなのだろう。手描きからＣＡＤに変わったことによって、若手建築家や建築家志望の学生の寸法感覚が甘くなったという話は比較的よく耳にする。それでは、ＣＡＤ化によって致命的な設計ミスが頻繁に起こっているのだろうか。そのような事実は筆者が聞き取りをしてきた限りでも生じていない。つまりこの説明では、ＣＡＤ化によって、建築家の職能の権威が低下し、結果としてクライアントを得ることが難しくさえなっているという現状の仕組みが解明できない。つまり、手描きからＣＡＤに変わったことによって技術とは違う次元で建築家の職能を支える構造の転換が起こドに、またそれはけっして疲れないという事実に、そして極めつけとして、苦心しながら手描き設計をするよりも計算能力が優れている現実にある」と述べ、現場における省力化の効用を強調している。Ｃしかし、現在ＣＡＤは建築設計の現場においては「誤用」されているという。

　このように便利な道具が一体どのように誤用されるというのだろう？　ＣＡＤが初めて建築学教育に導入されて手描きによる製図に取って代わったとき、マサチューセッツ工科大学（ＭＩＴ）の若い建築家は次のように述べたものだ。「用地の図面を描いたり、等高線や樹木を描き入れたりするとき、そうしたものはしっかりとあなたの頭の中に植え込まれる。コンピュータではできないようなやり方で、あなたは現場を認識するようになるのだ。……地勢は、何回も図面を描き直すことによって認識されるようになるのであり、あなたの代わりにコンピュータにそれを『再生』させてもそうなる訳ではない」。

　これはノスタルジアではない。彼女の意見は、ディスプレイ上の作業が手描きに取って代わった場合に精神的に失われるものについて、述べているのである。他の視覚的な実践の場合と同じように、建築用のスケッチはしばしば可能性の像である。つまり手描きによって可能性を結晶化し精緻化してゆく過程で、設計士はちょうどテニス選手やミュージシャンと同じように前進し、その過程に深く関わり、それについての思考を成熟させていく。ＭＩＴの若い建築家が述べているように、建築用地が「頭の中に植え込まれる」のである。

　セネットは手描きとＣＡＤを対比させながら、手描きには可能であるがＣＡＤにはできないことを強調している。それは図面の作成を通した現場の地勢や素材に対する深く精確な認識である。建築は計画段階では紙やモニターの中で構想されるが、最終的には物質として立ちあがってくるものであるという事実を鑑みた時、手という身体の一部を使って「物理的に」紙に刻み込まの自由度です。形で遊ぶことができるようになりました」と述べている。

　ＣＡＤの発展はゲーリーの作品に見られるような造形面への貢献だけではなく、その業務内容も大きく変えた。離れた場所の構造設計者や設備設計者とのやりとりも、図面をデータ化しそれをネットで送信することによって容易に行うことができるようになった。それまでは図面の現物を携えた技術者が現場を走り回っていたのであるが、ＣＡＤの登場により建築家の作成する設計図書がデジタル情報となり、オンラインによる情報のやりとりへと姿を変え始めた。それによって設計変更も容易になり、設計の現場は大幅に効率化された。

　ここまで見てきたように、建築設計という職能において、ＣＡＤ化は一方で建築家に自由自在な造形を可能にする「魔法のツール」として、もう一方では、業務に革新的な効率化をもたらす、理想的な技術進化として建築家や研究者は捉えている。このような状況はギデンズが述べる以下のような状況を生み出したのである。

　情報テクノロジーの普及拡大は、労働力の一部の部門に、刺激に満ちた好機を確かに創りだす。たとえば、メディアや、広告、デザインの領域では、情報テクノロジーは、たんにその専門領域の創造性を高めるだけでなく、一人ひとりの労働形態にフレキシビリティを導入する。

このように有名建築家の名声を飛躍的に高め、市井の建築家たちの日々の業務を軽減させた技術革新であるが、それにともなう「〔　　　〕」を同時にもたらしていくことになるのである。

　ここまでみてきたように、Ｂ ＣＡＤは建築家の仕事を大きく変えた。Ｒ・セネットは『クラフツマン』の中で、ＣＡＤが「建築事務所ではほとんど欠かせないものになっている」ことの理由について「ＣＡＤ（コンピュータ支援設計）の魅力はそのスピーを労働の対象として、定規・平行定規・ドラフター・計算器などの間接的労働手段や、へら・墨さし・筆・烏口・エンピツなどを使って設計図書を作成する過程である」（森本）といえるだろう。

建築設計の現場においては、一九八〇年代から徐々にＣＡＤの導入が進み、一九九〇年代から一気に普及が進んでいった。ＣＡＤとはComputer-Aided Designの略語であり、コンピュータの高度な図形処理機能を利用した建築などの設計システムのことである。建築家はシャープペンシルの代わりにマウスを握って図面を描くようになったのである。ＣＡＤの登場は建築家を製図という肉体労働から解放した。かつてそれは常に手首や指先の腱鞘炎や腰痛、頭痛などといった身体的苦痛と背中合わせの重労働であった。ＣＡＤがもたらしたものは単なる製図という仕事の省力化だけではなかった。高度なシミュレーション機能により内観や外観のイメージの確認や曲線を多用するなどした、より複雑な形態の構築が可能になったのである。

これらの技術は一九八〇年代から現れ始めたポストモダンと呼ばれる一連の新しい建築の表現様式を次々と可能にした。一九九四年に竣工した「関西国際空港ターミナルビル」の設計はイタリア人建築家レンゾ・ピアノと岡部憲明によって行われたが、その三次元曲線を多用した造形はコンピュータなしでは実現不可能であった。こうしたＣＡＤの性能の高まりによって一九九〇年代後半にはアイコン建築と呼ばれる強い記号性と象徴性を持つ建築が世界各地で実現され始めた。例えば建築家フランク・Ｏ・ゲーリーが設計した『ビルバオグッゲンハイム美術館』（一九九七）などはその好例である。

彼は建築の意匠に有機的な形態を取り入れ、実体化していく手法を確立した建築家である。そのために彼は、航空機を設計するために開発された三次元の複雑な形態を扱えるソフトウェアＣＡＴＩＡと三次元スキャナー、及び３Ｄモデラーを導入することで、模型の形態をコンピュータの仮想空間の内部で三次元のまま具体化していくことを可能にした。それにより彼は「建築物を、彫刻家が彫刻をつくるように、あるいはファッション・デザイナーがドレスをつくるように形づくることを可能」にしたのである。事実、ゲーリーは「建築を曲面で形づくることを可能にしてくれました。結果的に私たちが手に入れたのは、デザイン

国語

（七五分）

一　次の文章は、松村淳『建築家として生きる――職業としての建築家の社会学――』の一節である。これを読んで、後の設問に答えよ。

一九九〇年代前後から、設計の現場にCADと呼ばれるコンピュータ・システムが普及していくにつれて、手描きの図面は姿を消していく。現在では、現場における図面作成はほぼ一〇〇パーセントCADが使用されている。[A]CADの普及は現場の建築家の仕事を効率化・合理化した。ところが、効率化・合理化されたことにより、彼らに対する設計の依頼が増え、結果として収入も増えたのだろうかというと、そのような結果にはなっていないのである。むしろ逆に、建築家の職能に対する信頼を縮減させていくような事態を招き寄せているのである。

CADは建築家にとっては、製図のための道具であるにすぎない。しかし、その道具であるCADの普及が、意図せざる結果として建築家の専門家としての信頼を縮減させ、権威を凋落せしめている可能性があるのである。そこで本章では設計のコンピュータ化が、建築家の職能をどのように変容させているのかについて記述分析を行っていく。

建築家の労働である設計とはどのような労働なのだろうか。一般的な定義では「製作・工事などに当たり、工費・敷地・材料および構造上の諸点などの計画を立て図面その他の方式で明示すること」（広辞苑第四版）とある。労働的な側面からみれば「紙

解答編

英語

I　**解答**　A．(X)－2　(Y)－3　(Z)－2

B．(a)－2　(b)－1　(c)－1　(d)－4　(e)－4　(f)－1
(g)－1　(h)－4　(i)－1　(j)－1　(k)－1

C．(ア)－3　(イ)－4　(ウ)－3　(エ)－1

D．あ－8　う－1　お－5

E－2・3・5

◆全　訳◆

≪歴史の表舞台に現れない人々≫

国家は不都合な歴史を葬り去ることで作られる。これはカナダやアメリカの国民国家にも当てはまるもので，そのような国家の物語は，それぞれの歴史を選択しながら記憶したり忘れたりしているが，それはこういった物語が行うに違いないことである。1つのはっきりした例が，「レーズン川（の虐殺）を忘れるな！」というアメリカ人の鬨《とき》の声で，これはミシガン南東部の国境線に位置する開拓地にちなんで名付けられたフレンチタウンの戦いの後で耳にされていた。1812 年の戦争中に起こったこの忘れられた戦闘は，ほとんど記憶から消えてしまったが，一方で 1836 年のアラモの戦いは記憶に留められている。アラモで殺されたアメリカ人の数はより少ないのにもかかわらずだ。(中略)

レーズン川の戦いと 1812 年の戦争にまつわる歴史上の記憶喪失は，合衆国の忘れられた歴史と，合衆国とカナダの運命を形作ったフランス語を話す人々の忘れられた歴史をはっきりと示すものである。五大湖とイリノイ州から太平洋側まで，フランス系カナダ人とクレオールがカナダと合衆国となる土地を初めて開拓して定住し，こういった土地に住んでいた先住民族と同盟関係および親族関係を結んだ。彼らの知識や技能は，その地域を「発見し」，「地図を作った」その後の「探検者」によって，利用されたのだろう。フレンチタウンの戦いを記憶に留めておくためには，最初の定住者はアメリカ人ではなく，彼らの成功にはフランス系の人々の子孫との同盟関係が必要だったことを記憶しておかなければならないだろう。

(中略)

様々な世代の歴史家たちは，メリウェザー＝ルイスとウィリアム＝クラークのような人物が地図として記した地域にあるフランス風の名前を都合よく無視し，彼らが大陸を首尾よく横断するために頼りにしたトゥーサン＝シャルボノー，フランソワ＝ラビッシュ，ジャン＝バティスト＝ルパージュ，ピエール＝クルゼート，ジョルジュ＝ドロイヤールのような「探検家たち」を歴史の記述から削除した。ジョルジュ＝ドロイヤールは斥候のリーダーであり，通訳，狩猟者でもあったが，サカガウィアの夫であるトゥーサンは特に，探検におけるサカガウィアの役割を大いに誇張するために揶揄されてきたというのが一般的な傾向である。さらに，ルイスとクラークは，ピエール＝クルゼートと彼のバイオリンの伴奏によるフランス民謡で歌われ，それは探検家の音楽のレパートリーの中心となり，彼らのフランス語の歌は何代にもわたり，大陸を流れる様々な川に沿って鳴り響いていた。道中で先住民の村を訪問したときに使用された，娯楽と「緊張を解くもの」のパッケージの主な構成要素をクルゼートは提供した。はるばる太平洋までルイスとクラークに随行したフランス系カナダ人とメティスの派遣団を構成していた５人の大人とひとりの子ども（ジャン＝バティスト＝シャルボノー）に加え，その探検隊がマンダン族の村と彼らの冬の野営地までミズーリ川を遡ったとき，忘れられがちな同郷の人がさらに２人探検に関わった。貨物運送船で川を遡り，次の春に１年目の探検日誌や標本と一緒にセントルイスまで戻ってきたフランス系カナダ人の船頭も多くいた。その道中で，関係者のひとりでラ＝リベルテという名前の人物が，オト族との通訳に選ばれ，一方，フランソワ＝リベットという名前の別の人物がクルゼートのバイオリン音楽に加わり，逆立ち踊りでマンダン族を楽しませた。(中略)

チャールズ＝マンは，自身の著作『1493：コロンブスが生み出した新世界を明らかにする』でキューバの民族学者のフェルナンド＝オルティス＝フェルナンデスから「文化移植」という言葉を借用し，ある集団が別の集団からある文化を受け入れ，それに変更を加え，そして，自分たちの必要性や状況に合うようにその文化を適応させ，取り除き，歪めることによって，その文化を自分のものにする過程を表現した。借用されるものには，歌，食事，理想までも含まれることがあるとマンは記している。マンは北アメリカにおけるフランス人の遺産について特に述べているわけではないが，異民族が混じり合う過程は，文化移植の一形態であることは確かである。フランスからの入植者たちは，（親族関係と文化の両方の点で一緒になって）フランス系カナダ人，そして，後にメティスになるにつれて，生き残るために不可欠なアメリカの先住民たちの生活の特色を借用したのである。しかしこれは，マンの言葉を借りれば，物質的な文化だけではなかった。彼らは理想や自由も追求していたのである。この自由があって，最初のフランス人の入植者たちはフランスの砦を去り，先住民の妻を見つけ，機会があればいつでも自由に交易するようになった。これはニューフランスをイギリスが征服するずっと以前に始まった決定的な特徴であり，ゆうに 19 世紀まで続いた。彼らの自由の夢はまた，クリストファー＝コロンブス（クリストバル＝コロン）の大西洋横断に続いて世界経済システムが生まれたことと切り離せないほど結びついていた。

北アメリカのこのようなフランス人の子孫は，アフリカ近辺からアジア，そして，大西洋を横断してまでの遠征貿易のためにヨーロッパの君主たちに出資させるという夢を達成しようとしていたのだった。1800 年代の初頭には，毛皮の貿易企業が大陸を横断し，ヨーロッパの資本，北アメリカの労働力，中国の市場を１つの世界システムとして結びつけた。私たちは歴史に対する思い込みを考え直す必要がある。「いくつかの点で，この過去のイメージ（生態学や経済学によって動かされる全世界的な場所）は，勇ましい探検家，頭脳明晰な発明家，技術や組織の卓越性の力によって獲得された帝国についての記述を読んで育ってきた私のような人々を驚かせ始めている」とマンは記している。（中略）

アメリカやカナダの国家の興隆において，アメリカの植民地でフランス語を話す人々の貢献を真に評価するためには，地域的かつ世界的な歴史の観点から彼らの歴史を分析することが必要である。デトロイト地域のフレンチタウンの戦い（1813 年）であろうと，それから数十年後のオレゴン・カントリーのフレンチタウンの戦い（1856 年）であろうと，元々のフランス人入植者の子孫は，たとえ彼らの貢献が歴史の些細な出来事として追いやられていたとしても，この大陸の経済的，政治的，社会的歴史の中心的な役者であった。

◀解　説▶

A．(X)ここでは空所の前の and が the forgotten history と(X)に入る語とをつないでいることに着目する。空所の後に of で始まる形容詞句があることがヒントになる。空所に the forgotten history の代用となる代名詞を入れると文意が成立するので，2の that が正解。

(Y)for generations で「代々，何世代にもわたり」という意味。

(Z)in ～ respect で「～の点で」という意味。

B．(a)telling は「明らかな，説得力のある」という意味。よって，2．「明らかにする，意義深い」が同意。1は「会話する」，3は「やりがいがある，実りのある」，4は「よろめくような，あぜんとするほどの」という意味。

(b)settle は「定住する」という意味。よって，1が同意。4は「～を整理する，～を分類する」という意味。

(c)principal は「主要な」という意味。よって，1が同意。2は「訓練を受けた，規律を守る」，3は「偏見をもった」という意味。

(d)deploy は「～を展開する，効果的に使う」という意味。よって，4が同意。1は「～を宣言する」，3は「～を始める」という意味。

(e)ascend は「～を遡る」という意味。よって，4が同意。1は「～を抑える，～を下げる」，2は「～に流れ込む」という意味。

(f)journal は「日誌」という意味。よって，1が同意。

(g)embrace は「～を抱擁する，～を取り入れる」という意味。よって，1の「～を採用する」が同意。2は「～を取り決める」，3は「～に恥をかかせる」，4は「～を囲む」という意味。

(h)address は「～を述べる」という意味。よって，4が同意。1は「～と一致する」，2は「～に依存する」，3は「～で郵送する」という意味。

(i)last は「続く，持続する」という意味。よって，1が同意。2は「～を打ち負かす」，3は「～を完成させる」，4は「～を終わらせる」という意味。

(j)monarch は「君主」という意味。よって，1が同意。2は「商人と銀行家」，3は「圧制者」という意味。

(k)startling は「～を驚かせる」という意味。よって，1が同意。3は「恐ろしい，～を怖がらせる」，4は「繁栄している」という意味。

C. (ア)all but は「ほとんど」という意味。波線部は「ほとんど記憶から消え去った」という意味になる。よって，3.「今，思い出されることはめったにない」が正解。他の選択肢はそれぞれ，1.「時間の経過に打ち勝った」，2.「引き返せない地点を過ぎた」，4.「すべての人の記憶に残っている」という意味。

(イ)indigenous は「土着の，先住の」という意味。波線部は「～に住んでいた先住民族」という意味になる。よって，4.「～に住んでいた先住民」が正解。他の選択肢はそれぞれ，1.「～への訪問者を歓迎した友好的な人々」，2.「～への移民を禁止した無知な国々」，3.「～の住人を侮辱した無礼な態度」という意味。

(ウ)omit *A* from *B* で「*B* から *A* を省く」という意味。ここでは their historical accounts が *B*，the men 以下が *A* に相当し，*A* の the men には関係詞節（接触節）が続いて長くなっているために後置されている。波線部は「～を歴史の記述から削除した」という意味。よって，3.「彼らの物語を削除した」が正解。他の選択肢はそれぞれ，1.「～の数を記録するために数える」，2.「～への定期的な資金を削減する」，4.「～から伝統的な儀式を隠す」という意味。

(エ)relegate は「～を退ける，～を格下げする」，footnote は「脚注，些細なこと」という意味。よって，波線部は「歴史の些細な出来事（脚注のような扱い）として追いやられる」となり，歴史の中で大きく取り上げられることがなかったことを意味している。よって，1.「歴史の中の目立たない細部として払いのけられている」が正解。他の選択肢はそれぞれ，2.「慎重な調査を行っている歴史家たちに広く知られている」，3.「歴史に興味がある人々に気づかれている」，4.「注意するに値する歴史的な事実として思い出されている」という意味。

D. (あ)の直後に動詞の原形である analyze があり，ここに to を入れると，It が形式主語で to analyze 以下が真の主語の形ができるので，(あ)は8. to が入ると確定できる。(い)は in terms of ～「～の観点で」という表現が問われている。(う)は both *A* and *B*「*A* と *B* の両方」という表現が問われている。ここでは local が *A*，global が *B* に相当し，それぞれが history を修飾している。(え)は直前に所有格の their があることから名詞が入ると判断し，直後の to から contribution to ～「～への貢献」という表現を思いつきたい。(お)も直前に冠詞の the があることから名詞が入ると判断できるが，ここでは rise が「上昇，興隆」という意味の名詞だと全体の文意から判断する力が求められている。

E．1．「1812 年の戦争中にあったフレンチタウンの戦いよりも 1836 年のアラモの戦いのほうがアメリカ人の記憶に残っているのは，その犠牲者の数が多かったためである」 第1段最終文（This forgotten battle …）の内容と一致しない。

2．「メリウェザー＝ルイスとウィリアム＝クラークは，北アメリカ大陸を横断する際，フランス語を話す人を大いに頼りにした」 第3段第1文（Generations of historians …）の内容と一致する。

3．「ピエール＝クルゼートとフランソワ＝リベットは，音楽と踊りで娯楽を提供し，『探検家たち』とアメリカ先住民との間の緊張を和らげた」 第3段最終文（On the way up, …）の内容と一致する。

4．「『文化移植』とは，部外の影響力を排除することによって自らの独自の伝統を発達させる過程である」 第4段第1文（In his *1493:* …）では，むしろ反対に他の文化を取り入れ，それを変化させて自分たちのものにするプロセスだと述べられている。よって，不一致。

5．「フランス人の入植者たちは，先住民の女性と結婚し，その文化を取り入れ，アメリカ先住民の生活方法を学んだことが主な理由で生き残ることができた」 第4段第4文（The French settlers, as …）の内容と一致する。

6．「1800 年代の初頭には，毛皮商人たちはヨーロッパ市場から中国市場を切り離した」 第5段第2文（By the early …）の内容と一致しない。むしろ，ヨーロッパの資本，北アメリカの労働力，中国の市場を1つの世界システムとして結びつけたのである。

7．「人々は 17 世紀の北アメリカを複雑な経済と生態系をもった国際的な場所だと長くみなしてきた」 本文中に記述なし。

8．「1856 年まで，フランス人入植者の子孫たちは北アメリカの政治的な歴史とはほとんど関係がなかった」 最終段最終文（Whether it was …）では，むしろ「この大陸の経済的，政治的，社会的歴史の中心的な役者」

だったと述べられている。よって，不一致。

II 解答

A. (X)—3　(Y)—2　(Z)—3
B. (a)—4　(b)—1　(c)—2　(d)—3　(e)—2　(f)—1　(g)—2　(h)—3　(i)—3
C. (ア)—2　(イ)—1　(ウ)—3　(エ)—1
D. あ—3　い—2　お—5
E—2・4・5
F. 全訳下線部参照。

◆全　訳◆

≪市民科学者が貢献した天文学≫

100年以上前，ハーバード大学の天文学者であるエドワード＝チャールズ＝ピッカリングは，夜空全体の写真を撮ろうと決めた。いや，むしろ，それぞれが望遠鏡を通して見た宇宙を小さな長方形で捉えている，何千枚もの写真を。今日，これらの写真は，ハーバード大学天文台にある最古の宇宙全体の記録として何千枚もの写真用ガラス乾板で残っている。

これはピッカリングの発案であったが，これらの写真を研究するという実際の作業は，ハーバードのコンピュータとして知られている女性グループによって行われた。シリコン回路の時代よりも前に，実際の人間が物理学と天文学における困難な数学的試みを行った。

「誰かが何千もの小さな星で覆われた乾板をすべて見ていく必要があり，その板面のすべての星を見て，それを分類しなければなりませんでした」とハーバード・スミソニアン天体物理学センターの図書館長であるダイナ＝ブッカンは述べている。「そこで，この女性チームが数十年の間に初の空一面の分類を分析し，生み出したのです」

映画『ドリーム（Hidden Figures）』で記憶に残っている女性たちのように，ハーバードのコンピュータたちは，比較的目立たないところでせっせと働いたが，天文学の分野で基本となる革新的な作業を行った。ヘンリエッタ＝スワン＝レーヴィットやアニー＝ジャンプ＝カノンのような女性たちは，星の動きと明るさについて初めていくつかの正確な検証を行った。今日，そのデータは私たちが宇宙の基本構造を理解するうえでの根本となっている。

「1800 年代の末から 1900 年代の初期において，天文学は革新を遂げていました」とブッカンは言う。「私たちは空と自分が目にしているものを地図にして，それを説明しようとすることから，天体の物理を理解しようとすることへ転換していました。それはどのように機能しているのでしょうか？」

現在，ブッカンはパイドラー（PHaEDRA）計画として知られている構想を主導している。その目的は，ハーバードのコンピュータたちによる数十年の研究をデジタル化し，分類することである。

しかし，ノートの収集はかなり広範囲に及んでおり，研究者たちだけでは扱うことができないほどだった。よって，この計画は何千ものボランティアが何十年もの貴重な天文学の観察結果をじっくり調べ，それを今日の研究者たちが利用できるものに変えるという援助に頼っている。市民科学者は世界中のいたるところからパイドラー計画に関わることができる。必要なものはコンピュータ１台だけでよいのだ。

ボランティアたちは，数十年にわたってひっそりと劣化してきた天文学者たちのノートを書き写し，それをアメリカ航空宇宙局の記録にある調査可能なデータを集めたものにどんどん加えるのだ。このように歴史上観察されてきたものは，このコンピュータたちが始めた作業を継続している今日の科学者によって求められている。

天文学者たちは星，惑星，銀河などのものがどのように関係し，進化するかに関して多くのことを学んできたが，まだ知られていないこともたくさんある。宇宙はゆっくりと変化するので，100 年以上前の夜空の記録があれば，現在の観察結果と比較し，照らし合わせるためのデータを天文学者に提供することができるのだ。

このように参考にできるものがなければ，「それは古生物学を行おうとしているのに，化石の記録をもっていないようなものです。これは記録を与えてくれるのです」とブッカンは述べている。

現在，ハーバードのコンピュータたちの仕事の大半は，ハーバード大学天文台の何千ものノートの中に残されている。それらは，この女性たちがそれぞれのガラス乾板を詳細に研究し，そこに写された星の位置，動き，特徴を記したときの数十年にわたる研究を含む正確な記録や測定値を含んでいる。パイドラー計画は，ノートを書き換えてデジタル化し，検索可能な形にして，初めて天文学者に公開している。

パイドラー計画で作業している市民科学者たちは，このノートを1世紀前に夜空がどのように見えたのかを天文学者が参照できるデータの集合体に変換している。私たちの宇宙に対する理解の大部分は，星のような物体をずっと観察することから生まれるので，これは重要である。天文学者がさらに歴史を遡って見ることができれば，それだけ彼らが学べることは多くなるのだ。

「ボランティアたちがこの作業全体を進めているのです」とブッカンは述べている。「ボランティアたちがいなければ，何も大したことはできないでしょう」

この計画は現在，何千ものノートの収蔵品を書き換えている途中だとブッカンは話す。彼らはすでに数々の書き換えたものを，科学者が利用可能な，天文学者から得た巨大なデータの倉庫であるアメリカ航空宇宙局の天体物理データシステムにアップロードしている。

(中略)

コンピュータたちの観察結果に加え，かつては歴史の中ではすでに失われていた歴史的には保存されないものも少しは残っている。スケッチ，メモ，はがきといったものがノートの端々に見つかっており，これはこの女性たちが送ってきた人生の証左である。パイドラー計画のボランティアたちは，こういった人間味のある部分を取り挙げ，ハーバードのコンピュータたちの作業により広い視野をもたらすことに熟練しているとブッカンは述べている。

もしこのような現代の市民科学者の取り組みがなければ，先駆者となった数十人の女性天文学者たちの価値ある努力が報われることは永遠になかったかもしれない。しかし，今日，ページごとに苦労の末に手に入れた発見が日の目を見つつある。

◀解　説▶

A．(X)over the course of ～で「～の間，～にわたって」という意味。

(Y)shift from *A* to *B* で「*A* から *B* へ転換する」という意味。

(Z)along with ～で「～に加えて」という意味。ここでは along with the computers' observations が副詞句で，bits of historical ephemera 以下が S，are が V という倒置構文になっている。

B．(a)endeavor は「試み」という意味。よって，4．「仕事」が同意。1は「競争」，2は「表現」，3は「手法」という意味。

(b)catalog は「～を分類する」という意味。よって，1．「～を分類する」が同意。2は「～を集める」，4は「～を出版する」という意味。

(c)rigorous は「正確な」という意味。よって，2．「慎重な，入念な」が同意。4は「価値がある」という意味。

(d)invaluable は「非常に価値がある」という意味。よって，3．「非常に価値がある」が同意。1は「独立した」，2は「無関心な」，4は「価値がない」という意味。

(e)bulk は「大半」という意味。よって，2．「大部分」が同意。4は「部分」という意味。

(f)comprising は「～を含んでいる」という意味。よって，1．「～を構成している」が同意。2は「～に依存している」，3は「～を処分している」，4は「～を主張している」という意味。

(g)reference は「～を参考にする，～を参照する」という意味。よって，2．「～に意見を求める，情報を求める」が同意。4は「～を拒絶する」という意味。

(h)repository は「倉庫」という意味。よって，3．「貯蔵所」が同意。1は「修正」，2は「回復」，4は「供給」という意味。

(i)margin は「端」という意味。よって，3．「端」が同意。4は「表面」という意味。

C．(ア)toil は「骨を折って働く，苦労する」，relative は「相対的な，比較的」，obscurity は「世に知られないこと，あいまいさ」という意味。天文学の達成の影にあった女性達の活躍，という文脈を踏まえると，波線部は「比較的目立たないところでせっせと働いた」という意味になる。よって，2．「正当に知られることのないまま働いた」が正解。他の選択肢はそれぞれ，1．「トイレ休憩の時間がほとんどなかった」，3．「あいまいな研究結果を出した」，4．「離れていた家族と働いた」という意味。

(イ)波線部を含む文では，The＋比較級＋S V ～，the＋比較級＋S V …「～すればそれだけ…」という表現が使われ，波線部は「天文学者がさらに振り返って（歴史を遡って）見ることができればそれだけ」という意味になる。よって，1．「天文学者たちがさらに深く過去を見ればそれだけ」が正解。他の選択肢はそれぞれ，2.「天文学者が夜空をさらに長く観察すればそれだけ」，3.「天文学者が望遠鏡を置く距離がさらに離れていればそれだけ」，4.「天文学者が星の動きをより正確に測定することができればそれだけ」という意味。

(ウ)波線部は「こういった人間味のある部分を取り挙げる」が直訳。ここでの人間味のある部分とは，前述されているノートの端に残っているメモなどを意味している。よって，3.「このような人間味ある詳細に気づく」が正解。他の選択肢はそれぞれ，1.「洗練された風味を作り出す」，2.「単なる個人の資料を排除する」，4.「特定の考えを共有する」という意味。

(エ)波線部は「輝きに戻りつつある」が直訳。ここでは女性天文学者たちの努力が評価されるようになってきたことを意味している。よって，1.「新しい注目を集めている」が正解。他の選択肢はそれぞれ，2.「ますます珍しくなっている」，3.「より困難になっている」，4.「太陽のほうに移動している」という意味。

D. 完成した英文は，(But the collection of notebooks is) far (too) extensive for (researchers) to manage (alone.) になる。英文の構造は the collection of notebooks がS, is がVとなっているので，is の後にCとなる要素が入ると判断できる。(い)の前の too に着目し，(い)に形容詞の extensive を入れ，(あ)に too extensive を強調する far を入れる。全体で too ～ to *do*「あまりに～過ぎて…できない」という構造になっていることを見抜き，(え)，(お)で to manage という不定詞句を作る。この前にある researchers は，不定詞の意味上の主語と考えることができるので，(う)に for を入れると全体の文が完成する。

E. 1.「ピッカリングは望遠鏡を使うことなく夜空全体をたった1枚の写真で撮った」 第1段第1・2文 (More than 100 … a telescope.) の内容と一致しない。

2.「ハーバードのコンピュータたちは，私たちの宇宙に関する理解の基礎を築いた」 第4段第1文 (Like the women …) の内容と一致する。

3.「パイドラー計画の狙いは，ハーバードのコンピュータとして知られている女性チームの日常生活を視覚化し，記録することである」 第6段の内容と一致しない。

4.「パイドラー計画に貢献するためにボランティアが必要とする唯一のものは1台のコンピュータである」 第7段最終文（Citizen scientists …）の内容と一致する。

5.「市民科学者によって生み出されたデータを書き写し，収集することは専門の天文学者にとって非常に価値がある」 第8～10段の内容と一致する。

6.「宇宙は1分単位で変化するので，まる1世紀の間，宇宙を観察することは重要でないと天文学者は示唆している」 第9段最終文（The cosmos changes …）に「宇宙はゆっくりと変化するので，100年以上前の夜空の記録があれば，現在の観察結果と比較し，照らし合わせるためのデータを天文学者に提供することができる」とあるため不一致。

7.「パイドラー計画はボランティアたちの価値を考慮に入れていないとブッカンは主張している」 第13段のブッカンの発言で，ボランティアたちはパイドラー計画の要であることが述べられている。よって，不一致。

8.「ノートの大半が現在書き換えられたことを考えれば，パイドラー計画の目的はまもなく完了するだろう」 第14段第1文（The project is currently …）より，計画はまだ halfway through「途中，半ば」であるとある。よって，本文の内容とは一致していない。

F．if not for ～ は「もし～がなければ」，valuable は「価値のある」，pioneering は「先駆者となる」，astronomer は「天文学者」，may have *done* は「～したかもしれない」という意味。

III 解答

A．(a)—8　(b)—1　(c)—10　(d)—6　(e)—4　(f)—3　(g)—7　(h)—2

B．Can you tell me why the cherry blossoms have occupied such an important position in Japanese culture?

◆全　訳◆

≪桜に対する考え方の会話≫

（アメリカ人のジョンは，日本人の友だちのユキコと一緒に京都にいる。桜の花の季節になっている。）

ジョン：僕にちょっと説明してくれる？

ユキコ：どうかしたの？

ジョン：桜の花だよ。素敵なのはもちろんだし，この花と一緒に春はやってくる。だけど，日本で桜の花は，どのように考えられていると言えばいいかな…えっと，どのように表現したらいいかわからないけど。この花はアメリカ人の生活の中のどんな花でも果たすことができない役割を人々の生活の中で果たしているんだよ。

ユキコ：もっと話してよ。

ジョン：例を挙げようか。アザレアだ。日本にもあるよね。

ユキコ：ツツジのことね。

ジョン：その通り。アメリカでもいろんなところで見ることができるよ。春に咲いて，そうやって春が来たことを知らせてくれるんだ。アザレアは人々にも人気があって庭にもよく植えられている。彼らはこの花が咲くのを見て楽しんでいるんだ。そして，桜の花のようにアザレアの花も長くはもたない。もつのは2週間，よくて3週間かな。

ユキコ：ジョン，要点は？

ジョン：話すよ。アザレア祭りを行う町もあるよ，でも多くはない。アザレアの花についてすべてのアメリカ人が共有している感情はないんだ。アメリカ人はアザレアの花，いや，他のどんな花でも硬貨に刻印したりはしないよ。この100円硬貨を見てよ。その裏側だよ。桜の花がある。

ユキコ：今わかったわ。アメリカにはアザレアについての詩や歌はない。3月，4月にアザレアの隣に敷物をしいてお酒とか何か飲みものを用意して宴会を開く人なんていないのよね。

ジョン：その通りだよ。

ユキコ：アザレアを「ライトアップする」ことはしないのね。毎晩のニュースでアザレアの情報が入ることはない。アザレアの花で何かを喩えたり，アザレアの花が人生について何かを教えてくれるとは誰も思わないのね。

ジョン：そうなんだよ！　どうして桜の花が日本文化においてそれほど重要な位置を占めるようになったのか教えてくれる？

ユキコ：いろいろと聞くわね。なぜアメリカ人がかつて月に行くことに取りつかれていたのかあなたに尋ねようかしら。

ジョン：あ，そのことについてはまた話そう。月を見るパーティーについても質問があるんだ。月見だよね。でも今は桜の話題を続けようよ。

ユキコ：質問する相手として，私は最適ではないかもしれないけど，頑張ってみるわ。日本語の「もののあわれ」という言葉は知っている？　「無常」という言葉とか。

ジョン：僕の日本語がひどいっていうことを忘れないでよ。僕は飲み込みが悪いんだ。

ユキコ：そうね，「もののあわれ」を英語に訳さないといけないとしたら，どう言おうかな，そうね，ある種の哀愁，つまり，美の儚さに対する喜びと悲しさが入り混じった感情かな。そして，無常。これは「永久ではない」というようなことを意味するとでも言えるかな。この世のものは移り過ぎて行くもの。こんな考え方って仏教の教えにも見られるでしょ？

ジョン：僕がわかっている限りではね。

ユキコ：そうね，日本には仏教の教えがあるのよ。お寺があることは知っているでしょう？

ジョン：多少。100 とか。どれくらいたくさんあるんだろう？

ユキコ：難しいわね，でもここでは話題を変えないで。桜の花は美しくも儚くて，もののあわれ，無常という考え方と結びつけられるようになったのよ。だからこの花には … 本当は宗教的というよりは哲学的な意味合いがあると言っていいのかな。このことはずっと昔，きっと千年ほども遠くに遡るのよ。

ジョン：だから，完全に意識しているというわけじゃないとしても，花見で集まるときは，こういった感情とこの歴史を何かしら思い出しているということかな？

ユキコ：その通りよ。若い人よりも年配の人のほうがそうだと思うわ。

ジョン：わかりやすかったよ。だけど，お金に桜の花を刻印するなんて少し変じゃない？

ユキコ：財産や豊かさも永遠には続かないから？　実はそれが桜をお金の上に描く素晴らしい理由なのよ。

ジョン：君は皮肉を織り交ぜながら教えてくれるよね。それがどう関係あるのかがわかってきたよ…何という言葉だったっけ？

ユキコ：無常？　本当に飲み込みが悪いのね，ジョン。だけどいい友だちだわ。今年の9月にある月見の会には私と一緒に参加してね。そして，月について話しましょうよ。

ジョン：それは楽しみだな。だって，僕は月を眺めると，僕たちアメリカ人がそこに残してきたゴミのことしか頭に浮かばないから。

◀解　説▶

A. (a)説明を求めているジョンが空所の直後で「桜の花だよ」と答えていることから，ユキコはジョンが何について考えているのか問いかけていると考える。

(b)直後の「もつのは2週間，よくて3週間かな」という発言につながるものを考える。ここでの they が指すのはアザレアの花であり，hang around は本来「うろつく」という意味だが，ここではアザレアの花が見頃であることを意味している。アザレアの花の見頃が長くないという発言につながる選択肢を考える。この発言にある last は自動詞で「続く，持続する」という意味。

(c)直前でユキコが「アザレアを『ライトアップする』ことはしないのね」とアメリカ人がアザレアの花を特別視しないことを述べている。この文脈につながる発話を考える。

(d)ユキコが話題を桜から月に転換しようとしているが，ジョンは話題を桜のままにしておきたいと思っていることを読み取る。we'll get to that は「そのこと（その話題）はまた後で」という意味。

(e)「もののあわれ」という日本語を知っているか問われたジョンの返答として適切なものを考える。直後に「僕は飲み込みが悪いんだ」と述べていることもヒントになる。

(f)日本には仏教の影響があることを言おうとしているユキコが，ジョンにもそれがわかる例として，日本の寺院について言及していると考えられる。

(g)空所前でユキコは，桜の花は無常という考え方を連想させるもので，仏教の影響を受けていると述べていることから推測する。

(h)直前の「お金に桜の花を刻印するなんて少し変じゃない？」というジョンの発言に対し，ジョンがこのように考えた理由をユキコは推測している。

B.「～か教えてくれる？」は〔解答〕のように Can you tell me ～? と書

いてもよいし，単に命令文でPlease tell me ～.と表現することもできる。目的語の部分は間接疑問文（名詞節）になるので，疑問詞＋SVという語順が求められる。「位置を占める」はoccupy〔hold〕a position〔place〕を用いればよい。また，「位置を占める」を「役割を果たす」と読み替えて，why cherry blossoms have played such an important role〔part〕in Japanese cultureと表現することもできる。

❖講　評

2022年度も出題形式に大きな変化はなく，長文読解問題2題と会話文・英作文問題1題の出題で，会話文の中に英作文の問題が含まれている。

Ⅰは「歴史の表舞台に現れない人々」がテーマの英文である。Aの空所補充，Bの同意表現は例年通りの出題。Cの内容説明は2021年度より問題数が増え，直訳した内容を文意に当てはまるように解釈し，それに近い意味を選ぶ問題となっているので，やや難化している。Dの語句整序は，空所の前後の表現がかなりヒントになるので易化したと言ってよい。Eの内容真偽は，英文との対応箇所が明確なので取り組みやすい。

Ⅱは「市民科学者が貢献した天文学」がテーマの英文である。Aの空所補充は例年通りの出題。Bの同意表現は，文脈から推測して解くタイプの問題が増加している。Cの内容説明は，ⅠのCと同様，直訳した内容を文脈に合うように意訳し，その意味に近いものを選ぶ力が求められている。Dの語句整序，Eの内容真偽はどちらも例年より易化している。Fの英文和訳はIf not forという表現になじみのある受験生はかなり少ないだろうが，If it were not forと同様の表現だということに気づきたい。

Ⅲは桜に関するアメリカ人と日本人の会話から出題されている。Aの空所補充は，会話の内容が二転三転し，方向性がつかみにくいので難しい。消去法を用いたとしても，不要な選択肢が含まれているのでかなり苦労した受験生が多かったと思われる。一方，Bの和文英訳は2022年度も2020年度からの易化傾向が続いている。

日本史

I 解答

【設問ア】 3 【設問イ】 官戸 【設問ウ】 2
【設問エ】 漆紙文書 【設問オ】 1 【設問カ】 天然痘
【設問キ】 橘諸兄 【設問ク】 西海道 【設問ケ】 3 【設問コ】 3
【設問サ】 2 【設問シ】 4 【設問ス】 刀伊の入寇 【設問セ】 白氏詩巻
【設問ソ】 藤原実資 【設問タ】 3 【設問チ】 国免荘 【設問ツ】 3
【設問テ】 九条兼実 【設問ト】 2 【設問ナ】 二条河原落書
【設問ニ】 武者所 【設問ヌ】 3 【設問ネ】 1

◀解　説▶

≪古代～中世の政治≫

【設問ア】 諸国で作成された戸籍は同じ内容の 2 通が中央に送られたが，うち 1 通は中務省をへて天皇に供され，残る 1 通は「戸籍や租税を管轄する」役所である民部省へと転送された。

【設問イ】 戸令では「五色の賤」が規定されたが，この五種の賤民のうち，問題文にある「陵戸および公奴婢・家人・私奴婢以外」には，官有の賤民である官戸があった。

【設問ウ】 天智天皇は 670 年に初の全国的戸籍を完成させたが，この年は干支法でいう庚午の年にあたるので，名称を庚午年籍という。

【設問エ】 難問。「出土文字資料」なら，受験生はすぐ木簡を想起するだろうが,「鹿の子C遺跡」などのなじみのない遺跡名が紹介され，少々手ごわい問題と感じるだろう。この種の資料は 1978 年に宮城県の多賀城跡で発見されたものが最初。漆がしみこんだために紙が地中に残り保存された文書で，漆紙文書という。

【設問オ】 1．誤文。口分田の班給は 6 年ごとに行われ，その時点で 6 歳以上の者を対象に班給された。班給の年に 6 歳を超えている場合もあるから,「6 歳になった年次に一律に」が誤りとなる。

【設問カ】 史料文には「赤班瘡と名づく」とあるが，現代でいうところの天然痘（疱瘡，痘瘡）にあたる。この疫病で日本の人口は激減したといわれ，藤原四子も相次いで死亡した。

【設問キ】藤原四子死亡の後政権を担ったのは，橘諸兄である。全国的な飢饉・疫病で国力が消耗する中，諸兄は諸国兵士の徴集を停止して軍縮を進め，社会復興に努めた。

【設問ク】天然痘は735年にまず大陸に近い九州で流行しはじめた。九州は七道のひとつ，西海道にあたる地域である。

【設問ケ】国分寺・国分尼寺建立の詔は，当時聖武天皇が滞在した恭仁京で741年に発令された。天平9年の4年後にあたる。

【設問コ】賑給は困窮した人々を主な対象に官稲を支給するものであるが，田租と郡稲を統合したその官稲を正税といい，諸国の正倉に稲として納められた。

【設問サ】藤原道長は彰子を一条天皇に，妍子を三条天皇に，威子を後一条天皇に，嬉子を後朱雀天皇にと，4人の娘を4人の天皇に入内させ，うち前3人は中宮となった。

【設問シ】藤原道長は1019年に阿弥陀堂（無量寿院）の建立を開始したが，その後造成された堂宇をあわせ，法成寺と呼ばれた。御堂とも呼ばれたこの寺で，道長は1027年に最期を迎えた。

【設問ス】1019年，沿海州地方に住む女真族（刀伊）が，朝鮮半島東岸をへて北九州を侵攻した。この事件を刀伊の入寇という。大宰権帥であった藤原隆家が地元武士団とともにこれを撃退した。

【設問セ】『白氏詩巻』は白居易の詩集の一部を書写したもので，和様の書道確立に寄与し世尊寺流の祖となった藤原行成の筆による。彼が三蹟の一人であることも覚えておこう。

【設問ソ】『小右記』は藤原実資の日記である。実資が小野宮家の家系でかつ右大臣であったので，このように略して呼ばれた。彼は長年にわたり公卿をつとめたが，数十年にわたる日記は摂関政治最盛期の貴重な史料となっている。

【設問タ】後三条天皇は即位後親政を行い，摂関家を抑えつつ村上源氏の源師房や皇太子時代からの側近である学者貴族の「3．大江匡房」らを重用した。

【設問チ】中央政府により不輸が認められた官省符荘に対し，国司の免判により，その任期中に不輸が認められた荘園を国免荘という。国司に任国の行政が一任されるようになり，こうした荘園が増加した。

【設問ツ】やや難。藤原氏の氏長者の地位とともに継承される所領を「3．殿下渡領」というが，高校教科書で扱われる頻度は低く，消去法で解を導こう。

【設問テ】慈円の兄で摂政関白として活躍し，源頼朝の征夷大将軍就任にも尽力して日記『玉葉』を残した人物は九条兼実である。専修念仏の法然に帰依したことでも知られる。

【設問ト】10世紀の前半から半ばにかけては「2．醍醐天皇・村上天皇」の時代で，摂政関白をおかず天皇親政が行われた聖代であったとして，後世に賛美された。2人の治世は延喜・天暦の治と呼ばれる。

【設問ナ】建武新政権の失政を揶揄し風刺した匿名の文書として，政庁に近い京都二条河原に掲げられたものが，二条河原落書である。漢字6字の指定があるので，「の」は不要。注意したい。

【設問ニ】「新田一族が頭人を務めた」機関とは，京都市中や天皇御所の警備にあたった武者所である。

【設問ヌ】「3．『太平記』」は南北朝時代を語る最大の軍記物語で，小島法師の作と伝えられ，後醍醐天皇の討幕運動から足利義詮が没し細川頼之が上洛するまでを描く。「太平記読み」と呼ばれる講釈師の活躍により，江戸時代になると広く親しまれた。

【設問ネ】「1．天龍寺」は後醍醐天皇の没後，その菩提を弔うために禅僧夢窓疎石のすすめで足利尊氏・直義兄弟が建立した臨済寺院で，後に京都五山の筆頭に列せられた。

Ⅱ　解答

【設問ａ】シドッチ　【設問ｂ】屋久島
【設問ｃ】新井白石　【設問ｄ】１　【設問ｅ】３
【設問ｆ】２　【設問ｇ】貝原益軒　【設問ｈ】大和本草
【設問ｉ】稲生若水　【設問ｊ】４　【設問ｋ】３　【設問ｌ】１
【設問ｍ】井原西鶴　【設問ｎ】上方　【設問ｏ】近松門左衛門
【設問ｐ】２　【設問ｑ】１　【設問ｒ】３

◀解　説▶

≪近世の学問と文学≫

【設問ａ】～【設問ｃ】史料⑴は18世紀初頭に正徳の政治を主導した朱子学者新井白石（設問ｃ）の著した西洋紹介書である『西洋紀聞』の一節であ

る。この著書は1708年に薩摩藩領の屋久島（設問ｂ）に潜入して捕らえられ，江戸小石川に監禁されたイタリア人宣教師シドッチ（設問ａ）への尋問をもとに著された。

【設問ｄ】新井白石の著作には，同じくシドッチへの尋問をもとにまとめた西洋地理書である「1．『采覧異言』」がある。

【設問ｅ】・【設問ｆ】 6代将軍徳川家宣から7代将軍徳川家継にかけての時代は，朱子学者で将軍侍講の新井白石と側用人の間部詮房（設問ｆ）が信任を受けて徳川綱吉時代の政治からの刷新をはかったが，その政治は当時の年号から正徳（設問ｅ）の政治と呼ばれた。

【設問ｇ】史料の『養生訓』をはじめ，『和俗童子訓』などの簡潔な道徳書を残したのは，儒学者で博物学者の貝原益軒である。福岡藩士の子として生まれ，人生のほとんどを福岡藩に仕えて過ごした。

【設問ｈ】貝原益軒の主著の一つに，本草学の書として『大和本草』がある。中国の『本草綱目』にならうが，益軒の実地の調査にもとづいた記述で，日本の本草学の自立をもたらした画期的な著作である。

【設問ｉ】『庶物類纂』の編纂者である稲生若水は，元禄年間に加賀藩前田綱紀に仕えたことで知られる。野呂元丈ら優れた門人も多く，本草学の発展に寄与した。

【設問ｊ】「筑前国」がヒントとなろう。その国に藩庁がおかれたのは「4．福岡藩」で，貝原益軒の祖父，父は福岡藩に仕えている。益軒も各地を遊歴した後，福岡藩に藩医，儒者として仕えた。

【設問ｋ】福岡藩は黒田長政以来代々「3．黒田家」が治めたため，黒田藩ともいう。

【設問ｌ】「1．『和俗童子訓』」は貝原益軒による教育論・学問論で，手習法や女子の教育法など早期教育の重要性を説いている。

【設問ｍ】『武道伝来記』は井原西鶴のいわゆる武家物の作品で，全国各地の敵討ち物語を32話集めたものである。

【設問ｎ】「上方」は，元来は御所のある京都を指す言葉であったが，やがて京坂およびその周辺地域を含んで呼ぶようになった。

【設問ｏ】『心中天網島』は大坂を舞台に男女の心中事件を扱った1720年初演の世話物浄瑠璃で，近松門左衛門の作品である。

【設問ｐ】松前藩はアイヌとの交易独占権を幕府から保証され，有力家臣にはその交易権を知行として与えた（商場知行制）。松前藩が本拠地としたのは「2．北海道」である。

【設問q】井原西鶴の町人物には，「1．『日本永代蔵』」があり，出世や破産を繰り返す，30話からなる町人群像が描かれる。西鶴の町人物にはほかに『世間胸算用』がある。

【設問r】「3．竹本義太夫」は大坂に竹本座を立ち上げ，作家近松門左衛門との協力関係のもとで義太夫節という浄瑠璃芝居を築きあげた。

III 解答

【設問ア】下関　【設問イ】遼東　【設問ウ】4
【設問エ】4　【設問オ】2　【設問カ】ポーツマス
【設問キ】2　【設問ク】石井・ランシング協定　【設問ケ】1
【設問コ】幣原喜重郎　【設問サ】3　【設問シ】リットン
【設問ス】東亜新秩序　【設問セ】3　【設問ソ】ハル　【設問タ】2
【設問チ】3　【設問ツ】日中平和友好

◀解　説▶

≪近現代の外交≫

【設問ア】史料(1)は冒頭部に述べられているように，日本が清国との戦いに勝利し講和を成立させた条約なので，「地名」は下関となる。

【設問イ】史料中の「奉天省南部ノ地」にあたる「半島」名を求めているので，遼東半島を答えよう。ただし漢字2字との指定があるので，「遼東」とすること。

【設問ウ】「威海衛」を租借した国名を問う。威海衛は山東半島の北端部にあり，清国北洋艦隊の拠点であった場所である。日清戦争により日本が一時占領したが，1898年より「4．イギリス」が25年間租借した。

【設問エ】マカオはポルトガルの植民地であった（1999年中国に返還）。フランスはマカオではなく，1899年より広州湾を租借した。

【設問オ】北清事変の際に北京の列国公使館区域が義和団に包囲されたため，日・米・英・仏・露・伊・独・墺（オーストリア）の8カ国連合軍が北京に入り外交官・居留民を救出した。

【設問カ】アメリカ大統領セオドア＝ローズヴェルトの斡旋により，アメリカ東岸のポーツマスにおいて日露の講和会議が開催され，条約が結ばれて日露戦争は終結した。

【設問キ】九カ国条約はワシントン会議の場で結ばれた中国問題に関する条約で，中国を含む 9 カ国（日・米・英・仏・蘭・伊・ポルトガル・ベルギー・中）で結ばれた。第一次世界大戦の敗戦国である「2．ドイツ」は含まれない。

【設問ク】この協定は 1917 年に日米間で結ばれた石井・ランシング協定で，アメリカは中国における日本の特殊権益を認め，日本は中国における機会均等・門戸開放・領土保全をアメリカとの間で認めるというもの。九カ国条約が結ばれたため，1923 年に破棄された。

【設問ケ】四カ国条約は日・米・英・仏の 4 カ国間の条約で，「1．イタリア」が誤り。条約では太平洋における島々に対する現状維持を 4 国の権利として約束した。

【設問コ】幣原喜重郎は戦前の憲政会・立憲民政党内閣の外相を務めてワシントン体制にもとづく協調外交を主導し，敗戦後の約半年間首相を務めた。

【設問サ】「3．新渡戸稲造」は札幌農学校在学中に内村鑑三らとともにキリスト教徒となり，米欧への留学後は農政学者・教育学者として活躍した。『武士道』（原英文）は 1899 年にアメリカで出版され，7 カ国語に翻訳されて広まった。妻はアメリカ人で，国際人として活躍し，1933 年に死去した。

【設問シ】満州事変の現地調査のために国際連盟が派遣した調査団は，団長であるイギリスのリットン卿の名前をとってリットン調査団と称した。

【設問ス】日中戦争が長期化する中，近衛文麿首相は中国支配の確立をめざして 1938 年 11 月に日本の戦争目的を「東亜新秩序（5 字）」の建設にあるとする声明を発し，中国内部の親日勢力を引き出そうとした。

【設問セ】1939 年 9 月，ドイツがポーランドに侵攻して第二次世界大戦が始まった。この時の内閣は「3．阿部信行」内閣であるが，大戦に不介入の方針をとった。

【設問ソ】日本は 1941 年より野村吉三郎大使とハル国務長官との間で日米交渉をすすめたが，11 月にアメリカ側から最終提案にあたるハル・ノートが提示された。その厳しい内容に日本側は最後通牒と解し，戦争に踏み切ることとなった。

【設問タ】1943 年 11 月，エジプトの「2．カイロ」で米・英・中 3 カ国の首脳会談が開かれ，アメリカのフランクリン＝ローズヴェルト大統領，イギリスのチャーチル首相，中国の蔣介石主席が会した。設問文に紹介されるような対日戦とその戦後処理の方針が決められた。

【設問チ】日米安全保障条約を受けて，1952年に日米の政府間で結ばれたものが「3．日米行政協定」である。日本がアメリカ軍に提供する施設・区域，アメリカ軍人に対する刑事裁判権，防衛分担金などを取り決めた。

【設問ツ】1978年，福田赳夫《たけお》内閣のもとで中華人民共和国との間で結ばれた条約が「日中平和友好（6字）」条約で，両国によるアジア・世界の平和と安定への寄与，平和友好関係の発展を約した。

❖講　評

Ⅰ　古代～中世にかけての(A)～(E)の5史料を用いた問題。(A)，(B)は『令義解』などに示される律令制度，(C)は藤原道長の全盛を語る『小右記』，(D)は慈円の『愚管抄』，(E)は建武新政を語る『梅松論』である。各設問文が詳細かつ丁寧で，史料の読解に重点をおかなくても解答が可能となる。出土資料である【設問エ】の「漆紙文書」は2021年度のⅠの④「習書木簡」と同様に難問であったが，同年度Ⅰの語群選択肢として出題されていた語句である。

Ⅱ　江戸時代の文化史的史料である『西洋紀聞』（著者・新井白石），『養生訓』（著者・貝原益軒），『武道伝来記』（著者・井原西鶴）からの出題。史料に関連する各問は，江戸時代の文化史の一般知識を引き出す内容なので読解はとくに重視されず，受験生には取り組みやすい。【設問g】以後の数問は，貝原益軒に関する系統的な知識があれば芋づる式に正解が得られる問題である。

Ⅲ　近現代の対外関係に関する問題で，リード文は(1)日清戦争後の対外関係，(2)第一次世界大戦とワシントン体制，(3)第二次世界大戦と戦後外交となっている。ワシントン会議の際の四カ国条約，海軍軍縮条約，九カ国条約の締約国名は，面倒でも覚えておきたい。

世界史

I 解答

設問1．a－21 b－19 c－12 d－27 e－6
f－16 g－36 h－31 i－22 j－10

設問2．(A)－3 (B)－4 (C)－4 (D)－1 (E)－2

設問3．(ア)カタコンベ (イ)三圃制 (ウ)アリストテレス (エ)ボイル
(オ)ベネディクトゥス

◀解 説▶

≪キリスト教とヨーロッパ中世文化≫

設問1．a．イエスが活動しキリスト教が生まれたのは，ローマ帝国の支配下にあったパレスティナであった。

c．ビザンツ帝国とササン朝の抗争の中で，アラビア半島にイスラーム勢力が台頭した。

d．トルコ系遊牧民であったブルガール人は，7世紀にビザンツ帝国に侵入し，2度にわたってブルガリア王国を建ててビザンツ帝国を圧迫した。

f．イタリアの神学者でパリ大学教授でもあったトマス＝アクィナスは，スコラ学を大成して，その神学は後世に大きな影響を与えた。

g．ロジャー＝ベーコンは，13世紀イギリスのフランチェスコ派修道士。錬金術などイスラームの学問から多くを学び，自然科学や経験論の先駆者とされる。

h．北イタリアの法学で有名なボローニャ大学は最古の大学と言われ，神学のパリ大学とともに諸国の学生が集まった。

j．ゴシック様式の代表的建築としては，フランスのノートルダム（パリ）大聖堂，シャルトル大聖堂，ドイツのケルン大聖堂などがあげられる。

設問2．(A)やや難。(a)誤文。第3回十字軍はイェルサレムを奪回していない。

(b)正文。

(B)(a)誤文。西ゴート王国を滅ぼしたのはウマイヤ朝。

(b)誤文。アラゴン王子フェルナンドとカスティリャ王女イサベルが結婚して，1479年にスペイン王国が成立した。

(C)やや難。(a)誤文。アンセルムスは実在論を唱えた。

(b)誤文。ウィリアム＝オブ＝オッカムは唯名論を唱えた。

(E)(a)正文。

(b)誤文。『ニーベルンゲンの歌』はドイツのゲルマン人の伝説に基づいており，イギリスのケルト人の伝説をもとにしたのは『アーサー王物語』。

設問3．(イ)耕地を3分して利用する三圃制は，それまでの二圃制に比べて土地利用率が高く，収穫量の増加や西ヨーロッパの人口増加をもたらした。

(ウ)プラトンの創設したアカデメイアで学んだアリストテレスは，古代ギリシアの学問を集大成して後世に大きな影響を与えた。

(エ)やや難。気体の体積と圧力の関係を示すボイルの法則を発見したボイルは，17世紀イギリスの化学者・物理学者。イギリス王立協会の創設メンバーでもある。

(オ)イタリアの修道士ベネディクトゥスは，服従・清貧・貞潔の基本理念に基づくベネディクト修道会則（聖ベネディクトゥスの戒律）を定めて西ヨーロッパ修道院活動に大きな影響を与えた。

II　解答

設問1．a－22　b－38　c－16　d－11　e－29
f－8　g－23　h－30　i－39　j－17

設問2．①玄奘　②庸　③渤海　④黄巣の乱

設問3．(ア)－1　(イ)－1　(ウ)－4　(エ)－2　(オ)－3　(カ)－4

◀解　説▶

≪唐と周辺国家≫

設問1．a．拓跋氏は鮮卑族の最有力氏族となり，一族の拓跋珪（道武帝）が北魏を建国した。

b．唐の太宗李世民の治世は，貞観の治と呼ばれ安定した治世とされる。

e．北朝西魏の宇文泰は，戸籍に登録された農民から徴兵する府兵制を創始した。

f．隋の文帝は，門閥政治の弊害を招いていた九品中正を廃止して科挙を創始した。

g．アッバース朝と唐が戦ったタラス河畔の戦いでは唐が大敗し，その際，製紙法が西方に伝えられたとされる。

i．租調庸制にかわった新税制は，夏と秋の2回徴税したことから両税法

と呼ばれた。

ｊ．朱全忠は，初め黄巣の反乱軍に加わったが，唐に帰順して節度使に任命され，907年に唐を滅ぼして後梁を建国した。

設問2．①玄奘は陸路インドに赴き，ハルシャ＝ヴァルダナ王時代にナーランダー僧院で学び，多くの経典を携えて帰国した。

②人民に課した穀物の税が租，絹布などの税が調，丁男に課された力役が庸と呼ばれた（租調庸制）。

③渤海は中国東北地方から朝鮮半島北部にかけて栄えた国。上京竜泉府は渤海の五京（５つの都城）のうちの一つで現在の黒竜江省寧安市。

④反乱の指導者黄巣は山東の塩の密売商人で，王仙芝に呼応して挙兵し，長安や洛陽をはじめとして10年近くにわたって中国全土を荒らした。

設問3．(ウ)やや難。(a)誤文。則天武后は中国史上唯一の女帝で，武韋の禍で知られる韋后は皇帝にはなっていない。

(b)誤文。則天武后は門閥官僚を嫌い，科挙官僚を登用しその進出に道を開いた。

(エ)やや難。(a)正文。

(b)誤文。玄宗の信任を得て３節度使を兼ねた安禄山は，ソグド人を父に持つ異民族の出身であった。

(オ)やや難。(a)誤文。遊牧民として初めて文字を持ったのは突厥と言われている。

(b)正文。

(カ)(a)誤文。孔穎達の『五経正義』は儒教の経書の解釈を統一したもの。

(b)誤文。寇謙之は中国伝統の民間信仰・老荘思想・神仙思想などをもとに，道教を組織化した。

Ⅲ　解答

設問1．ア―23　イ―21　ウ―2　エ―31　オ―32
カ―18　キ―9　ク―10　ケ―13　コ―6

設問2．①ミズーリ協定　②シモン＝ボリバル　③モンロー宣言
④アステカ王国　⑤セオドア＝ローズヴェルト　⑥マデロ

設問3．(a)―1　(b)―2　設問4．(A)―3　(B)―2

◀解　説▶

≪ラテンアメリカの歴史≫

設問1．ア．サン＝ドマングと呼ばれたイスパニョーラ島西部で独立運動が起こった時，フランス本国は革命の最中にあった。

イ．ハイチはラテンアメリカで最初の独立国であり，世界最初の黒人共和国であった。

ウ．やや難。サン＝マルティンはアルゼンチン出身のクリオーリョ。

エ．ブラジルは，ポルトガル人カブラルが領有を宣言し，トルデシリャス条約に基づきポルトガル領と確定された。

カ．テキサスは1821年以降メキシコ領であったが，アメリカからの入植者が増加し，メキシコ人との抗争を経て1836年にテキサス共和国として独立した。1845年にアメリカが一方的にテキサス併合を宣言したことからメキシコとの間に戦争が始まった。

キ．アメリカはアメリカ＝メキシコ戦争の結果，カリフォルニア・ニューメキシコを獲得し，その領土は太平洋岸に達した。

ク．アメリカ＝スペイン戦争は，スペイン領キューバの独立をめぐって始まった。戦争の結果，キューバはスペインから独立し，アメリカの事実上の保護国となった。

コ．やや難。ナポレオン3世は，ヨーロッパの名門ハプスブルク家のマクシミリアンをメキシコ皇帝に擁立した。

設問2．①ミズーリ協定は，ミズーリの連邦加入をめぐって，ミズーリを奴隷州とし，以後奴隷州と自由州の境界を北緯36度30分とした協定。

②ボリバルは，ラテンアメリカをスペインの支配から解放してベネズエラ・コロンビア・エクアドルを合わせたコロンビア共和国（大コロンビア共和国）を建設した。ボリビアの国名は彼の名にちなむ。

④テノチティトラン（現在のメキシコシティ）を首都としたアステカ人のアステカ王国は，スペイン人コルテスによって滅ぼされた。

⑤やや難。マッキンリー大統領の暗殺後大統領となったセオドア＝ローズヴェルトは，武力行使を含む高圧的なカリブ海政策を展開した。

⑥やや難。自由主義者のマデロは，ディアス独裁政権に対してメキシコ革命を起こして大統領となった。

設問3．(a)1823年以前の出来事は①のみ。①神聖同盟はウィーン会議開始の翌年の1815年に成立した。②ギリシアはアドリアノープル条約（1829年）でオスマン帝国から独立し，翌年のロンドン会議で列国に承認された。③デカブリストの乱は保守的な皇帝ニコライ１世が即位した1825年に起こった。

(b)1903年以前の出来事は①と③の２つ。①イランのタバコ＝ボイコット運動は1891〜92年のこと。②ペロンが労働者の支持を受けて大統領となったのは，第二次世界大戦後の1946〜55年のこと。③外国勢力の干渉とは1861〜67年のナポレオン３世のメキシコ出兵（干渉）のこと。

設問４．(A)(i)誤文。アメリカのジェファソン大統領が1803年にフランスからルイジアナを買収した。

(ii)正文。

(B)(i)正文。

(ii)誤文。保守派を制して自由党から大統領となったのはフアレスで，彼はナポレオン３世のメキシコ遠征に臨時政府を置いて抵抗した。ヴァルガスは20世紀のブラジルの大統領で独裁権力者として知られる。

❖講　評

Ⅰ　キリスト教をテーマに古代ローマ帝国や中世西ヨーロッパ世界の文化史や社会経済史についての知識を問うもの。時代・地域・テーマともに，同志社大学では頻出のものである。設問１は空所補充形式で，適切な語句を語群から選び出すもの。内容的には，基本的な知識ですべて対応できるレベルである。設問２はほぼ毎年出題される，２つの短文の正誤をそれぞれ判断させる正誤判定形式の問題。(A)・(C)がやや細かな知識を要求する問題だが，他はすべて基本的な知識で対応できる。設問３はオーソドックスな語句記述形式の問題で，(エ)のボイルを答えさせる問題がやや難問であった。設問１〜設問３はほぼ文化史の知識を問うもので，文化史対策が十分できていれば高得点が期待できる。

Ⅱ　中国とその周辺地域からの出題。2019〜2021年度は東アジアの現代史が出題されたが，2022年度は７〜10世紀の唐の時代から出題された。設問１は，空所補充の選択問題。内容的には政治・外交史や社会・経済史が中心。すべて教科書の知識で対応できるものである。設問２は語句記述問題で，漢字の間違いには注意したい。設問３は，下線部の用語に関連する２つの短文の正誤を判断する同志社大学で頻出の正誤判定問題。(ウ)〜(オ)がやや細かな知識を要求するが，他は慎重に正誤を判断すれば，基本的な知識で対応できる。

Ⅲ　ラテンアメリカの近代に関する知識を問う問題で，一部にアメリカやヨーロッパ，アジアの同時代の知識も問われている。設問１は空所補充の語句選択問題。すべて教科書の知識で対応できるが，ウ・コがやや細かい。設問２は語句記述形式の問題で，⑤・⑥がやや難しい。設問３は新傾向の問題で，指定された年号に対し，３つの短文それぞれが示す歴史事項の時期が早いかどうかを判断するものであった。どの出来事が早く起こったかを答えるのではなく，基準の年号より早く起こった選択肢の数を判断させるところに特徴がある。正確な年号の知識は要求されていないが，一つ一つの出来事が基準の年号より早いか遅いかを丁寧に判断しなければならない。近年の傾向から見て，今後もこうした年代の知識を要求する問題は増加していくと思われるので注意しておきたい。設問４は，２つの文章の内容の正誤を判定させる問題で，慎重な判断が求められた。

政治・経済

Ⅰ

解答　【設問1】ア．華族　イ．貴族　ウ．皇位　エ．世襲　オ．皇室典範

【設問2】A―10　B―5　C―9　D―6

【設問3】E―18　F―16　G―2　H―15　I―12　J―3　K―21

【設問4】カ．尊属　キ．無効　ク．就業規則

【設問5】L―3　M―6

◀解　説▶

≪平等権と法制度≫

【設問1】ア・イ．華族は明治初年以来，旧大名・公家の家系に与えられた身分呼称であり，特権を伴う身分制度であった。帝国議会開設に備えて1884年の華族令で五爵（公爵・侯爵・伯爵・子爵・男爵）の制が置かれたが，日本国憲法第14条2項の規定に基づき廃止された。

ウ～オ．日本国憲法第2条で皇位の世襲が示されているので，天皇および皇族は第14条2項の例外である。なお，1947年施行の皇室典範第1条で「皇位は，皇統に属する男系男子が，これを継承する」と規定し，その順位を①皇長子，②皇長孫，③その他の皇長子の子孫などと定めているが，女性や女系の子供の皇位継承資格は認められていない。

【設問2】A．人種差別撤廃条約は1961年の南アフリカ共和国の反アパルトヘイト運動への弾圧事件を契機に制定され，1965年に国連総会で採択，1969年に発効した。人種，皮膚の色，世系（出生によって決定される社会的地位や身分），または，民族的種族的出身に基づくあらゆる区別または除外，制約といった人種差別を禁止している。

B．日本はアイヌ問題などで同条約の批准が遅れ，1995年にようやく批准した。

C．人種差別撤廃条約第1条で「『人種差別』とは，人種，皮膚の色，世系又は民族的若しくは種族的出身に基づくあらゆる区別，排除，制限又は優先であって」と規定している。

D．2007年の「先住民族の権利に関する国際連合宣言」の採択を受け，

2008年に国会の衆・参両院は「アイヌ民族を先住民族とすることを求める決議」を採択した。2019年にアイヌ文化振興法にかわるアイヌ民族支援法が成立し，初めて法律でアイヌ民族を「先住民族」と明記した。

【設問3】E・F．1979年に国連総会で採択された女子差別撤廃条約批准のための国内法整備として1984年の国籍法改正で，両性平等の観点で父系主義から父母両系主義へと要件が変更された。それまでは，母が日本国民であっても父が日本国民でなければ日本国籍を取得できなかったが，出生時に父または母のいずれかが日本国民であれば生まれた子が日本国籍を取得できるようになった。

G．DV（Domestic Violence）は配偶者（妻に対する夫，または，夫に対する妻）や恋人といった親密な関係にある者から振るわれる暴力であり，暴力には殴る・蹴るなどの身体的暴力だけでなく心理的苦痛を与える心理的暴力も含まれる。2001年に「配偶者からの暴力の防止及び被害者の保護等に関する法律（DV防止法）」が公布・施行された。同法では被害者を女性に限定していないが，配偶者からの暴力の被害者は多くの場合女性である。

H～J．2015年，最高裁は，女性についてのみ再婚に関して再婚禁止期間6カ月（180日）を設ける民法733条1項について，法の下の平等（第14条），婚姻の自由（第24条）に違反すると判決した。ただし，女性の再婚禁止期間を設けること自体を違憲としたわけではなく，離婚後100日を超過する部分に合理性がなく，違憲と判断した。再婚禁止期間は父子関係をめぐる紛争の発生を未然に防ぐ目的で規定されたが，「婚姻の成立の日から200日を経過した後又は婚姻の解消若しくは取消しの日から300日以内に生まれた子は，婚姻中に懐胎したものと推定する」（民法772条2項）との整合性から違憲とした面もある。

K．最高裁は2015年に「夫婦は，婚姻の際に定めるところに従い，夫又は妻の氏を称する」と夫婦同姓を定める民法750条については，①同一の姓を名乗ることが社会の構成員に家族関係を示す手段となっている，②結婚したら夫と同じ名字を名乗りたいという女性も多数存在する，③民法は，夫婦の姓について夫または妻のいずれかの姓を名乗ることとし，必ずしも女性が男性の姓を名乗らなければいけないわけではない等の理由で合憲判決を下した。

【設問4】カ・キ．尊属殺人重罰規定訴訟で最高裁は，刑法200条で尊属殺の刑罰を普通殺よりも重くすること自体は不合理ではないが，その法定刑を死刑または無期懲役のみに限り執行猶予を認めていない点において，普通殺に関する刑法199条の法定刑と比べて著しく不合理な差別的取扱いをするものと認められ，憲法第14条に違反して無効であるとする判決を下した。なお，この裁判から22年後の1995年になって，ようやく刑法200条の尊属殺人罪の規定は国会の刑法改正で削除された。

ク．日産自動車が就業規則で定年を男性60歳，女性を55歳と女性の定年を男性よりも5歳若く定めた男女別定年制が違法であるかどうかが問われた裁判において，最高裁は男女別定年制は性別のみによる不合理な差別を定めたものとして，民法90条の公序良俗違反により無効であるとする判決を下した。

【設問5】L・M．2018年に議員立法で「政治分野における男女共同参画推進法」が成立した。これは国会や地方議会の女性議員数を増やそうとする内容で，選挙での候補者数を男女均等にするように政党などに求めているが，努力義務規定なので強制力はない。2022年1月現在，衆議院での女性議員の比率は9.7％である。

Ⅱ　解答

【設問1】30　【設問2】1　【設問3】3　【設問4】10
【設問5】A－7　B－5　C－8　D－9　E－2
【設問6】3　【設問7】4　【設問8】エ．完全　オ．構造　カ．循環
【設問9】キ．為替介入　ク．購買力平価説　【設問10】a－1　b－2
【設問11】4　【設問12】c－2　d－2

◀解　説▶

≪市場メカニズムとその限界≫

【設問1】p＝40をD曲線，S曲線の式にそれぞれ代入する。

$$D=150-2\times 40=70$$

$$S=40$$

なので，超過需要は

$$70-40=30$$

【設問2】ｉ．超過需要が発生すると市場価格は上昇する。すると需要は減り，供給は増えるので最終的に均衡価格に近づいていく。

ⅱ．超過供給が発生すると市場価格は減少する。すると需要は増え，供給は減るので最終的に均衡価格に近づく。このように市場価格は，需要量と供給量が一致する価格（均衡価格）に向かっていく。これを価格の自動調節作用という。

ⅲ・ⅳ．価格が高くなると需要は減り，価格が低くなると需要は増えるので，通常の需要曲線は右下がりになる。一方，価格が低くなると供給は減るが，価格が高くなると供給は増えるので通常の供給曲線は右上がりになる。

【設問 3】供給の価格弾力性は「供給の変化率÷価格の変化率」で求められる。

$$(160-100)\div(120-100)=60\div20=3$$

【設問 4】均衡価格はＤ曲線とＳ曲線の交点の価格である。また，均衡価格では需要量＝供給量になるので，Ｄ曲線とＳ曲線のそれぞれの式より

$$120-2p=10p$$

という関係式が成立する。これを解いて $p=10$ となる。

【設問 5】A．企業の技術進歩という条件変化よりＳ曲線がシフトする。企業の技術進歩で同じ量のチョコレートを小さな費用で作れるようになったので，今までと同じ費用で多くのチョコレートを作れるようになりＳ曲線は供給量が増える右下方向にシフトし，取引数量は増加する。Ｄ曲線は動かないので，新たな均衡価格は元の均衡価格より低くなる。

B．マスクの需要が増えたという条件変化より，Ｄ曲線は需要量が増える右上方向にシフトし，取引数量は増加する。Ｓ曲線は動かないので，新たな均衡価格は元の均衡価格より高くなる。

C．ワインの原料であるぶどうの量は減るので，その分ワインの生産量も減ることになる。Ｓ曲線は供給量が減る左上方向にシフトし，取引数量は減少する。Ｄ曲線は動かないので，新たな均衡価格は元の均衡価格より高くなる。

D．政府の介入で財の最高価格が均衡価格よりも低くなるので，需要量が増えて供給量が減り超過需要が生じるが，価格を上げられないので供給量を増やすことができず，需要を満たせないので，取引数量は供給量を超えることはできないということになる。この場合，国際価格が政府の設定価格より低ければ輸入によって超過需要を満たすことができ，取引数量は需

要量と一致するが，そのようなことは設問にないので，取引数量は供給量に一致する。よって，D曲線，S曲線ともに変化しないが，価格は元の均衡価格より低くなり，取引数量も減る。

E．代替財であるみかんの価格が下がるとりんごの需要が減り，みかんの需要が増える。りんごの需要が減るのでD曲線は需要量が減る左下方向にシフトし，取引数量は減少する。S曲線は動かないので，新たな均衡価格は元の均衡価格より低くなる。

【設問6】財には希少性があり，すべてを同時に手に入れることはできないため，どれかを選択すれば，どれかをあきらめざるを得ない。このような二律背反の関係をトレード・オフという。こうした状況下で選択の際の基準になるのが機会費用（あるものを選択しなかったら得られたであろう最大の利益）である。

【設問7】最初の預金を a 円（$a>0$）とする。預金準備率が20%の場合，預金総額は

$$a\text{円}\div 0.2=5a\text{円}$$

となる。そして，預金総額から最初の預金額を引いて信用創造額を求めると

$$5a\text{円}-a\text{円}=4a\text{円}$$

となる。最初の預金の4倍になっていることがわかる。

【設問8】エ．働く意思と能力を持ち，現に求職活動をしているが，就業の機会が得られない者を完全失業者といい，その労働力人口に占める割合を完全失業率という。

オ．労働市場全体で労働需要と労働供給は一致しているにもかかわらず，求職者の持つ能力や技術と企業の求める能力や技術が一致しないなどの労働市場の不完全性が主たる原因となっている失業を構造的失業という。

カ．景気循環による労働需給の不一致が引き起こす一時的な失業を循環的失業という。一般的に，循環的失業者は景気が良くなれば再び就業できると考えられる。

【設問9】キ．外国為替相場の急激な変動を抑えるために政府や中央銀行が市場で通貨を売り買いすることを為替介入，正式には為替平衡操作という。日本の場合，財務大臣が実施を判断し，それを受けて日本銀行が外国為替資金特別会計の資金を用いて行う。

ク．その国の１単位の通貨で同じ商品をどれだけ購入できるかを比較して，各国通貨の交換比率を示したものを購買力平価といい，為替相場が各国通貨の購買力で決定されるという考え方を購買力平価説という。スウェーデンの経済学者カッセルが主張した。

【設問10】 b．誤文。一般的に，債券価格と利回りの関係は，債券価格が上昇すれば利回りは低下し，債券価格が下落すれば利回りは上昇するという反比例の関係になっている。また，債券に投資した後，市中金利水準が上昇すれば債券価格は値下がりし，金利水準が低下すれば債券価格は値上がりするという特徴がある。

【設問11】 4．誤文。これは輸送コストの上昇と需要増の２つの面から財の市場価格が上昇している例で，市場メカニズムは機能しているが，完全競争市場が満たすべき条件とは無関係である。1．多数の売り手と買い手が存在して，その行動が価格に影響を与えない，2．市場への参入・退出が自由である，3．情報の対称性が成立する，に加えて，市場で取引される財が同質であることが完全競争市場の成立条件である。

【設問12】 c．誤文。外部不経済は市場の失敗の一例である。人件費が増えたことで新築マンション価格が上昇したのは，市場メカニズムが機能していることを示すので市場の失敗には該当しない。

d．誤文。他の経済主体の経済活動が市場における取引を直接通さずに悪い影響を及ぼすことを外部不経済という。企業が出す公害により社会全体に不利益をもたらす例などが該当する。公害などにより企業が外部に負担させる費用を外部費用といい，社会的費用は私的費用と外部費用の合算である。外部不経済の場合は外部費用が正の値になるので，企業が負担する私的費用は社会的費用を下回っている。企業が公害発生防止費用などを私的費用として負担することで，外部費用を内部化する必要がある。

Ⅲ　解答

【設問１】ア．モノカルチャー　イ．南南
ウ．累積債務　エ．DAC〔開発援助委員会〕
オ．プレビッシュ　カ．17

【設問２】A－27　B－25　C－2　D－12　E－14　F－5　G－28

【設問３】 4　【設問４】 1　【設問５】 4　【設問６】フェアトレード

【設問７】ムハマド＝ユヌス　【設問８】 4　【設問９】 a－2　b－2

◀解　説▶

≪南北問題と環境保全≫

【設問1】ア．モノカルチャー経済とはブラジルやコロンビアのコーヒー，ガーナのカカオ，チリの銅など発展途上国の産業構造がもっぱら先進国への輸出向けの少種類の農・鉱業品（一次産品）の生産に集中している状態を指す言葉である。

イ．1970年代以降，発展途上国が，産油国や新興工業経済地域（NIEs）などの高所得を得るようになった国・地域と，有力な資源もなく，一人当たりの所得・工業化率が他国より遅れた後発発展途上国に分かれたが，このような発展途上国間の社会経済的格差の問題を南南問題とよぶ。

ウ．発展途上国で対外債務が累積して経済不振に陥る一方で，貸し手である先進国も貸し倒れによる金融不安が生じたが，これを累積債務問題という。1970年代後半以降，南米諸国が累積債務に苦しんだ。

エ．開発援助委員会（DAC）は1961年に発足したOECDの下部組織で，途上国への援助について加盟国間の利害調整をしたり，具体的な援助方法を検討・決定したりしている。

オ．プレビッシュ報告は1964年の第一回国連貿易開発会議（UNCTAD）総会でプレビッシュ事務局長によって提出されたレポートで，「援助よりも貿易を」の方針のもと，一次産品を中心とした貿易条件の改善や先進国による積極的な援助などを求めた。

カ．持続可能な開発目標（SDGs）は2000年に策定されたミレニアム開発目標（MDGs）を引き継ぎ，2016年から2030年まで国連が設定することになった新たな目標で17の目標と169の課題からなる。

【設問2】A．一次産品とは，産出される製品の中で，自然から採取されたままの状態であり，加工されていない物のことを指す。

B．LDC（Least Developed Countries: 後発発展途上国）は発展途上国の中でも特に経済発展が遅れている国で，国連開発計画委員会（CDP）が認定した①低い所得水準，②乏しい人的資源，③経済の脆弱性の3つの基準に基づく。

C．累積債務問題の解決策の一つで先進国が途上国に対して金利や元本の支払いを遅らせる方策をリスケジューリング（債務返済繰り延べ）という。

D．発展途上国の貿易促進のために発展途上国の工業製品に対して，関税を撤廃もしくは低い税率にすることにより，先進国からの同種製品よりも有利な待遇を与えることを一般特恵関税という。

E．マイクロファイナンスはマイクロクレジットともいい，貧困層に少額の事業資金を無担保で貸し出す融資のことで，貧困から脱し自立するための有効な支援として注目されている。

F．G20サミット（金融・世界経済に関する首脳会合）は2008年，リーマン＝ショックによる世界的な金融不安に対応するためにワシントンで開催された首脳会議で，G8のほか，中国やブラジルなどの新興国も参加した。2009年以降も開催されている。

G．2015年に国連本部で開かれた持続可能な開発サミットにおいて，「持続可能な開発のための2030アジェンダ」（SDGs）が採択された。

【設問3】世界銀行の指標では生存に必要な生活物資を確保できないような1日1.90ドル未満で生活する貧困層を絶対的貧困層と定義している。

【設問4】経済協力開発機構（OECD）は，ヨーロッパ経済協力機構（OEEC）が1960年に目的を達成して解消され，アメリカ・カナダなどの先進国を加えて，改組された国際機構である。その目的は，「加盟国の経済成長」，「発展途上国への経済援助」，「貿易の拡大」などであり，先進国間の協力をはかるものである。38カ国が加盟している（2022年2月現在）。韓国，メキシコ，チェコは加盟しているが，中国は未加盟である。

【設問5】4．アジアインフラ投資銀行（AIIB）は，2015年に発足した中国主導の長期融資を目的とする銀行である。中国は出資率が25%を超える唯一の加盟国であるため，ヨーロッパ諸国の多くが出資する中で，唯一の重要案件の拒否権を持つ国となり，事実上中国主導の銀行である。1．アジア開発銀行（ADB）は，1966年に日本とアメリカが中心となって創設した銀行である。2．1960年に発足した国際開発協会（IDA）は世界銀行の融資条件や，一般の商業ベースでは融資を受けられない発展途上国政府への開発融資援助を行っている国際機関で，別名「第二世界銀行」という。3．国際復興開発銀行（IBRD）は，世界銀行ともいう。加盟国の出資金や世界銀行債券を発行して集まった資金を，戦災からの復興や経済建設を必要とする国に，長期融資をしてその経済発展を支援する。

【設問6】フェアトレードは貧困に追いやられた発展途上国の自立を支援する活動の一つで，コーヒーや砂糖，バナナなど発展途上国の産品を適正な価格で輸入して先進国内の市場で販売することによって，途上国の人々の経済的自立を支援することを目的としている。主にNGOが主導している。

【設問7】バングラデシュのグラミン銀行総裁のムハマド＝ユヌスは貧困者や女性に対する少額融資制度（マイクロファイナンス）を考案し，2006年にノーベル平和賞を受賞した。

【設問8】BRICSはブラジル，ロシア，インド，中国，南アフリカの頭文字をとって，急成長する新興5カ国を指す。

【設問9】ａ．誤文。環境と開発に関する世界委員会（ブルントラント委員会）は1987年の報告書『われらの共有の未来』の中で，環境保全と開発は対立するものではなく，両立が可能であるとする考えを表す「持続可能な開発」というスローガンを初めて提起した。

ｂ．誤文。国連持続可能な開発会議は，2012年にブラジルのリオデジャネイロで開催された会議で，「グリーン経済」への移行が目指されたが，具体策は決まらず，成果文書「我々が望む未来」を採択して閉幕した。

❖講　評

Ⅰ　平等権とそれに関連する法律や判例の理解を問う出題。【設問2】のアイヌ民族支援法や【設問5】の「政治分野における男女共同参画の推進に関する法律」は時事的な出題であると思われるが，問われている内容は標準的。他の問題は記述問題も含めて標準的。全体的に基本・標準問題中心の出題と言える。

Ⅱ　市場メカニズムとその限界に関する出題。【設問1】，【設問4】の需給曲線の式を使った計算問題や【設問3】の供給の価格弾力性を求める計算問題，【設問7】の信用創造額の計算問題はいずれも標準的な内容。【設問5】の需給曲線のシフト問題は，Dの条件変化が少し難しかったかもしれないが，それ以外は標準的な出題。【設問10】の正誤問題で債券価格と利回りの関係を判断させる出題は難度が高かったが，それ以外の記述・正誤問題はいずれも標準的な内容で，全体的に基本・標準問題中心の出題と言える。

Ⅲ　南北問題と環境保全の知識を問う問題。【設問1】，【設問2】の文章の空所補充問題は記述式・選択式のいずれも標準的な出題であった。

【設問 3】の絶対的貧困の世界銀行による定義や【設問 4】の OECD に中国が未加盟であることを知らなかった受験生が多いのではないかと思われる。図説や用語集も併用して学習してほしい。それ以外は基本・標準問題中心の出題と言える。

例年のレベルから，2022 年度は標準的な出題であったと言えるだろう。

数学

I 解答

(1)ア．10080　イ．360　ウ．2520

(2)エ．2　オ．$x+1$

(3)カ．5　キ．$(5,\ -3)$　(4)ク．-1　ケ．$\dfrac{\pi}{6}$　コ．$\dfrac{5}{4}$

◀解　説▶

≪小問 4 問≫

(1)　S と H が 2 個ずつ，D，O，I，A は 1 個ずつの同じものを含む計 8 文字の並べ方の総数は

$$\frac{8!}{2!2!}=10080 \text{ 通り} \quad \to ア$$

また，S が両端にくる並べ方は，まず S を両端に並べる方法が 1 通りで，間に残りの同じものを含む計 6 文字の並べ方なので，その総数は

$$1\times\frac{6!}{2!}=360 \text{ 通り} \quad \to イ$$

さらに，D と O が隣り合う並べ方は，D と O の 2 文字をひとまとまりと考え，残りの同じものを含む計 6 文字と合わせて 7 文字の並べ方を考え，D と O の並べ方が 2! 通りずつなので，総数は

$$\frac{7!}{2!2!}\times 2!=2520 \text{ 通り} \quad \to ウ$$

(2)　$A(x)$ を x の 1 次式 $B(x)=x-1$ で割ったときの余りは，$A(1)$ であるから

$$\begin{aligned}A(1)&=a\cdot1^4+b\cdot1^3-a\cdot1^2-b\cdot1+3\cdot1^2+1-2\\&=2 \quad \to エ\end{aligned}$$

また，$A(x)$ を $C(x)$ で割ったとき，商を $P(x)$，余りを $px+q$（$p\cdot q$ は定数）とおくと

$$A(x)=C(x)\times P(x)+px+q$$
$$A(x)=(x+1)(x-1)P(x)+px+q$$

であるから，上式の両辺に $x=-1$ と $x=1$ をそれぞれ代入すると

$$\begin{cases} A(-1)=-p+q \\ A(1)=p+q \end{cases}$$

$$\iff \begin{cases} a\cdot(-1)^4+b(-1)^3-a(-1)^2-b(-1)+3(-1)^2+(-1)-2=-p+q \\ 2=p+q \end{cases}$$

$$\iff \begin{cases} p-q=0 \\ p+q=2 \end{cases}$$

2 式から，$p=1$，$q=1$ なので，$A(x)$ を $C(x)$ で割った余りは $x+1$ である。 →オ

(3)　3 直線 $y+3=0$，$x+2y-4=0$，$2x-y-3=0$ を図示すると右図のようになり，2 直線 $x+2y-4=0$，$2x-y-3=0$ は

$$1\times2+2\times(-1)=0$$

なので直交するから，この三角形の外接円の直径は 2 点 $(0,\ -3)$ と $(10,\ -3)$ を結ぶ線分であり，長さは 10 なので半径は 5 である。 →カ

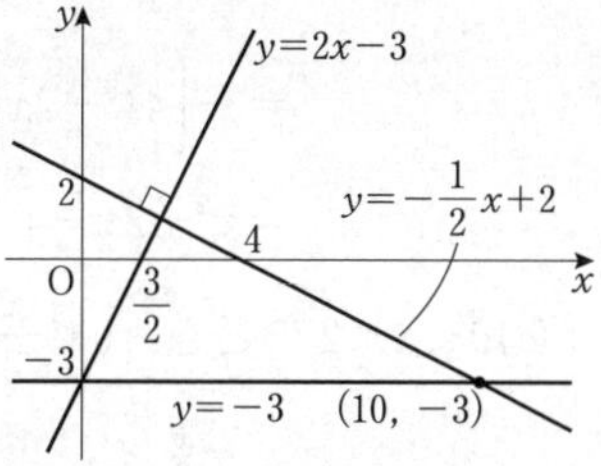

また，外心の座標は 2 点 $(0,\ -3)$ と $(10,\ -3)$ の中点で $(5,\ -3)$ である。 →キ

(4)
$$\begin{aligned} y&=\cos^2\theta+\sin\theta \\ &=-\sin^2\theta+\sin\theta+1 \\ &=-\left(\sin\theta-\frac{1}{2}\right)^2+\frac{5}{4} \end{aligned}$$

$-\dfrac{\pi}{2}\leqq\theta\leqq\dfrac{\pi}{2}$ から，$-1\leqq\sin\theta\leqq1$ なので

$\sin\theta=-1$ すなわち $\theta=-\dfrac{\pi}{2}$ のとき，最小値 -1　→ク

$\sin\theta=\dfrac{1}{2}$ すなわち $\theta=\dfrac{\pi}{6}$ のとき，最大値 $\dfrac{5}{4}$　→ケ，コ

II

解答　(1)　$g(t)=|2t-x|(6t+x)$ とおく。

$$g(t)=\begin{cases} (2t-x)(6t+x) & \left(t\geqq\dfrac{x}{2}\right) \\ -(2t-x)(6t+x) & \left(t<\dfrac{x}{2}\right) \end{cases}$$

である。

(i) $x>0$ のとき，$y=g(t)$ のグラフは右図のようになり，さらに，$\dfrac{x}{2}$ と1の大小を考える。

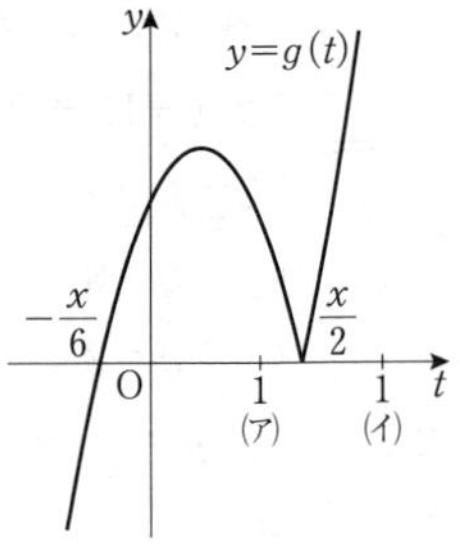

(ア) $x\geqq 2$ のとき，$\dfrac{x}{2}\geqq 1$ なので

$$\begin{aligned} f(x)&=\int_0^1 -(2t-x)(6t+x)dt \\ &=-\int_0^1 (12t^2-4xt-x^2)dt \\ &=-\Big[4t^3-2xt^2-x^2t\Big]_0^1 \\ &=x^2+2x-4 \end{aligned}$$

(イ) $0<x<2$ のとき，$0<\dfrac{x}{2}<1$ なので

$$\begin{aligned} f(x)&=\int_0^{\frac{x}{2}} -(2t-x)(6t+x)dt+\int_{\frac{x}{2}}^1 (2t-x)(6t+x)dt \\ &=-\Big[4t^3-2xt^2-x^2t\Big]_0^{\frac{x}{2}}+\Big[4t^3-2xt^2-x^2t\Big]_{\frac{x}{2}}^1 \\ &=-\frac{1}{2}x^3+\frac{1}{2}x^3+\frac{1}{2}x^3+4-2x-x^2-\left(\frac{1}{2}x^3-\frac{1}{2}x^3-\frac{1}{2}x^3\right) \\ &=x^3-x^2-2x+4 \end{aligned}$$

(ii) $x=0$ のとき，$y=g(t)$ のグラフは右図のようになるから

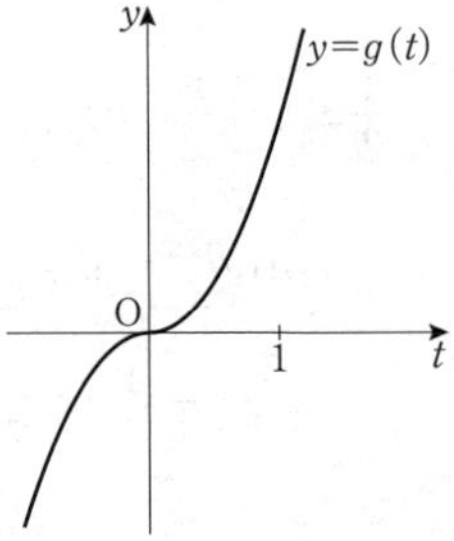

$$\begin{aligned} f(0)&=\int_0^1 12t^2dt \\ &=\Big[4t^3\Big]_0^1 \\ &=4 \end{aligned}$$

(iii) $x<0$ のとき，$y=g(t)$ のグラフは次図のようになるから，$\dfrac{x}{2}<0$ なので

$$f(x)=\int_0^1 (2t-x)(6t+x)dt$$

$$=\left[4t^3-2xt^2-x^2t\right]_0^1$$

$$=-x^2-2x+4$$

この式に $x=0$ を代入すると

$$-0^2-2\cdot0+4=4$$

となり，(ii)の値と一致する。

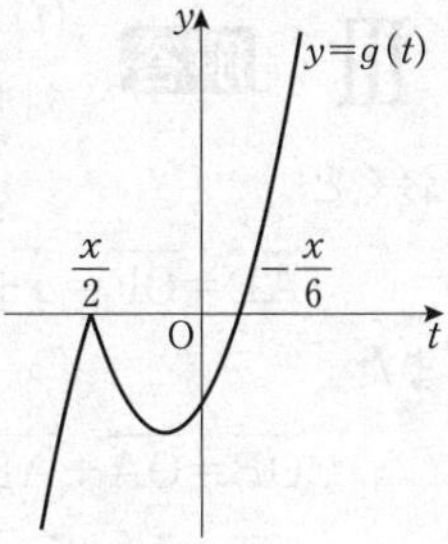

以上，(i)〜(iii)から，求める関数 $f(x)$ は

$$f(x)=\begin{cases}-x^2-2x+4 & (x\leqq0)\\ x^3-x^2-2x+4 & (0<x<2)\\ x^2+2x-4 & (x\geqq2)\end{cases}\quad\cdots\cdots(\text{答})$$

(2)　(1)の結果から

$$\int_{-1}^{3}f(x)dx$$

$$=\int_{-1}^{0}(-x^2-2x+4)dx+\int_{0}^{2}(x^3-x^2-2x+4)dx+\int_{2}^{3}(x^2+2x-4)dx$$

$$=\left[-\frac{1}{3}x^3-x^2+4x\right]_{-1}^{0}+\left[\frac{1}{4}x^4-\frac{1}{3}x^3-x^2+4x\right]_0^2+\left[\frac{1}{3}x^3+x^2-4x\right]_2^3$$

$$=0-\left(\frac{1}{3}-1-4\right)+\left(4-\frac{8}{3}-4+8\right)-0+(9+9-12)-\left(\frac{8}{3}+4-8\right)$$

$$=\frac{52}{3}\quad\cdots\cdots(\text{答})$$

◀解　説▶

≪絶対値を含む関数の定積分≫

(1)　t が $\frac{x}{2}$ より大きいときと小さいときで，〔解答〕で用いた $g(t)$ の形が変わるので，積分区間である $0\leqq t\leqq1$ がどの位置にくるのかで場合分けを行う。$0<x<2$ のときは $0<\frac{x}{2}<1$ なので，積分区間を $0\leqq t\leqq\frac{x}{2}$ と $\frac{x}{2}\leqq t\leqq1$ に分けて考える必要がある。

(2)　(1)から積分区間を $-1\leqq x\leqq0$，$0\leqq x\leqq2$，$2\leqq x\leqq3$ の 3 つに分けて計算する。

III　解答

(1)　六角形 OABCDE は正六角形であるから，3 本の対角線 OC，AD，BE は 1 点で交わり，この点を F とおくと

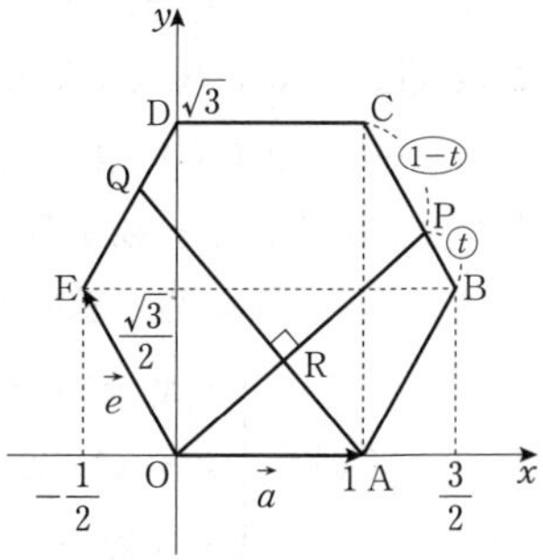

$$\overrightarrow{AB}=\overrightarrow{OF}=\vec{a}+\vec{e}\quad\cdots\cdots(答)$$

また

$$\overrightarrow{OB}=\overrightarrow{OA}+\overrightarrow{AB}$$
$$=\vec{a}+(\vec{a}+\vec{e})$$
$$=2\vec{a}+\vec{e}\quad\cdots\cdots(答)$$

さらに，点 P は辺 BC を $t:(1-t)$ に内分する点なので

$$\overrightarrow{OP}=\overrightarrow{OB}+t\overrightarrow{BC}$$
$$=2\vec{a}+\vec{e}+t\vec{e}\quad(\because\ \ \overrightarrow{BC}=\overrightarrow{OE}=\vec{e})$$
$$=2\vec{a}+(1+t)\vec{e}\quad\cdots\cdots(答)$$

最後に $\overrightarrow{OQ}$ であるが，点 Q は直線 DE 上の点なので

$$\overrightarrow{OQ}=\overrightarrow{OE}+k\overrightarrow{ED}\quad(k\ は実数)$$

とおく。$\overrightarrow{ED}=\overrightarrow{AB}$ なので

$$\overrightarrow{OQ}=\vec{e}+k(\vec{a}+\vec{e})$$
$$=k\vec{a}+(1+k)\vec{e}$$

であり，直線 OP と直線 AQ は垂直に交わるから

$$\overrightarrow{OP}\cdot\overrightarrow{AQ}=0$$
$$\overrightarrow{OP}\cdot(\overrightarrow{OQ}-\overrightarrow{OA})=0$$
$$\{2\vec{a}+(1+t)\vec{e}\}\cdot\{(k-1)\vec{a}+(1+k)\vec{e}\}=0$$
$$2(k-1)|\vec{a}|^2+\{2(1+k)+(1+t)(k-1)\}\vec{a}\cdot\vec{e}+(1+t)(1+k)|\vec{e}|^2=0$$

ここで，$|\vec{a}|=|\vec{e}|=1$，$\vec{a}\cdot\vec{e}=1\times1\times\cos\frac{2}{3}\pi=-\frac{1}{2}$ から

$$2(k-1)-(1+k)-\frac{1}{2}(1+t)(k-1)+(1+t)(1+k)=0$$

$$k-3+\frac{1}{2}(t+1)(k+3)=0$$

$$(t+3)k=-3t+3$$

$$\therefore\quad k=\frac{-3t+3}{t+3}\quad (\because\quad 0<t<1\text{ から},\ t+3\neq 0)$$

$$1+k=\frac{t+3-3t+3}{t+3}=\frac{-2t+6}{t+3}$$

よって

$$\overrightarrow{OQ}=\frac{-3t+3}{t+3}\vec{a}+\frac{-2t+6}{t+3}\vec{e}\quad \cdots\cdots(\text{答})$$

(2)　点 R は直線 OP 上の点より

$$\overrightarrow{OR}=p\overrightarrow{OP}\quad (p\text{ は実数})$$

$$=2p\vec{a}+(t+1)p\vec{e}\quad \cdots\cdots①$$

また，点 R は直線 AQ 上の点より

$$\overrightarrow{AR}=q\overrightarrow{AQ}\quad (q\text{ は実数})$$

$$\overrightarrow{OR}-\overrightarrow{OA}=q(\overrightarrow{OQ}-\overrightarrow{OA})$$

$$\overrightarrow{OR}=(1-q)\overrightarrow{OA}+q\overrightarrow{OQ}$$

$$=\left(1-q+\frac{-3t+3}{t+3}q\right)\vec{a}+\frac{-2t+6}{t+3}q\vec{e}$$

$$=\left(1-\frac{4t}{t+3}q\right)\vec{a}+\frac{-2t+6}{t+3}q\vec{e}\quad \cdots\cdots②$$

ここで，$\vec{a}$，$\vec{e}$ はともに $\vec{0}$ ではなく，平行でもないから，①，②より

$$\begin{cases} 2p=1-\dfrac{4t}{t+3}q & \cdots\cdots③ \\ (t+1)p=\dfrac{-2t+6}{t+3}q & \cdots\cdots④ \end{cases}$$

③×$(t+1)$−④×2 から

$$0=t+1-\frac{4t(t+1)}{t+3}q-\frac{-4t+12}{t+3}q$$

$$\frac{4t^2+12}{t+3}q=t+1$$

$$\therefore\quad q=\frac{(t+1)(t+3)}{4(t^2+3)}$$

これを④に代入して

$$(t+1)p=\frac{-2(t-3)(t+1)}{4(t^2+3)} \qquad \therefore \quad p=-\frac{t-3}{2(t^2+3)}$$

よって

$$\overrightarrow{\mathrm{OR}}=-\frac{t-3}{t^2+3}\vec{a}-\frac{(t+1)(t-3)}{2(t^2+3)}\vec{e}$$

$\vec{a}=(1,\ 0)$, $\vec{e}=\left(-\frac{1}{2},\ \frac{\sqrt{3}}{2}\right)$ なので，$\overrightarrow{\mathrm{OR}}$ を成分表示すると

$$\overrightarrow{\mathrm{OR}}=\left(-\frac{t-3}{t^2+3},\ 0\right)-\left(-\frac{(t+1)(t-3)}{4(t^2+3)},\ \frac{\sqrt{3}(t+1)(t-3)}{4(t^2+3)}\right)$$

$$=\left(\frac{(t-3)^2}{4(t^2+3)},\ -\frac{\sqrt{3}(t+1)(t-3)}{4(t^2+3)}\right) \quad \cdots\cdots(答)$$

別解 $\overrightarrow{\mathrm{OP}}=2\vec{a}+(1+t)\vec{e}=2(1,\ 0)+(1+t)\left(-\frac{1}{2},\ \frac{\sqrt{3}}{2}\right)$

$$=\left(-\frac{t-3}{2},\ \frac{\sqrt{3}(t+1)}{2}\right)$$

より，直線 OP の方程式は

$$y=-\frac{\sqrt{3}(t+1)}{t-3}x$$

また，直線 AQ は直線 OP に垂直なので，傾きは $\frac{t-3}{\sqrt{3}(t+1)}$ で点 A$(1,\ 0)$ を通るから，方程式は

$$y=\frac{t-3}{\sqrt{3}(t+1)}(x-1)$$

点 R は，この 2 直線の交点であり，$\overrightarrow{\mathrm{OR}}$ の x 成分，y 成分は，それぞれ点 R の x 座標，y 座標と等しいので，これを求める。2 式から y を消去して

$$-\frac{\sqrt{3}(t+1)}{t-3}x=\frac{t-3}{\sqrt{3}(t+1)}(x-1)$$

$$\left\{\frac{t-3}{\sqrt{3}(t+1)}+\frac{\sqrt{3}(t+1)}{t-3}\right\}x=\frac{t-3}{\sqrt{3}(t+1)}$$

$$\frac{(t-3)^2+3(t+1)^2}{\sqrt{3}(t+1)(t-3)}x=\frac{t-3}{\sqrt{3}(t+1)}$$

$$\frac{4t^2+12}{\sqrt{3}(t+1)(t-3)}x=\frac{t-3}{\sqrt{3}(t+1)}$$

$$\therefore\quad x=\frac{(t-3)^2}{4(t^2+3)},\ y=-\frac{\sqrt{3}(t+1)(t-3)}{4(t^2+3)}$$

よって

$$\overrightarrow{\mathrm{OR}}=\left(\frac{(t-3)^2}{4(t^2+3)},\ -\frac{\sqrt{3}(t+1)(t-3)}{4(t^2+3)}\right)$$

(3)　点 R の x 座標は(2)の $\overrightarrow{\mathrm{OR}}$ の x 成分と等しく，これが $\frac{1}{2}$ なので

$$\frac{(t-3)^2}{4(t^2+3)}=\frac{1}{2}$$

$$t^2-6t+9=2t^2+6$$

$$t^2+6t-3=0$$

$$t=-3\pm2\sqrt{3}$$

$0<t<1$ より

$$t=-3+2\sqrt{3}\quad\cdots\cdots(\text{答})$$

このとき，$\overrightarrow{\mathrm{OR}}$ の x 成分は $\frac{1}{2}$ で，y 成分は

$$-\frac{\sqrt{3}(t+1)(t-3)}{4(t^2+3)}=-\frac{\sqrt{3}(-2+2\sqrt{3})(-6+2\sqrt{3})}{48(2-\sqrt{3})}$$

$$=-\frac{\sqrt{3}(24-16\sqrt{3})}{48(2-\sqrt{3})}$$

$$=-\frac{\sqrt{3}-2}{2(2-\sqrt{3})}=\frac{1}{2}$$

よって，$\triangle\mathrm{OAR}$ の面積は，$\overrightarrow{\mathrm{OA}}=(1,\ 0)$，$\overrightarrow{\mathrm{OR}}=\left(\frac{1}{2},\ \frac{1}{2}\right)$ から

$$\triangle\mathrm{OAR}=1\times\frac{1}{2}\times\frac{1}{2}=\frac{1}{4}\quad\cdots\cdots(\text{答})$$

◀解　説▶

≪正六角形の頂点と辺の内分点を結ぶ直交する2直線の交点，平面ベクトル≫

(1)　六角形 OABCDE は正六角形なので，3 組の対辺はそれぞれ平行であり，長さも等しいので

$$\overrightarrow{\mathrm{OA}}=\overrightarrow{\mathrm{DC}}=\vec{a},\ \overrightarrow{\mathrm{OE}}=\overrightarrow{\mathrm{BC}}=\vec{e},\ \overrightarrow{\mathrm{AB}}=\overrightarrow{\mathrm{ED}}$$

などを利用する。また対角線 EB は辺 OA と平行で長さは OA の 2 倍な

ので，$\overrightarrow{EB}=2\vec{a}$ と表すことができる。これらを利用してもよい。$\overrightarrow{OQ}$ に関しては，2 直線 OP と AQ が垂直となるように直線 DE 上にとるから，まず直線 DE 上の点として，一般的に表し，$\overrightarrow{OP}\cdot\overrightarrow{AQ}=0$ を満たすものとして考えるとよい。

(2)　点 R は 2 直線 OP と AQ の交点であるから，これをもとに $\overrightarrow{OR}$ を 2 種類の方法で表し，$\vec{a}$ と $\vec{e}$ がともに $\vec{0}$ ではなく，平行でもないから，係数を比較する。

(3)　条件から t の値を求め，$\overrightarrow{OR}$ の成分を計算するとよい。〔解答〕では，辺 OA を底辺と考え，高さが点 R の y 座標である $\frac{1}{2}$ として，△OAR の面積を求めたが，$\overrightarrow{OA}=(1,\ 0)$，$\overrightarrow{OR}=\left(\frac{1}{2},\ \frac{1}{2}\right)$ から

$$\triangle OAR=\frac{1}{2}\left|1\times\frac{1}{2}-0\times\frac{1}{2}\right|=\frac{1}{4}$$

と求めることもできる。

❖講　評

2022 年度も大問 3 題の出題は変わらず，Ⅰは「数学 A」の場合の数，「数学Ⅱ」の整式の割り算，図形と方程式，三角関数から，Ⅱは「数学Ⅱ」の微・積分法から，Ⅲは「数学 B」の平面ベクトルからの出題。

Ⅰ　(1)は教科書でも扱われるような，同じものを含む順列に関する出題で，両端に同じ文字をおくときや，2 文字を隣り合うように並べるときなど複数の出題があったが取り組みやすい。(2)は整式の割り算からの出題で剰余の定理を用いる問題や 2 次式で割ったときの余りの 1 次式の決定の問題でこれも取り組みやすい。(3)は 3 直線で囲まれた三角形の外接円に関する出題で，図を描くことで，この三角形が直角三角形であることに気付くことができ，中心の座標と半径は簡単に求まる。(4)は三角関数の最大・最小に関する出題で，$\cos^2\theta$ を $1-\sin^2\theta$ に直し，$\sin\theta$ の 2 次関数と考えるとよい。ただし，$-\frac{\pi}{2}\leqq\theta\leqq\frac{\pi}{2}$ なので $-1\leqq\sin\theta\leqq1$ であることに注意したい。

Ⅱ　絶対値を含む関数の定積分で表された関数に関する出題で，(1)は被積分関数である $|2t-x|(6t+x)$ を t の関数と考えることが重要で，グラフを考えるときも横軸は t とし，積分区間も $0 \leqq t \leqq 1$ ということを意識して，場合分けを考える必要がある。(2)は(1)の結果をもとに，関数の式が入れ替わる所で区間を分けて，それぞれ定積分の計算をするとよい。

Ⅲ　正六角形に関する平面ベクトルからの出題で，(1)は(2)に向けた準備として，いくつかのベクトルの決定の問題で取り組みやすい。(2)は $\overrightarrow{\mathrm{OR}}$ を 2 種類の方法で表し，$\vec{a}$ と $\vec{e}$ の係数をそれぞれ比較して決定するという教科書や問題集でもよく見かける問題であるが，t という文字が含まれていることで，計算力はかなり必要となる。〔別解〕のように 2 直線の方程式を用いて交点の座標を求める方法もとることができるが，こちらもかなりの計算力が必要となる。(3)は三角形の面積を求める問題であるが，t の値を決定し，点 R の座標を丁寧に計算することで求めることができる。

2022 年度は，Ⅰがこれまでの小問 2 問から小問 4 問になったが空所の数はこれまでと変わらず，1 問ずつが教科書でも見かけるような問題であったため，取り組みやすかったと考えられる。Ⅱ・Ⅲに関しては，例年通り，計算力が必要で，解き終えた後には，見直しをしておきたい。

題。平明な仮名文で読みやすい。㈠の語意はa・bともに標準的。㈡の口語訳は、アは「いぬ」の知識がないと間違いやすい。イは平易。㈢の内容説明はやや易。㈣の文法は標準的。㈤の内容真偽も標準的だが、4にやや引っかかりやすい。㈥の内容説明（記述式）は、二〇二一年度の難問に比べると明確に易化した。ただし制限字数内にはうまくまとめにくい。

㈥　傍線は、〝ただこのまま（独身）でおりますようなことが願わしくございます〟の意。父母が亀の結婚を望んだのに対して、亀は独身のままを貫こうとしたのであり、その理由は、直接的には傍線直前の「ただいまその言葉に……父の御ためもいかならんとおそろし」である。ただし、その言葉＝「父ゆゑなくば、われ生ける間、男を見侍らじ」（最終段落）という観音への「ちかごと（＝〝誓いの言葉〟）」を押さえる必要がある。文脈としては、①亀が、父を助けてくれるなら、生涯結婚しないと観音に誓った→②観音への誓いに背けば、自分だけでなく、父にも災いが及ぶのではないかと恐ろしい→③だから独身のまま生きたい、という流れをつかみ、①の内容を踏まえながら、②を制限字数内に簡潔にまとめること。

❖講　評

二〇二二年度は、二〇二一年度の現代文二題、古文一題の出題から、二〇二〇年度のような、現代文一題、古文一題の出題に戻った。全体的な分量は例年通りで、そう変わらない。二〇二一年度と比べて、現代文はやや難化し、古文はやや易化したが、全体的には同程度であろう。

一の現代文は、CADの功罪について論じた文章で、引用が多くてやや読みにくかったと思われる。㈠の接続語は、a・bともに標準的。㈡の語句は平易。㈢～㈤の内容説明は、それぞれの傍線について説明されている箇所を把握し、それと選択肢の内容を照合しながら適否を確かめていくという、例年通りの手順で答えられる。ただし、㈣と㈤は、例年よりも傍線の該当範囲がかなり広く、選択肢のチェックに手間取ったのではないかと思われる。特に㈣がやや難である。㈥の内容真偽も、選択肢自体は紛らわしくないが、選択肢の内容が本文のどこに該当するのか、チェックするのに手間取る可能性がある。㈦の内容説明（記述式）は、「建築家の職能」をいかに具体化するかがポイント。また、「信頼を縮減させていく」をどう説明するかでも大きな差がつきやすい。やや難。

二の古文は、受験生にはなじみのない出典だが、江戸時代によく読まれて好評を博した『仮名本朝孝子伝』からの出

(三)　ここの「まもる」は〝警固する〟の意で、「まもる人」は〝番人〟の意。「とがむ」は、〝非難する、責める〟の意のほか、〝気づく、不審がる、問いただす〟などの意もある。「うるさし」は〝面倒だ、厄介だ〟の意。「ありし」は連体詞で〝以前の、かつての〟の意。「足かせゆるびたるやうにて、ふたつの足心のままなり」「されど」「足さし入れてぞゐける」とあるので、足かせははずせるが、わざとはずさなかったという文脈が読み取れる。以上から、正解は4。1は「しきりに話しかけてくる」「牢の奥のほうに」が不適切。2・3・5は明らかな誤り。

(四)　二重傍線「らん」は、終止形（「給ふ」）についているので、現在推量の助動詞「らん」とわかる。同じく終止形（「たてまつる」）についている2が正解。1は、形容動詞「ことなり（異なり）」の未然形「ことなら」の一部＋推量の助動詞「ん」。3は、打消の助動詞「ず」の未然形「ざら」の一部＋推量の助動詞「ん」。4は、完了存続の助動詞「り」の未然形「ら」＋推量の助動詞「ん」。5は、ラ変動詞「あり」の未然形「あら」の一部＋推量の助動詞「ん」。

(五)　1、「代々高名な」とは書かれていない。また、「くすし」は〝医者〟の意で、「薬屋」とはズレがある。

2、2の選択肢では、道悦は連座（巻き添え）で牢に入れられたことになるが、第一段落の書き方からして、道悦自身の罪、あるいは親子共犯の罪など、いろいろ考えられる。2に根拠はなく、選べない。

3、第一・三段落の内容に合致する。神山という地域の、亀の住家から近い山の奥に、古くから観音の堂があり、「信仰される」とは直接書かれていないが、亀の行動から考えても、土地の人々には信仰されていたと考えられる。

4、「化け物」「言い伝え」が第三段落の内容に合致しない。「けだもの」は〝動物〟の意。「人をそこなふこともあるを」の「こと」は、「言」でなく「事」である。

5、第一・五段落の内容に合致する。第五段落の「かくて（＝〝こうして〟）」は、第四段落の「足かせゆるびたるやうにて」を指すのでなく、第一段落の「牢の内にとらはれて」を指す、つまり「捕らえられて」と考えるのが自然。

6、「父が病で亡くなって」「二十三年間、菩提《ぼだい》を弔った（＝〝死者の冥福を祈った〟）」が、最終段落の内容に合致しない。

来を待ちたい」と言うと、亀は、「（結婚は）思いも寄りません」と言うので、父母が不思議に思って尋ねると、「私は父の災難を（お助けくださいと）観音に祈り申し上げたとき、『父が無事（で助かる）ならば、私は生きている間、男性と結婚するつもりはありません』と、誓いの言葉を立てました。ところが、ただ今その言葉に背くようになさいましたら、わが身のことは言うに及ばず、お父上に対してもどうであろうか（＝災いが及ぶのではないだろうか）と恐ろしいです、（だから）ただこのまま（独身）でおりますようなことが願わしくございます」と言う。父母はどうしようもなくて思い悩んでいたが、亀は、すぐに父母にお願いして尼となって、名前を智信と改めた。その後、どれほども経たないうちに病気に冒されて、年齢二十三歳で亡くなったということである。

▲解　説▼

㈠　a、「かなしむ」は、〝①**【愛しむ】**いとしいと思う・愛する、②**【悲しむ】**悲しいと思う・かわいそうに思う〟の意。ここでは、観音が、父の身を案じる亀の心情を「かなし」んだという文脈なので、②の〝かわいそうに思う〟の意。

b、「およすく」は、〝成長する、大人になる〟の意。直後の「ねぶ」も同義語。

㈡　ア、「寒からで」の「で」は、打消の接続助詞で、〝〜ないで〟の意。「やは」は、係助詞＋係助詞の連語で、反語で用いられやすい。「いぬ」は、ナ変動詞の「往ぬ（＝〝行ってしまう〟）」と、ナ行下二段動詞の「寝ぬ（＝〝寝る〟）」の二つがあるが、ここでは、「小夜の衣（＝〝夜着〟）」をかけずにどんなに寒かろうにと、亀が父の身を案じている文脈なので、それから考えて「寝ぬ」とわかる。波線アは、〝私は寒くない状態で寝てよいだろうか、いや寝てよいはずがない〟の意。よって、正解は5。5以外は「いぬ」の訳がなされていないので消去できる。

イ、「けうとし（気疎し）」は、〝人気《ひとげ》がなくて寂しい、気味が悪い〟などの意。副助詞「だに」は、〝①**【類推】**〜でさえ、②**【希望の最小限】**せめて〜だけでも〟の意で、ここでは①が適切。「ものすごし」は、〝なんとなく〟の意の接頭語「もの」に、形容詞「すごし」がついた語。「すごし」は〝恐ろしい、気味が悪い、寂しい〟などの意。よって、正解は3。

く嘆き、その苦しみを想像して、身の置き所がない（いたたまれない）様子である。夏は蚊の声がしきりにして煩わしいので、母ときょうだいは帳《とばり》（＝〝室内の仕切りのための垂れ布〟）を張って寝るが、自分は一人で帳の外にばかり寝て、「父が牢屋の中にいらっしゃって、寝ることを簡単にもしなさることができないのに、私は家にいてどうしてぐっすり寝てよいはずがあろうか」と言った。深山も（木の葉が）ざわざわと音を立てる霜夜には、また、「（父は）夜着を重ね着しないで、あの牢屋の中はどんなに寒いだろうに、私は寒くない状態で寝てよかろうか、いや寝てよいはずがない」と思った。

　近い山の深く茂っている所に、昔から観音の堂があった。亀は嘆きのあまりに、あの堂にお参りして、父が災難から免れることを祈る。堂は、村里とは遠く離れた道のりを経て、人気がなくてもの寂しい山奥だったので、年をとった男でさえたいそう薄気味悪く思っていた。そのうえ、どう猛な動物なども生息して時々は人に危害を加えることもあるのを、亀は少しも嫌に思わないで、恐れることなく、夜中も、未明にも行き通って、もしも奇怪な動物に遭遇すると、「私はこのような願いがあって観音にお参りに来た者だよ、動物といっても感情があるならばこの身に危害を加えないでおくれよ」と言うと、近づいて寄ってくる動物もいない。人はみなこのことを不思議に思った。

　それはそうとして、あの牢屋の中では、（道悦は）妻や子の消息も知らないで、ただわが身が苦しいのに耐えかねてばかりで月日が経っていたが、ある夜、なぜだかわからないが、足かせが緩んでいるようで、両足が思いのままである。道悦は、喜びを抑えられない。しかし、警固する人が見てとがめるようなことが面倒なので、ふだんはやはり以前のままに足を（足かせに）差し入れてじっとしていた。それを聞き伝える人は、「明らかにこれは神山の観音大慈が亀の心情を不憫にお思いになって（そう）しなさっているのだろう」と言った。

　こうして六年ほど経って、道悦は赦免されて帰った。亀が喜んだことは、この上もない。父も（家族のほうで）あったことをあれこれ一つ一つ尋ね聞いて、泣いたり笑ったりして喜び合った。

　そのころは、亀もだんだん成長して美しく大人びてきたので、父母は、「それ相当の男性と結婚させて、栄えてゆく将イアントの）信頼を縮減させていく」とはどういうことか、の三点をまとめる。②は、空欄aの一つ前の段落の「（手描きの）図面が……建築家の職能を象徴するシンボルとして機能している」などを押さえる。③は、空欄aの段落の「建築家の職能を……の価値は汲み取られないのである」などが参考になる。手描き図面に宿る「文化」「アウラ（霊気）」といった「シンボル性」や「重み」が、「建築家のプロフェッション（専門職）としての威信」を生み出していたが、CADの普及によって、クライアント（依頼主）は、手描き図面の持つ専門的な価値がわからなくなってきたのである。

二

出典　藤井懶斎『仮名本朝孝子伝』〈下　追加　神山孝女〉

解答

㈠　a―2　b―4

㈡　ア―5　イ―3

㈢　4

㈣　2

㈤　3・5

㈥　亀が、誓いに背いて結婚すれば、父にも災いが及ぶと恐れたから。（三十字以内）

◆全　訳◆

過ぎ去った寛文（一六六一～一六七三年）のころであろうか、摂津の国（＝現在の大阪府北西部と兵庫県南東部）の能勢郡の神山という地域に、並河《なびか》道悦という人物がいた。医者を職業としていた。人柄も悪くなかったが、運がなくて、罪に陥り、その長男である子とともに、牢屋の中に囚われて、足かせなどという道具に身を苦しめていた。道悦には、娘がいる。名前を亀といって、年齢は十歳を二歳ほど過ぎていた。（亀は）父のこの身の上をたいそうひど導入前の手段である。３は「市井の建築家も」が不適切。傍線Ｂ直前の一文を見れば、名声を高めたのは「有名建築家」だけである。４は「現場で」が不適切。第四段落に「高度なシミュレーション機能により」とあり、イメージ確認はコンピュータ画面でできる。

㈤　傍線Ｃの「誤用」とは、ＣＡＤ化の「副作用」と考えればよい。傍線Ｃ以下の内容を押さえる。正解の４は、「セネットは手描きとＣＡＤを対比させながら」から始まる段落の記述内容と、さらに次の段落の「建築家が持っているとされる創造性の力が減衰する」に合致する。１は、「ディスプレイ上の……建築のレベルを下げてしまう」が、特に書かれていない内容。２は、「様々に異なる材料の質感を十分に表現できる」が不適切。「セネットは手描きとＣＡＤを対比させながら」から始まる段落に「表現できなかったり」とある。３は、「実際に致命的な設計ミスが頻繁に起こってしまっている」が不適切。「たしかに、セネットや内藤の」から始まる段落に「生じていない」とある。５は、「何回も描き直し」「可能性の像を結晶化し精緻化できる」が不適切。傍線Ｃ直後にある引用によれば、それらは手描きによるものである。

㈥　１、第五段落第一文の内容に合致しない。ＣＡＤの導入によって、ポストモダンの様式が現れたのである。

２、第五段落の「一九九〇年代後半にはアイコン建築と呼ばれる……などはその好例である」と、第六段落の「彼（＝ゲーリー）は建築の意匠に有機的な形態を取り入れ、実体化していく手法を確立した」に合致する。

３、「模倣して」が、第六段落の「ドレスをつくるように」に合致しない。まねたのでなく、単に似ているだけである。

４、第八段落以降に着目するが、「ギデンズは批判的な立場をとると筆者は考えている」とまでは読み取れない。

５、傍線ＢとＣを含む段落の引用内容に合致する。「肯定的に引用し、自説を展開している」ことを読み取る。

６、「筆者は憤慨している」が、まったく読み取れない内容。

㈦　やや難。傍線の「事態」について、①「ＣＡＤの普及」によること、②「建築家の職能」の具体的内容、③「（クラ

▲解　説▼

㈠　a、空欄の直後の段落が「一つの理由は」から始まることに着目する。すると、1の「なぜ」を入れれば、「なぜ、……だろうか」という問いに応じる形となって、ぴったりくる。

b、クライアントが、「建築家が（ＣＡＤで）描いた図面とそれほど変わらないクオリティの図面を描画できるソフトウエア」を用いて描画すれば、当然、両者の図面の差異は、クライアント目線ではよくわからないはずである。つまり、空欄前後は論理的帰結でつながっているので、6の「それゆえに」が適切である。

㈡　空欄の直前に「（ＣＡＤは）このように……技術革新であるが」と、逆接の語があるので、空欄にはマイナスの意味合いの語が入る。すると、「それにともなう」という言い回しからも、4の「副作用」がすんなり入る。「副作用」は、〝主作用とは別の（多くは）有害な作用〟の意。

㈢　第四段落までの内容に着目する。3の「製作・工事などに当たり、……図面で明示すること」は、設計の「一般的な定義」（第三段落）の内容に該当するが、それは、ＣＡＤの普及によって、「効率化・合理化」（第一段落）や「省力化」（第四段落）はされるが、3の「解放」とまではいかない。よって、3が不適切。3の「図面で明示すること」自体は、ＣＡＤ化されても必要である。これは、第一段落に「現在では、現場における図面作成は……ＣＡＤが使用されている」とあることからもわかる。なお、解放されるのは、第三段落に書かれているような「労働的な側面」であり、これは第四段落でも説明されている。

㈣　やや難。傍線Bの直前に「ここまでみてきたように」とあるので、押さえる範囲はそこまですべてである。正解5の「図面をデータ化し……できるようになる」は、第七段落の「離れた場所の……できるようになった」に、「三次元曲線を……可能になった」は、第四段落の「複雑な形態の構築」に関する記述や第五段落の「三次元曲線を多用した」に合致する。1は、「図面の現物を携え現場を走り回る」のを「建築家」とする点が不適切。第七段落によると「技術者」である。2は、「計算器などの間接的労働手段を使うことで」が不適切。第三段落を見れば、それらはＣＡＤ

国語

一

出典　松村淳『建築家として生きる――職業としての建築家の社会学』〈第Ⅲ部　後期近代と建築家の変容　第8章　コンピュータ・テクノロジーの進展と建築家の職能の変容〉（晃洋書房）

解答

㈠　a―1　b―6

㈡　4

㈢　3

㈣　5

㈤　4

㈥　2・5

㈦　建築家の手描き図面の有するシンボル性や重みが、CAD化で評価されにくくなる事態。（四十字以内）

◆要　旨◆

一九九〇年代前後以降、建築設計におけるCADの普及は、現場の建築家を製図という肉体労働から解放し、建築家の仕事を効率化・合理化した。また、自由自在で複雑な造形をも可能にした。しかし、手描き図面の作成からCADに変わることによって、地勢や素材への深く精確な認識、建築家が持つとされる創造性の力や、文化やアウラ（霊気）といった建築家の職能を象徴するシンボル性が減衰されていく懸念が生じている。クライアントには手描き図面が醸し出す重みが理解できず、結果として建築家の職能に対する信頼を縮減させる事態を招いているのである。

教学社 刊行一覧

2025年版 大学赤本シリーズ

374大学556点
全都道府県を網羅

国公立大学（都道府県順）

全国の書店で取り扱っています。店頭にない場合は，お取り寄せができます。

1 北海道大学（文系－前期日程）
2 北海道大学（理系－前期日程） [医]
3 北海道大学（後期日程）
4 旭川医科大学（医学部〈医学科〉） [医]
5 小樽商科大学
6 帯広畜産大学
7 北海道教育大学
8 室蘭工業大学／北見工業大学
9 釧路公立大学
10 公立千歳科学技術大学
11 公立はこだて未来大学 [総推]
12 札幌医科大学（医学部） [医]
13 弘前大学 [医]
14 岩手大学
15 岩手県立大学・盛岡短期大学部・宮古短期大学部
16 東北大学（文系－前期日程）
17 東北大学（理系－前期日程） [医]
18 東北大学（後期日程）
19 宮城教育大学
20 宮城大学
21 秋田大学 [医]
22 秋田県立大学
23 国際教養大学 [総推]
24 山形大学 [医]
25 福島大学
26 会津大学
27 福島県立医科大学（医・保健科学部） [医]
28 茨城大学（文系）
29 茨城大学（理系）
30 筑波大学（推薦入試） [医] [総推]
31 筑波大学（文系－前期日程）
32 筑波大学（理系－前期日程） [医]
33 筑波大学（後期日程）
34 宇都宮大学
35 群馬大学 [医]
36 群馬県立女子大学
37 高崎経済大学
38 前橋工科大学
39 埼玉大学（文系）
40 埼玉大学（理系）
41 千葉大学（文系－前期日程）
42 千葉大学（理系－前期日程） [医]
43 千葉大学（後期日程） [医]
44 東京大学（文科） [DL]
45 東京大学（理科） [DL] [医]
46 お茶の水女子大学
47 電気通信大学
48 東京外国語大学 [DL]
49 東京海洋大学
50 東京科学大学（旧 東京工業大学）
51 東京科学大学（旧 東京医科歯科大学） [医]
52 東京学芸大学
53 東京藝術大学
54 東京農工大学
55 一橋大学（前期日程）
56 一橋大学（後期日程）
57 東京都立大学（文系）
58 東京都立大学（理系）
59 横浜国立大学（文系）
60 横浜国立大学（理系）
61 横浜市立大学（国際教養・国際商・理・データサイエンス・医〈看護〉学部）
62 横浜市立大学（医学部〈医学科〉） [医]
63 新潟大学（人文・教育〈文系〉・法・経済科・医〈看護〉・創生学部）
64 新潟大学（教育〈理系〉・理・医〈看護を除く〉・歯・工・農学部） [医]
65 新潟県立大学
66 富山大学（文系）
67 富山大学（理系） [医]
68 富山県立大学
69 金沢大学（文系）
70 金沢大学（理系） [医]
71 福井大学（教育・医〈看護〉・工・国際地域学部）
72 福井大学（医学部〈医学科〉） [医]
73 福井県立大学
74 山梨大学（教育・医〈看護〉・工・生命環境学部）
75 山梨大学（医学部〈医学科〉） [医]
76 都留文科大学
77 信州大学（文系－前期日程）
78 信州大学（理系－前期日程） [医]
79 信州大学（後期日程）
80 公立諏訪東京理科大学 [総推]
81 岐阜大学（前期日程） [医]
82 岐阜大学（後期日程）
83 岐阜薬科大学
84 静岡大学（前期日程）
85 静岡大学（後期日程）
86 浜松医科大学（医学部〈医学科〉） [医]
87 静岡県立大学
88 静岡文化芸術大学
89 名古屋大学（文系）
90 名古屋大学（理系） [医]
91 愛知教育大学
92 名古屋工業大学
93 愛知県立大学
94 名古屋市立大学（経済・人文社会・芸術工・看護・総合生命理・データサイエンス学部）
95 名古屋市立大学（医学部〈医学科〉） [医]
96 名古屋市立大学（薬学部）
97 三重大学（人文・教育・医〈看護〉学部）
98 三重大学（医〈医〉・工・生物資源学部） [医]
99 滋賀大学
100 滋賀医科大学（医学部〈医学科〉） [医]
101 滋賀県立大学
102 京都大学（文系）
103 京都大学（理系） [医]
104 京都教育大学
105 京都工芸繊維大学
106 京都府立大学
107 京都府立医科大学（医学部〈医学科〉） [医]
108 大阪大学（文系） [DL]
109 大阪大学（理系） [医]
110 大阪教育大学
111 大阪公立大学（現代システム科学域〈文系〉・文・法・経済・商・看護・生活科〈居住環境・人間福祉〉学部－前期日程）
112 大阪公立大学（現代システム科学域〈理系〉・理・工・農・獣医・医・生活科〈食栄養〉学部－前期日程） [医]
113 大阪公立大学（中期日程）
114 大阪公立大学（後期日程）
115 神戸大学（文系－前期日程）
116 神戸大学（理系－前期日程） [医]
117 神戸大学（後期日程）
118 神戸市外国語大学 [DL]
119 兵庫県立大学（国際商経・社会情報科・看護学部）
120 兵庫県立大学（工・理・環境人間学部）
121 奈良教育大学／奈良県立大学
122 奈良女子大学
123 奈良県立医科大学（医学部〈医学科〉） [医]
124 和歌山大学
125 和歌山県立医科大学（医・薬学部） [医]
126 鳥取大学 [医]
127 公立鳥取環境大学
128 島根大学 [医]
129 岡山大学（文系）
130 岡山大学（理系） [医]
131 岡山県立大学
132 広島大学（文系－前期日程）
133 広島大学（理系－前期日程） [医]
134 広島大学（後期日程）
135 尾道市立大学 [総推]
136 県立広島大学
137 広島市立大学
138 福山市立大学 [総推]
139 山口大学（人文・教育〈文系〉・経済・医〈看護〉・国際総合科学部）
140 山口大学（教育〈理系〉・理・医〈看護を除く〉・工・農・共同獣医学部） [医]
141 山陽小野田市立山口東京理科大学 [総推]
142 下関市立大学／山口県立大学
143 周南公立大学 [新] [総推]
144 徳島大学 [医]
145 香川大学 [医]
146 愛媛大学 [医]
147 高知大学 [医]
148 高知工科大学
149 九州大学（文系－前期日程）
150 九州大学（理系－前期日程） [医]
151 九州大学（後期日程）
152 九州工業大学
153 福岡教育大学
154 北九州市立大学
155 九州歯科大学
156 福岡県立大学／福岡女子大学
157 佐賀大学 [医]
158 長崎大学（多文化社会・教育〈文系〉・経済・医〈保健〉・環境科〈文系〉学部）
159 長崎大学（教育〈理系〉・医〈医〉・歯・薬・情報データ科・工・環境科〈理系〉・水産学部） [医]
160 長崎県立大学 [総推]
161 熊本大学（文・教育・法・医〈看護〉学部・情報融合学環〈文系型〉）
162 熊本大学（理・医〈看護を除く〉・薬・工学部・情報融合学環〈理系型〉） [医]
163 熊本県立大学
164 大分大学（教育・経済・医〈看護〉・理工・福祉健康科学部）
165 大分大学（医学部〈医・先進医療科学科〉） [医]
166 宮崎大学（教育・医〈看護〉・工・農・地域資源創成学部）
167 宮崎大学（医学部〈医学科〉） [医]
168 鹿児島大学（文系）
169 鹿児島大学（理系） [医]
170 琉球大学 [医]

2025年版　大学赤本シリーズ

国公立大学 その他

- 171 〔国公立大〕医学部医学科 総合型選抜・学校推薦型選抜※ 医 総推
- 172 看護・医療系大学〈国公立 東日本〉※
- 173 看護・医療系大学〈国公立 中日本〉※
- 174 看護・医療系大学〈国公立 西日本〉※
- 175 海上保安大学校／気象大学校
- 176 航空保安大学校
- 177 国立看護大学校
- 178 防衛大学校 総推
- 179 防衛医科大学校（医学科） 医
- 180 防衛医科大学校（看護学科）

※No.171～174の収載大学は赤本ウェブサイト（http://akahon.net/）でご確認ください。

私立大学①

北海道の大学（50音順）

- 201 札幌大学
- 202 札幌学院大学
- 203 北星学園大学
- 204 北海学園大学
- 205 北海道医療大学
- 206 北海道科学大学
- 207 北海道武蔵女子大学・短期大学
- 208 酪農学園大学（獣医学群〈獣医学類〉）

東北の大学（50音順）

- 209 岩手医科大学（医・歯・薬学部） 医
- 210 仙台大学 総推
- 211 東北医科薬科大学（医・薬学部） 医
- 212 東北学院大学
- 213 東北工業大学
- 214 東北福祉大学
- 215 宮城学院女子大学 総推

関東の大学（50音順）

あ行（関東の大学）

- 216 青山学院大学（法・国際政治経済学部－個別学部日程）
- 217 青山学院大学（経済学部－個別学部日程）
- 218 青山学院大学（経営学部－個別学部日程）
- 219 青山学院大学（文・教育人間科学部－個別学部日程）
- 220 青山学院大学（総合文化政策・社会情報・地球社会共生・コミュニティ人間科学部－個別学部日程）
- 221 青山学院大学（理工学部－個別学部日程）
- 222 青山学院大学（全学部日程）
- 223 麻布大学（獣医、生命・環境科学部）
- 224 亜細亜大学
- 226 桜美林大学
- 227 大妻女子大学・短期大学部

か行（関東の大学）

- 228 学習院大学（法学部－コア試験）
- 229 学習院大学（経済学部－コア試験）
- 230 学習院大学（文学部－コア試験）
- 231 学習院大学（国際社会科学部－コア試験）
- 232 学習院大学（理学部－コア試験）
- 233 学習院女子大学
- 234 神奈川大学（給費生試験）
- 235 神奈川大学（一般入試）
- 236 神奈川工科大学
- 237 鎌倉女子大学・短期大学部
- 238 川村学園女子大学
- 239 神田外語大学
- 240 関東学院大学
- 241 北里大学（理学部）
- 242 北里大学（医学部） 医
- 243 北里大学（薬学部）
- 244 北里大学（看護・医療衛生学部）
- 245 北里大学（未来工・獣医・海洋生命科学部）
- 246 共立女子大学・短期大学
- 247 杏林大学（医学部） 医
- 248 杏林大学（保健学部）
- 249 群馬医療福祉大学・短期大学部
- 250 群馬パース大学 総推
- 251 慶應義塾大学（法学部）
- 252 慶應義塾大学（経済学部）
- 253 慶應義塾大学（商学部）
- 254 慶應義塾大学（文学部） 総推
- 255 慶應義塾大学（総合政策学部）
- 256 慶應義塾大学（環境情報学部）
- 257 慶應義塾大学（理工学部）
- 258 慶應義塾大学（医学部） 医
- 259 慶應義塾大学（薬学部）
- 260 慶應義塾大学（看護医療学部）
- 261 工学院大学
- 262 國學院大學
- 263 国際医療福祉大学 医
- 264 国際基督教大学
- 265 国士舘大学
- 266 駒澤大学（一般選抜T方式・S方式）
- 267 駒澤大学（全学部統一日程選抜）

さ行（関東の大学）

- 268 埼玉医科大学（医学部） 医
- 269 相模女子大学・短期大学部
- 270 産業能率大学
- 271 自治医科大学（医学部） 医
- 272 自治医科大学（看護学部）／東京慈恵会医科大学（医学部〈看護学科〉）
- 273 実践女子大学 総推
- 274 芝浦工業大学（前期日程）
- 275 芝浦工業大学（全学統一日程・後期日程）
- 276 十文字学園女子大学
- 277 淑徳大学
- 278 順天堂大学（医学部） 医
- 279 順天堂大学（スポーツ健康科・医療看護・保健看護・国際教養・保健医療・医療科・健康データサイエンス・薬学部） 総推
- 280 上智大学（神・文・総合人間科学部）
- 281 上智大学（法・経済学部）
- 282 上智大学（外国語・総合グローバル学部）
- 283 上智大学（理工学部）
- 284 上智大学（TEAPスコア利用方式）
- 285 湘南工科大学
- 286 昭和大学（医学部） 医
- 287 昭和大学（歯・薬・保健医療学部）
- 288 昭和女子大学
- 289 昭和薬科大学
- 290 女子栄養大学・短期大学部 総推
- 291 白百合女子大学
- 292 成蹊大学（法学部－A方式）
- 293 成蹊大学（経済・経営学部－A方式）
- 294 成蹊大学（文学部－A方式）
- 295 成蹊大学（理工学部－A方式）
- 296 成蹊大学（E方式・G方式・P方式）
- 297 成城大学（経済・社会イノベーション学部－A方式）
- 298 成城大学（文芸・法学部－A方式）
- 299 成城大学（S方式〈全学部統一選抜〉）
- 300 聖心女子大学
- 301 清泉女子大学
- 303 聖マリアンナ医科大学 医
- 304 聖路加国際大学（看護学部）
- 305 専修大学（スカラシップ・全国入試）
- 306 専修大学（前期入試〈学部個別入試〉）
- 307 専修大学（前期入試〈全学部入試・スカラシップ入試〉）

た行（関東の大学）

- 308 大正大学
- 309 大東文化大学
- 310 高崎健康福祉大学
- 311 拓殖大学
- 312 玉川大学
- 313 多摩美術大学
- 314 千葉工業大学
- 315 中央大学（法学部－学部別選抜）
- 316 中央大学（経済学部－学部別選抜）
- 317 中央大学（商学部－学部別選抜）
- 318 中央大学（文学部－学部別選抜）
- 319 中央大学（総合政策学部－学部別選抜）
- 320 中央大学（国際経営・国際情報学部－学部別選抜）
- 321 中央大学（理工学部－学部別選抜）
- 322 中央大学（5学部共通選抜）
- 323 中央学院大学
- 324 津田塾大学
- 325 帝京大学（薬・経済・法・文・外国語・教育・理工・医療技術・福岡医療技術学部）
- 326 帝京大学（医学部） 医
- 327 帝京科学大学 総推
- 328 帝京平成大学 総推
- 329 東海大学（医〈医〉学部を除く－一般選抜）
- 330 東海大学（文系・理系学部統一選抜）
- 331 東海大学（医学部〈医学科〉） 医
- 332 東京医科大学（医学部〈医学科〉） 医
- 333 東京家政大学・短期大学部 総推
- 334 東京経済大学
- 335 東京工科大学
- 336 東京工芸大学
- 337 東京国際大学
- 338 東京歯科大学
- 339 東京慈恵会医科大学（医学部〈医学科〉） 医
- 340 東京情報大学
- 341 東京女子大学
- 342 東京女子医科大学（医学部） 医
- 343 東京電機大学
- 344 東京都市大学
- 345 東京農業大学
- 346 東京薬科大学（薬学部） 総推
- 347 東京薬科大学（生命科学部） 総推
- 348 東京理科大学（理学部〈第一部〉－B方式）
- 349 東京理科大学（創域理工学部－B方式・S方式）
- 350 東京理科大学（工学部－B方式）
- 351 東京理科大学（先進工学部－B方式）
- 352 東京理科大学（薬学部－B方式）
- 353 東京理科大学（経営学部－B方式）
- 354 東京理科大学（C方式、グローバル方式、理学部〈第二部〉－B方式）
- 355 東邦大学（医学部） 医
- 356 東邦大学（薬学部）

2025年版　大学赤本シリーズ

私立大学②

357 東邦大学（理・看護・健康科学部）
358 東洋大学（文・経済・経営・法・社会・国際・国際観光学部）
359 東洋大学（情報連携・福祉社会デザイン・健康スポーツ科・理工・総合情報・生命科・食環境科学部）
360 東洋大学（英語〈3日程×3カ年〉）
361 東洋大学（国語〈3日程×3カ年〉）
362 東洋大学（日本史・世界史〈2日程×3カ年〉）
363 東洋英和女学院大学
364 常磐大学・短期大学 総推
365 獨協大学
366 獨協医科大学（医学部） 医

な行（関東の大学）

367 二松学舎大学
368 日本大学（法学部）
369 日本大学（経済学部）
370 日本大学（商学部）
371 日本大学（文理学部〈文系〉）
372 日本大学（文理学部〈理系〉）
373 日本大学（芸術学部〈専門試験併用型〉）
374 日本大学（国際関係学部）
375 日本大学（危機管理・スポーツ科学部）
376 日本大学（理工学部）
377 日本大学（生産工・工学部）
378 日本大学（生物資源科学部）
379 日本大学（医学部） 医
380 日本大学（歯・松戸歯学部）
381 日本大学（薬学部）
382 日本大学（N全学統一方式－医・芸術〈専門試験併用型〉学部を除く）
383 日本医科大学 医
384 日本工業大学
385 日本歯科大学
386 日本社会事業大学 総推
387 日本獣医生命科学大学
388 日本女子大学
389 日本体育大学

は行（関東の大学）

390 白鷗大学（学業特待選抜・一般選抜）
391 フェリス女学院大学
392 文教大学
393 法政大学（法〈Ⅰ日程〉・文〈Ⅱ日程〉・経営〈Ⅱ日程〉学部－A方式）
394 法政大学（法〈Ⅱ日程〉・国際文化・キャリアデザイン学部－A方式）
395 法政大学（文〈Ⅰ日程〉・経営〈Ⅰ日程〉・人間環境・グローバル教養学部－A方式）
396 法政大学（経済〈Ⅰ日程〉・社会〈Ⅰ日程〉・現代福祉学部－A方式）
397 法政大学（経済〈Ⅱ日程〉・社会〈Ⅱ日程〉・スポーツ健康学部－A方式）
398 法政大学（情報科・デザイン工・理工・生命科学部－A方式）
399 法政大学（T日程〈統一日程〉・英語外部試験利用入試）
400 星薬科大学 総推

ま行（関東の大学）

401 武蔵大学
402 武蔵野大学
403 武蔵野美術大学
404 明海大学
405 明治大学（法学部－学部別入試）
406 明治大学（政治経済学部－学部別入試）
407 明治大学（商学部－学部別入試）
408 明治大学（経営学部－学部別入試）
409 明治大学（文学部－学部別入試）
410 明治大学（国際日本学部－学部別入試）
411 明治大学（情報コミュニケーション学部－学部別入試）
412 明治大学（理工学部－学部別入試）
413 明治大学（総合数理学部－学部別入試）
414 明治大学（農学部－学部別入試）
415 明治大学（全学部統一入試）
416 明治学院大学（A日程）
417 明治学院大学（全学部日程）
418 明治薬科大学 総推
419 明星大学
420 目白大学・短期大学部

ら・わ行（関東の大学）

421 立教大学（文系学部－一般入試〈大学独自の英語を課さない日程〉）
422 立教大学（国語〈3日程×3カ年〉）
423 立教大学（日本史・世界史〈2日程×3カ年〉）
424 立教大学（文学部－一般入試〈大学独自の英語を課す日程〉）
425 立教大学（理学部－一般入試）
426 立正大学
427 早稲田大学（法学部）
428 早稲田大学（政治経済学部）
429 早稲田大学（商学部）
430 早稲田大学（社会科学部）
431 早稲田大学（文学部）
432 早稲田大学（文化構想学部）
433 早稲田大学（教育学部〈文科系〉）
434 早稲田大学（教育学部〈理科系〉）
435 早稲田大学（人間科・スポーツ科学部）
436 早稲田大学（国際教養学部）
437 早稲田大学（基幹理工・創造理工・先進理工学部）
438 和洋女子大学 総推

中部の大学（50音順）

439 愛知大学
440 愛知医科大学（医学部） 医
441 愛知学院大学・短期大学部
442 愛知工業大学 総推
443 愛知淑徳大学
444 朝日大学 総推
445 金沢医科大学（医学部） 医
446 金沢工業大学
447 岐阜聖徳学園大学 総推
448 金城学院大学
449 至学館大学 総推
450 静岡理工科大学
451 椙山女学園大学
452 大同大学
453 中京大学
454 中部大学
455 名古屋外国語大学 総推
456 名古屋学院大学 総推
457 名古屋学芸大学 総推
458 名古屋女子大学 総推
459 南山大学（外国語〈英米〉・法・総合政策・国際教養学部）
460 南山大学（人文・外国語〈英米を除く〉・経済・経営・理工学部）
461 新潟国際情報大学
462 日本福祉大学
463 福井工業大学
464 藤田医科大学（医学部） 医
465 藤田医科大学（医療科・保健衛生学部）
466 名城大学（法・経営・経済・外国語・人間・都市情報学部）
467 名城大学（情報工・理工・農・薬学部）
468 山梨学院大学

近畿の大学（50音順）

469 追手門学院大学 総推
470 大阪医科薬科大学（医学部） 医
471 大阪医科薬科大学（薬学部） 総推
472 大阪学院大学 総推
473 大阪経済大学 総推
474 大阪経済法科大学 総推
475 大阪工業大学 総推
476 大阪国際大学・短期大学部 総推
477 大阪産業大学 総推
478 大阪歯科大学（歯学部）
479 大阪商業大学 総推
480 大阪成蹊大学・短期大学 総推
481 大谷大学 総推
482 大手前大学・短期大学 総推
483 関西大学（文系）
484 関西大学（理系）
485 関西大学（英語〈3日程×3カ年〉）
486 関西大学（国語〈3日程×3カ年〉）
487 関西大学（日本史・世界史・文系数学〈3日程×3カ年〉）
488 関西医科大学（医学部） 医
489 関西医療大学 総推
490 関西外国語大学・短期大学部 総推
491 関西学院大学（文・法・商・人間福祉・総合政策学部－学部個別日程）
492 関西学院大学（神・社会・経済・国際・教育学部－学部個別日程）
493 関西学院大学（全学部日程〈文系型〉）
494 関西学院大学（全学部日程〈理系型〉）
495 関西学院大学（共通テスト併用日程〈数学〉・英数日程）
496 関西学院大学（英語〈3日程×3カ年〉） 新
497 関西学院大学（国語〈3日程×3カ年〉） 新
498 関西学院大学（日本史・世界史・文系数学〈3日程×3カ年〉） 新
499 畿央大学 総推
500 京都外国語大学・短期大学 総推
502 京都産業大学（公募推薦入試） 総推
503 京都産業大学（一般選抜入試〈前期日程〉）
504 京都女子大学 総推
505 京都先端科学大学 総推
506 京都橘大学 総推
507 京都ノートルダム女子大学 総推
508 京都薬科大学 総推
509 近畿大学・短期大学部（医学部を除く－推薦入試） 総推
510 近畿大学・短期大学部（医学部を除く－一般入試前期）
511 近畿大学（英語〈医学部を除く3日程×3カ年〉）
512 近畿大学（理系数学〈医学部を除く3日程×3カ年〉）
513 近畿大学（国語〈医学部を除く3日程×3カ年〉）
514 近畿大学（医学部－推薦入試・一般入試前期） 医 総推
515 近畿大学・短期大学部（一般入試後期） 医
516 皇學館大学 総推
517 甲南大学 総推
518 甲南女子大学（学校推薦型選抜） 新 総推
519 神戸学院大学 総推
520 神戸国際大学 総推
521 神戸女学院大学 総推
522 神戸女子大学・短期大学 総推
523 神戸薬科大学 総推
524 四天王寺大学・短期大学部 総推
525 摂南大学（公募制推薦入試） 総推
526 摂南大学（一般選抜前期日程）
527 帝塚山学院大学 総推
528 同志社大学（法、グローバル・コミュニケーション学部－学部個別日程）

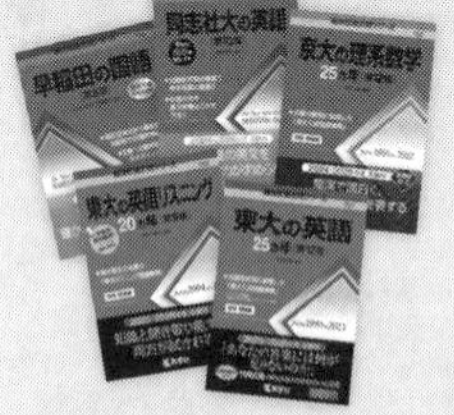

いつも受験生のそばに ― 赤本

大学入試シリーズ＋α
入試対策も共通テスト対策も赤本で

入試対策

赤本プラス

赤本プラスとは，**過去問演習の効果を最大にする**ためのシリーズです。「赤本」であぶり出された弱点を，赤本プラスで克服しましょう。

大学入試 すぐわかる英文法 DL
大学入試 ひと目でわかる英文読解
大学入試 絶対できる英語リスニング DL
大学入試 すぐ書ける自由英作文
大学入試 ぐんぐん読める 英語長文〔BASIC〕DL
大学入試 ぐんぐん読める 英語長文〔STANDARD〕DL
大学入試 ぐんぐん読める 英語長文〔ADVANCED〕DL
大学入試 正しく書ける英作文
大学入試 最短でマスターする 数学Ⅰ・Ⅱ・Ⅲ・A・B・C
大学入試 突破力を鍛える最難関の数学
大学入試 知らなきゃ解けない 古文常識・和歌
大学入試 ちゃんと身につく物理
大学入試 もっと身につく 物理問題集（①力学・波動）
大学入試 もっと身につく 物理問題集（②熱力学・電磁気・原子）

入試対策

英検® 赤本シリーズ

英検®（実用英語技能検定）の対策書。
過去問集と参考書で万全の対策ができます。

▶**過去問集（2024年度版）**
英検®準1級過去問集 DL
英検®2級過去問集 DL
英検®準2級過去問集 DL
英検®3級過去問集 DL

▶**参考書**
竹岡の英検®準1級マスター DL
竹岡の英検®2級マスター CD DL
竹岡の英検®準2級マスター CD DL
竹岡の英検®3級マスター CD DL

CD リスニングCDつき　DL 音声無料配信
新 2024年新刊・改訂

入試対策

赤本プレミアム

赤本の教学社だからこそ作れた，過去問ベストセレクション

東大数学プレミアム
東大現代文プレミアム
京大数学プレミアム〔改訂版〕
京大古典プレミアム

入試対策

赤本メディカルシリーズ

過去問を徹底的に研究し，独自の出題傾向をもつメディカル系の入試に役立つ内容を精選した実戦的なシリーズ。

〔国公立大〕医学部の英語〔3訂版〕
私立医大の英語〔長文読解編〕〔3訂版〕
私立医大の英語〔文法・語法編〕〔改訂版〕
医学部の実戦小論文〔3訂版〕
医歯薬系の英単語〔4訂版〕
医系小論文 最頻出論点20〔4訂版〕
医学部の面接〔4訂版〕

入試対策

体系シリーズ

国公立大二次・難関私大突破へ，自学自習に適したハイレベル問題集。

体系英語長文
体系英作文
体系現代文
体系世界史
体系物理〔第7版〕

入試対策

単行本

▶**英語**
Q&A即決英語勉強法
TEAP攻略問題集 CD
東大の英単語〔新装版〕
早慶上智の英単語〔改訂版〕

▶**国語・小論文**
著者に注目! 現代文問題集
ブレない小論文の書き方 樋口式ワークノート

▶**レシピ集**
奥薗壽子の赤本合格レシピ

入試対策　共通テスト対策

赤本手帳

赤本手帳（2025年度受験用）プラムレッド
赤本手帳（2025年度受験用）インディゴブルー
赤本手帳（2025年度受験用）ナチュラルホワイト

入試対策

風呂で覚えるシリーズ

水をはじく特殊な紙を使用。いつでもどこでも読めるから，ちょっとした時間を有効に使える！

風呂で覚える英単語〔4訂新装版〕
風呂で覚える英熟語〔改訂新装版〕
風呂で覚える古文単語〔改訂新装版〕
風呂で覚える古文文法〔改訂新装版〕
風呂で覚える漢文〔改訂新装版〕
風呂で覚える日本史〔年代〕〔改訂新装版〕
風呂で覚える世界史〔年代〕〔改訂新装版〕
風呂で覚える倫理〔改訂版〕
風呂で覚える百人一首〔改訂版〕

共通テスト対策

満点のコツシリーズ

共通テストで満点を狙うための実戦的参考書。
重要度の増したリスニング対策は
「カリスマ講師」竹岡広信が一回読みにも
対応できるコツを伝授！

共通テスト英語〔リスニング〕 満点のコツ〔改訂版〕新 DL
共通テスト古文 満点のコツ〔改訂版〕新
共通テスト漢文 満点のコツ〔改訂版〕新

入試対策　共通テスト対策

赤本ポケットシリーズ

▶**共通テスト対策**
共通テスト日本史〔文化史〕

▶**系統別進路ガイド**
デザイン系学科をめざすあなたへ

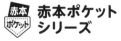

2025 年版　大学赤本シリーズ　No. 530

同志社大学
（神学部･商学部･心理学部
グローバル地域文化学部－学部個別日程）

2024 年 6 月 10 日　第 1 刷発行
ISBN978-4-325-26588-7
定価は裏表紙に表示しています

編　集　教学社編集部
発行者　上原 寿明
発行所　教学社
〒606-0031
京都市左京区岩倉南桑原町56
電話　075-721-6500
振替　01020-1-15695
印　刷　中央精版印刷